Mosaik

Helmut und Renate Grünert

Pilze

Herausgegeben von Gunter Steinbach
Illustriert von Fritz Wendler

Mosaik Verlag

Der Mosaik Verlag ist ein Unternehmen
der Verlagsgruppe Bertelsmann

Neue, bearbeitete Sonderausgabe

Druck und Bindung: Graphischer Großbetrieb Pößneck GmbH
Printed in Germany · ISBN 3-576-10556-5

Inhalt

6 Zum Buch
7 Übersicht der Bildsymbole
8 Zur Biologie der Pilze

16 Blätter- oder Lamellenpilze
180 Lamellenartige Pilze
198 Stachel- oder Stoppelpilze
200 Röhrlinge
230 Porlingsartige und konsolenförmige Pilze
242 Keulen- und korallenförmige Pilze
252 Bauch- und kugelförmige Pilze
262 Rutenförmige oder aasartig riechende Pilze
266 Gallertartige Pilze
268 Becherförmige, wabenartige und sonstige Pilze

280 Pilze sammeln
284 Bildautoren
284 Literatur
285 Artenregister
288 Bandverzeichnis und Autoren

Zum Buch

Die jedem Sammler bekannten Probleme beim Bestimmen von Pilzen liegen in der Natur dieser eigenartigen Lebewesen:

1. Es gibt so viele Pilzarten der verschiedensten Gruppierungen, daß selbst der geschulte Fachmann nicht jedes denkbare Fundstück auf Anhieb artgenau bestimmen kann.
2. Die Erscheinungsform der Pilze ist äußerst vielgestaltig und veränderlich. Altersbedingte Unterschiede innerhalb der gleichen Art können größer erscheinen als Artunterschiede. Darüber hinaus gibt es standort- und klimabedingte Abweichungen, die zu Unsicherheiten beim Bestimmen führen können.
3. Das Erscheinen der Fruchtkörper nicht nur unserer Hutpilze hängt stark vom Wetter, vom jahreszeitlichen Witterungsverlauf, von anderen Umwelteinflüssen und vom Vorhandensein bestimmter Pflanzen ab. Kein Pilzjahr gleicht dem anderen. Voraussagen über Zeit und Menge für Pilzfunde sind grundsätzlich unsicher.

Die meisten Pilzsucher verbinden mit ihrer Sammelleidenschaft ganz konkrete Absichten: Sie wollen essen, was sie aus dem Wald nach Hause tragen. Auch diesem Anliegen trägt der vorliegende Band Rechnung: Die wichtigsten Speisepilze wurden aufgenommen, heimische Giftpilze in gleicher Ausführlichkeit wie die verwertbaren Arten vorgestellt.

Mancherorts müssen heute die Pilze der freien Natur durch ein allgemeines Sammelverbot geschützt werden. Das ist bedauerlich, aber offenbar notwendig.

Durch den Menschen verursachte Umweltbelastungen bringen nicht nur Schmetterlinge und Wildblumen zum Verschwinden oder Bäume und Wälder zum Absterben, sondern verschlechtern auch die Lebensbedingungen für viele Pilze. Flächenweises Absammeln der stadtnahen Wälder mit dem immer noch anzutreffenden sinnlosen Zerstören giftiger oder unbekannter Pilze trug örtlich zum Veröden einstiger Pilzreviere bei. Unser Interesse an Pilzen sollte sich von vordergründigem kulinarischem Reiz zu einem umfassenderen und uneigennützigen Verständnis erweitern. Dieser Band bietet dafür gute Ansätze. In seinem Bestimmungsteil werden auch zahlreiche, zum Teil seltene Arten vorgestellt, die weder dem Speisezweck dienen noch giftig sind. Dies konnte nur beispielhaft geschehen. Vollständigkeit der Arten ist für einen bebilderten Feldführer handlichen Formats unerreichbar.

Nur wenige Pilzarten können allein nach einem Bild bestimmt werden. Aber für die erste Zuordnung leistet das gute Foto unersetzliche Dienste. Um der oft unterschiedlichen Erscheinungsform oder bestimmten Einzelheiten einer Art gerecht zu werden, stellten wir einem Bestimmungstext in vielen Fällen zwei Bilder gegenüber. Gerade der Anfänger darf aber beim Bestimmen eines Pilzes nie darauf verzichten, auch den beschreibenden Text gründlich zu lesen und die verschiedenen Merkmale am gefundenen Pilz aufzusuchen.

Die Gliederung der Arten in zehn Gruppen folgt im wesentlichen wissenschaftlicher Systematik. Die dafür verwendeten Symbole sollen aber vor allem dem Laien bei der Benutzung des Bandes helfen. Die bei Pilzen herkömmlich schwierige und Änderungen unterworfene Nomenklatur wurde auf den bei der Herausgabe des Bandes gültigen Stand gebracht.

Mitarbeiter der Deutschen Gesellschaft für Mykologie (DGfM) führen seit Jahren ein Kartierungsprogramm der heimischen Großpilze durch. Diese Arbeiten bringen mitunter überraschende Erkenntnisse über die geografische Verbreitung und Standortansprüche unserer Pilze. Die vollständigen Ergebnisse werden in der Zeitschrift für Mykologie (ZfM) veröffentlicht. Bei einigen in diesem Zusammenhang interessanten Pilzen weisen wir am Schluß der Beschreibungen besonders auf diese weiterführende Literatur hin.

Mein besonderer Dank gilt Frau Renate Grünert für ihre vielfältige Unterstützung bei der Erarbeitung des Bandes, Herrn Xaver Finkenzeller und G. J. Krieglsteiner für ihren fachlichen Rat. G. S.

Übersicht der Bildsymbole

Blätter- oder Lamellenpilze ab Seite 16

Lamellen- oder leistenartige Pilze ab Seite 180

Stachel- oder Stoppelpilze ab Seite 198

Röhrlinge ab Seite 200

Porlingsartige und konsolenförmige Pilze ab Seite 230

Keulen- und korallenförmige Pilze ab Seite 242

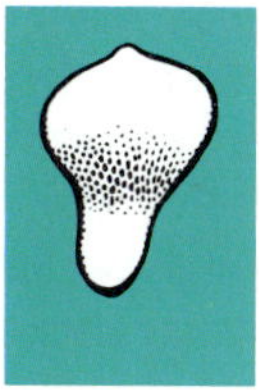

Bauch- und kugelförmige Pilze ab Seite 252

Rutenförmige oder aasartig riechende Pilze ab Seite 262

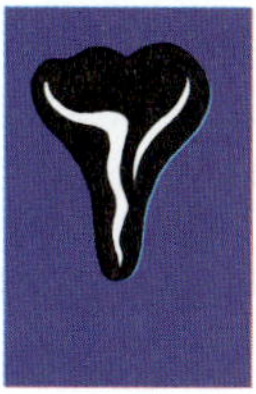

Gallertartige Pilze ab Seite 266

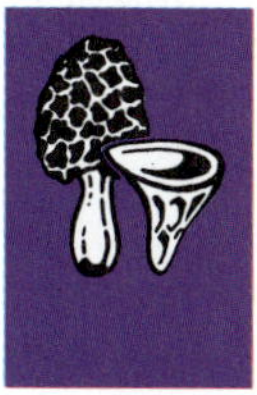

Becherförmige, wabenartige und sonstige Pilze ab Seite 268

 eßbar

 ungenießbar

 giftig! oder Giftverdacht

Zur Biologie der Pilze

Pilze sind blattgrünlose Gewächse oder Organismen, die aus mehr oder weniger langgestreckten, miteinander verbundenen und verästelten ein- oder mehrkernigen Zellen *(Hyphen)* bestehen. Die Zellwände werden hauptsächlich aus Chitin und Zellulose gebildet. Chitin ist kein Baustoff der grünen Pflanzen, jedoch wesentlicher Bestandteil der festen Körperhüllen (Außenskelette) von Insekten.

Die Gruppe der »höheren« Pilze, um die es in diesem Band geht, lebt auf organischem Substrat, meist unterirdisch im Boden, in der Bodenstreu, in totem oder lebendem Holz, auf oder unter Gehölzrinden, in Kot, Federn, Insektenlarven usw.

Die pilzlichen Zellverbände, das sogenannte *Mycelium* oder *Myzel* (die Betonung liegt auf der zweiten Silbe), kann sehr verschieden aussehen und gefärbt sein, was an der Stielbasis eines Fruchtkörpers oft gut zu sehen ist. Meist wächst es faden- oder spinnwebenartig, aber auch in dicken Strängen oder als klumpiges, festes bis sehr hartes Gebilde *(Sklerotium)*; siehe auch Eichhase *(Grifola umbellata)* auf Seite 238.

Was wir als »Pilz« erkennen und sammeln, sind die Fruchtkörper der Pilzgewächse. Die Artbestimmung wird vorwiegend an diesen Fruchtkörpern durchgeführt; in und an den Fruchtkörpern entwickeln sich die für die Verbreitung wichtigen Sporen.

Manche Systematiker neigen dazu, die Pilze gleichrangig neben die Pflanzen und Tiere in ein eigenes Reich zu stellen, was aufgrund der Zellstruktur, der Beschaffenheit und der Lebensweise der Pilze (z. B. das Fehlen von Chlorophyll) gerechtfertigt werden kann. Die verschiedenartigsten Pilze und pilzähnliche Organismen faßt man in neuerer Zeit nach biologischen Gesichtspunkten zu einem »natürlichen« System zusammen. Viele Einzelheiten bedürfen allerdings noch wissenschaftlicher Klärung, so daß dieses System ständigen Änderungen unterworfen ist. Immer wieder werden neue Arten entdeckt und beschrieben, aber auch andere als *Synonyme*, das sind verschiedene Namen für die gleiche Art, enttarnt.

Neue Erkenntnisse und Zuordnungen bedingen also auch Änderungen in der Namengebung *(Nomenklatur)*. Unterschiedliche wissenschaftliche Namen in der Pilzliteratur können den Pilzfreund verwirren und erfordern ständige Anpassung.

In diesem Buch sind nur solche Pilze beschrieben und abgebildet, die Fruchtkörper hervorbringen und die mit bloßem Auge erkennbar sind. Man nennt sie Großpilze oder *Makromyceten*. Über die Anzahl der Großpilze werden in der Literatur unterschiedliche Angaben gemacht. Als grober Richtwert kann in Europa 3000–5000 gelten. Diese Makromyceten *(Höhere Pilze)* kann man in drei große Klassen unterteilen:

Ständerpilze oder *Basidiomyceten*,
Schlauchpilze oder *Ascomyceten*
und die Schleimpilze oder *Myxomyceten*.

Gehen Schlauch- oder seltener Ständerpilze mit Algen eine Lebensgemeinschaft ein, dann bezeichnet man diese »neuen« Gewächse als *Flechten*!

Die Schleimpilze werden von manchen Wissenschaftlern nicht mehr zu den Pilzen gezählt, sondern zu den Pilztierchen, *Mycetozoa*. Sie haben einen anderen Entwicklungsgang als die echten Pilze und bilden erst Schwärmsporen, das sind nackte, durch Geißeln bewegliche Zellen.

Aus ihnen werden Schwärmzellen. Viele solcher Zellen schließen sich zu einem schleimigen Verband, der sich auch langsam fortbewegen kann, zusammen. Später erstarrt diese Masse. Durch Plasmateilung entstehen in Verbindung mit den Zellkernen die Sporen; reif sind sie staubartig und werden freigegeben. Die Gelbe Lohblüte *(Fuligo septica)* steht in unserem Buch (S. 268) stellvertretend für diese überaus artenreiche Klasse.

Bei den Schlauchpilzen werden meist 8 Sporen innerhalb sogenannter Schläuche *(Asci)* gebildet, die sich an den freien Enden öffnen oder ganz zerfallen und die reifen Sporen freigeben.

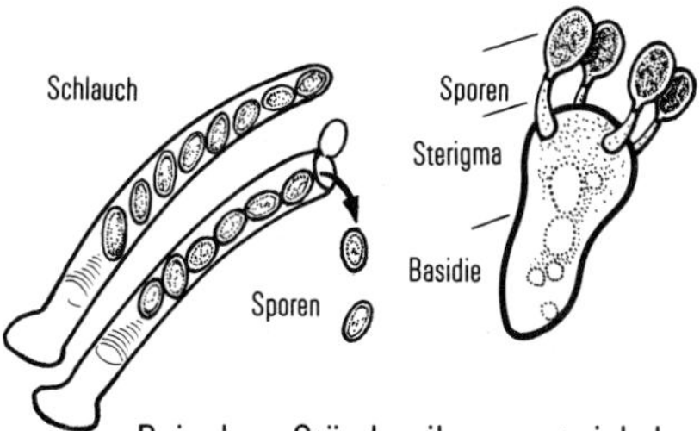

Bei den Ständerpilzen entwickeln sich die Sporen durch Abschnüren von der Endzelle, der *Basidie*.

Die Basidie weist in der Regel 4 Ausstülpungen auf, Sporenträger oder Ständer *(Sterigmen)*, auf denen die Sporen ausgebildet und später freigegeben werden. Schläuche und Basidien sind nur unter dem Mikroskop erkennbar; die Zuordnung mancher Fruchtkörper geschieht deshalb am sichersten durch eine mikroskopische Untersuchung der Sporenanlage.

Bei den im Buch beschriebenen Pilzen der Gruppen 1–9 handelt es sich um Ständerpilze, bei den Pilzen der Gruppe 10 um Schlauchpilze, denen die Gelbe Lohblüte als einziger Vertreter der Schleimpilze dieses Bandes vorangestellt wurde.

Die Basidien befinden sich beispielsweise bei den Blätter- und Stachelpilzen auf den jeweiligen Seitenflächen ihrer Lamellen bzw. Stacheln; bei den Röhrlingen auf den Innenflächen der Röhren, bei den Bauchpilzen innerhalb des Fruchtkörpers in der *Gleba*, einer Art Fruchtschicht. Die Asci der wabenartigen und becherförmigen Pilze entwickeln sich auf den Innenflächen der Waben bzw. der Becher.

Die Sporen der Pilze sind für Arterhaltung und Verbreitung lebensnotwendig. Die Menge der von einem Fruchtkörper erzeugten Sporen beträgt je nach Art viele Milliarden. Mit dem bloßen Auge sind sie nur als eine Art Staub, nicht als Einzelkörper erkennbar. Drückt man auf den reifen Fruchtkörper eines Bauchpilzes, dann treten die Sporen als pulvrige Masse hervor. Wind, Regen und Tiere helfen, die Sporen zu verbreiten. Will man ihre Farbe feststellen, fertigt man Abwurfpräparate an. Die Bestimmung der Sporenfarbe auf den Lamellen ist schwierig oder unmöglich, da diese oft eine eigene Färbung aufweisen.

Die Größe der Sporen liegt im Mittel bei 5–15 μ (Tausendstel Millimeter); ihre Form, Farbe und Beschaffenheit ist von Art zu Art unterschiedlich.

Sporenstaubgewinnung

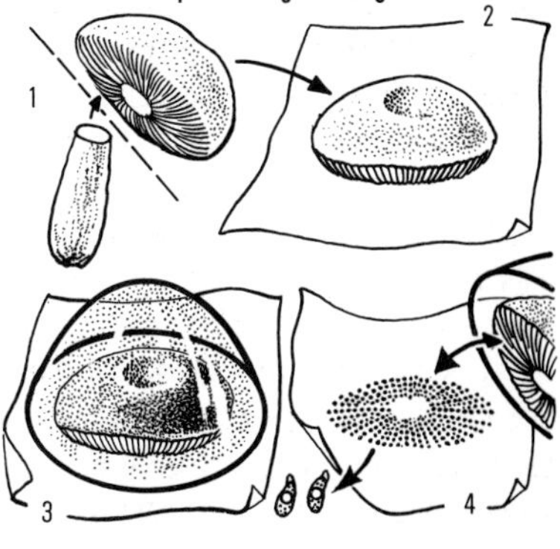

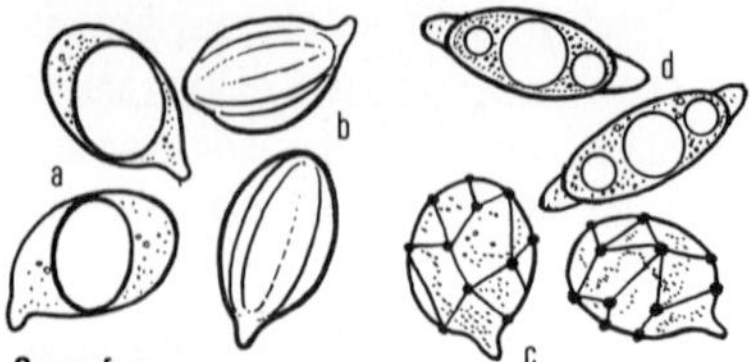

Sporenformen
a, b und c von Ständerpilzen, d von einem Schlauchpilz

Dem Fachmann bedeuten Sporen eine sehr wichtige Bestimmungshilfe, sie spielen überdies für die Systematik eine große Rolle. Das Sporenpulver kann auch ohne mikroskopische Untersuchung bei der Bestimmung hilfreich sein, etwa beim Unterscheiden der weißsporigen Knollenblätterpilze und der dunkelbraunsporigen Champignonarten.

Die Vermehrung der Ständerpilze

Man unterscheidet (männliche) Plus- und (weibliche) Minussporen. Eine Plus- oder Minusspore keimt und bildet eine Anfangszelle. Durch Querwände beginnt sie sich zu teilen, wodurch ein Zellverband mit je einem Kern pro Zelle entsteht. Weitere Teilungen und Abzweigungen lassen ein verschlungenes, nach allen Seiten sich ausbreitendes *Hyphengeflecht* heranwachsen, das sogenannte *Primär-Myzel.* Um nun neue Fruchtkörper hervorzubringen, müssen ein Plus- und ein Minus-Fadensystem, die aus Sporen der gleichen Pilzart entstanden sind, mit ihren Hyphenenden zusammenkommen und ein sogenanntes *Sekundär-Myzel* bilden.

In einem hochkomplizierten Vorgang verschmilzt nun das Plasma zwei verschiedengeschlechtlicher Zellen miteinander, bemerkenswerterweise vereinigen sich jedoch nicht ihre beiden Kerne. Mit anderen Worten: eine einzige Zelle enthält nach der Verschmelzung 2 Kerne. Vergrößert sich dieses Pilzgewächs durch Zellteilung weiter, dann enthält jede einzelne Zelle wieder zwei verschiedene Kerne.

Unter günstigen Umweltbedingungen (Substrat, Mykorrhiza-Partner, Nährstoffe, Feuchtigkeit, Wärme) können aus einem solchen Myzel Fruchtkörper hervorwachsen. Erst in besonderen Zellen des Fruchtkörpers, den Basidien, kommt es zur Kernverschmelzung und gleich wieder zur Teilung, in der Regel in 4 Sporen (2 Plus- und 2 Minussporen).

Die Vermehrung der Pilze wurde hier nur stark vereinfacht skizziert. Die einzelnen Vorgänge können sich von Art zu Art und von Gattung zu Gattung unterscheiden.

Der Fruchtkörper

Bei den Hutpilzen erscheint zuerst ein kleiner Hut, der sich im Laufe des oft verblüffend schnellen Wachstums ausbreitet. Er besteht aus dem mehr oder weniger festen Fleisch, das von der Huthaut umgeben ist. Auf ihr können sich noch Hüllreste der Äußeren Hülle, dem *Velum universale,* befinden, welche besonders bei der Gattung *Amanita,* den Knollenblätterpilzen und Wulstlingen, anzutreffen sind.

Unter dem schützenden Schirm des Hutes sitzt das Fruchtlager. Es ist vielgestaltig und kann z. B. lamellen- oder leistenförmig, röhrig, porig oder stachelartig sein. Der Hut wird von einem Stiel getragen, er weist bei einigen Gattungen und Arten einen mehr oder weniger vergänglichen Ring auf. Dabei handelt es sich um die Reste einer schützenden Haut, der Inneren Hülle oder dem *Velum partiale,* die im ersten Wachstumsstadium das Fruchtlager überspannte. Wenn sich der Hut ausbreitet und abflacht, kann sich diese Haut nur wenig dehnen. Folglich reißt sie am Hut-

Entwicklungsschema eines Knollenblätterpilzes

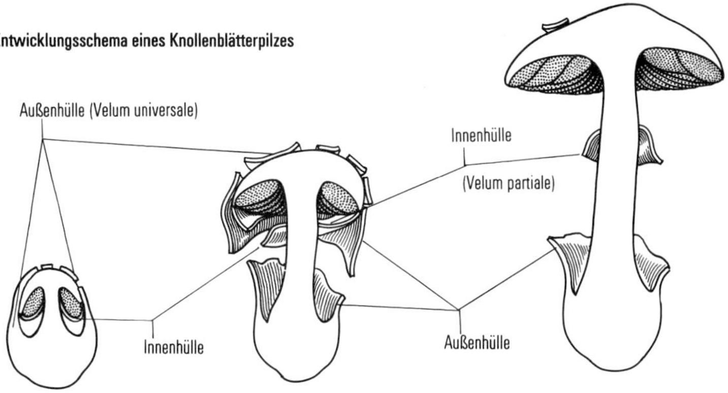

rand ab und bleibt um den Stiel herum als Manschette oder Ring hängen. Bei anderen Pilzen löst sich das Häutchen ganz vom Stiel und hängt als fetziger Rest außen an den Huträndern. Bei wieder anderen löst es sich vollständig auf und verschwindet. Die innere Hülle muß aber nicht immer häutig ausgebildet sein. Zum Beispiel hat sich bei der Gattung der Haarschleierlinge *Cortinarius* ein spinnwebenartiges Velum entwickelt, welches später nur noch als mehr oder weniger ausgeprägte faserige Ringzone am Stiel erkennbar ist.

Bei einigen Arten steckt der Stiel an seiner Basis oft noch in einer kelchartigen offenen oder anliegenden Scheide, der *Volva;* manchmal zeigt er aber auch nur eine knollenartige Verdickung, mit oder ohne abgesetztem Rand oder mit einem Warzengürtel, welches Reste der äußeren Hülle sind. Die genaue Beachtung solcher Einheiten der Bauweise hilft z. B., einer tödlichen Vergiftung durch die Knollenblätterpilze vorzubeugen. Nur die Untersuchung aller Einzelmerkmale kann beim Bestimmen von Pilzen vor Irrtümern bewahren.

Bei einer Reihe von Pilzen steckt der vollständige Fruchtkörper mit seiner Masse bereits in einer solchen Gesamthülle, allerdings äußerst eng zusammengefaltet. Platzt die Hülle auf, so schiebt sich der Pilz in wenigen Stunden heraus, ohne im eigentlichen Sinne zu »wachsen«. Vielmehr entfaltet er nur den vorher zusammengepreßten Körper. Die Stinkmorchel ist dafür ein gutes Beispiel. Schneidet man das Ei der Länge nach auf, so erkennt man bei genauem Hinsehen den vorgebildeten Fruchtkörper.

Pilzbiotope

Die Mykorrhizapilze gehen mit bestimmten Pflanzenarten, bevorzugt Gehölzen, Lebensgemeinschaften *(Symbiosen)* ein. In einer Symbiose ziehen beide Partner Nutzen aus der Gemeinschaft; oft sind Symbiosepartner sogar zwingend aufeinander angewiesen. Im Gegensatz dazu steht das mehr oder weniger ausgeprägte Ausbeutungsverhältnis zwischen Schmarotzer (Parasit) und Wirt, das zum Tod des Geschädigten führen kann.

Pilze brauchen kein Licht wie die chlorophyllhaltigen Pflanzen. Der Waldboden bietet viel organische Nahrung und meist genügend Feuchtigkeit und so einen bevorzugten Standort der meisten Speisepilzarten. Jeder Waldtyp, auch der lichtarme Nadelwald mit saurem Untergrund, der

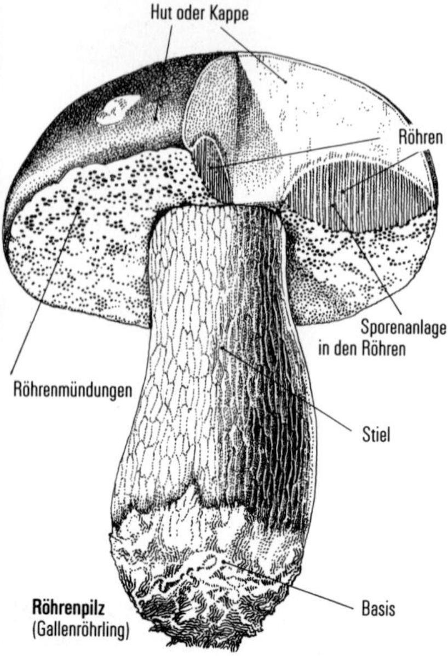

Röhrenpilz
(Gallenröhrling)

Hexenringe

Hin und wieder stößt man in Wäldern und auf Wiesen auf kreisförmig gewachsene Fruchtkörperansammlungen. Die Erklärung ist einfach: Das Pilzmyzel wächst in der Regel gleichmäßig nach allen Seiten. In den Innenbezirken wird das Substrat verbraucht, das Myzel findet dort keine Nahrung mehr und stirbt ab. Übrig bleibt ein Myzel-Ring, der bei guten Umweltbedingungen überall seine Fruchtkörper aus dem Boden schiebt. So entsteht ein oft recht gleichmäßig ausgebildeter Ring, den der Volksglaube mit Hexen in Verbindung brachte.

nur noch spärlichen oder gar keinen grünen Bodenbewuchs mehr zuläßt, beherbergt Pilze. Tannen-, Fichten-, Kiefern-, Lärchen-, Birken-, Buchen-, Eichen- oder Pappelbestände und ihre Zusammensetzung zu Laub- und Mischwäldern weisen eine jeweils besondere Pilzflora auf. Die genannten Baumarten sind nur Beispiele. Auch Lichtungen und Kahlschläge, Waldränder, Flurgehölze, Hecken, buschbestandene Flächen, Wiesen, Weiden, Ufergebiete, Kiesgruben und Mülldeponien, feuchte, moosige und moorige Gebiete, aber auch Trockenrasen und Heiden bieten Pilzen Lebensräume. Selbst in Dünen und salzhaltigen Sandgebieten der Meeresküsten kann man Pilze finden.
In der Regel beherbergen diese Gebiete Gemeinschaften von ober- und unterirdischen (*epi-* und *hypogäischen*) Mykorrhiza-Pilzen, Fäulnisbewohner *(Saprophyten)* und parasitische Pilze.

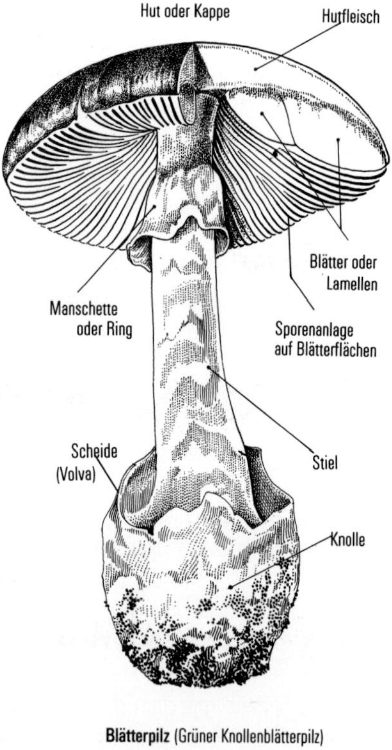

Blätterpilz (Grüner Knollenblätterpilz)

Auf dieser und der folgenden Doppelseite werden die bei Pilzbeschreibungen gebräuchlichsten Begriffe an Zeichnungen erläutert.

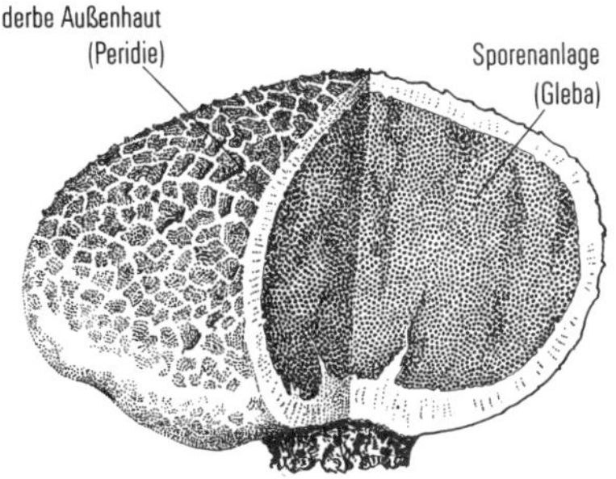

Bauchpilz (Kartoffelbovist)

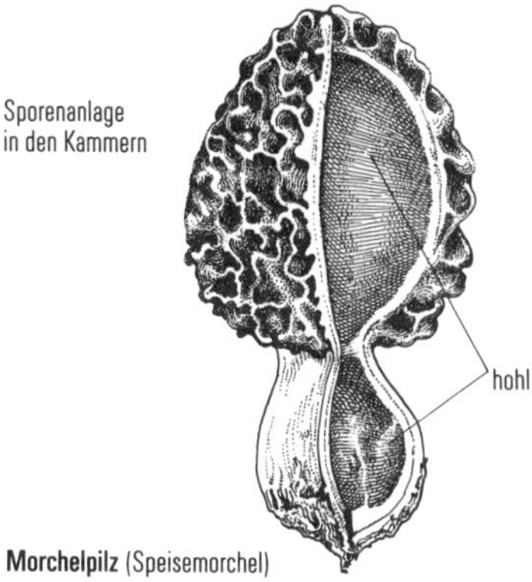

Morchelpilz (Speisemorchel)

Stieloberflächen

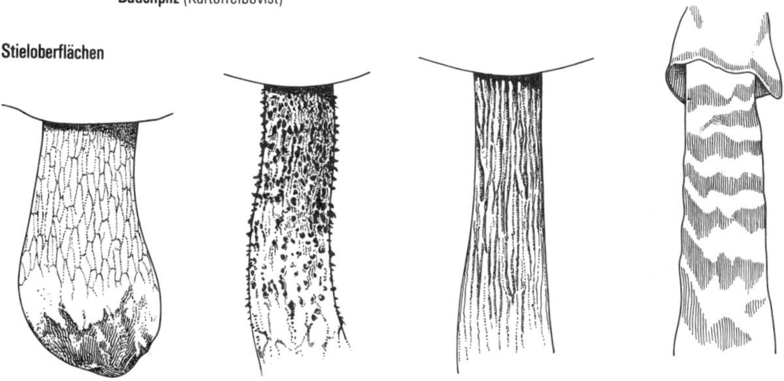

genetzt — geschuppt — längsfaserig — genattert

Hutformen

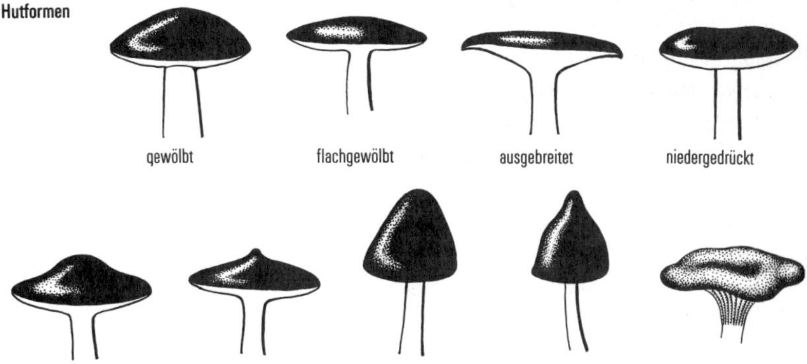

gewölbt — flachgewölbt — ausgebreitet — niedergedrückt

gebuckelt — spitzgebuckelt — kegelig — glockig — trichterförmig

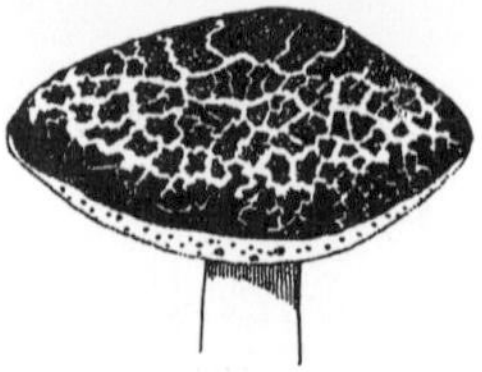

felderig aufgesprungen

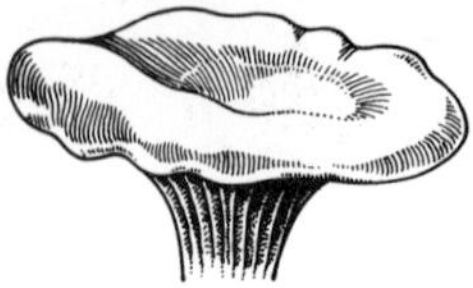

gewellt

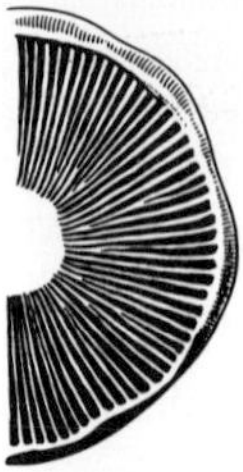

engstehende Lamellen

faserschuppig

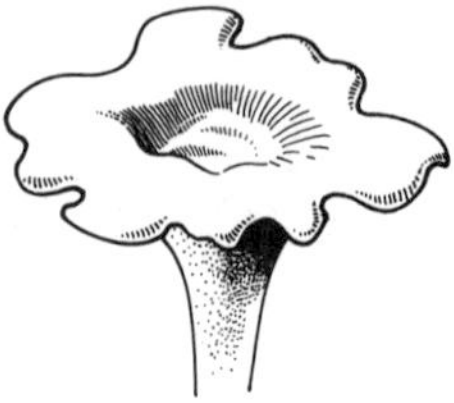

gelappt

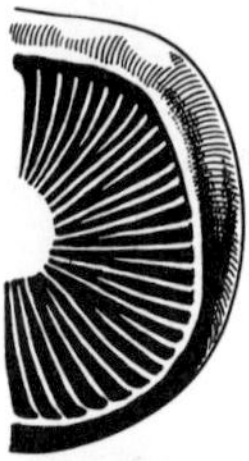

weitstehende Lamellen

grob
dachziegelartig
geschuppt

gefurcht, gerieft

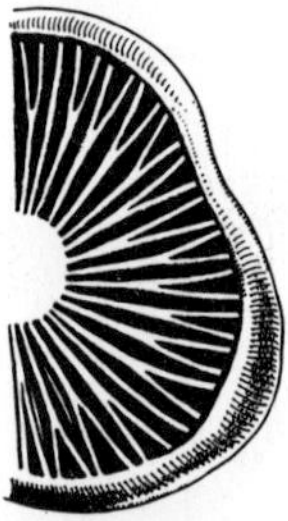

gegabelte Lamellen

mit Warzen- oder Velumresten

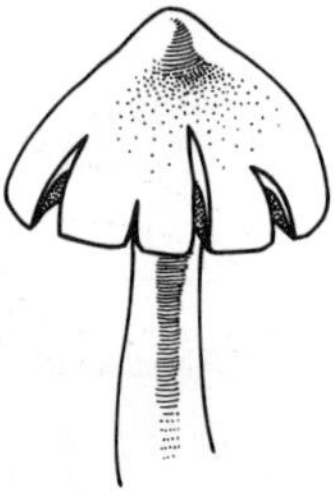

einreißend

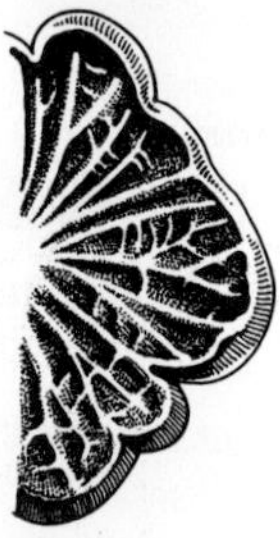

lamellenähnliche
Leisten mit Queradern

Huthaut

Hutrandformen

Lamellenformen

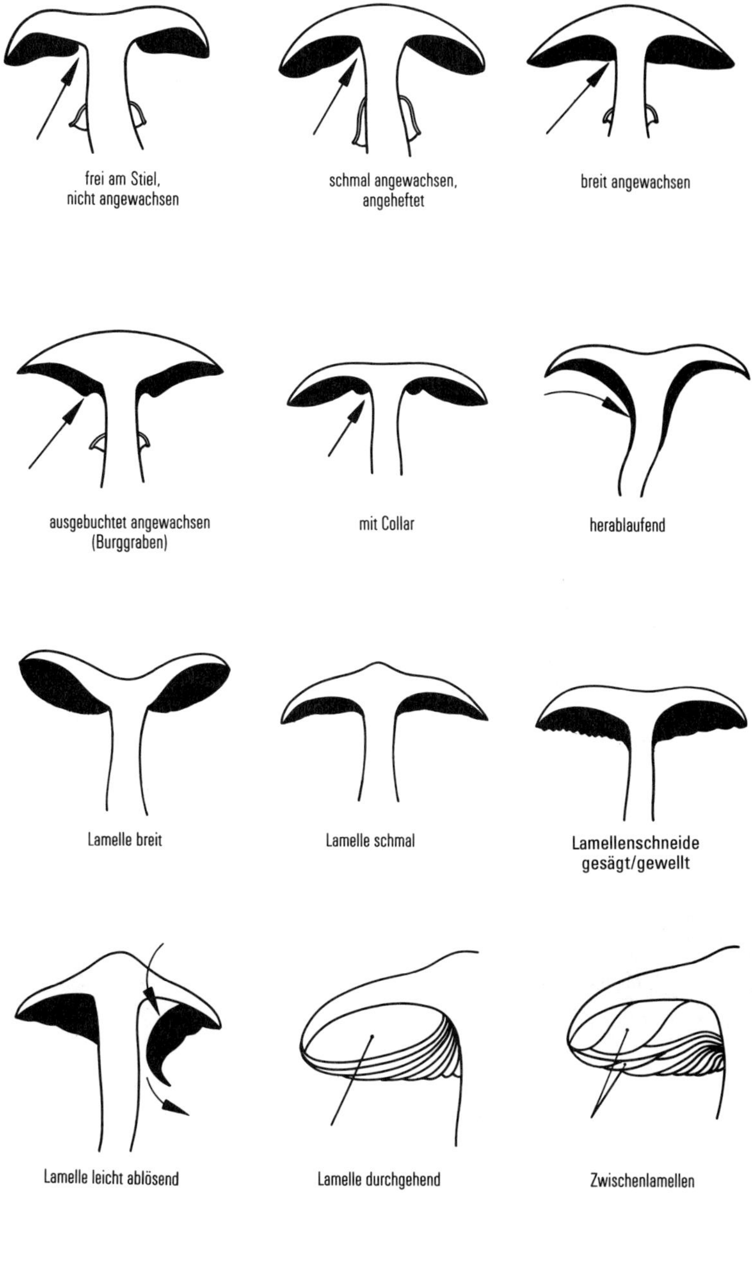
frei am Stiel,
nicht angewachsen
schmal angewachsen,
angeheftet
breit angewachsen
ausgebuchtet angewachsen
(Burggraben)
mit Collar
herablaufend
Lamelle breit
Lamelle schmal
Lamellenschneide
gesägt/gewellt
Lamelle leicht ablösend
Lamelle durchgehend
Zwischenlamellen

Lamellen

Grüner Knollenblätterpilz *Amanita phalloides (VAILL. EX FR.) SECR.*

Merkmale: Der **Hut** wird bis 15 cm breit, zuerst halbkugelig, später abgeflacht. Er ist olivgrün bis gelbgrün, kann auch weiß sein, mit mattem seidigem Glanz, feucht, leicht schmierig, typisch radialfaserig eingewachsen. Die **Lamellen** sind unterschiedlich lang, gedrängt und frei, weiß. Der **Stiel** kann bis 12 (15) cm hoch und bis 2,5 cm dick werden. Er ist gelblich oder grünlich und trägt ein charakteristisches natternartiges Muster. Er steckt in einer offenen Scheide (siehe Foto). Die Manschette ist schwach gerieft, häutig, herabhängend, oft flüchtig. Das **Fleisch** riecht schwach süßlich, kunsthonigartig.

Sporenpulverfarbe: weiß.

Vorkommen: Verbreitungsgebiet ähnlich *A. citrina. A. phalloides* wird gewöhnlich unter Eichen gefunden, aber auch unter Buchen, selten in reinen Nadelwäldern. Bevorzugt reichere Böden, meidet Kalkböden nicht. Wächst von Juli bis Oktober.

Verwechslungsmöglichkeit: Der Hutzeichnung und Farbe ähnlich ist der *Gelbliche Ritterling* (*Tricholoma sejunctum*, Seite 74); *A. citrina* wird oft für *A. phalloides* gehalten, man achte aber auf die verschieden ausgebildete Stielbasis und den unterschiedlichen Geruch. Grünen Täublingen und auch den Ritterlingen fehlen der Ring und die Scheide. Die weiße Form von *A. phalloides, var. verna*, kann nur von unvorsichtigen und kritiklosen Sammlern mit einigen Champignonarten verwechselt werden; diese haben im Jugendstadium weißgraue und später dunkelbraune Lamellen; ihr Sporenpulver ist außerdem purpurbraun.

Verwendbarkeit: Der Grüne Knollenblätterpilz ist tödlich giftig. Er enthält mehr als 20 verschiedene giftige Verbindungen. Die Überlebenschancen hängen z. B. von der gegessenen und daraus resultierenden Giftmenge ab. 50 g Frischpilze können tödlich sein. Ärztliche Hilfe erforderlich!

Literaturhinweis: Flammer, René: *Differentialdiagnose der Pilzvergiftungen* und Flammer/Horak: *Giftpilze – Pilzgifte.* Zeitschrift für Mykologie, Bd. 44 (2), 1978.

Gelber Knollenblätterpilz *Amanita citrina (SCHFF.) S. F. GRAY*

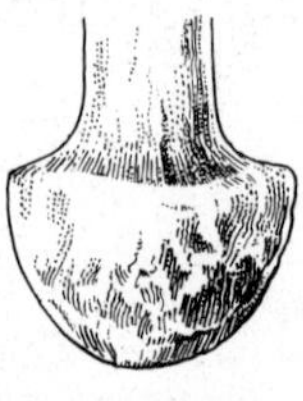

Merkmale: Der 5–10 cm breite **Hut** ist blaß zitronengelblich, seltener gelbgrünlich; zuerst halbkugelig, dann ausgebreitet; meist mit größeren, groben, gelblichen Velumfetzen (Hüllresten) bedeckt, die im Alter etwas bräunen. Die Huthaut ist feucht klebrig glänzend und abziehbar, der Hutrand ungerieft. Die **Lamellen** sind frei und weißlich bis schwach blaßgelblich, weich, engstehend, die Schneide ist flockig. Der **Stiel** wird bis 10 (12) cm hoch, ist 1–1,5 cm dick und wie der Hut gefärbt. Er trägt eine blaßgelbliche, hängende, ungeriefte Manschette. Die Stielbasis ist rundknollig mit einer deutlich abgesetzten Kante (siehe Zeichnung). Das **Fleisch** ist weiß und weich. Es riecht typisch nach Kartoffelkeimen und ist ein wichtiges Unterscheidungsmerkmal zum *Grünen* und *Weißen Knollenblätterpilz.*

Sporenpulverfarbe: weiß.

Vorkommen: *A. citrina* ist in Deutschland ziemlich gleichmäßig verbreitet. In Mitteleuropa findet man ihn hauptsächlich in Höhen unter 500 m, doch kann er allerdings selten bis auf 1100 m ansteigen. Wie auch *A. phalloides* ist *A. citrina* wärmeliebend, das Mycel kann tiefem und langem Frost nicht standhalten. Sein Standort sind sandige, nährstoffarme, saure Böden. Er bildet mit verschiedenen Nadelhölzern und Laubbäumen Symbiosen, wobei er unter den Laubbäumen seltener anzutreffen ist. Er erscheint meist August bis November.

Verwechslungsmöglichkeit: Vor allem die weiße Form von *A. citrina*, die *var. alba*, wird gern mit weißen Formen von *A. phalloides* verwechselt. Deutlich erkennbare Unterschiede der Stielbasis; bei *A. phalloides* offene Scheide, bei *A. citrina* abgesetzte Knolle.

Verwendbarkeit: Der Pilz ist nicht giftig, kommt aber wegen seines unangenehmen Geschmacks als Speisepilz nicht in Frage.

Kegelhütiger, Spitzhütiger oder **Weißer Knollenblätterpilz**
Amanita virosa LAM. EX SECR.

Merkmale: Der **Hut** wird 3–7 (10) cm breit, ist typisch kegelig und bleibt meist so, im Alter manchmal flachgewölbt bis ausgebreitet, weiß mit cremefarbenem Hauch, bei Feuchtigkeit ist er klebrig, trocken matt glänzend. Die **Lamellen** sind frei und weiß, dichtstehend. Der **Stiel** wird bis 15 cm hoch, ist 1–1,5 cm dick, weiß, oft verbogen, schlank, zerbrechlich, mit faseriger Oberfläche. Er trägt einen hängenden, häutigen und vergänglichen Ring. Der Stiel steckt in einer oft anliegenden, schlaffen **Scheide**. Die knollige Basis mit ihrer offenen Scheide steckt oft tief im Boden. Das **Fleisch** ist weiß, zart und riecht schwach unangenehm.

Sporenpulverfarbe: weiß.

Vorkommen: Allgemein verbreitet, in Nadelwäldern, selten auch im Laubwald. Erscheint Juni bis September (Oktober).

Verwechslungsmöglichkeit: Nach Auffassung einiger Mykologen gibt es noch eine weitere ähnliche, weiße Art, den *Frühlingsknollenblätterpilz (A. verna [Bull. ex Fr.] Pers. ex Vitt).* Er hat eine weiße, kaum geriefte Manschette und sonst die Merkmale von *A. phalloides.* Mag die Wärme, erscheint manchmal im Frühling. Er wächst besonders bei Eichen, Kastanien und ist in Südeuropa häufiger. Er ist ebenfalls tödlich giftig. Könnte von unvorsichtigen Pilzsuchern mit jungen *Champignons* verwechselt werden. Die charakteristische »verwegene« Hutform, die rein weißen Lamellen, die Stielbasis mit der meist anliegenden Scheide und die Sporenpulverfarbe sind aber klare Trennungsmerkmale.

Verwendbarkeit: Tödlich giftig wie der *Grüne Knollenblätterpilz, A. phalloides* (siehe dort).

Allgemeines: Zur Zeit enthält die Gattung der *Knollenblätterpilze* oder *Wulstlinge, Amanita,* ca. 35 Arten. Sie haben eine äußere und innere Hülle, *Velum universale* bzw. *V. partiale,* mit Ausnahme der *Scheidenstreiflinge,* die weder Ring noch Manschette haben.

Spitzschuppiger Wulstling *Amanita echinocephala (VITT.) QUÉL.*

Merkmale: Der anfangs schneeweiße, 5–15 cm breite **Hut** trägt weißliche, hochstehende, stachelig anmutende Wärzchen, die sich hauptsächlich um die Hutmitte konzentrieren. Im Alter beginnt sich der Pilz auf seiner Oberfläche langsam mausgrau bis gelblich mit einem schwachen grünlichen Schimmer zu verfärben. Der Rand des Hutes wirkt bei jüngeren Exemplaren wie ein gezackter, unregelmäßiger Saum. Ein gutes Erkennungsmerkmal sind die feinen, dichtgedrängt stehenden, verschieden langen **Lamellen,** vor allem wegen ihrer für Wulstlinge seltenen Färbung: sie spielt zwischen blassem Türkis und Meergrün, später zwischen Graugelb und gelblichem Grüngrau. Dicht unter den Lamellen umgibt den *Stiel* ein lappiger, geriefter, herabhängender Ring. Alte Stücke sind bis zu 16 (20) cm hoch. Sie wachsen aus einer dicken, mit Warzengürteln besetzten Knolle heraus, die am unteren Ende spitz wurzelnd in den Boden läuft. Die Oberfläche des Stiels ist weißlich, schwach gelb- bis olivgrünlich. Das **Fleisch** des Pilzes ähnelt in der Farbe den Lamellen, bleibt jedoch etwas heller. Es riecht und schmeckt unangenehm.

Sporenpulverfarbe: grünlich.

Vorkommen: Der Pilz ist südlich der Alpen weit verbreitet. In Deutschland ist er nördlich der Mainlinie äußerst selten anzutreffen. Er wächst in wärmeren Gegenden und milden Tallagen, wie z. B. in Rheinauwäldern, an Neckar, Donau und im Ammerseegebiet. Er bevorzugt südexponierte Kalk-Buchenwälder. Der Pilz erscheint von Juli bis September.

Verwechslungsmöglichkeit: Ist kaum gegeben. Ähnliche Arten sind *A. codinae* und *A. vittadinii,* beide sind in Deutschland noch nicht gefunden worden.

Verwendbarkeit: Speisewert unbekannt. Wegen seiner Seltenheit ist er auf jeden Fall zu schonen.

Allgemeines: Die wissenschaftliche Artenbezeichnung stammt von dem griechischen Wort *echinocephalus* und bedeutet »igelköpfig«.

Literaturhinweis: *Zeitschrift für Mykologie,* Band 44 (2), 1978.

Fliegenpilz *Amanita muscaria (L. EX FR.) HOOKER*

Merkmale: Der Fliegenpilz gehört sicherlich überall in Europa zu den bekanntesten Vertretern der Pilze. Man erkennt ihn schon von weitem an seinem schönen roten oder orangegelben **Hut**, der mit weißen Flocken bedeckt ist. Im Jugendzustand erscheint er zunächst als kleine weißliche Kugel, bald aber breitet sich der Hut aus, die weiße Velumschicht löst sich in jene dicken Flocken auf, die meistens auf der Oberfläche haftenbleiben. Der Rand trägt eine zarte Riefung. Die **Lamellen** bleiben stets weiß, stehen dicht gedrängt und sind nicht am Stiel angewachsen. Der **Stiel** bleibt weiß und trägt einen sehr langen, lappigen, herabhängenden Ring. Wie alle Pilze der *Amanita*-Gruppe wächst der Fliegenpilz aus einer Gesamthülle, von dieser erkennt man aber nur noch einen Warzengürtel an der Stielknolle. Das **Fleisch** ist geruch- und geschmacklos und unter der Huthaut gelblich gezont.

Sporenpulverfarbe: weiß.

Vorkommen: Häufig unter Birken auf sauren Böden, seltener in reinen Nadel- und Laubwäldern. Er bildet seine Fruchtkörper von Juli bis Oktober.

Verwechslungsmöglichkeit: Der Königs-Fliegenpilz (Amanita regalis) hat eine umbrabraune Huthaut. Er ist in den östlichen Bergnadelwäldern wie dem Bayerischen Wald häufiger zu finden und ebenso giftig.

Verwendbarkeit: Ganz abgesehen davon, daß der naturbewußte Sammler den Pilz schon wegen seines hübschen Äußeren unberührt lassen sollte, ist der Fliegenpilz auch giftig. Der Verzehr hat zwar kaum tödliche Folgen, kann jedoch sehr schwere Erkrankungen hervorrufen und sollte unterbleiben. Man schreibt dem Fliegenpilz eine rauschartige Wirkung zu, die man früher als »Veitstanz« bezeichnete.

Allgemeines: Nach dem Artnamen *muscaria* heißt das Gift Muscarin, das jedoch ausgerechnet im Fliegenpilz nur in sehr geringen Mengen vorhanden ist.

Literaturhinweis: Flammer, René: *Differentialdiagnose der Pilzvergiftungen* und Flammer/Horak: *Giftpilze – Pilzgifte.*

Kaiserling *Amanita caesarea (SCOP. EX FR.) PERS. EX SCHW.*

Merkmale: Bei dem Gattungsnamen *Amanita* denkt man möglicherweise gleich an die tödlich giftigen Vertreter dieser Gruppe. Es gibt aber durchaus begehrte Speisepilze unter ihnen, wie den Kaiserling, der vorwiegend in südlichen Ländern zu finden ist. Seinen **Hut** erkennt man schnell an dem leuchtenden Rot bis Orange. Im jugendlichen Stadium erscheint er zuerst wie die stumpfe Seite eines Eies, reckt sich dann aber bald hoch und flacht dabei stark ab. Sein Rand ist ausgeprägt gerieft und reißt leicht auf. Darunter erkennt man die schönen, appetitlich aussehenden, goldgelben **Lamellen**. Auch der nahezu zylindrische **Stiel** trägt diese Farbe. Im oberen Drittel umgürtet ihn eine gelbe Manschette. Der Pilz wächst aus einer gutentwickelten Volva, die aufplatzt und den anfangs kugeligen Pilz freigibt. Das **Fleisch** riecht und schmeckt angenehm, wenn auch nicht besonders charakteristisch.

Sporenpulverfarbe: weiß.

Vorkommen: In Deutschland ist er sehr selten und auf wärmere Gegenden beschränkt. In den südlichen Breiten Europas ist er häufiger anzutreffen. Der Kaiserling bevorzugt saure Böden in alten Laubwaldbeständen, wo man ihn am besten unter Eichen und Edelkastanien sucht. Er macht aber zuweilen auch nicht vor Nadelgehölzen halt. Seine Zeit liegt zwischen Sommer und Herbst.

Verwechslungsmöglichkeit: Man könnte den Kaiserling für einen *Fliegenpilz* halten. Ein sicheres Unterscheidungsmerkmal sind die gelben Lamellen und der gelbliche Stiel, beim Fliegenpilz sind beide weiß.

Verwendbarkeit: In den Ländern seiner Herkunft hat der Kaiserling viele Freunde und wird dort gerne gesammelt. In Deutschland sollte er wegen seiner Seltenheit geschont werden.

Allgemeines: Der Kaiserling wurde bereits in der Antike von den römischen Caesaren geschätzt, daher auch sein Name.

Literaturhinweis: *Zeitschrift für Mykologie*, Band 44 (2), 1978.

Pantherpilz *Amanita pantherina* *(D. C. EX FR.) SECR.*

Merkmale: Der **Hut** wird bis 10 (12) cm breit. Auf der ockerfarbenen bis braunen Huthaut sitzen gleichmäßig verteilt viele weiße Flöckchen. Im Alter können diese weißen Velumreste, durch Regen abgewaschen, jedoch fast völlig verschwinden. Am Rand zeigt sich eine tiefe und recht regelmäßige Riefung, ebenfalls ein wichtiges Bestimmungsmerkmal. Die dicht gedrängten **Lamellen** bleiben auch im reifen Zustand weiß, fühlen sich weich an und sind frei. Der **Stiel** wächst bis zu 15 cm hoch und ist weiß, hat eine nicht sehr breite, hängende, ungeriefte Manschette. Manchmal ist sie fast ganz verschwunden. Dafür zeigt die Knolle einen nach innen gebogenen Rand (Wulst), das sogenannte »Bergsteigersöckchen« (siehe Zeichnung). Zuweilen kann man mehrere Gürtelzonen über der Knolle erkennen. Das **Fleisch** hat einen schwach ausgeprägten Rettichgeruch.

Sporenpulverfarbe: weiß.

Vorkommen: Er ist in der ganzen gemäßigten Zone der Nordhalbkugel weit verbreitet. Man findet den Pilz in bodensauren, sandigen Kiefern-, Eichen-, Buchenwäldern Norddeutschlands ebenso wie in bergigen Fichten-, Tannen-, Buchenwäldern. Er bildet seine Fruchtkörper von Juli bis Oktober.

Verwechslungsmöglichkeit: Besteht mit der ebenfalls giftigen *var. abietinum*, sie ist eine kompaktere Varietät ohne gerieften Hutrand. Sie wächst in Nadelwäldern höherer Berglagen und im Alpenvorland. Unter Umständen könnte der Pantherpilz mit dem *Grauen* oder *Gedrungenen Wulstling, A. spissa* oder mit dem *Perlpilz (A. rubescens)* verwechselt werden. Wenn man aber auf die grauen bzw. rosabräunlichen Hüllreste und auf die Stielbasis achtet, so ist dies nicht möglich.

Verwendbarkeit: *A. pantherina* ist giftig.

Literaturhinweis: Flammer, René: *Differentialdiagnose der Pilzvergiftungen.*

Perlpilz *Amanita rubescens* *(PERS. EX FR.) GRAY*

Merkmale: Der **Hut** wird bis zu 15 cm breit, dann erscheint er weit aufgeschirmt und zeigt auf fleischbräunlich-rötlichem Untergrund eine Vielzahl feiner weißgelblicher oder rosa Flöckchen. Unter der abgezogenen Huthaut ist das Fleisch rosa gefärbt. Die weißen **Lamellen** stehen dicht gedrängt und sind frei. Im Alter werden sie oft rosafleckig. Der **Stiel** ist bis zu 15 (18) cm hoch, 1–4 cm dick und fleischig. Anfangs zeigt er auf weißem Grund nur eine leichte rötliche Tönung, bis er schließlich deutlich weinrot wird; zur Basis wird er knollig mit manchmal schwach ausgeprägten warzigen Gürteln. Die **Manschette** hängt weit herab, ist weißlich-rosa und stark gerieft. Wenn man das Fleisch des Perlpilzes bricht oder anschneidet, erkennt man immer eine rötliche Färbung, vor allem in Madengängen und in der Stielbasis.

Sporenpulverfarbe: weiß.

Vorkommen: Von Juni/Juli bis Oktober findet man ihn in Laub- und Nadelwäldern weit verbreitet und häufig.

Verwechslungsmöglichkeit: Der Pilz ist in Hutfarbe und Aussehen sehr variabel. Auf der Bildseite links ist eine dunklere, rechts eine hellere Form erkennbar. Wichtigste Erkennungsmerkmale sind das rötende Fleisch und die glatte knollige Stielbasis. Er wird häufig verwechselt mit dem *Pantherpilz,* der eine ungeriefte Manschette und »Bergsteigersöckchen« hat, dem *Fliegenpilz,* der unter der Huthaut eine gelbe Zone und einen Warzengürtel an der Knolle hat, dem *Grauen Wulstling,* der unter der Huthaut graulich ist. Anfänger sollten auf jeden Fall Vorsicht walten lassen.

Verwendbarkeit: Pilzkenner schätzen Perlpilze nicht nur, weil sie früh erscheinen, sie sind auch ergiebige Speisepilze. Nach langanhaltendem feuchten Wetter können sie einen unangenehmen, erdartigen Geschmack haben. Roh soll man sie nicht verzehren.

Allgemeines: In der Literatur findet man manchmal Hinweise auf den *Falschen Perlpilz (A. pseudo-rubescens),* der giftig sein soll. Existenz und Vorkommen sind aber ungeklärt. *Rubescens* bedeutet »rötend, rot werdend«.

Gedrungener oder **Grauer Wulstling** *Amanita spissa (FR.) KUMMER*

Merkmale: Bis zu 15 cm im Durchmesser kann dieser kräftige und keineswegs so sehr gedrungene Pilz im **Hut** erreichen. Die Oberfläche wird auf grauem bis bräunlichem Grund von vielen weiß- oder graulichen, festanhaftenden, mehlartigen Flocken bedeckt. Im jugendlichen Alter erscheint auf dem Boden zunächst eine eiförmige, rauhe und bemehlte Hutform, die mit wachsender Reife aufschirmt. Unter dem Hut stehen dichtgedrängt die weißen **Lamellen**, die auch später ihre Farbe nicht ändern. Am weißen, abwärts graulichen **Stiel** werden sie allmählich schmaler und sind frei. Dieser kann zwischen 10 und 12 cm hoch wachsen, ist an der Basis knollig verdickt. Auf der Knolle erkennt man einen Kranz kleiner Warzen. Die Manschette sitzt hoch und vergeht nicht so schnell wie bei einigen anderen Knollenblätterpilzen. Sie trägt eine leichte, feine Riefung. Das **Fleisch** ist weiß, bei einigen Formen leicht bräunend. Es schmeckt in der Regel mild und behält bis zur Überreife seine Festigkeit, manchmal jedoch sind Geruch und Geschmack unangenehm dumpf und erdig.
Sporenpulverfarbe: weiß.
Vorkommen: Der Pilz ist weit verbreitet. Man findet ihn zwischen Sommer und Herbst in Nadelwäldern, seltener unter Laubbäumen.
Verwechslungsmöglichkeit: Er könnte mit jungen *Perlpilzen* verwechselt werden, deren Fleisch, Stiel und Hut rosa-fleischfarbene Töne aufweist; außerdem mit dem *Pantherpilz*, der jedoch regelmäßige, weiße Hüllreste hat, die Stielbasis trägt »Bergsteigersöckchen«. Die Riefung des Hutrandes ist kein zuverlässiges Erkennungsmerkmal.
Verwendbarkeit: Der Gedrungene oder Graue Wulstling ist eßbar, doch roh giftig, er schmeckt gekocht sehr oft noch erdartig. Wegen der bestehenden Verwechslungsgefahr sollte man ihn im Zweifelsfall meiden.
Allgemeines: Manche Mykologen geben noch 2 weitere Varietäten an, den *Eingesenkten Wulstling (var. excelsa Fr.)* und *var. valida Fr. spissa*, was »verdickt, gedrungen« bedeutet.

Porphyrbrauner Wulstling *Amanita porphyria (A. U. S. EX FR.) SECR.*

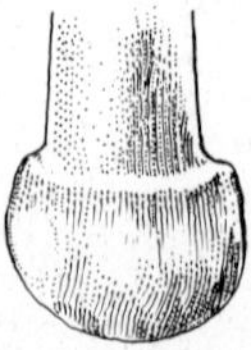

Merkmale: Der **Hut** ist 4–8 (11) cm breit, dünnfleischig, porphyrbraun bis grauviolett, jung glockig, dann bald flach und zuweilen mit häutig-warzigen, grauen Velumresten bedeckt. Die Huthaut ist trocken seidig glänzend, der Hutrand ist ungerieft (glatt). Die **Lamellen** sind frei oder etwas angeheftet, weißlich, weich, ziemlich schmal und engstehend. Der **Stiel** wird bis 9 cm hoch und bis 1 cm dick, ist weißlich oder wie der Hut gefärbt, bisweilen genattert (ähnlich der Stielzeichnung von *A. phalloides*). Er trägt eine weißliche oder grauviolette, hängende, dünne glatte und vergängliche Manschette. Die Stielbasis (siehe Zeichnung) ist rund und knollig mit einer scharf umlaufenden Kante, ähnlich *A. citrina*. Das **Fleisch** ist weiß und unter der Huthaut violettlich und im Stiel bald hohl. Es riecht, wie auch *A. citrina*, stark nach Kartoffelkeimen und schmeckt rettichartig.
Sporenpulverfarbe: weiß.
Vorkommen: *A. porphyria* ist in Deutschland ziemlich gleichmäßig verbreitet. Er scheint in Europa keine Nord-Süd-Grenze zu kennen und kommt in Höhen bis über 1600 m vor. Er ist in Nadelwäldern auf nährstoffarmen, sauren Böden zu finden. In Skandinavien kann man den Pilz auch unter Birken finden. *A. porphyria* benötigt mehr Feuchtigkeit als seine Artverwandten. Fruchtkörper von Juli bis Ende Oktober.
Verwechslungsmöglichkeit: Wenn man auf die scharfrandige Knolle achtet, die glatte häutige Manschette, die natternartige Stielzeichnung darunter und den Kartoffelgeruch, ist eine Verwechslung nicht möglich.
Verwendbarkeit: Der Pilz ist roh giftig. Aufgrund seines unangenehmen Geruchs und Geschmacks kommt er als Speisepilz nicht in Frage.
Allgemeines: *A. porphyria* stimmt, wenn man von der Farbe absieht, in vielen Merkmalen mit *A. citrina* überein.

Scheidenstreifling, Grauer Scheidenstreifling *Amanita vaginata* (BULL. EX FR.) QUÉL.

Merkmale: Aus der weißen, lappigen Scheide entwickelt sich der Pilz rasch bis zu einer Höhe von etwa 10 cm. Der hell- bis dunkelgraue **Hut** ist zuerst halbkugelig-glockig und schirmt allmählich auf, bis er fast flach ist. Die starke Riefung des Hutrandes fällt sofort auf. Die **Lamellen** stehen dichtgedrängt, wachsen nicht am Stiel an, sind ein wenig bauchig und bleiben immer weiß. Der bis zu 12 (15) cm lange, schlanke **Stiel** vermittelt den Eindruck eines ziemlich dünnen und zerbrechlichen Pilzes. Nach oben verjüngt er sich. Seine Oberfläche ist etwas genattert oder sehr fein flockig. Sie schwankt zwischen weiß und verschiedenen Tönen eines stumpfen, hellen Grau. Sein weißes, zerbrechliches **Fleisch** schmeckt mild und hat keinen besonderen Geruch.

Sporenpulverfarbe: weiß.

Vorkommen: Unterschiedslos besiedelt er sowohl Laub- als auch Nadelwälder. Er ist weit verbreitet, kommt von den Niederungen bis in die Berge vor und bildet seine Fruchtkörper von Juli bis Oktober.

Verwechslungsmöglichkeit: Scheidenstreiflinge gleichen in der äußeren Gesamthülle dem *Weißen* und *Grünen Knollenblätterpilz* und sind an der Stielbasis gut erkennbar. Zudem ist der Hutrand meist stark ausgeprägt radialriefig. Sie haben keinen Ring und nur in wenigen Fällen Hüllreste auf der Huthaut.
Ungefährlich bleibt die Verwechslung mit dem *Silbrigen Scheidenstreifling (A. mairei Foley = A. argentea Huij.).* Dieser ist aber robuster und trägt oft weißliche Velumfetzen auf dem Hut. Außerdem ist dieser Pilz sehr selten.

Verwendbarkeit: Er ist eßbar, hat aber wegen seiner Zerbrechlichkeit nicht so viele Liebhaber.

Allgemeines: Man sollte auch diesen Pilz nicht roh verzehren. *Vaginata* bedeutet »scheidig«.

Gelbbräunlicher, Rotbrauner Scheidenstreifling *Amanita fulva* (SCHFF. EX) PERS.

Merkmale: Der **Hut** wird 3–7 cm breit, zartfleischig, dunkelrotbraun, orangefuchsig, mit hellerem und stark gerieftem Rand. Später flach ausgebreitet mit einem schwach erkennbaren Buckel und meist ohne Velumreste. Die **Lamellen** sind frei, weißlich, breit und stehen gedrängt. Der **Stiel** wird bis 7 (12) cm hoch und ist 0,8–1,2 cm dick; weißlich bis zart rotbräunlich, nicht genattert und ohne Ring; die Stielbasis steckt in einer ausdauernden **Scheide**, die außen weißlich und innen rotbräunlich gefärbt ist. Das **Fleisch** ist weiß und im Stiel später hohl; es riecht und schmeckt unauffällig.

Sporenpulverfarbe: weiß.

Vorkommen: In Deutschland ist er verbreitet. Man findet ihn im Nadelwald, gerne unter Kiefern, auf saurem Boden, häufig in feuchten und sumpfigen Gebieten. Seltener trifft man ihn im Laubwald an. Er bildet seine Fruchtkörper von Juni bis Oktober.

Verwechslungsmöglichkeit: Sehr ähnlich kann der eßbare *Orangebräunliche Scheidenstreifling (A. crocea)* sein. Er ist aber kräftiger und heller, sein Hut ist manchmal mit weißen Hüllresten bedeckt. Der Stiel ist blaßorangegelb und fasrig genattert. Er wächst im Nadel- und Laubwald, besonders unter Birken.

Verwendbarkeit: Der Pilz ist eßbar. Durch seine Zerbrechlichkeit eignet er sich nur bedingt zum Sammeln.

Allgemeines: Die Pilzwissenschaftler kennen ca. 13 Scheidenstreiflingsarten. Es gibt weiße, graue und verschiedenfarbig braune Arten. Alle haben in etwa das gleiche Aussehen. Früher wurden fast alle als Varietäten der Art. *A. vaginata* bezeichnet. Scheidenstreiflinge haben keine »innere Hülle«, also auch keinen Ring oder eine Manschette. Bei ihnen ist die äußere Gesamthülle an der Stielbasis als offene, lappige Scheide gut erkennbar. Der Hutrand ist meist stark ausgeprägt radialriefig. *Fulva* bedeutet »rotgelb, braungelb«.

Riesenschirmling oder **Parasolpilz** *Macrolepiota procera* (SCOP. EX FR.) SING.

Merkmale: Junge Pilze sehen aus wie Paukenschlegel. Wenn sie aufschirmen, können sie Hutdurchmesser von 25 (30) cm erreichen. In der Mitte bleibt dabei ein kleiner Buckel erhalten. Meist werden die Pilze völlig flach, der Rand kann auch ein wenig eingebogen bleiben. Im Jugendzustand trägt der Parasolpilz eine feinschuppige Haut von bräunlicher bis graubrauner Farbe, die später zu großen, unregelmäßigen Schuppen aufreißt. Schon von weitem erkennt man diese braunen Flecken auf dem faserigen, hellen Untergrund. Nur der kleine Buckel in der Mitte bleibt einheitlich braun. Die bauchig breiten **Lamellen** stehen sehr unregelmäßig, gedrängt und sind frei, mit *Kollar.* Anfangs sind sie weiß bis leicht gelblich, alt verfärben sie sich bräunlich. Der **Stiel** kann bis zu 40 cm hoch werden. Sein Durchmesser beträgt etwa 1–2 (4) cm. Innen ist der Stiel hohl, faserig und hart. Zur Basis hin verdickt er sich zu einer auffälligen Knolle, die mit weißem Pilzgeflecht *(Myzel)* überwachsen ist. Jung ist er einheitlich braun, reißt dann zu unregelmäßigen Schuppen auf und wirkt wie genattert. Am Stiel bleibt ein sehr kräftiger Ring, oben weiß, Unterseite braun, erhalten, den man auf und ab schieben kann: ein wichtiges Merkmal! Das **Fleisch** ist weich, weiß und riecht nußartig. **Sporenpulverfarbe:** weiß.

Vorkommen: Vom Sommer bis in den Herbst an Lichtungen, Wald- und Wegrändern, wobei er grasige Stellen bevorzugt.

Verwechslungsmöglichkeit: Er könnte mit dem *Safran-Schirmling (M. rhacodes),* der aber rötendes Fleisch hat, verwechselt werden.

Verwendbarkeit: Der Parasolpilz gehört zu den köstlichsten Speisepilzen. Junge Pilze sollte man stehenlassen, da sie erst aufgeschirmt ergiebig sind.

Allgemeines: Da der Stiel sehr holzig ist, empfiehlt es sich, nur die Hüte zu nehmen. *Procera* bedeutet »schlank und hoch gewachsen«.

Literaturhinweis: *Zeitschrift für Mykologie,* Bd. 47 (1), 1981.

Rötender Riesenschirmling, Safranschirmling *Macrolepiota rhacodes* (VITT.) SING.

Merkmale: Der **Hut** erreicht einen Durchmesser von 15 cm. Die Haut wird von vielen faserigen, etwas sparrigen braunen Schuppen bedeckt, unter der die hellere Unterschicht erkennbar ist. Im Jugendstadium erscheinen die Pilze als kleine Paukenschlegel, und auch im erwachsenen Stadium stehen sie nicht so völlig aufgeschirmt wie der Parasol. Der Hut behält auch dann seine fast halbkugelige, wenn auch jetzt aufgegangene Form. Ein Buckel ist zwar vorhanden, läßt sich aber schwer erkennen. Die unregelmäßigen **Lamellen** stehen dichtgedrängt und frei vom Stiel. Sie färben sich auf Druck deutlich rötlich. Anfangs sind sie weiß, werden aber im Alter zunehmend braun und haben manchmal eine dunklere Schneide. Der **Stiel** reckt sich bis auf 15 cm in die Höhe. An der Basis verdickt er sich zu einer kräftigen Knolle. Er ist nahezu glatt, weißlich, alt ockerbräunlich, nicht genattert. Der weiße Ring unter dem Hut läßt sich auf und ab schieben. Das **Fleisch** läuft bei der geringsten Verletzung nach ca. einer halben Minute intensiv safranrötlich an. **Sporenpulverfarbe:** weiß.

Vorkommen: Man findet den Rötenden Riesenschirmling häufig an Waldrändern, in Parks und auf Lichtungen, im Laub- und Nadelwald.

Verwechslungsmöglichkeit: In Mitteleuropa kennt man eine große, fleischige Schirmlingsart, die auf fetten, humusreichen, stark gedüngten Böden in Parkanlagen und Gärten vorkommt. Sie hat eine kräftige, rundliche, gerandete, dunklere Knolle. Das Fleisch dieses *Garten-Schirmlings (M. rhacodes var. hortensis)* läuft rasch lachsorange an. Die Identität dieser Art ist noch nicht endgültig geklärt. Sie soll giftig sein.

Verwendbarkeit: eßbar.

Allgemeines: Die Pilzwissenschaftler nennen 12 Arten der Gattung *Riesenschirmlinge (Macrolepiota),* wobei einige noch nicht genügend geklärt und selten sind. *Rhacodes* bedeutet »mit zerlumptem Aussehen«.

Literaturhinweis: *Zeitschrift für Mykologie,* Bd. 47 (1), 1981.

Spitzschuppiger Schirmling *Lepiota aspera* *(PERS. IN HOFM.) QUÉL.*

Merkmale: Der **Hut** ist jung kegelig bis glokkig, flacht ab und wird schließlich flach. Er wird bis 12 (15) cm breit, ist rost-lehmbräunlich und mit auffallenden gelb bis dunkelbraunen kegelwarzigen bis spitzkegeligen Schuppen bedeckt. Die **Lamellen** sind frei, weiß, oft gegabelt, ziemlich schmal und engstehend; an der Schneide sind sie unregelmäßig fein gekerbt. Der **Stiel** wird bis 12 cm hoch, 1–2 cm dick und ist weißlich. Unterhalb des hängenden, häutig-fädigen Ringes ist der Stiel meist mit Schuppen bedeckt; sie haben die gleiche Farbe wie auf dem Hut. Der Stiel ist zylindrisch und im unteren Teil gelegentlich etwas verdickt. Das **Fleisch** ist weiß und schmeckt und riecht sehr unangenehm.

Sporenpulverfarbe: weiß.

Vorkommen: Im Nadelwald und auch im Laubwald, gern in dichtem Laub, an Wegrändern, in Parkanlagen und im Gebüsch ist dieser sehr schöne Pilz zu finden. Weit verbreitet, aber nicht überall häufig. Der Spitzschuppige Schirmling erscheint von August bis Oktober.

Verwechslungsmöglichkeit: Es gibt etwa 11 spitzschuppige bzw. mehr oder weniger ausgeprägt kegelwarzige bis dichtflockige Schirmlingsarten mit mehr oder weniger ähnlichem Aussehen, wie z. B. der *Kegelschuppige Schirmling (L. hystrix)* und der *Igel-Schirmling (L. echinacea)*. Er wächst besonders in feuchten Wäldern und Parkanlagen. Diese Pilze sind in der Regel aber kleiner. Die Bestimmung erfordert sehr viel Erfahrung. Zur genauen Identifizierung müssen meist Fachliteratur und Mikroskop herangezogen werden.

Verwendbarkeit: Wegen des widerwärtigen Geruchs und Geschmacks gilt der Spitzschuppige Schirmling als völlig ungenießbar.

Allgemeines: Die Pilzwissenschaftler *(Mykologen)* unterscheiden in der Gattung der *Schirmlinge (Lepiota)* ca. 50 Arten, wobei einige giftig sind. Der wissenschaftliche Name *aspera* bedeutet »rauh, uneben«.

Wolliggestiefelter Schirmling *Lepiota clypeolaria* *(BULL. EX FR.) KUMMER*

Merkmale: Der zunächst stumpfkegelige **Hut** erreicht Durchmesser von 4–8 cm. Beim Aufschirmen nimmt er die Form einer sehr flachen Glocke an, in der Hutmitte bleibt ein deutlicher Buckel erhalten. Die weißliche Huthaut ist von vielen kleinen, ockerfarbenen bis braunen, fast wolligen Schüppchen bedeckt. Diese heben sich von der weißlichen Farbe des Pilzfleisches gut und recht dekorativ ab. Die Hutmitte ist dunkler und glatt. Am Rand hängen auch im reifen Zustand noch Schleierreste. Die weißen bis cremefarbenen **Lamellen** haben ganz unterschiedliche Längen, wachsen leicht bauchig und sind frei. Sie stehen weit auseinander. Mit höchstens 8 cm Länge und dem geringen Stieldurchmesser von 0,4–1 cm scheint der auffällige Pilz auf sehr schwachen Füßen zu stehen. Der weiße bis bräunlichblasse **Stiel** ist unterhalb des flockigen, aber nicht immer erkennbaren Rings weißlich wollig-gestiefelt. Ein charakteristisches Merkmal, das dem Pilz den Namen gegeben hat. Das **Fleisch** ist weiß, weich, mit leichtem Fruchtgeruch und hat einen süßlichen Geschmack.

Sporenpulverfarbe: weiß.

Vorkommen: Leider entdeckt man diesen ziemlich verbreiteten, wollig gestiefelten Pilz nicht sehr häufig. Man findet ihn zwischen Sommer und Herbst in Laub- und Nadelwäldern.

Verwechslungsmöglichkeit: Der Wolliggestiefelte Schirmling kann mit den nachfolgenden Arten verwechselt werden. Der *Gelbgestiefelte Schirmling (L. ventriosospora)* ist vor allem in Buchenwäldern zu finden. Der *Feuerfüßige Schirmling (L. ignivolvata)* verfärbt sich an der Stielbasis beim Eintrocknen langsam, beim Reiben rasch safran-feuerorange. Beide Pilzarten sind aber nicht sehr häufig.

Verwendbarkeit: Der Pilz ist nicht giftig. Man sollte sich aber an die Faustregel halten, daß alle kleinen Schirmlinge nicht eßbar sind.

Allgemeines: *Clypeus* bedeutet »Rundschild«, und der stumpfbuckelige Hut erinnert in der Form auch an einen solchen.

Stinkschirmling *Lepiota cristata (A. U. S. EX FR.) KUMMER*

Merkmale: Das im Durchmesser nur 3–4 cm erreichende **Hütchen** stößt zunächst als geschlossener Kegel aus dem Boden und entwickelt sich allmählich zu einem ausgebreiteten Hut mit einer abgeschnitten-buckeligen Mitte. Diese fällt auf, denn sie ist intensiv braunrot oder dunkel-ockerlich gefärbt, wodurch sie sich von der hell-ockerlich geschuppten, ansonsten weißen Oberfläche abhebt. Die weißlichen **Lamellen** stehen frei, wachsen also nicht am Stiel an. Sie drängen sich dicht und haben eine leicht bauchige Form. Der schlanke, zylindrische und hohle **Stiel** erreicht kaum mehr als eine Höhe von etwa 4–6 cm und wird etwa 0,8 cm dick. Seine im übrigen weiße Oberfläche nimmt zur Basis hin eine schwache Rosafärbung an. Unter dem auffälligen Hütchen erkennt man bei jüngeren Exemplaren noch einen häutigen Ring. Dieser ist jedoch leicht vergänglich, so daß er bei reiferen Stücken schon fehlen kann. Beim Anschneiden erscheint weißes Fleisch, das stark unangenehm, widerlich riecht.

Sporenpulverfarbe: weiß.

Vorkommen: Man findet ihn entlang grasiger Waldwege, in Gärten, im Gebüsch, auf Weiden und in allen Waldtypen. Stets wächst er in Gruppen; zwischen Sommer und Herbst.

Verwechslungsmöglichkeit: Man könnte ihn für den *Wolliggestiefelten Schirmling (L. clypeolaria)* halten, jedoch fehlt dem Stinkschirmling eben dessen faserige Struktur am Stiel. Sehr selten ist der *Fleischrosa Schirmling (L. helveola)*, der schwere Vergiftungen hervorrufen kann. Dieser Verwandte rötet im Fleisch, ist dunkler und nahezu gleichmäßig geschuppt. Ferner kennt man noch einige andere Schirmlinge mit schwarzen und lila Schuppen.

Verwendbarkeit: Ungenießbar. Wie alle kleinen Schirmlinge ist auch dieser zu meiden. Sie stehen durchweg im Verdacht, giftig zu sein.

Allgemeines: *Cristata* bedeutet »kammartig«.

Literaturhinweis: Flammer/Horak: *Giftpilze – Pilzgifte.*

Blutblättriger Schirmling *Melanophyllum echinatum (ROTH EX FR.) SING.*

Merkmale: Der **Hut** ist 10–30 mm breit, zuerst kegelig gewölbt, dann halbkugelig bis glockig, alt flach ausgebreitet mit stumpfem Buckel. Die Oberseite des Hutes ist trocken, körnig-mehlig, später verkahlend, am Rand mit Hüllresten fransig behangen. Die Hutfarbe reicht von Weinrotbraun über schmutziges Graubraun bis zu dunklem Braunschwarz mit olivfarbenem Überzug. Ähnliche Farben weist der **Stiel** auf. Er ist gleichmäßig röhrig, 20–40 mm lang und 2–4 mm dick, oben karminrosa, unten mehr schwarzbraun körnig-mehlig überdeckt und besitzt einen flüchtigen, flockig-häutigen Ring. Die **Lamellen** sind bauchig, frei, mit glatter Schneide, anfangs dunkelrosa, dann blutrot bis weinbraun, alt fast schwarz. Das dünne **Fleisch** erscheint im Hut weißlich, im Stiel rötlich, gegen die Basis dunkler. Es riecht fruchtig bis streng oder rettichartig und schmeckt mild.

Sporenpulverfarbe: Zuerst olivgrau, später rötlich.

Vorkommen: Der Blutblättrige Schirmling kommt in Europa von Spanien und Italien bis Schweden vor, doch ist die Art weit verstreut und wenig standorttreu, taucht nur hier und da sporadisch auf. Der Pilz geht vom Tiefland über die Voralpentäler bis auf eine Höhe von 1500 m. Wer ihn finden will, muß zur richtigen Zeit – Ende Juni bis Anfang Oktober – suchen. Der Schirmling zeigt eine Vorliebe für Auwälder mit Eschen und Erlen, für staunasse, lehmige Böden, wächst gern unter Brennesseln und Hochstauden. Auf verrotteten Blättern über nährstoffreicher Erde unter Buche und Eiche gedeiht er ebenso wie an nassen Brandstellen, an Wegrändern und Ruderalstellen.

Verwendbarkeit: Der Pilz ist ungenießbar.

Allgemeines: Der Blutblättrige Schirmling hat einen Verwandten, der noch seltener ist, den *Grünblättrigen Schirmling (M. eyrei)*, dessen Lamellen blaugrün sind, während Hut und Stiel oliv- bis cremebraun gefärbt sind. *Echinatum* bedeutet »igelstachelig«.

Literaturhinweis: *Zeitschrift für Mykologie,* Bd. 45 (1), 1979.

Amiant-Körnchenschirmling *Cystoderma amiantinum* (SCOP. EX FR.) K. & M.

Merkmale: Hier stellen wir einen ausgesprochen hübschen Pilz vor. Das **Hütchen** erreicht gerade eben 2–4 (5) cm Durchmesser. Zunächst erscheint ein kleiner Kegel, der sich dann abflacht, ohne die deutliche Wölbung zu verlieren. Der Buckel in der Mitte hat große Ähnlichkeit mit einer kleinen Brustwarze. Der Rand bleibt ein wenig eingerollt und ist stark mit Velumresten behangen. Die ockerfarbene, in der Mitte dunklere Haut ist dicht mit winzigen Körnchen besetzt. Die verschieden langen **Lamellen** stehen gedrängt und sind am Stiel angeheftet. Ihre Farbe variiert zwischen einem milchigen Weiß und Creme. Bis zu 6 cm hoch kann sich das zerbrechlich wirkende **Stielchen** hochrecken. Es hat Zylinderform, ist innen röhrig und außen wie der Hut gefärbt. Im oberen Drittel erkennt man einen kleinen aufsteigenden Ring. Darüber ist er weißlich und kahl körnig-schuppig. Das **Fleisch** ist gelblich, im Hut weich, im Stiel derber. Es riecht unangenehm erdartig.

Sporenpulverfarbe: weiß.

Vorkommen: Man findet den hübschen Pilz in Nadelwäldern und auf moosigen Waldwiesen. Meist erscheint er zwischen Sommer und Herbst.

Verwechslungsmöglichkeit: Man kennt eine ganze Reihe von ähnlichen, mehr oder weniger lebhaft ockergelb gefärbten *Körnchenschirmlingen*. Sie sollten vom Pilzsucher geschont werden.

Verwendbarkeit: Diese Pilze sind allesamt ungenießbar. Über eine Giftigkeit ist allerdings nichts bekannt.

Allgemeines: Der Körnchenschirmling gehört zu den Bewohnern Mittel- und Südeuropas. Seine sehr ähnlichen Verwandten wachsen dagegen mehr in südlichen Wäldern und Klimazonen. Die Abbildungen zeigen den Variationsreichtum der Art, z. B. die Form *rugoso-reticulatum* mit runzeliger Huthaut. Der wissenschaftliche Name *amianthinus* bedeutet »unbefleckt« und kommt von *amiantos*, »der in die feinsten Fasern teilbar ist«.

Starkriechender Körnchenschirmling *Cystoderma carcharias* (PERS.) KONR. & MAUBL.

Merkmale: Der 2–6 cm breite **Hut** ist flach gewölbt bis gebuckelt, fleischrosa-falb, weiß und dunkler feinkörnig-mehlig, der Hutrand wird später wellig. Die weißen **Lamellen** sind schmal angewachsen, fast gedrängt mit Zwischenlamellen und dünn, im Alter gilben sie etwas. Der bis zu 7 cm lange und 0,8 cm dicke **Stiel** ist oberhalb der Ringzone weiß und glattfaserig; unter dem Ring ist er wie der Hut gefärbt und körnig-schuppig. Der Ring ist trichterförmig, mit weißer, glatter Ober- und graulicher Unterseite. Das **Fleisch** ist blaß und von unangenehmem, staubartigem Geruch, es schmeckt widerlich.

Sporenpulverfarbe: weiß.

Vorkommen: Der Pilz ist holarktisch verbreitet. In Deutschland kommt er im Süden weit häufiger vor als im Norden. Der Starkriechende Körnchenschirmling scheint eine starke Bindung an die Fichte zu haben, was seine Seltenheit im Laubwald erklärt. Er kommt ohne einen gewissen Kalkanteil im Boden nicht aus. Seine Fruchtkörper bildet er von September bis November.

Verwechslungsmöglichkeit: Besteht kaum mit dem *Amiant-Körnchenschirmling (C. amiantinum)*. Die anderen Arten der Sektion *Cystoderma* sind bei uns selten.

Verwendbarkeit: Der Pilz ist aufgrund seines Geruchs und Geschmacks völlig ungenießbar.

Allgemeines: Die Gattung der Körnchenschirmlinge *(Cystoderma)* enthält zur Zeit 13 mehr oder weniger bekannte Arten. Es sind Fäulnisbewohner *(Saprophyten)*, wobei einige Arten eine Bindung *(Symbiose)* mit bestimmten Baumarten einzugehen scheinen. Meist sind es kleinere Pilze mit einem Hutdurchmesser von 2–6, selten bis 15 cm. Sie haben eine kleiig-körnige, kegelwarzige oder feinschuppige Hut- und Stieloberfläche. Der Stiel ist oft aufsteigend beringt. Die Lamellen sind schmal angeheftet. *Charcharias* bedeutet »rauh, mit rauher Oberfläche«.

Literaturhinweis: *Zeitschrift für Mykologie*, Beiheft (4), 1982.

Gedrungener Champignon *Agaricus spissicaulis* MOELL.

Merkmale: Im Jugendstadium hat der 5–8 cm breite Gedrungene Champignon Ähnlichkeit mit dem Scheidenegerling. Er erscheint zunächst als Halbkugel, reckt sich aber schnell auseinander und kann fast flach werden. Die Huthaut ist am Rand eingerollt. Ihre Farbe spielt ins Weißliche mit gelben Flecken, die Oberfläche überzieht eine gelblichgraue breite Schuppenschicht. Bei Berührung erscheinen gelbe Flecken. Die unregelmäßigen, weit auseinanderstehenden **Lamellen** zeigen sich anfangs wein- bis fleischrot, später schokoladen- bis schwarzbraun. Die Lamellenschneiden sind weißflockig. Der **Stiel** ähnelt einer Keule und wird nicht höher, als der Hut breit ist. Dicht unter den Lamellen gürtet er sich, wie alle Champignons, mit einem weißen, lappigen Ring, den man nach oben abziehen kann. Das weißliche, im Hut dicke **Fleisch** hat einen schwachen Bittermandelgeruch, beim Anschneiden färbt es sich blaß graurötlich.
Sporenpulverfarbe: schwarzbräunlich.
Vorkommen: Ab Juli auf Wiesen, in Parkanlagen und auf Weiden, auf kalkigen Böden, auf Trockenrasen, besonders im Küstengebiet. Vereinzelt und selten auf der Schwäbischen Alb und im Fränkischen Jura.
Verwechslungsmöglichkeit: Dieser Pilz kann mit vielen Agaricus-Arten verwechselt werden. Die genaue Bestimmung mancher Arten innerhalb der Gattung – Agaricus – bereitet oft erhebliche Schwierigkeiten, sie setzt Erfahrung und Spezialliteratur voraus. *Agaricus spissicaulis Moell.* ist vermutlich identisch mit *Agaricus maskae Pilat.*
Verwendbarkeit: Der Gedrungene Champignon ist eßbar, er zeichnet sich aber nicht durch einen besonderen Geschmack aus. Da der Pilz nicht gerade zu den häufigen Wiesenbewohnern gehört, sollte er geschont werden.
Allgemeines: Bei jedem weiß- oder zumindest sehr hellhäutigen Champignon muß immer wieder auf die Ähnlichkeit mit dem *Weißen Knollenblätterpilz* hingewiesen werden. *Spissicaulis* bedeutet »verdickt, gedrungen«.

Wiesenchampignon *Agaricus campester* (L.) FR.

Merkmale: Sein **Hut** erreicht einen Durchmesser von 10 cm. Zunächst erscheint er halbkugelig, schirmt aber schon nach kurzer Zeit auf und wird dann fast flach. Die Huthaut fällt durch ihre weiße Farbe auf, sie ist nur manchmal von feinen, bräunlichen Schüppchen unterbrochen. Die Farbe der **Lamellen** ändert sich vom anfangs hellen Rosarot zum späteren charakteristischen Schokoladenbraun und wird schließlich fast schwarz. Dieses Merkmal ist wichtig, um Verwechslungen mit dem *Knollenblätterpilz* zu vermeiden. Der **Stiel** trägt im oberen Drittel einen häutigen, hängenden Ring. Sein Durchmesser beträgt höchstens 2 cm. Das **Fleisch** ist weiß, läuft aber beim Anschneiden ganz schwach rötlich an.
Sporenpulverfarbe: purpurbraun.
Vorkommen: Der Name sagt es schon: Der beliebteste unter den Champignons bevorzugt Wiesen und Weiden, vor allem solche, die durch grasendes Vieh gedüngt sind. Der Wiesenchampignon erscheint stets in Gruppen oder Ringen vom Frühsommer bis in den Herbst, besonders nach trockenen Perioden mit nachfolgenden Regenfällen.
Verwechslungsmöglichkeit: Der hochgiftige *Weiße Knollenblätterpilz (Amanita virosa)* hat stets reinweiße, aber nie rosa bis dunkelbraune Lamellen! Außerdem wachsen Champignons nicht aus einer offenen Knolle heraus. Verwechslungen mit anderen Champignons sind im wesentlichen ungefährlich, weil sie bis auf die charakteristisch nach Tinte oder Karbol riechenden *Karbol-Egerlinge* alle eßbar sind.
Verwendbarkeit: eßbar.
Allgemeines: In letzter Zeit konnte man immer wieder lesen, der Gehalt an Schwermetallen, wie Blei und Cadmium, sei bei einigen Champignonarten erhöht. Manche von ihnen besitzen in viel stärkerem Maße als andere Pflanzen die Eigenschaft, Spurenelemente und damit auch Schwermetalle zu speichern. Vom Bundesgesundheitsministerium wurde empfohlen, pro Woche nicht mehr als 500 g Frischpilze (Waldpilze) zu verzehren.

Karbolegerling *Agaricus xanthoderma* GEN.

Merkmale: Der so appetitlich aussehende Pilz hat schon so manchen Sammler enttäuscht und einen verdorbenen Magen verursacht. Der zuerst halbkugelige, später flach werdende, dünnfleischige **Hut** ist ähnlich weißlich gefärbt wie der Wiesenchampignon; er fühlt sich glatt an und hat nur selten eine etwas schuppige Oberfläche. Zuweilen findet man auch Exemplare, die in der Mitte einen braunen Schimmer zeigen. Die Huthaut bringt aber auch sofort das erste Unterscheidungsmerkmal: Sie gilbt beim Reiben unübersehbar. Die **Lamellen** sind als solches Merkmal nicht geeignet, sie färben sich nach anfänglichem Rosa ebenso schokoladenbraun wie die der eßbaren Champignons. Der schlanke **Stiel** mit dem weißen, häutigen Ring ist an der Basis knollenartig verdickt. Auch er wird beim Reiben sofort chromgelb. Das Fleisch riecht meist unangenehm nach Tinte, Schweiß oder Karbol, der Geruch kann aber schwach ausgeprägt sein.

Sporenpulverfarbe: purpurbraun.

Vorkommen: Man findet den Pilz an sehr ähnlichen Standorten wie den *Wiesenchampignon*, nämlich in Gärten, Parks und Friedhöfen, auf Wiesen und Weiden, aber auch im Wald. Vom Sommer bis in den Herbst.

Verwechslungsmöglichkeit: Er sieht den *Wiesen-* und *Schafchampignons* sehr ähnlich. Eine Verwechslung wäre zwar keineswegs sehr gefährlich, aber unangenehm. Beim Anschneiden der Knolle des Karbolegerlings wird sofort die chromgelbe Verfärbung sichtbar, an der der Pilz zu erkennen ist.

Verwendbarkeit: Karbolegerlinge verursachen Magenbeschwerden und sind als giftig einzustufen.

Allgemeines: Am besten meidet man alle sich gelb verfärbenden und nach Karbol riechenden Egerlinge, es gibt 10 Arten mit ihren Varietäten, obwohl einige ungiftige unter ihnen sind. *Xanthoderma* bedeutet »gelbhäutig«.

Literaturhinweis: *Zeitschrift für Mykologie,* Bd. 45 (1), 1979.

Weißer Anisegerling oder **Schafchampignon** *Agaricus arvensis* SCHFF. EX FR.

Merkmale: Sein weißer, später gilbender, seidiger **Hut** kann einen Durchmesser von fast 20 cm erreichen. Im Jugendzustand ist er halbkugelig und schirmt dann bis zu einer flachen Wölbung auf. Die Farbe der **Lamellen** macht eine ganze Reihe von Veränderungen durch: zuerst zart graulich, dann rosa bis fleischfarben, schließlich tief dunkelbraun. Sie sind frei. In schönem Kontrast dazu steht der schlanke, weiße **Stiel**, der dicht unter dem Hut einen häutigen zweischichtigen Ring trägt. Ein weiteres, untrügliches Erkennungsmerkmal: Das weiße **Fleisch** riecht deutlich nach Anis. Ein Anschnitt verfärbt sich gelblich.

Sporenpulverfarbe: purpurbraun.

Vorkommen: Der Pilz scheint Sonne zu lieben, er wächst auf Wiesen und Weiden, in Parks, Gärten und an Waldrändern. Zuweilen entdeckt man ihn auf Lichtungen oder in lichten Gebüschen. Sammler finden ihn vom Sommer bis in den Herbst hinein.

Verwechslungsmöglichkeit: Vor allem im Jugendstadium kann man ihn leicht mit dem giftigen *Weißen Knollenblätterpilz* verwechseln, dessen Lamellenfarbe aber stets reinweiß ist! Außerdem wächst der Schafchampignon nicht aus einer Knolle heraus. Im Zweifel prüft man also auch dieses Merkmal des Pilzes, indem man mit dem Finger vorsichtig die Erde um den Stiel herum lockert. Erscheint dabei eine Scheide, aus welcher der Stiel deutlich herauswächst, dann hat man einen der giftigsten Pilze vor sich.

Verwendbarkeit: Manche Feinschmecker schätzen diesen Champignon wegen seines angenehmen Anisgeschmacks noch mehr als den Wiesenchampignon. Beim Kochen verliert sich jedoch der charakteristische Geschmack zum Teil, aber man kann ihn immer noch von dem anderer Champignons unterscheiden.

Allgemeines: Der Speisepilzsammler sollte nur dann Champignons ernten, wenn er die wichtigsten Unterscheidungsmerkmale ganz genau kennt und sich mit seiner Bestimmung absolut sicher ist. *Arvensis* bedeutet »auf Feldern wachsend«.

Schiefknolliger Anisegerling *Agaricus abruptibulbus* PECK.

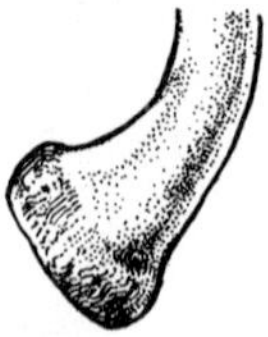

Merkmale: Der zuerst halbkugelige, später aufgeschirmte, bis 12 (14) cm breite, reinweiße **Hut** hat einen schwachen stumpfen Buckel. Er ist eingewachsen zartfaserig und gilbt bei Druck. Die **Lamellen** sind frei, stehen sehr gedrängt, sie sind jung weißlich-blaß, dann graulich-fleischfarben und zuletzt dunkelrötlich bis schwarzbraun. Der **Stiel** wird bis 12 cm hoch und ist 0,8–2 cm dick, zylindrisch, aufwärts schwach verjüngt und oberhalb des Ringes seidenfaserig. Dieser ist recht dünn, hängend und unterseits mit häutigen Warzen gesäumt. Der Stiel ist oberhalb der Stielknolle meist abgebogen und die Basis charakteristisch abgesetzt knollig (siehe Zeichnung). Das weiße **Fleisch** ist im Hut recht dünn und im Stiel oft hohl. Gedrückt oder angeschnitten riecht es angenehm anisartig.

Sporenpulverfarbe: purpurbraun.

Vorkommen: Der Schiefknollige Anisegerling ist sehr verbreitet und wächst im Fichtenwald, gern an grasigen Rändern in Nadelstreu vom Sommer bis in den Spätherbst.

Verwechslungsmöglichkeit: Wenn der Pilz noch jung und kegelförmig geschlossen ist, so besteht durchaus Ähnlichkeit mit dem *Kegelhütigen Knollenblätterpilz (Amanita virosa)*. Dieser ist aber reinweiß und glänzend, meist schmierig. Seine Huthaut wird auch nicht wie die des *Schiefknolligen Anisegerlings* durch Reiben gelb. Letzten Aufschluß gibt dann die beim *Kegelhütigen Knollenblätterpilz* mit einer Scheide versehene Stielbasis. Ähnlich ist auch der eßbare *Dünnfleischige Anisegerling (A. silvicola)*. Eine Verwechslung mit diesem Pilz wäre allerdings nicht gefährlich, da er ebenfalls eßbar ist.

Verwendbarkeit: Guter Speisepilz, wenn auch der Anisgeruch nicht jedermann zusagt.

Allgemeines: *Abruptibulbus* bedeutet »jäh abgesetzt, abgebrochen«.

Dünnfleischiger Anisegerling *Agaricus silvicola* (VITT.) SACC.

Merkmale: Der **Hut** erreicht kaum einen Durchmesser von 6–8 (12) cm und ist, wie der Name schon deutlich macht, sehr dünnfleischig. In der Form ähnelt er, wenn er noch jung ist, ein wenig einem Trommelschlegel. Später breitet sich der Hut aus. Seine Haut zeigt auf cremeweißem Untergrund eine feinfaserige Struktur: gelbliche Stellen sind nicht selten, sie erscheinen vor allem bei Berührungen. Schuppen auf der Haut kommen nicht vor. Wie bei allem Champignons sind die feinen, freien **Lamellen** zunächst rosa- bis fleischfarben und verändern sich im Laufe der Zeit allmählich zu einem kräftigen Schokoladen- bis Schwarzbraun. Der **Stiel** besitzt eine auffallend schlanke Gestalt und wird höchstens 8 cm hoch und ist innen hohl. Zur Basis hin verdickt sich der Stiel zu einer leichten Knollenform, ähnlich dem *Schiefknolligen Anisegerling*. Sie kann jedoch nicht mit der echten des *Weißen Knollenblätterpilzes* verwechselt werden, weil der Stiel nicht aus ihr herauswächst. Der häutige Ring kann sehr lang und lappig sein und beginnt im oberen Drittel, von dort hängt er nach dem Aufschirmen fast herab. Noch deutlicher als beim *Anisegerling (A. arvensis)* riecht das **Fleisch** nach dem Gewürz, das dem Pilz seinen Namen gab.

Sporenpulverfarbe: purpurbraun.

Vorkommen: Vor allem unter Fichten und Buchen, aber auch unter allen anderen Nadel- und Laubbäumen vom Sommer bis in den Herbst hinein.

Verwechslungsmöglichkeit: Nur eine einzige Verwechslung hätte fatale Folgen, nämlich die mit einem der *Knollenblätterpilze*, die aber nie rosa bis schokoladenfarbene Lamellen aufweisen. Eine Verwechslung mit dem *Karbolegerling* ist unwahrscheinlich, weil dieser doch eine deutlich andere Färbung sowie einen anderen Standort hat und anders riecht.

Verwendbarkeit: Der *Dünnfleischige Anisegerling* gehört zu den recht würzigen Speisepilzen. Er hat angenehmen Anisgeschmack.

Allgemeines: *Silvicola* bedeutet »waldbewohnend«.

Waldegerling oder **Waldchampignon** *Agaricus silvaticus* SCHFF. EX SECR.

Merkmale: Der **Hut** wird meist nicht größer als 10 cm im Durchmesser. Die kleine Halbkugel wölbt sich mit wachsender Reife immer mehr auf, wird selten völlig flach, die Hutmitte vertieft sich im Alter ein wenig. Die Haut ist mit dichten ocker- bis dunkelbraunen, faserigen Schuppen bedeckt. Die freien **Lamellen** zeigen anfangs eine blasse, nicht ganz reinweiße Färbung, röten allmählich und werden schließlich schokoladenbraun. Der hohe, bis zu 12 cm lange, schlanke **Stiel** ist weißlich, selten leicht schuppig flockig, färbt sich bei Berührung jedoch rötlich, wie auch das **Fleisch** des Hutes. Die Stielbasis ist leicht knollig verdickt. Im oberen Teil trägt er einen häutigen, hängenden Ring, der eigentlich weiß ist, sich aber im Laufe der Zeit durch die herabfallenden Sporen dunkel verfärbt.

Sporenpulverfarbe: purpurbraun.

Vorkommen: Verbreitet, bevorzugt Nadelwälder auf Kalk. Selten bei Buchen, oft in Gruppen. Zwischen Sommer und Herbst.

Verwechslungsmöglichkeit: Es gibt einen unangenehmen Champignon, mit dem eine Verwechslung nicht vorkommen sollte, nämlich mit dem giftigen *Perlhuhnegerling (A. placomyces)*. Sein Hut ist mit graubraunen anliegenden Pünktchen bedeckt. Bei genauerem Hinsehen wird der Sammler keine Schwierigkeiten haben, diese von der faserigen Struktur der Haut des Waldchampignons zu unterscheiden. Im Zweifel schneidet man die Stielknolle an: der »falsche« Champignon verfärbt sich chromgelb. Verwechslungen mit den anderen, sehr ähnlich aussehenden *Großen Blutegerlingen (A. haemorrhoidarius* und *A. langei)* sind ungefährlich.

Verwendbarkeit: Waldchampignons gehören zu den guten Speisepilzen.

Allgemeines: *A. silvaticus* gehört zur Gruppe der *rötenden Egerlinge*, die in Wäldern wachsen und manchmal schwer zu unterscheiden sind. So hat etwa *A. silvaticus var. pallens* feinere Schüppchen auf dem Hut und etwas größere Sporen; er rötet weniger intensiv. *Silvaticus* bedeutet »zum Wald gehörend«.

Großer Waldegerling, Großer Waldchampignon *Agaricus langei* (MOELL.) MOELLER

Merkmale: Der anfangs halbkugelige **Hut** kann die beachtliche Größe von bis zu 15 cm im Durchmesser erreichen. Man erkennt den Pilz leicht an seinen rostbraunen, breitfaserigen Schuppen, die die ganze Hutoberfläche dicht bedecken. Sein Fleisch rötet beim Anschneiden, vor allem an der Trennungslinie zur Haut und zu den freien, am Stiel nicht angewachsenen **Lamellen**. Diese sind zunächst rosa und färben sich im Laufe der Zeit dann schokoladenbraun, bis sie bräunlich schwarz werden. Auch der **Stiel** kann recht kräftig sein. Seine Höhe erreicht manchmal mehr als 12 cm. Die Unterseite des lappigen Rings, der das obere Drittel des Fußes umschließt, zeigt eine braunschuppige Struktur. Das weiße **Fleisch** des Stiels verfärbt sich sofort blutrot, wenn man es anschneidet. Der Geruch des ganzen Fleisches kommt wohl am ehesten von allen Champignons dem des typischen Pilzes nahe. Man kann ihn als angenehm säuerlich bezeichnen.

Sporenpulverfarbe: purpurbraun.

Vorkommen: Zwischen August und Oktober findet man die Fruchtkörper vor allem in Nadelwäldern, auf kalkreichen Böden. In Laubwäldern ist der Große Waldchampignon selten. Hier wird er von *Ag. haemorrhoidarius* KALCHBR. ET SCHULZ. vertreten, dessen Lamellenschneiden deutlich weißflockig sind.

Verwechslungsmöglichkeit: Wegen seiner ausgeprägten faserigen Schuppen und seiner Größe kann man ihn kaum mit *A. silvaticus* verwechseln, was auch völlig ungefährlich wäre.

Verwendbarkeit: Die Großen Waldchampignons zählen zu den Guten unter den eßbaren Pilzen.

Allgemeines: Fachleute unterscheiden 21 rötende, mehr oder weniger weißlich bis braune und mehr oder weniger faserschuppige Champignonarten mit ihren Varietäten, die inner- und außerhalb von Wäldern wachsen. Giftpilze sind darunter nicht bekannt. Der Artname *langei* ist eine Ehrung für den dänischen Mykologen J. E. Lange.

Großer oder **Granatroter Saftling** *Hygrocybe punicea (FR.) KUMMER*

Merkmale: Der **Hut** wird bis 14 cm breit, ist jung glockig, dann gewölbt bis verflacht, stumpfbuckelig; er ist gelb bis kirsch-, scharlach-, blutrot; im Alter ausblassend; feucht schmierig; am Rand einreißend; gelappt, zerbrechlich. Die **Lamellen** sind schmal angeheftet bis fast frei; bauchig, dick, stehen weit auseinander, sie sind gelb-orange, am Grund oft rot und haben Zwischenlamellen. Der **Stiel** wird 6–10 cm hoch und 0,8–2,5 cm dick. Er ist in der Regel zylindrisch, aber auch abgeflacht und senkrecht gefurcht, an der Basis verjüngt und wie der Hut gefärbt oder heller. Er ist längsfaserig gezeichnet, hohl und trocken. Das **Fleisch** ist innen weißlich, sonst hat es die Farbe des Stiels. Es ist wachsartig und geruchlos.

Sporenpulverfarbe: weiß.

Vorkommen: Dieser Saftling wächst vorwiegend im Herbst auf feuchten Wiesen und Ödland. Sein Vorkommen scheint auf die Alpen, das Alpenvorland und bergige Lagen beschränkt zu sein. Er ist selten. Mitte Oktober stand am Fundort neben *H. punicea* auch noch der kleine, zarte *Menningrote Saftling (H. miniata)*.

Verwechslungsmöglichkeit: Besteht mit dem *Kirschroten Saftling (H. coccinea)*; dieser ist aber kleiner und hat breit angewachsene, mit Zähnchen herablaufende Lamellen.

Verwendbarkeit: Er ist eßbar, man sollte ihn jedoch wegen seiner Seltenheit schonen und sich über seine Farbenpracht freuen.

Allgemeines: Die artenreichen Saftlinge sind meistens kleine, dünnfleischige und sehr farbenfrohe Pilzarten. Sie sind Bodensaprophyten und leben vermutlich mit Gräsern in Symbiose. Einige Arten sind giftig. Der Große Saftling ist, wie der Name besagt, der größte bekannte Pilz dieser Gattung. Der wissenschaftliche Name *punicea* bedeutet »punisch, phönizisch«, daher »purpur, scharlachrot«.

Literaturhinweis: *Zeitschrift für Mykologie,* Bd. 44 (2), 1978.

Kirschroter Saftling *Hygrocybe coccinea (SCHFF. EX FR.) KUMMER*

Merkmale: Das Pilzchen hat einen anfangs halbkugeligen **Hut** mit einem Durchmesser von gerade 2, höchstens 6 cm. Allmählich schirmt der Hut glockig auf. Seine Haut fühlt sich nur schwach schmierig an, bei Trockenheit merkt man davon nichts mehr. Die kirsch- bis blutrot gefärbte Oberfläche glänzt. Selbst wenn der Pilz im Laufe der Reife ein wenig verblaßt, bleibt der Rand intensiv rot. Die bauchigen, breit angewachsenen, manchmal auch mit Zähnchen herablaufenden **Lamellen** stehen entfernt. Sie sind orange bis blutrot, die Schneiden oft gelblich. Auch die Oberfläche des **Stiels** ist lebhaft rot gefärbt. Später ändert sie ihr Aussehen in ein helleres Orange. Der Stiel selbst erscheint leicht zusammengequetscht, ist hohl und glatt. Zur Basis hin wird er immer gelblicher, woran man ihn recht gut erkennen kann. Selbst das **Fleisch** zeigt die leuchtende Färbung von Hut und Stiel. Es ist wäßrig und zerbrechlich.

Sporenpulverfarbe: weiß.

Vorkommen: Vor allem auf feuchten Gebirgswiesen, feuchten Matten bis in eine Höhe von 1800 m. Im mittleren Deutschland ist er selten. Im Norden wurde er vereinzelt festgestellt. Seine Fruchtkörper kann man von September bis Oktober finden.

Verwechslungsmöglichkeit: Der *Große Saftling (H. punicea)* ähnelt ihm sehr, erreicht aber deutlich größere Ausmaße.

Verwendbarkeit: Eßbar, man sollte ihn aber wegen seiner Seltenheit schonen.

Allgemeines: Die Gattung der Saftlinge *(Hygrocybe)* umfaßt ca. 55 Arten mit ihren Varietäten. Einige davon sind giftig. Saftlinge sind meist farbenfrohe, mehr oder weniger glasige und zerbrechliche Pilze. Man findet sie meist auf feuchten, natürlich belassenen Bergwiesen und vereinzelt in Norddeutschland. Ihre genaue Bestimmung ist nicht ohne Probleme und erfordert Erfahrung. *Coccinea* bedeutet »scharlachfarbig«.

Literaturhinweis: *Zeitschrift für Mykologie,* Bd. 44 (2), 1978.

Kegeliger Saftling *Hygrocybe conica* (SCOP. EX FR.) KUMMER

Merkmale: Der kleine, nur 4–5 cm im Durchmesser erreichende **Hut** zeichnet sich durch eine spitzkegelige Form aus, die er behält, wenn der Pilz aufschirmt. Die kahle Huthaut glänzt und wird feucht schmierig, sonst fühlt sie sich trocken an. Auffallend ist die hübsche rote bis orangegelbe Farbe. Sie schwärzt bei Berührung und mit zunehmendem Alter immer mehr. Die dünnen, bauchigen, ungleich langen **Lamellen** stehen fast frei, sie sind weiß bis gelb. Der dünne **Stiel** kann 10 cm hoch werden. Er hat eine nahezu regelmäßige Zylinderform, eine kahle, faserig-gestreifte Oberfläche und ist innen hohl. Seine Farbe variiert zwischen intensivem Gelb und Orange. Der **Stiel** schwärzt ebenfalls. Das **Fleisch** ist bemerkenswert brüchig und zerbrechlich, im Geruch unauffällig und schwärzt ebenfalls.

Sporenpulverfarbe: weiß.

Vorkommen: Man findet ihn verstreut an Wegrändern, auf Wiesen und feuchten Weiden, meist in bergigen Lagen. Im südlichen Teil der Alpen kommt er häufig vor. In Deutschland ist er seltener. Seine Zeit liegt zwischen Sommer und Herbst.

Verwechslungsmöglichkeit: Die leuchtende Färbung macht den Pilz leicht kenntlich. Er ähnelt sehr dem *Schwärzenden Saftling (H. nigrescens)*, dieser hat aber einen stumpfkegeligen Hut und einen etwas dickeren Stiel und ist größer. Ansonsten ist eine Unterscheidung nur mit dem Mikroskop möglich. Bei *H. conica* sind 2- bis 4sporige Basidien bekannt, bei *H. nigrescens* nur 4sporige.

Verwendbarkeit: Man weiß noch nicht genau, wie giftig er ist. Der Pilz ist jedoch hinreichend verdächtig und verursacht Magen- und Darmbeschwerden. Er gehört deshalb keinesfalls in den Korb des Sammlers.

Allgemeines: Dieser sehr schöne Pilz wächst im mitteleuropäischen Raum nicht so häufig wie in südlichen Ländern. Dennoch sollte man ihn auch dort schonen. *Conica* bedeutet »kegelig«.

Papageien-Saftling *Hygrocybe psittacina* (SCHFF. EX FR.) WÜNSCHE

Merkmale: Der **Hut** ist 1–4 cm breit, zuerst glockig, dann ausgebreitet, in der Mitte mit Buckel, zuletzt am Rand oft aufwärts gebogen, jung und bei feuchtem Wetter stark schleimig-schmierig, durchscheinend gerieft, trocken glänzend. Die Farben sind sehr veränderlich, frisch ganz oder stellenweise dunkel- bis olivgrün, dann gelb bis orange oder gar fleischrötlich, schließlich ausblassend. Die **Lamellen** sind am Stiel angeheftet, dick, bauchig, bei größeren Hüten am Grund aderig verbunden, entfernt stehend, an der Schneide gelb und am Hutansatz mehr gelbgrün gefärbt. Der glatte, schlanke **Stiel** ist 3–7 cm lang, hohl, oft verbogen, meist gleichmäßig dick (2–4 mm), an der Basis bisweilen zusammengedrückt und ausspitzend, oben eher blau-grün, abwärts mehr gelblich bis orange. Beim Pflücken gleiten die Finger leicht am zähen, schmierig-schlüpfrigen Stiel ab. Das grünliche **Fleisch** ist glasig-wäßrig, brüchig, geruch- und geschmacklos. **Sporenpulverfarbe:** weiß

Vorkommen: Der Papageien-Saftling wächst von August bis Oktober gern gesellig auf Grasland, an feuchten Triften, auf Weiden, kurzgrasigen Mager- und Buckelwiesen, in Mooren, auch auf Halbtrockenrasen über Kalk, in grasigen Kiefernwäldern ebenso wie auf Dünen. Er scheint Stickstoff zu mögen. In Mitteleuropa ist er weit verstreut, im Tiefland seltener als in bergigen und subalpinen Lagen. In den Alpen steigt er bis auf 2500 m hinauf.

Verwechslungsmöglichkeit: Gewöhnlich sind Papageien-Saftlinge leicht zu erkennen an grüner Hutfarbe, Schmierigkeit und zähem Stiel, jedoch können Pilze mit geringem grünen Farbanteil mit dem *Zähen Saftling (H. laeta)* verwechselt werden. Dieser hat aber deutlich herablaufende Lamellen. Alte, ausgeblaßte Fruchtkörper lassen sich ebenfalls nicht immer auf Anhieb von anderen, ähnlich gefärbten Saftlingen unterscheiden.

Verwendbarkeit: Nicht giftig. *Psittacina* bedeutet »zum Papagei gehörend«.

Literaturhinweis: *Zeitschrift für Mykologie*, Band 44 (2), 1978.

Orangeschneckling *Hygrophorus pudorinus (FR.) FR.*

Merkmale: Einer der größten und schönsten Schnecklinge überhaupt. Sein **Hut** weitet sich bis auf 20 cm Durchmesser. Dazu ist er ausgesprochen fleischig. Zuerst erscheint der Schneckling wie eine kleine Kugel im Boden, wölbt sich aber schnell auf und ist im reifen Zustand abgeflacht und schwach niedergedrückt. Die Huthaut fühlt sich feucht-schmierig und glatt an. Die Farben kann man mit blaß oder kräftig rosa-orange beschreiben. Die Scheibe ist meist dunkler, der etwas hellere Rand bleibt eingerollt und ist gekerbt. Die **Lamellen** sind gerade angewachsen oder laufen ein wenig am Stiel herab. Auffallend ist der leichte Lachsrosa-Reflex zum Hutrand hin. Der **Stiel** streckt sich bis zu einer Höhe von 12 cm und erreicht Durchmesser von 3 cm. Er ist feucht leicht schleimig und hutfarben, an der Basis gelb und ausspitzend. Das **Fleisch** ist im Hut zartorange, im Stiel weiß und in der Basis gelb.

Sporenpulverfarbe: weiß.

Vorkommen: Der *Orangeschneckling* ist in den Weißtannengebieten Süddeutschlands auf Kalk zu Hause, das heißt, er ist an die Weißtanne gebunden und somit vom Waldsterben betroffen. Man findet ihn von August bis November.

Verwechslungsmöglichkeit: In südlicheren Ländern kommt der *Isabellrötliche Schneckling (H. poetarum)* vor. In Deutschland ist er selten. Die Pilze sehen sich sehr ähnlich. *H. poetarum* wächst aber im Buchenwald und riecht angenehm obstartig. Er wäre eßbar.

Verwendbarkeit: Man sollte den Orangeschneckling nicht nur wegen seines Terpentingeschmacks stehen lassen, sondern auch, weil er selten ist.

Allgemeines: Es gibt in der Literatur ca. 8 weitere ähnliche Orangeschnecklinge. Dabei ist der Bezug zu bestimmten Baumarten festzustellen. *Pudorinus* bedeutet »vor Scham errötend«.

Literaturhinweis: Beiheft zur *Zeitschrift für Mykologie*, Band 3, 1981.

Geflecktblättriger Purpurschneckling *Hygrophorus russula (SCHFF. EX FR.) QUÉL.*

Merkmale: 7–14 cm im Durchmesser mißt der fleischige **Hut**, der zuerst mehr gewölbt aufschirmt, dann aber immer mehr abflacht. Sein bläßliches, fleischfarbenes oder purpurrotes, stellenweise mit intensiver gefärbten Zonen durchsetztes Äußeres fällt im Wald nicht sehr auf. Die **Lamellen** sind ausgebuchtet angewachsen und laufen kurz am Stiel herab. Zuerst sind sie weiß, ändern ihre Farbe aber im Laufe der Zeit in ein blasses Gelb, das von roten Flecken durchsetzt ist. Der mehr oder weniger zylindrische, volle 1–2 cm dicke **Stiel** streckt sich bis auf etwa 6–8 (12) cm. Seine Oberfläche ist weiß und mehlig, wird abwärts aber von vielen kleinen rötlichen Flecken bedeckt. Das **Fleisch** ist weiß, schwach rötlich durchzogen, geruchlos und mild.

Sporenpulverfarbe: weiß.

Vorkommen: Man findet ihn nur unter Laubbäumen, besonders unter Eichen. Dort erscheint er vom Sommer an bis in den Herbst. Es ist eine wärmeliebende Art und im Norden selten.

Verwechslungsmöglichkeit: Besteht mit dem ähnlich aussehenden *Rasigen Purpurschneckling (H. erubescens)*, der aber im Kalk-Fichtenwald wächst. Außerdem ist sein Hut mit purpurrosa Schüppchen bedeckt. Der *Beschleierte Purpurschneckling (H. purpurascens)* besitzt einen vergänglichen Ring, die Lamellen haben eine rote Schneide. Er ist extrem selten! *H. russula* darf nicht mit einigen ähnlich aussehenden Ritterlingen verwechselt werden.

Verwendbarkeit: Der Pilz zählt zu den Speisepilzen.

Allgemeines: In der Literatur werden 6 Purpurschnecklinge genannt, wobei 4 Arten als selten bis extrem selten angesehen werden. Der *Flamingoschneckling (H. persicolor)*, er wächst im Fichtenwald, wird meist übersehen und mit dem gilbenden, bitteren *Rasigen Purpurschneckling (H. erubescens)* verwechselt. *Russula* bedeutet »rötlich«.

Goldzahn-Schneckling *Hygrophorus chrysodon* (BATSCH) FR.

Merkmale: Der feucht schmierige, bis 7 cm breite **Hut** ist weißlich und am Rand mit lebhaft gelben, überhängenden Flocken besetzt. Die dicklichen **Lamellen** sind angewachsen bis herablaufend, weiß und an der Lamellenschneide oft gelbflockig. Der weiße **Stiel** wird bis 6 cm hoch, ist bis 1,5 cm dick, voll und bald ausgestopft bis fast hohl. Seine Spitze ist charakteristisch mit gelben Flöckchen und Tropfen besetzt. Das **Fleisch** ist weiß unter der Hutoberhaut, mitunter gilbend, saftig, mild und geruchlos.

Sporenpulverfarbe: weiß.

Vorkommen: Eine kalkliebende Pilzart, die meistens im nicht zu trockenen Laubwald und an geschotterten Wegrändern anzutreffen ist. Funde aus reinen Fichten-Tannenwäldern in Europa sind seltener. In Nordamerika gilt er aber als Nadelwaldbewohner. Er ist aus den meisten europäischen Wäldern bekannt; eine Tendenz zu bergigen Lagen ist unverkennbar. Man findet ihn von August bis November.

Verwechslungsmöglichkeit: Kaum mit anderen Pilzarten verwechselbar. Die charakteristischen gelben Flocken an der Stielspitze und am Hutrand machen den Pilz leicht kenntlich.

Verwendbarkeit: Der Goldzahn-Schneckling ist ein eßbarer Pilz, der leider sehr oft stark madig ist.

Allgemeines: In der Literatur werden noch zwei Varietäten genannt, die *var. leucodon Alb. et Schw.*, sie ist mit weißen Flocken und Tröpfchen am Stiel besetzt, und die *var. incarnatum Schum.* mit teilweise fleischfarbenen Lamellen und rosarot werdendem Fleisch. Zwischen den Gattungen der *Schnecklinge (Hygrophorus)* und denen der *Ritterlinge (Tricholoma)* gibt es verwandtschaftliche Beziehungen. Die Schnecklinge haben aber eine schmierige Huthaut und einen schmierigen Stiel, wobei jedoch der Stiel auch trocken sein kann. Die Lamellen laufen meist ein wenig herab und sind wachsartig weich. *Chrysodon,* von *chrysos* = »Gold« und *odontos* = »Zahn«.

Literaturhinweis: *Zeitschrift für Mykologie,* Bd. 45 (2), 1979.

Waldschneckling *Hygrophorus nemoreus* (LASCH) FR.

Merkmale: Der Waldschneckling bricht mit gewölbtem **Hut** aus dem Boden und breitet seinen Schirm ziemlich rasch bis auf einen Durchmesser von 5–8, manchmal sogar bis zu 10 cm aus. Auffallend sind der breite Buckel sowie der eingerollte Rand. Die Haut fühlt sich etwas schmierig an, aber bei Trockenheit sieht man eine feine Schuppigkeit, die auch als filzig oder haarig bezeichnet wird. Die fuchsigbraun-orange Färbung verdichtet sich zur Mitte hin. Die dicken, ziemlich weit auseinanderstehenden, breit angewachsenen bis herablaufenden **Lamellen** sind wachsartig, nicht sehr breit und erscheinen zunächst in blasser Cremefarbe. Später werden sie rötlich oder ockerfarben. Der **Stiel** wächst kaum höher als 6–8 cm. Die Zylinderform erfährt zur Basis hin eine leichte Verjüngung. Die Oberfläche wird von feinen Fasern und Schüppchen bedeckt, die Stielspitze ist kleiig bis feinkörnig und insgesamt blaß ockerfarben. Beim Anschnitt erkennt man, daß das Innere des Stiels entweder voll oder ausgestopft ist. Das weiße **Fleisch** schmeckt und riecht schwach mehlig, außerdem ist es sehr dünn.

Sporenpulverfarbe: weiß

Vorkommen: Man findet den nicht so häufigen Schneckling in Laubwäldern, besonders auf Kalkböden.

Verwechslungsmöglichkeit: Er ähnelt dem *Orangeschneckling (H. pudorinus).* Wenn man aber auf den Standort und den Geruch achtet, sind Verwechslungen nicht möglich. Schmächtigere Formen vom Waldschneckling könnten auch mit dem *Goldzahn-Schneckling (H. chrysodon)* verwechselt werden, dieser hat eine mit gelben Schüppchen besetzte Stielspitze.

Verwendbarkeit: Der Pilz ist eßbar.

Allgemeines: In der Literatur findet man den Hinweis auf *H. leporinus Fr.*, der dem Waldschneckling nahesteht. Er wurde aus den polnischen Waldwiesen auf Kalk beschrieben und dürfte bei uns in bergigen Gegenden ebenfalls vorkommen. *Nemorus* bedeutet »zum Laubwald gehörend«.

Wohlriechender Schneckling *Hygrophorus agathosmus (FR. EX SECR.) FR.*

Merkmale: Der bis zu 8 cm breite **Hut** ist zuerst gewölbt und wird dann gebuckelt-flach. Die Huthaut ist pustelig-schmierig, glatt und nackt. Die Farben sind grau, oliv-grau, gelblichgrau und selten auch weiß, wobei der Rand heller ist. Er bleibt lange eingerollt. Die dicklichen, weichen **Lamellen** laufen leicht am Stiel herab, sind jung weiß und werden später blaßgraulich. Sie stehen entfernt, sind untermischt und mitunter etwas gegabelt. Der trockene **Stiel** wird bis 7 cm lang und ist an der Basis mitunter etwas verdickt. Auf seiner weißen Oberfläche ist er mit weißen oder gelblichen Flöckchen besetzt. Das **Fleisch** ist weißlich, wäßrig und sehr zart. Es riecht charakteristisch nach Bittermandel, marzipanartig.

Sporenpulverfarbe: weiß.

Vorkommen: Mitteleuropäischer Fichtenbegleiter auf bergigen Kalkböden. Er ist im süddeutschen Bergland weit verbreitet und tritt oft in Massen auf. In Mitteldeutschland ist er seltener, kommt dann von Schleswig-Holstein bis Skandinavien wieder häufig vor. Man findet ihn von September bis Oktober.

Verwechslungsmöglichkeit: Sehr ähnlich ist der *Hyazinthenschneckling (H. hyacinthinus Quél.)*, er wurde 1888 von Quélet aus den bergigen Wäldern der Vogesen, des Jura und der Westalpen beschrieben. Er unterscheidet sich von *H. agathosmus* durch seinen faserigen Stiel und die nicht flockige Stielspitze. Sein Geruch ist süßlich, eher an Früchtebonbons, saure Drops erinnernd, sein Standort ist ähnlich dem des *Waldschnecklings*. In neuerer Zeit wurde der Pilz auch aus bergigen Fichtenwäldern Süddeutschlands gemeldet.

Verwendbarkeit: Der Wohlriechende Schneckling gilt als eßbar, jedoch sind Schnecklinge nicht sehr beliebt.

Allgemeines: *H. agathosmus* gehört zu einer Gruppe von 10 trockenstieligen Arten. *Agathosmus* bedeutet »wohlriechend«.

Literaturhinweis: *Zeitschrift für Mykologie*, Bd. 45 (2), 1979, Bd. 46 (1), 1980 und Beiheft (3), 1981.

Märzellerling, Märzschneckling, Schneepilz *Hygrophorus marzuolus (FR.) BRES.*

Merkmale: Der **Hut** dieses sehr geschätzten Pilzes kann bis zu 10 cm im Durchmesser erreichen. Er erscheint im jugendlichen Alter zunächst weiß, ändert aber im Laufe der Reifung sein Aussehen über Grau bis zu einem fast schwärzlichen Farbton. Er hat keine regelmäßige Form, kaum ein Pilz gleicht dem anderen. Der dickfleischige Hut wölbt sich an vielen Stellen so hoch nach oben, daß man von der Seite die **Lamellen** erkennen kann. Diese sind auffallend dick, verschieden lang, wachsartig und voneinander ziemlich weit entfernt. Am **Stiel** laufen sie wenig herab. Dieser wird oft bis zu 6 cm, selten 8 cm lang und wirkt sehr plump. Einige Stiele sind oft leicht gebogen. Ihre Oberfläche erscheint weiß, dann grau und an der Spitze etwas schuppig. Unter der Huthaut ist das **Fleisch** grau, sonst weiß und voll; es hat keinen ausgeprägten Geruch.

Sporenpulverfarbe: weiß.

Vorkommen: Der Märzellerling bricht schon unmittelbar nach der Schneeschmelze aus dem Boden. Man hat ihn sogar schon im Januar gefunden, wenn der Winter besonders mild war. Im März jedenfalls gehört er zu den wenigen frühen Pilzen. Man sollte sich die Mühe machen, sorgfältig im Laub auf Verwerfungen zu achten, weil der Pilz nicht immer durchbrechen kann. Man findet ihn bis in den Mai hinein meist in kleinen Gruppen im Mischwald, doch auch in reinen Fichtenwäldern und bei Tannen. Er bevorzugt vor allem Mittelgebirgslagen. In Deutschland ist seine Nordgrenze etwa die Mainlinie.

Verwechslungsmöglichkeit: Der *Rußbraune Schneckling (H. camarophyllus)* sieht ihm ähnlich, kommt aber erst im Herbst zum Vorschein, so daß Verwechslungen nicht wahrscheinlich sind. Bei der Bestimmung von Pilzen sollte man aber immer bedenken, daß die Erscheinungszeiten durchaus von der Regel abweichen können. Beide Pilze sind eßbar.

Verwendbarkeit: Märzellerlinge schmecken ausgezeichnet.

Literaturhinweis: *Zeitschrift für Mykologie*, Band 44 (2), 1978.

Wiesenellerling, Oranger Ellerling *Camarophyllus pratensis (PERS. EX. FR.) KUMMER*

Merkmale: Der im fortgeschrittenen Alter niedergedrückte, nur anfangs glockige **Hut** besteht in der Mitte aus verhältnismäßig dickem Fleisch, das zum aufgeworfenen Rand hin immer dünner wird. Der Hut hat in der Mitte einen Buckel. Die Huthaut ist orangefuchsig, aprikosenbeige bis mirabellfarben, kahl und glatt. Die dicken und wachsartigen **Lamellen** laufen am Stiel ziemlich weit herab und stimmen in der Farbe mit der des Hutes mehr oder weniger überein. Die Schneiden sind heller. Der kahle, glatte **Stiel** selbst erreicht eine Länge von etwa 7 cm, verjüngt sich nach unten, ist bis 1,5 cm dick und wird zum Hut hin immer breiter. Die Farbe ist merklich blasser als die des Hutes, seidig glänzend. Das **Fleisch** ist ähnlich der Stielfarbe und innen blasser, geruchlos.

Sporenpulverfarbe: weiß.

Vorkommen: Frühestens im September bis weit in den November hinein. In der alpinen Zone steigt er bis in Höhen von 2200 m. Wächst vorwiegend auf Wiesen und Weiden, im Wald wird man ihn kaum finden, bestenfalls auf rasigen Lichtungen. Dieser Ellerling gehört zu den in ganz Europa weit verbreiteten Pilzen, ist aber nirgends häufig.

Verwechslungsmöglichkeit: Dieser Pilz hat eine ausgesprochene Kreiselform, und man wird ihn kaum mit einer Pilzart einer anderen Gattung verwechseln können. Fachleute aber unterscheiden 3 verschiedene Arten; neben dem beschriebenen *C. pratensis*, noch *C. angustifolius Murr.*, eine ganz weiße Art, und *C. berkeleyanus Clc.*, diese hat einen blasseren Hut mit einer isabell- bis ockerfarbenen Hutmitte und einen weißlichen Rand. Der »normale« Wiesenellerling ist also einheitlich kräftiger orangefarben.

Verwendbarkeit: Eßbar mit dem nicht zu unterschätzenden Vorteil, daß er nur selten von Insektenlarven befallen ist.

Allgemeines: *Pratensis* bedeutet »auf Wiesen wachsend«.

Literaturhinweis: *Zeitschrift für Mykologie*, Beiheft (4), 1982.

Wolliger Scheidling *Volvariella bombycina (SCHÄFF. EX FR.) SING.*

Merkmale: Der **Hut** wird 8–20 cm breit; weiß, bei *var. flaviceps* gelblich, jung eiförmig-glockig, später gebuckelt-ausgebreitet. Die Oberfläche des Hutes ist dicht-seidig-wollig, am Hutrand überstehend; trocken und fleischig. Die **Lamellen** sind frei, zuerst weiß, zartrosa, dann fleischrot. Sie stehen gedrängt, sind bauchig und breit. Der 8–15 cm lange **Stiel** wird 1–1,5 cm dick. Er ist glatt, kahl und fleischig voll, nach oben verjüngt er sich. Der Wollige Scheidling hat keinen Ring, aber an der Basis eine offene Scheide. Das weiße **Fleisch** ist weich und zart. Es riecht schwach nach Rettich.

Sporenpulverfarbe: rosa.

Vorkommen: In Europa verstreut, aber nirgends häufig. Er und seine gelbhütige *var. flaviceps* leben als Fäulnisbewohner *(Saprophyt)* und Parasit auf Wurzeln, Strünken und in Stammhöhlungen verschiedener Laubbäume, oft mehrere Meter über dem Boden. Er scheint wärmere Jahre zu bevorzugen und wächst von Juni bis Oktober.

Verwechslungsmöglichkeit: Dieser mittelgroße Pilz ist durch seine weiße, seidig-wollige Hutoberfläche, die kelchartige Scheide und seinen Standort sehr leicht zu erkennen. Der Wollige Scheidling ist ein auffälliger Pilz, der kaum verwechselt werden kann.

Verwendbarkeit: Man kann den Wolligen Scheidling zwar essen, aber einerseits findet man ihn wegen des Standortes selten, andererseits zeichnet er sich nicht gerade durch einen besonderen Wohlgeschmack aus. Drittens schließlich sollte man diesen seltsamen Baumbewohner wegen seiner Schönheit und Seltenheit schonen.

Allgemeines: Der abgebildete Fruchtkörper befand sich in ca. 2 m Höhe in einer alten aufgeplatzten Astgabel eines Apfelbaums (Boskop) in einem Park. Der wissenschaftliche Name *bombycina* kommt vom griech. *bombyx* = »Seidenraupe« und deren Kokon, »seidig-wollig«.

Literaturhinweis: *Zeitschrift für Mykologie*, Band 45 (1), 1979.

Mehlräsling *Clitopilus prunulus (SCOP. EX FR.) KUMMER*

Merkmale: Der bis zu 8 (12) cm breite **Hut** erscheint zunächst gewölbt, wird allmählich flacher und bildet mit zunehmender Reife einen deutlichen Trichter mit oft welligem Rand. Er ist grau-weißlich bereift und fühlt sich mehlig an. Die sehr dünnen **Lamellen** stehen dichtgedrängt und laufen etwas am Stiel herab. Anfangs haben sie eine weiße, später eine leichte rosa Färbung. Der Pilz bleibt in der Regel aber verhältnismäßig klein, sein **Stiel** ist kurz und erreicht kaum mehr als etwa 2–5 cm. Er fühlt sich recht weich an, ist innen gefüllt, außen bereift und hat eine filzige Basis. Bei aller Vorsicht mit Hinweisen auf Geruchsmerkmale kann man an diesem Pilz doch deutlich einen angenehmen Mehlgeruch wahrnehmen, ein Umstand, der ihm den deutschen Namen gegeben hat.

Sporenpulverfarbe: rosa.

Vorkommen: Den Mehlräsling sucht man vom Sommer an bis in den Herbst hinein. Er bevorzugt Laubwälder. Im Mischwald zieht er Laubbäume vor.

Verwechslungsmöglichkeit: Man sollte diesen Pilz sehr sorgfältig untersuchen, um nicht *Weiße Trichterlinge*, wie z. B. den *Laubfreund-Trichterling (Clitocybe phyllophila)* und den *Feldtrichterling (Clitocybe dealbata)* in den Korb zu legen. Diese nämlich sind giftig oder ungenießbar. Allerdings fehlt ihnen der deutliche Geruch nach frischem Mehl, durch den sich der Mehlräsling auszeichnet. Außerdem kann man eine Fingerprüfung vornehmen: Die unangenehmen *Weißen Trichterlinge* haben elastische, also nicht so weiche, leicht zerquetschbare Lamellen wie der Mehlräsling.

Verwendbarkeit: Der Pilz wird von manchen Sammlern geschätzt. Als Mischpilz eignet sich der Mehlräsling recht gut. Nicht roh essen!

Allgemeines: *Prunulus* bedeutet »kleine Pflaume«. Der Italiener A. Cesalpino (1519 bis 1603) fand den Pilz einst unter einem Pflaumenbaum.

Literaturhinweis: *Zeitschrift für Mykologie,* Bd. 44 (2), 1978.

Schwarzfleckender Bitterling *Rhodocybe mundula (LASCH.) SING.*

Merkmale: Der 3–7 cm breite, grauliche **Hut** ist im Alter stark niedergedrückt und am Hutrand eingerollt, manchmal konzentrisch gewellt; das Hutfleisch ist dünn und zäh. Ein wichtiges Erkennungsmerkmal: bei Berührung, besonders am Rand, wird der Pilz rauchschwarz-fleckend. Die graulichen **Lamellen** sind schmal, am Stiel herablaufend, sie stehen gedrängt und sind dünn und schwärzen ebenfalls. Der **Stiel** ist gleichfalls graulich, kurz und relativ dünn, an der Stielbasis ist ein weißer Filz leicht erkennbar. Das **Fleisch** ist blaßgelblich und schwärzt besonders im Stiel. Es riecht stark nach Mehl und schmeckt sehr bitter.

Sporenpulverfarbe: blaßrosa.

Vorkommen: Der Schwarzfleckende Bitterling gilt in Europa als selten und wurde nur hin und wieder in Dänemark, Frankreich, Deutschland und Norditalien gefunden. Er wächst einzeln oder gesellig zwischen Blättern, Nadeln und Holzresten von Ende August bis in den Spätherbst in stark kalkigen, feuchten Au- und Buchenwäldern; selten in Fichtenforsten. Durch seine nicht sehr auffallende Färbung dürfte der Pilz oft übersehen werden.

Verwechslungsmöglichkeit: Durch die stark schwärzenden Pilzteile kaum möglich. Eventuell mit Pilzen aus der Gattung der Raslinge *(Lyophyllum).*

Verwendbarkeit: Aufgrund seines sehr bitteren Geschmacks ist er ungenießbar.

Allgemeines: Die Gattung der *Bitterlinge (Rhodocybe)* umfaßt ca. 11 Arten. Es sind kleine bis mittelgroße Pilze mit fleisch-, gelb-, orange-, graubraunen bis grauen Farben. Die Lamellen sind ausgebuchtet, breit angewachsen bis herablaufend. Das Sporenpulver ist rosa und nur selten graubraun. Die Bitterlinge gehören zur Familie der *Entolomataceae,* zu ihr gehört auch die Gattung *Clitopilus* und die große Gattung der *Rötlinge (Entoloma/Rhodophyllus).* Die Bitterlinge sind für Speisezwecke ungeeignet. Der wissenschaftliche Name *mundula* bedeutet »reinlich, geputzt«.

Literaturhinweis: *Zeitschrift für Mykologie,* Beiheft (3), 1981.

Rehbrauner Dachpilz *Pluteus atricapillus* (SECR.) SING.

Merkmale: Nach dem Aufschirmen breitet sich der **Hut** bis zu einem Durchmesser von 15 cm aus. Dabei behält er einen kleinen, unregelmäßigen Buckel; von der Hutmitte aus laufen feine, eingewachsene Radialfasern zum Rand. Dies erkennt man besonders gut bei älteren Exemplaren. Die Farben reichen von hellbraun bis dunkelbraun über gelb-, grau- und rußigbraun. Das **Fleisch** ist brüchig, die Haut glatt. Anfangs erscheinen die **Lamellen** fast weiß, aber allmählich nehmen sie einen rosa Ton an, bis sie im Reifezustand eine kräftige fleischrote Farbe zeigen. Sie stehen gedrängt, sind frei vom Stiel und haben eine bauchige Form. Der **Stiel** wird bis zu 15 cm lang, ist dabei aber nur gerade 1–2 cm dick. Auf weißlichem Untergrund erkennt man dichte, feine braune Fasern, die sich in Richtung Hut heller bis fast gelblich färben können. Das kompakte Aussehen des Dachpilzes täuscht. Er ist selbst in ausgewachsenem Zustand dünnfleischig, nur im Bereich des Buckels nicht. Das **Fleisch** des Pilzes ist weich und riecht süßlich.

Sporenpulverfarbe: rosa.

Vorkommen: Dachpilze sind allgemein verbreitet und wachsen auf Holz, und zwar auf den Laub- und Nadelholzstrünken oft dann, wenn der Wald in langen Trockenperioden nahezu pilzleer erscheint.

Verwechslungsmöglichkeit: Die Form wie den Standort hat der Dachpilz mit keinem ähnlich aussehenden Pilz gefährlicher Art gemeinsam. Allerdings kennt man allein in Mitteleuropa etwa 47 verschiedene Dachpilze. Am ähnlichsten sieht dem Rehbraunen der *Schwarzschneidige Dachpilz (P. atromarginatus)*, dessen Lamellen schwarze Schneiden zeigen. Eine Verwechslung wäre ungefährlich.

Verwendbarkeit: Da der Dachpilz nicht besonders ergiebig und geschmacklich unbedeutend ist, schätzen ihn die Sammler nicht sehr.

Allgemeines: Der deutsche Name dieses Pilzes müßte eigentlich *Hirschbrauner Dachpilz* heißen, denn sein früherer lat. Name war *P. cervinus*; *cervinus* bedeutet »hirschartig« und trifft die Hutfarbe des Pilzes genauer.

Rosastieliger Dachpilz *Pluteus roseipes* V. HOEHN.

Merkmale: Der jung mehr oder weniger glokkige, älter verflachte **Hut** dieses Pilzes wird bis zu 8 (10) cm breit, ist braun bis umbra-rußig, älter mehr bräunlich grau; die Hutmitte ist dabei etwas dunkler. Auffallend ist die feinsamtige Huthaut, sie scheint mit zarten, feinen, weißen Elementen besetzt zu sein. Der Hutrand ist zart gerieft. Die schön rosafarbenen **Lamellen** sind frei, dichtstehend und an der Hutkante abgerundet. Der schlanke **Stiel** wird bis 9 cm hoch und ist an der Basis etwas verdickt und leicht weißfilzig, abwärts bräunlich punktiert. Er ist längsfaserig und oft leicht verdreht, weißlich mit einer starken rosa Tönung. Das weißliche **Fleisch** ist besonders in der Stielbasis rosa, oft auch graulich wässerig und sehr zart.

Sporenpulverfarbe: rosa.

Vorkommen: Auf Holzabfällen und Stümpfen von Nadelhölzern, hauptsächlich in Berglagen. Der Pilz ist in Süddeutschlands Mittelgebirgen zwar nirgends häufig, jedoch recht verbreitet. Der Pilz ist meistens nur in einzelnen Exemplaren anzutreffen. Der Bildautor fand den Pilz auf vergrabenen Fichtenholzstücken in seinem Garten.

Verwechslungsmöglichkeit: Durch sein rosa durchsetztes Äußeres kaum gegeben.

Verwendbarkeit: Aufgrund seiner relativen Seltenheit ist dieser Pilz zu schonen; er ist eßbar.

Allgemeines: Die Unterscheidung der zahlreichen Arten der Gattung *Dachpilze (Pluteus)* ist zum großen Teil ohne weiterführende Literatur und Mikroskop nicht möglich. Der beschriebene Rosastielige Dachpilz hat z. B. unter anderem eine faserhyphige Huthaut, das sind langgestreckte Zellelemente, und auf der Lamellenfläche befinden sich bauchige Zystiden (sterile Zellen) mit zylindrisch verlängerter Spitze. Diese Merkmale sind ohne Mikroskop nicht erkennbar. Der *Rehbraune Dachpilz (P. atricapillus)* hat auch eine faserhyphige Huthaut, aber die Zystiden sind mit 1–3 Haken ausgebildet. *Roseipes* bedeutet »rosafüßig«.

Stahlblauer Rötling *Entoloma nitidum* QUÉL.

Merkmale: Der 2–5 cm breite **Hut** ist charakteristisch dunkel- bis stahlblau und blaßt erst sehr spät etwas aus. Jung ist er glockig, dann gewölbt und schwach gebuckelt, kahl, glatt und dünnfleischig. Die **Lamellen** sind fast frei, erst weißlich und mit zunehmender Reife rosa. Sie stehen gedrängt und sind bauchig. Der **Stiel** wird 8 cm lang und hat die gleiche Farbe wie der Hut, mit einer schwach weißstriegeligen Basis. Seine Oberfläche ist längsfaserig gestreift. Das weiße **Fleisch** ist weich und im Stiel später hohl, geruchlos und mild.

Sporenpulverfarbe: rosa.

Vorkommen: Dieser sehr schöne Pilz scheint in Nordeuropa fast ganz zu fehlen. In der Norddeutschen Tiefebene trifft man ihn ganz selten. In Süddeutschland mit seinen Mittelgebirgen ist er hingegen weit verbreitet und häufig. Er wächst in stark bodensauren Nadelwäldern und an Moorrändern, zwischen Moosen sowie Heidelbeeren. Seine Fruchtkörper findet man von Juli bis Oktober.

Verwechslungsmöglichkeit: Mit dem viel selteneren *Blauen Rötling (E. madidum)*. Dieser Pilz ist jedoch mehr graublau, älter mit einem ockerfarbenen Scheitel. Sein Hut ist oft gerunzelt. Die Stielbasis ist mehr gelblich, und sein Fleisch riecht mehlartig oder spermatisch. Diese Art ist in Europa über ein weites Gebiet verstreut und in Deutschland weit seltener als der Stahlblaue Rötling. Man findet ihn auf Weiden, Heiden und Dünen. Wenige Funde in Jurakalk-Gebieten sind bekannt.

Verwendbarkeit: Der Pilz ist vermutlich eßbar, doch nicht zu empfehlen. Man sollte sich besser seiner schönen Farbe und Gestalt erfreuen.

Allgemeines: Die Gattung der Rötlinge (Entoloma/Rhodophyllus) umfaßt etwa 153 Arten. Unter ihnen gibt es eßbare Arten, ihre Verwendung setzt aber genaue Kenntnis der jeweiligen Art voraus. Der wissenschaftliche Name *nitidum* bedeutet »glänzend, schimmernd«.

Literaturhinweis: *Zeitschrift für Mykologie*, Beiheft (3), 1981.

Geflammter Rötling *Entoloma clypeatum* (L. EX FR.) KUMMER

Merkmale: Der **Hut**, anfangs gewölbt, später unregelmäßig aufgeschirmt und mit tiefen Wellen am Rand, wird höchstens 10–12 cm breit. In der Mitte bleibt ein Buckel. Die Haut fühlt sich glatt an und ist rußig-braun bis graubräunlich gefärbt. Bei Nässe zieht das Fleisch Wasser, der Pilz ist also hygrophan und verändert dadurch die Farbe des Hutes. Durch das Trocknen wird die Farbe heller. Die breiten **Lamellen** stehen ziemlich weit auseinander. Im Jugendstadium sind sie noch weiß, verändern sich aber allmählich in ein schönes Rosa. Sie wachsen mit einem Zähnchen am **Stiel** an. Dieser wird bis zu etwa 10 cm hoch und 1–1,5 cm dick. Ältere Exemplare haben einen hohlen, manchmal auch verdrehten Stiel. Unter dem Hut erkennt man eine leichte Riefung, die Farbe der Stieloberfläche spielt in weißen bis leicht gräulichen Tönungen. Der Geruch des Pilzes ist mehlartig.

Sporenpulverfarbe: rosa.

Vorkommen: Der *Geflammte Rötling* sucht die Nähe von Rosengewächsen, wie etwa Apfel- und Birnbäume. Man findet ihn aber auch unter Buchen und Eichen in Parkanlagen auf nährstoffreichen Böden. Er erscheint bereits im Frühjahr, April bis Juni, und seine Zeit ist in der Regel vorbei, wenn seine giftigen Verwandten kommen.

Verwechslungsmöglichkeit: Er gleicht einer ganzen Reihe von Rötlingen, darunter dem giftigen *Riesenrötling (E. sinuatum).* Auch der kleinere *Frühlingsgiftrötling (E. vernum)* hat gewisse Ähnlichkeiten. Er ist aber ohne Mehlgeruch. Man merke sich die Erscheinungszeit, die Standortwahl und die Größe. Am besten aber läßt man den Geflammten Rötling und alle anderen Verwechselbaren stehen!

Verwendbarkeit: Der Geflammte Rötling zählt unter Kennern zu den besten Speisepilzen.

Allgemeines: In der Literatur sind viele eßbare Rötlinge beschrieben, aber selbst die beste Beschreibung kann den nicht so erfahrenen Pilzsammler nicht vor der Möglichkeit einer Verwechslung mit ähnlichen giftigen Verwandten sichern. *Clypeatus* bedeutet »schildartig«.

Riesenrötling *Entoloma sinuatum* (BULL. EX FR.) KUMMER

Merkmale: Bis zu 18 cm breit kann sich der fleischige **Hut** ausbreiten. Insgesamt bleibt aber eine deutlich gewölbte Form, ganz flach wird der Riesenrötling nicht. Zum kompakten Aussehen trägt auch der stark eingerollte Rand bei. Der Hut ist elfenbein- bis lederockerfarben, seidig glänzend, manchmal auch graubraun. Viele Exemplare sind auf der Huthaut hell gefleckt. Am Rand erscheint eine feine weiße Bereifung. Die ausgebuchteten **Lamellen** stehen dicht gedrängt. Ihre Farbe hat dem Pilz seinen Namen gegeben. Anfänglich blaß weiß mit einem gelblichen Schein, erhalten sie eine schöne rötliche Lachsfarbe. Nur die Schneide zeigt noch einen Rest der gelben Tönung. Der kräftige, dickbauchige, glänzende, weiß bis gelbliche **Stiel** kann bei einem Durchmesser von nicht selten 2,5 cm bis zu 12 cm hoch wachsen. Er verdickt sich oft zur Basis hin, und an der Spitze, also unter dem Hut, erscheint eine feine, längsfaserige Bereifung, die auch den eingerollten Rand des Hutes ziert. Das **Fleisch** riecht mehlartig mit einer drogenartigen Komponente.

Sporenpulverfarbe: rosa.

Vorkommen: In Europa noch nicht ausreichend bekannt, weist aber eine südliche Tendenz auf. In Deutschland in vielen Gegenden selten, fehlt im Nordwesten. In milden Lagen Süddeutschlands findet man ihn zeitweise gesellig und in größerer Zahl. Er bevorzugt lehmige, tonige und kalkhaltige Böden in Buchen-, Eichen- oder Mischwäldern.

Verwechslungsmöglichkeit: Mit dem *Maipilz (Calocybe gambosa)*, dem *Mehlpilz (Clitopilus prunulus)* und dem *Nebelgrauen Rötelritterling (Lepista nebularis)*. Unter Rosaceengewächsen wächst im Frühjahr auch der eßbare *Schlehenrötling (E. sepium)*, er ist die kleinere Ausgabe des Riesenrötlings.

Verwendbarkeit: Er ist giftig.

Allgemeines: Das noch unbekannte Gift wirkt recht schnell. *Sinuatum* bedeutet »buchtig, ausgebuchtet«.

Literaturhinweis: Flammer, René: *Differentialdiagnose bei Pilzvergiftungen.*

Alkalischer Rötling *Entoloma nidorosum* (FR.) QUÉL.

Merkmale: Der dünnfleischige **Hut** breitet sich höchstens bis zu 9 cm aus. Er ist gewölbt, dann flach ausgebreitet und später niedergedrückt. Den typischen Buckel kann man kaum noch erkennen, allerdings verdichtet sich die graubraune, olivgraue Hutfarbe in der Mitte so, daß man hier die kleine Erhöhung noch ahnen kann. Bei Feuchtigkeit ändert sich das glänzende Grau in eine schwach fuchsige Tönung. Die Hutränder sind feucht durchscheinend gerieft und oft eingerissen. Die ausgebuchteten, bisweilen auch herablaufenden **Lamellen** stehen nicht sehr eng beieinander und sind an der Schneide wellig-unregelmäßig gekerbt. Die anfängliche Weißfärbung verändert sich allmählich in das Rosa, das allen Rötlingen mehr oder weniger eigen ist. Der weiße, alt etwas grauseidig glänzende **Stiel** wird bis zu 10 cm hoch, wobei er jedoch nur Durchmesser von 3–6 (10) mm erreicht. Er hat nahezu ideale Zylinderform, dicht unter dem Hut ist die weißlichockerfarbene Oberfläche weiß bereift. Das **Fleisch** ist weißlich und mehr oder weniger durchfeuchtet, der Geruch mehr oder weniger stark nitrös nach Waschlauge.

Sporenpulverfarbe: rosa.

Vorkommen: Recht häufig vom Sommer an bis in den Herbst hinein in allen Arten von Laubwäldern; sehr selten im Nadelwald.

Verwechslungsmöglichkeit: Äußerlich ähnelt er den anderen *Rötlingen*, manchmal dem einen oder anderen *Täubling*. In diesem Fall genügt eine Geruchsprobe: Der ammoniakartige, zumindest sehr abstoßende Geruch des Pilzes läßt keine Zweifel aufkommen, daß man an den falschen Rötling geraten ist. Außerdem haben Täublinge ein sprödes Fleisch und spröde Lamellen.

Verwendbarkeit: Der widerliche Geruch macht eine Verwendung unmöglich. Die Art steht im Verdacht, giftig zu sein.

Allgemeines: Die Gattung der *Rötlinge (Enteloma/Rhodophyllus)* umfaßt etwa 153 Arten. Eßbare Arten sind vorhanden, erfordern aber genaue Kenntnis. *Nidorosus* bedeutet »stark riechend«.

Rillstieliger Weichritterling *Melanoleuca grammopodia (BULL. EX FR.) PAT.*

Merkmale: Der **Hut** wird bis 13 cm breit. Jung mehr oder weniger breit kegelförmig mit aufgesetztem, breitem Buckel und eingerolltem Rand, später ausgebreitet, scheibenförmig und in der niedergedrückten Mitte mit breitem, stumpfem Buckel. Der Rand ist dann etwas abgebogen und nicht eingerollt. Die Huthaut ist grauockerfarben mit vorherrschend grauen Tönen, älter mit schmutzig ockerfarbenen Mischtönen, matt bis schwach glänzend, kahl und glatt. Die sehr gedrängt stehenden **Lamellen** sind schwach ausgebuchtet bis leicht herablaufend angewachsen und am Stiel oft gabelig, leicht vom Hut ablösbar und weißlich. Der bis 12 cm hohe und bis 2,5 cm dicke **Stiel** ist grob längsfaserig und fast gerieft. Er ist stark und oft keulig. Graubraun und weitgehend wie der Hut gefärbt. Das **Fleisch** ist weiß und riecht unangenehm.

Sporenpulverfarbe: weiß.

Vorkommen: Der Pilz ist verbreitet und wächst einzeln oder in Gruppen. Man findet ihn von August bis Oktober auf Wiesen oder in grasigen Wäldern.

Verwechslungsmöglichkeit: Mit anderen Weichritterlingen. Die genaue Bestimmung mancher Arten innerhalb dieser Gattung ist recht schwierig und makroskopisch oft unmöglich.

Verwendbarkeit: Der Rillstielige Weichritterling ist eßbar.

Allgemeines: Die Gattung umfaßt ca. 30 Arten. Giftige Pilze sind darunter nicht bekannt. Einige Arten sind noch nicht endgültig geklärt und zum Teil auch noch nicht beschrieben worden. Viele Weichritterlinge sehen sich sehr ähnlich und bereiten bei der Bestimmung selbst Fachleuten erhebliche Schwierigkeiten. Weichritterlinge sind meist fleischige, mehr oder weniger weiße, ocker bis graubraun gefärbte Pilze, mit ausgebuchtet angewachsenen weißen Lamellen und einem längsfaserig gestreiften Stiel. Das Sporenpulver ist weißlich. Viele Arten wachsen schon im zeitigen Frühjahr. *Grammopodia* auf griechisch bedeutet »mit längsgestreiftem Stiel«.

Frühlings-Weichritterling *Melanoleuca cognata (FR.) K. & M.*

Merkmale: Der **Hut** wird bis zu 10 cm breit und ist jung nahezu halbkugelig, alt scheibenförmig ausgebreitet und mit einem leichten Buckel in der Mitte. Seine Oberfläche ist weitgehend glatt und etwas glänzend. Die Färbung ist auffallend ocker bis gelblichocker, feucht mehr dunkler braun und trocken heller. Grauliche Töne fehlen weitgehend. Die **Lamellen** sind jung weißlich und werden später gelblichocker mit dunklerer Schneide. Sie sind kurz, ausgebuchtet angewachsen und stehen gedrängt, sie sind auch mit kürzeren Zwischenlamellen untermischt. Der **Stiel** ist ca. 4–12 cm lang und bis zu 2 cm dick. Er ist zylindrisch mit nur schwach verdickter Basis und zart weißfilzig, im übrigen auf weißlichem Grund fein okkerlich, faserig gestreift. Das **Fleisch** ist schwach gelblich und im Stiel faserig und von säuerlichem Geruch.

Sporenpulverfarbe: Nicht rein weiß, schwach gelblich getönt.

Vorkommen: Dieser Pilz erscheint schon von April bis Mai, seltener ist ein Schub von September bis November. Sein Standort sind grasige Nadelwaldränder und Reisigabfälle entlang der Waldstraßen, auch bei Brennesseln kann man ihn recht oft antreffen.

Verwechslungsmöglichkeit: Sehr ähnlich ist der *Große Weichritterling, M. phajopodia (Bull. ex Fr.) Sing.*, er unterscheidet sich von der beschriebenen Art nur durch einen dunkel-kastanienbraunen Stiel. Die Bestimmung weiterer Arten innerhalb der Gattung der Weichritterlinge ist bis heute recht schwierig und meistens sogar unmöglich.

Verwendbarkeit: Der Frühlings-Weichritterling ist eßbar.

Er wird nur von den wenigsten Pilzsammlern geschätzt. Sein Geschmack ist nicht besonders ausgeprägt.

Allgemeines: Die Gattungsmerkmale sind bei der oben beschriebenen Art angegeben. *Cognata* bedeutet »verwandt«.

Literaturhinweis: *Zeitschrift für Mykologie,* Bd. 43 (2), 1977.

Weißer Büschelrasling, Weißer Rasling *Lyophyllum connatum* (SCHUM. EX FR.) SING.

Merkmale: Der **Hut** wird 5–7 cm, manchmal auch bis zu 10 cm breit. Er ist zunächst glokkig, dann nur noch gewölbt und schließlich ausgebreitet. Der dünne Rand ist bei jungen Exemplaren eingebogen, bei älteren wellig. Der Hut ist im trockenen Zustand reinweiß und feucht bleigrau, oft völlig durchwässert. Beim Abwischen des silbergrauen Reifes entstehen graue Flecken. Die leicht herablaufenden **Lamellen** stehen gedrängt. Sie sind zunächst weiß gefärbt, später rahmfarben und im Alter leicht gelblich. Der **Stiel** ist bei jungen Exemplaren reinweiß, bei älteren leicht gelblich gefärbt. Bei einem Durchmesser von 1–2 cm wird er 4–10 cm hoch. Zunächst voll, wird er später fast hohl und leicht aufgeblasen. Die Stiele sind am Grund meist büschelig verwachsen. Das **Fleisch** ist weiß, seine Konsistenz glasig-knorpelig. Es schmeckt mild und riecht schwach nach Mehl. Dieser Geruch wird aber überdeckt von einem Duft, der an den des Lerchensporns erinnert.

Sporenpulverfarbe: weiß.

Vorkommen: Der Weiße Büschelrasling ist nicht überall häufig. Man findet den Pilz in Laub- und Nadelwäldern, in Parks, an Bachrändern und bodenfeuchten Standorten, meist auch an kalkgeschotterten Wegen. Die Fruchtkörper erscheinen in der Zeit von August bis Oktober. Sie stehen sowohl einzeln wie auch in dichten Büscheln.

Verwechslungsmöglichkeit: Es gibt ähnlich aussehende *Weiße Trichterlinge*, die sehr giftig sind. Wenn man aber auf das büschelige und gesellige Wachstum und den Lerchenspornduft achtet, ist eine Verwechslung kaum möglich.

Verwendbarkeit: Der Pilz ist eßbar.

Allgemeines: Eigentümlich ist eine langsame blauviolette Verfärbung des Fleisches, wenn man es mit Eisen(II)-Sulfat ($FeSO_4$) behandelt. Die Farbänderung wird an den Lamellen besonders deutlich. Bei anderen weiß gefärbten Raslingen bleibt die grünliche Farbe des Reagens erhalten. *Connatum* bedeutet »verwachsen«.

Literaturhinweis: Zeitschrift für Mykologie, Beiheft (3), 1981.

Knorpeliger Knäuelrasling, Knorpeliger Rasling *Lyophyllum loricatum* (FR.) KÜHN.

Merkmale: Der **Hut** hat einen Durchmesser von 5–10 cm. Junge Exemplare weisen einen gewölbten Hut auf. Bei älteren ist der Hut flach ausgebreitet und oft etwas bucklig oder unregelmäßig eingedellt. Die Farbe der Hutoberfläche variiert von mittel- bis olivbraun. Sie ist dick und knorpelig ausgebildet. In trockenem Zustand erscheint die Huthaut glänzend, in feuchtem eher schmierig. Die **Lamellen** stehen gedrängt; sie sind angeheftet oder abgerundet-angeheftet, manchmal auch etwas herablaufend. Sie sind weiß bis leicht gelblich gefärbt und von zäher Konsistenz. Der **Stiel** wird 5–10 cm hoch, sein Durchmesser beträgt 1–1,5 cm. Er ist weißlich bis leicht bräunlich gefärbt, ebenfalls zäh und meist gebogen. Oftmals sind mehrere Stiele am unteren, etwas verjüngten Ende büschelartig miteinander verwachsen. Das **Fleisch** dieses Raslings ist weiß gefärbt und knorpelig-fest. Es verströmt einen eigenartigen Geruch. Sein Geschmack ist süßlich. Manchmal tritt auch ein leichtes Brennen oder ein bitterer Nachgeschmack auf.

Sporenpulverfarbe: weiß.

Vorkommen: Den Knorpeligen Knäuelrasling findet man fast das ganze Jahr über, am ehesten aber in der Zeit von August bis September. Sein Lebensraum sind Laub- und Laubmischwälder, wo er an grasigen Stellen, aber auch an Wegrändern vorkommt.

Verwechslungsmöglichkeit: Im Habitus erinnert der *Knorpelige Knäuelrasling* an den nahe verwandten *Frostrasling, L. fumosum* (PERS. EX FR.), KÜHNER & ROMAGNESI EX ORTON, der auch Geselliger Ritterling genannt wird. Die Unterscheidung beider Arten ist recht schwierig. *Fumosum* soll nicht knorpelig berindet sein und eine zähere Konsistenz und ein säuerlich schmeckendes Fleisch haben.

Verwendbarkeit: Beide angesprochenen Arten sind eßbar.

Allgemeines: *Loricatum* bedeutet »gepanzert«.

Wurzelmöhrling oder **Hartpilz** *Catathelasma imperiale (FR. AP. LUND.) SING.*

Merkmale: Der **Hut** wird 5–16 (20) cm breit, ist anfangs halbkugelig gewölbt und verflacht dann, selten wird er trichterförmig und am Rand wellig verbogen. Die Huthaut ist trocken, reh- bis haselbraun und häufig fleckig von Velumresten, im Alter wird sie oft felderig aufreißend. Der Rand bleibt lange Zeit charakteristisch schneckenartig eingerollt. Die schmalen dichtstehenden **Lamellen** laufen am Stiel herab, sie sind erst weißlich und werden später blaßbräunlich mit schwärzlichen Schneiden. Der tief im Boden steckende **Stiel** ist blaß ockerfarben und etwas schuppig-gebändert, wird bis zu 15 cm hoch und 3–5 cm dick. Er ist mit zwei häutigen Ringen versehen, der obere Ring stammt von der **Teilhülle** *(Velum partiale)*, der untere von der **Gesamthülle** *(Velum universale)*. Die Stielbasis ist angespitzt. Das weiße **Fleisch** ist recht kompakt, hart und riecht etwas mehlig-gurkenartig.

Sporenpulverfarbe: weiß.

Vorkommen: In Europa scheint diese Pilzart von Berglagen im Norden bis in subalpine Regionen verbreitet zu sein. Vor allem in Skandinavien, in den Nord- und Südalpen, im Jura und in den südlichen Mittelgebirgen ist er zu finden. In Deutschland überschreitet er die Mainlinie nur sehr selten. Er wächst vom Sommer bis in den Herbst auf kalkführenden Böden in Gebirgsnadelwäldern und auch auf gebüschreichen Matten und Almweiden.

Verwechslungsmöglichkeit: Mit anderen Pilzarten kaum gegeben. Durch den Doppelring und den tief im Boden steckenden, zugespitzten Stiel ist diese Art hinreichend gekennzeichnet.

Verwendbarkeit: Der Wurzelmöhrling ist eßbar, sollte jedoch wegen seiner relativen Seltenheit geschont werden.

Allgemeines: Die Gattung *Catathelasma* umfaßt nur diese eine Art. *Imperiale* bedeutet »kaiserlich« (der Pilz wird wohl wegen seiner Größe so bezeichnet).

Literaturhinweis: *Zeitschrift für Mykologie*, Bd. 44 (2), 1978.

Riesenritterling *Tricholoma colossum (FR.) QUÉL.*

Merkmale: Nicht nur wegen der Größe seines **Hutes,** er erreicht bis zu 20 (25) cm im Durchmesser(!), sondern auch wegen seines massiven Gesamteindrucks, hat er den Namen durchaus verdient. Schon die jungen Pilze mit ihrem dickfleischigen, halbkugeligen Hut und dem eingerollten Rand sind kräftig. Dann verflachen die Hüte, bleiben aber am Rand immer noch so stark herabgebogen, daß sie den oberen, weißen Teil des Stiels völlig abdecken. Die Haut mit ihrem fuchsigroten oder braunroten Ton schmiert ein wenig, läßt sich aber gut abziehen. Die **Lamellen** stehen dichtgedrängt, sind ziemlich schmal und am Stiel abgerundet angewachsen. Sie bleiben auch im Alter blaß und tragen oft rötliche Flecken. Der bis zu 4 cm dicke **Stiel**, seine geringe Höhe von etwa 6 bis höchstens 10 cm, sowie die walzenförmige, etwas knollige Form lassen den Ritterling außerordentlich massiv erscheinen. Dort, wo sich der Hut beim Aufschirmen vom Stiel gelöst hat, bleibt rings um den Fuß eine Gürtelung stehen, die wie ein Ring aussieht, aber nicht mit einer Manschette verwechselt werden darf. Abwärts entsprechen die Farben seiner Oberfläche der des Hutes. Beim Anschneiden rötet sich das ansonsten weiße **Fleisch** allmählich. **Sporenpulverfarbe:** weiß.

Vorkommen: Den seltenen Riesenritterling findet man nur in Kiefernwäldern, wo er meist in Gruppen wächst. Seine Zeit ist der Herbst.

Verwechslungsmöglichkeit: Eine derart massive Form zeigt so schnell kein anderer Pilz der Gattung. Seine ringförmige Gürtelung ist ein gutes Merkmal. Der *Orangerote Ritterling (T. aurantium)* sieht ihm auf den ersten Blick ähnlich. Er wächst aber im Fichtenwald auf Kalk, außerdem schmeckt und riecht er mehlartig.

Verwendbarkeit: Er gilt als Speisepilz, ist aber wegen seines harten Fleisches schwer verdaulich und nicht jedermann bekömmlich, so daß es zu Verdauungsstörungen kommen kann. Aufgrund seiner Seltenheit sollte man ihn schonen.

Allgemeines: *Colossum* bedeutet »kolossal, riesig«.

Tigerritterling *Tricholoma pardinum* QUÉL.

Merkmale: Bis zu 15 cm breite Exemplare sind keineswegs selten. Mit dem anfangs stark eingebogenen Rand des **Hutes** macht der Pilz einen recht kräftigen Eindruck. In der Mitte des Hutes ist auch bei ausgewachsenen, dann verhältnismäßig flachen Exemplaren, noch ein leichter Buckel zu erkennen. Die maus-, silber-, graubraune Oberfläche besteht aus mehr oder weniger großen, faserigen Schuppen, die wie Dachziegel auf einem helleren Untergrund stehen. Die ungleich langen, bauchigen und etwas dicken **Lamellen** stehen nicht sehr eng beieinander und sind abgerundet oder bauchig am Stiel angeheftet. Ihre Farbe ist weißlich oder spielt ins Gelbliche. Der massige **Stiel** wird etwa 8–10 cm hoch und bis 2,5 cm dick. Manchmal findet man ausgesprochen bauchige Exemplare. Die feinfaserige bis flockig punktierte Oberflächenfärbung spielt zwischen Weiß und Ocker. Das **Fleisch** zeigt sich unveränderlich weißlich bis graulich und riecht mehlartig. Ein wichtiges Erkennungsmerkmal: An den Lamellenschneiden und an der Stielspitze werden wässerige Tropfen ausgeschieden. **Sporenpulverfarbe:** weiß.

Vorkommen: Die europäische Verbreitung dieses Pilzes ist noch nicht hinreichend bekannt. In Deutschland findet man den Pilz mehr im Süden, nach Norden wird er seltener. Bevorzugt bei uns die Buche und stark kalkhaltige Böden. In Frankreich und Amerika wächst er unter Nadelbäumen.

Verwechslungsmöglichkeit: Mit dem *Schwarzfaserigen Ritterling (T. portentosum), Gilbenden Ritterling (T. scalpturatum), Erdritterling (T. terreum)* und *Brennenden Ritterling (T. virgatum).* Wer diese ähnlichen Ritterlinge zu Speisezwecken sammeln möchte, muß sich unbedingt ihre Merkmale einprägen. Nur kritiklosen Sammlern von Speisepilzen unterläuft eine Verwechslung mit Täublingen.

Verwendbarkeit: Der Pilz ist giftig, er löst heftige Magen- und Darmbeschwerden aus. *Pardinum* bedeutet »pantherfleckig«.

Literaturhinweis: Flammer/Horak: *Giftpilze – Pilzgifte.*

Brennender Ritterling *Tricholoma virgatum* (FR. EX FR.) KUMMER

Merkmale: Der **Hut** des Brennenden Ritterlings bricht als kleiner Kegel asch- bis lilagrau aus dem Boden hervor, dann breitet er sich auf 4–8 cm aus, wobei er allerdings nicht ganz flach wird; er behält eine kugelförmige oder spitzbuckelige Form. Er ist glatt, kahl und eingewachsen faserig, trocken glänzend und dünnfleischig. Die ebenfalls weißgrauen **Lamellen,** deren Tönung sich an die des Hutes anlehnt, sind ausgebuchtet und haben meist kleine dunkelgraue Stellen. Der **Stiel** wird bis zu 9 cm hoch und etwa 1,5 cm dick. Seine meist zylindrische Form wirkt an der Basis wie abgebissen. Im oberen Drittel erkennt man eine feine, mehlige oder auch punktierte Oberfläche, ansonsten ist der Stiel glatt bis feinfaserig, weiß und neigt dazu, gegen die Basis leichte rosa Flecken zu bekommen. Das im Anschnitt weiße **Fleisch** läßt unter der Huthaut eine etwas grauliche Schicht erkennen. Es riecht bisweilen erdartig und ist im Geschmack sofort mehr oder weniger scharf.

Sporenpulverfarbe: weiß.

Vorkommen: Zwischen Sommer und Herbst in Nadelwäldern, gern im Moos.

Verwechslungsmöglichkeit: Wenn nicht der verhältnismäßig dicke Stiel vorhanden und sein Standort verschieden wäre, könnte man diesen Ritterling für den sehr ähnlich gefärbten *Faltentintling (Coprinus atramentarius)* halten. Der *Rußkopf (T. portentosum)* hat zwar manchmal ähnliche Farben, aber andere Formen, der *Tigerritterling (T. pardinum)* Faserschuppen, die an Dachziegel erinnern. Sein Fleisch schmeckt auch nicht scharf wie das des Brennenden Ritterlings.

Verwendbarkeit: Ganz abgesehen vom scharfen und brennenden Geschmack, ist der Ritterling vermutlich giftig.

Allgemeines: *T. virgatum* läßt sich auch wegen seiner Hutform recht gut erkennen, dennoch sollte man jeden dieser Ritterlinge studieren, um Verwechslungen zu vermeiden. Es gibt ca. 19 ähnliche Ritterlinge, wovon einige gilben oder röten, mild oder scharf sind. *Virgatum* bedeutet »gestreift, geflochten«.

Grünling *Tricholoma flavovirens (PER. EX FR.) LUND. ET NANNF.*

Merkmale: Der **Hut** des mittelgroßen Ritterlings erreicht einen Durchmesser von ca. 8 cm. Jung ist der Pilz flachgewölbt mit einem stumpfen Buckel, später ausgebreitet, der Rand etwas eingebogen. Die Farbe des Hutes ist lebhaft gelb und mit mehr oder weniger olivbraunen, fuchsig-bräunlichgelblichen eingewachsenen, radialfaserigen Schüppchen bedeckt. Selbst bei Feuchtigkeit ist er nur schwach klebrig und bald trocken. Die ungleich langen **Lamellen** sind tief ausgebuchtet angewachsen, zitronen- bis schwefelgelb und engstehend. Der dünne bis 1 cm dicke **Stiel** ist auffallend lang (bis 10 cm), wie der Hut gefärbt und mit einzelnen bräunlichen Flocken besetzt. Das **Fleisch** ist kräftig gelb bis ockergelb und weist nirgends weiße Farben auf. Der Geruch ist schwach mehlartig.

Sporenpulverfarbe: weiß.

Vorkommen: Hauptsächlich in Nadelwäldern unter Fichten, seltener in Laubwäldern. Er bildet seine Fruchtkörper im Herbst.

Verwechslungsmöglichkeit: Ist gegeben mit dem in den meisten volkstümlichen Pilzbüchern beschriebenen und abgebildeten, ebenfalls eßbaren *»Echten« Grünling (T. auratum).* Dieser hat aber nicht nur einen anderen Standort, unter Kiefern, sondern er ist auch kräftiger und gedrungener, mit einer feucht schleimigen und auch trocken klebrigen Huthaut; sein Fleisch ist heller und oft mehr weißlich. Aber auch verwechselbar mit dem ungenießbaren *Schwefelritterling (T. sulphureum).*

Verwendbarkeit: Beide Grünlinge gelten als gute Speisepilze.

Allgemeines: Die beiden Arten *(T. auratum, T. flavovirens)* sind noch nicht endgültig geklärt. Vor allem die Standortfrage bei *T. flavovirens* bedarf noch der Klärung. In der Literatur sind Fundangaben im Nadel -und Laubwald auf Kalk sowie bei gleichem Waldtyp auf sauren, nährstoffarmen Böden angegeben. *T. auratum* ist auf Sandboden unter Kiefern festgelegt. *Flavovirens* bedeutet »gelbgrün«.

Literaturhinweis: *Zeitschrift für Mykologie,* Bd. 49 (1), 1983.

Schwefelritterling *Tricholoma sulphureum (BULL. EX FR.) KUMMER*

Merkmale: Der Schwefelritterling gehört nicht gerade zu den Riesen seiner Gattung, denn sein **Hut** erreicht höchstens Durchmesser von etwa 7 cm. Die Haut des Hutes ist schwefelgelb und verändert sich auch im Reifezustand nicht. In der Mitte bleibt auch bei ganz aufgeschirmten und dann recht flachen Exemplaren mit dem meist deutlich eingerollten Rand ein kleiner Buckel erhalten. Dieser zeigt eine intensivere Färbung, die auch ein wenig ins Olivgelbliche gehen kann. Die **Lamellen** wachsen mit einem Häkchen am Stiel an. Auch sie sind schwefelgelb, dicklich und stehen etwas entfernt. Der **Stiel**, nicht anders gefärbt als Hut und Lamellen, kann bis 8 cm hoch werden, voll oder auch hohl sein. Er läßt eine sehr faserige Oberflächenstruktur erkennen. Das **Fleisch** ist ebenfalls schwefelgelb, wie alles an diesem Pilz. An der Luft verändert es sich nicht. Der widerliche Geruch erinnert an Leuchtgas, ist jedenfalls recht unangenehm.

Sporenpulverfarbe: weiß.

Vorkommen: Der Schwefelritterling erscheint weit verbreitet auf kalkigen Böden in Laub- und Nadelwäldern. Seine Zeit liegt zwischen Sommer und Herbst.

Verwechslungsmöglichkeit: Er ist der Doppelgänger der beiden eßbaren *Grünlings*-Arten *(T. flavovirens und T. auratum).* Beide riechen aber mehlartig. Vom Schwefelritterling gibt es noch eine Varietät, den *Braunen Schwefelritterling (T. bufoneum),* die heute aber als eigene Art betrachtet wird. Dieser Pilz wächst im Nadelwald. Der Geruch ist ebenfalls gasartig.

Verwendbarkeit: Der Schwefelritterling steht im Verdacht, giftig zu sein. Das Pilzgift ist noch unbekannt. Auf jeden Fall sollten Sammler den Pilz zwar einwandfrei identifizieren können, aber nicht an eine Ernte denken. Der Genuß könnte Magen- und Darmbeschwerden zur Folge haben. *Sulphureum* bedeutet »schwefelig, schwefelgelb«.

Gelblicher Ritterling *Tricholoma sejunctum* (SOW. EX FR.) QUÉL.

Merkmale: Dieser Ritterling gehört zu den größeren seiner Gattung, denn der **Hut** kann bis zu 12 cm breit werden. Er flacht im Laufe der Reifung immer mehr ab und zeigt nicht immer einen kleinen Buckel in der Hutmitte. Die feucht leicht schmierige und schwach glänzende, trocken glanzlose Haut trägt feine Radialfasern in Braun, Olivbraun oder Schwarz auf ansonsten gelblich-grünem bis hellgelbem Untergrund. Die mäßig gedrängten **Lamellen** sind am Stiel ausgebuchtet angewachsen. Die Lamellenschneiden sind flach-schartig. Ihre Färbung schwankt zwischen weiß und einem gelblichen Ton, der sich vor allem bei älteren Exemplaren schwach bemerkbar macht. Der **Stiel** wächst bis zu 8 cm hoch, hat zylindrische Form, ist fest und voll. Unter dem Hut trägt er feine Flöckchen. Die Oberfläche ist weiß, oft aber gelbfleckig. Häufig findet man Fruchtkörper mit verbogenen Stielen. Das bitter schmekkende **Fleisch** bleibt beim Anschnitt auch an der Luft unverändert weiß, nur unter der Huthaut zeigt es eine gelbliche Färbung. Es riecht mehlartig. **Sporenpulverfarbe:** weiß.

Vorkommen: Vom Sommer an bis in den Herbst hinein. Er wächst sowohl in Laub- als auch in Nadelwäldern, auf kalkreichen Böden, südlich der Alpen vor allem unter Eichen und Edelkastanien.

Verwechslungsmöglichkeit: Auch dieser Pilz hat innerhalb seiner Gattung eine ganze Reihe ähnlicher Vertreter. Fatal wäre die Verwechslung mit dem giftigen *Grünen Knollenblätterpilz (A. phalloides)*, mit dem er eine augenfällige Ähnlichkeit hat. Dem *Gelben Ritterling* fehlen jedoch die Scheide und der Ring unter dem Hut.

Verwendbarkeit: Vielleicht giftig.

Allgemeines: Eine weitere, sehr ähnlich aussehende Art ist *T. subsejunctum Peck.* Bei ihr sind die Lamellenschneiden auffallend grob gesägt und am Hutrand oft gelb verfärbt. Die Sporen sind etwas größer. Die *var. coryphaeum (Fr.)* hat einen mehr gelblichbraunen Hut mit bräunlichen Schüppchen. *Sejunctum* bedeutet »abgesondert, verschieden«.

Seifenritterling *Tricholoma saponaceum* (FR.) KUMMER

Merkmale: Der **Hut** wird etwa 8–10 cm breit und ist nicht sehr fleischig. Aus der anfänglichen Wölbung des Hutes entsteht allmählich eine stark abgeflachte Form, die am Rand unregelmäßig gelappt ist. Dieser bleibt noch lange deutlich eingerollt. Die Farbe der Haut stellt den Sammler wieder vor einige Probleme: Grünlich-geblich, bräunlich oder braungrau, weiß bis leicht rötlich und viele Zwischentöne machen die Bestimmung ein wenig schwierig. Die **Lamellen** stehen recht weit voneinander entfernt und sind am Stiel ausgebuchtet angewachsen. Sie sind blaß gefärbt, sehr oft rostbraun gefleckt. Der unterschiedlich geformte **Stiel** wird bis zu 10 cm hoch und 1,5–3 cm dick. Er kann bauchig, krumm gewachsen, zylindrisch und gerade sein. Seine Farbe entspricht etwa der des Hutes, oft bleiben die Farbtöne aber blasser. Die Oberfläche wird manchmal von einer feinen, schwarzen Schuppenschicht überzogen, man findet aber auch völlig glatte Exemplare. Das weiße **Fleisch** zeigt im Anschnitt rötliche Flecken. Der Pilz hat einen deutlichen, dumpfen »Waschküchengeruch«. Der Geschmack ist mild bis leicht süßlich, doch oft auch bitter.

Sporenpulverfarbe: weiß.

Vorkommen: In Laub- und Nadelwäldern, eher auf sauren als kalkhaltigen Böden, zwischen Spätsommer und Herbst. Meist trifft man ihn in Gruppen an.

Verwechslungsmöglichkeit: Wie aus der Beschreibung zu sehen ist, handelt es sich beim Seifenritterling um eine sehr variable Art. Von diesem Pilz wurden schon viele Varietäten beschrieben und benannt. Der Verfasser hat aber am gleichen Standort und in der gleichen Pilzgruppe Exemplare gefunden, die zu der einen oder anderen Varietät passen könnten. Der Pilz hat daher schon manchen Pilzfreund zum Narren gehalten.

Verwendbarkeit: Wegen seines unangenehmen Geruchs und Geschmacks ist der Pilz ungenießbar.

Allgemeines: *Saponaceum* bedeutet »seifenartig riechend«.

Gilbender Erdritterling *Tricholoma scalpturatum (FR.) QUÉL.*

Merkmale: Der zu den kleineren Ritterlingen gehörende Pilz breitet seinen **Hut** nur bis zu etwa 6 oder 8 cm aus. Zunächst ist er kegelförmig, flacht aber immer mehr ab, bis ein stumpfer Buckel in der Hutmitte übrigbleibt. Die Oberfläche wird von radialen Fasern oder sehr feinen Schuppen bedeckt. Sie ist silbergrau-braun und im Alter oft zitronenfleckig. Die weißen **Lamellen**, die recht dicht stehen, vergilben im Laufe der Reifung. Sie sind am Stiel ausgebuchtet angewachsen. Der fast weiße **Stiel** wird nur etwa 6–8 cm hoch. Er ist seidig faserig und oft mit einer ringartigen, grauen Cortina behangen. Das **Fleisch** ist weiß und im Geruch leicht mehlartig.

Sporenpulverfarbe: weiß.

Vorkommen: Er bevorzugt grasige Stellen in Bergwäldern, wobei er keinen großen Unterschied zwischen Nadel- und Laubgehölzen macht. In den ersteren kann man ihn allerdings etwas öfter entdecken. Oft findet man ihn aber auch in Gärten und Parkanlagen. Seine Zeit dauert von Sommer bis Herbst.

Verwechslungsmöglichkeit: Der *Erdritterling (T. terreum)* sieht ihm ziemlich ähnlich, ist aber nur bei Kiefern anzutreffen. Außerdem besitzt er graue Lamellen. Der auf kalkhaltigen Böden wachsende und hier nicht weiter beschriebene *Schwarzschuppige Ritterling (T. atrosquamosum)* würde bei einer Verwechslung keine Gefahr bedeuten.

Verwendbarkeit: Der Pilz ist eßbar.

Allgemeines: Der Pilz zeichnet sich durch leichten Mehlgeruch aus, doch trifft das für so viele, sowohl ähnliche wie auch völlig unterschiedliche Pilze zu, daß man dies nicht als allein entscheidendes Bestimmungsmerkmal akzeptieren darf. Es gibt ca. 18 graue bis graubraune, faserschuppige, trockene ähnliche Ritterlingsarten. Davon sind einige giftig, wie z. B. der *Tigerritterling (T. pardinum), der aber kräftiger gebaut ist. Anfänger sollten auf jeden Fall diese grauen Ritterlinge meiden. Scalpturatum* bedeutet »filzig, mit schuppiger Hutoberfläche«.

Bärtiger oder Wolliger Ritterling *Tricholoma vaccinum (PERS. EX FR.) KUMMER*

Merkmale: Der bis zu 7 (10) cm breite **Hut** ist fleischrotbraun, kupferbraunrot und stumpfkegelig gewölbt bis ausgebreitet. Er hat eine trockene Oberfläche, die meist stark schuppig und besonders am Rand wollig-filzig behangen ist. Der Rand bleibt lange eingerollt. Die **Lamellen** sind ausgebuchtet angewachsen erst weiß, dann fleischbräunlich, breit mit Zwischenlamellen untermischt. Der **Stiel** wird bis 10 cm hoch und ist 1–2 cm dick, blaßrotbraun und an der Spitze heller. Schon jung ist er innen hohl. Das **Fleisch** ist weißlich und braunrötlich anlaufend. Der Geruch ist schwach erdartig und der Geschmack bitterlich.

Sporenpulverfarbe: weiß.

Vorkommen: Der Bärtige Ritterling wächst oft gesellig auf nicht zu nährstoffarmen Böden im Nadelwald, gern auf grasigen Stellen, bei Fichten und Kiefern. In Süddeutschland ist er stärker verbreitet. Er bildet seine Fruchtkörper von August bis Oktober.

Verwechslungsmöglichkeit: Eine gewisse Ähnlichkeit hat der *Feinschuppige Ritterling (T. imbricatum)*, ein reiner Kiefernbegleiter, mit kräftigem Wuchs und nur feinschuppigem Hut, seine Lamellen werden bei Berührung rotbraun. Andere Verwechslungen sind kaum möglich.

Verwendbarkeit: Aufgrund seines bitteren Geschmacks ist er ungenießbar.

Allgemeines: Die *Ritterlinge (Tricholoma)* sind eine große Gattung mit über 65 Arten. Es sind mittelgroße bis große, fleischige *Mykorrhizapilze* mit ausgebuchtet oder abgerundet angewachsenen weißen Lamellen. Die Stiele sind meist ohne und seltener mit Ring oder Schleier, *Cortina* genannt. Das Sporenpulver ist weiß. Bei den braun- und grauhütigen Arten gibt es einige Giftpilze. Der Bärtige Ritterling gehört zu einer Gruppe von ca. 19 braunhütigen Arten. Darunter befinden sich 2 giftige Arten, deren Identität noch nicht sicher geklärt ist. *Vaccinum* bedeutet »zur Kuh gehörend« (braun).

Orangeroter Ritterling *Tricholoma aurantium (SCHFF. EX FR.) RICKEN*

Merkmale: Der **Hut** erreicht Durchmesser von rund 8–12 cm. Er erscheint zuerst gewölbt, breitet sich dann aus und zeigt schließlich eine niedergedrückte Form mit festem, aber dünnem Fleisch. Der eingerollte Rand wellt sich mit zunehmender Reife. Die Huthaut fühlt sich leicht schmierig an und trägt meistens feine dunklere Schuppen. Die Farbe fällt auf: Ausgewachsene, aber auch schon die jüngeren Exemplare glänzen durch ihre deutlich gelborange bis orangerote Färbung, wobei die Hutmitte mehr ein kleines bräunliches Zentrum bildet. Die recht breiten **Lamellen** stehen dicht gedrängt. Am Stiel sind sie ausgebuchtet angeheftet, ihre Farbe bleibt weiß, zeigt jedoch rostige Flecken. Der etwa 8 cm lange **Stiel** mit seinen 1,5–2 cm Durchmesser verleiht dem Pilz ein kräftiges Aussehen. Als eines der wichtigsten Unterscheidungsmerkmale sei die orangerote Oberfläche erwähnt, die meist genattert schuppig erscheint. Nur dicht unter dem Hut bleibt der Fuß weiß und ist oft mit orangeroten Tropfen besetzt. Das **Fleisch** bleibt auch nach dem Anschneiden weiß, riecht mehlartig und schmeckt leicht bitter.

Sporenpulverfarbe: weiß.

Vorkommen: Dieser schöne Pilz ist aus vielen europäischen Ländern bekannt, ist aber ungleich verbreitet. Er liebt kalkige Böden und ist daher in bodensauren Wäldern kaum zu finden, zum anderen hält er sich an Nadelholz, fast immer an Fichte. Als Pilz der nördlichen Berglagen weist er eine Verbreitungslücke in den Tiefebenen auf, kommt in Skandinavien, im Süden Deutschlands und in den Kalkalpen durchaus häufiger vor. August bis November.

Verwechslungsmöglichkeit: Wer die Kombination aus Farben und Schuppigkeit des Stiels berücksichtigt, wird ihn kaum verwechseln. Der *Riesenritterling (T. colossum)* hat andere Ausmaße und Formen.

Verwendbarkeit: Der Pilz ist ungenießbar. Man schont ihn als verantwortungsbewußter Sammler. *Aurantium* bedeutet »orangefarben«.

Literaturhinweis: *Zeitschrift für Mykologie*, Beiheft (3), 1981.

Rötlicher Holzritterling *Tricholomopsis rutilans (SCHFF. EX FR.) SING.*

Merkmale: Der **Hut** kann Durchmesser von bis zu 15 cm erreichen. Wenn er nach dem ersten gewölbten Jugendstadium abflacht, bleibt vielleicht noch ein schwacher Buckel in der Hutmitte übrig. Auf gelben Grund kann die Huthaut ganz verschiedene Farben tragen: weißlichgelb, lilarötlich, rötlich. Die purpurroten Schüppchen konzentrieren sich in der Mitte zu einer dichteren und damit scheinbar intensiveren Farbgebung. Sie fühlt sich filzig an. Die dünnen **Lamellen** stehen gedrängt und sind schwach ausgebuchtet oder abgerundet angewachsen. Ihre Farbe ist eindeutig gelb. Die Schneiden sind auffallend flockig. Der bis zu 12 cm lange **Stiel** wird kaum breiter als etwa 1, bei gut gewachsenen Stücken auch 2 cm. Man findet häufig recht krumm gewachsene Exemplare. Die Oberfläche ist faserig-filzig und an der Spitze von kleinen, purpurfarbenen Flokken bedeckt. Das **Fleisch** ist hell bis goldgelb, saftig und im Alter wässrig weich. Der Geruch ist eigenartig dumpf.

Sporenpulverfarbe: weiß.

Vorkommen: Der Pilz wächst ausschließlich auf oder neben den Strünken von Nadelgehölzen. Dort sucht man ihn zwischen Sommer und Herbst.

Verwechslungsmöglichkeit: Der Rötliche Holzritterling ist in seinen Farben sehr veränderlich, teilweise kommen rein gelbliche Exemplare vor. Sein Standort läßt ihn aber gut erkennen. Eine weitere ähnliche Art ist der *Olivgelbe Holzritterling (T. decora)*, er hat den gleichen Standort, ist aber durch seine olivbraunen bis schwärzlichen Hutschüppchen gekennzeichnet.

Verwendbarkeit: Zur Not eßbar. Er schmeckt aber unangenehm und soll auch leichte Verdauungsstörungen hervorrufen.

Allgemeines: Die Gattung der *Holzritterlinge (Tricholomopsis)* besteht aus 4 Arten, die von den echten *Ritterlingen (Tricholoma)* durch ihren Standort auf Holz und durch Mikromerkmale auf den Lamellenschneiden unterschieden sind. *Rutilans* bedeutet »gelblichrot«.

Anistrichterling *Clitocybe odora (BULL. EX FR.) KUMMER*

Merkmale: Der ehemalige Artname *viridis* sagte etwas über die **Hut**färbung des Anistrichterlings aus: Die Bezeichnung stammt aus dem Lateinischen und bedeutet grün. Allerdings ist die Färbung nicht immer sehr intensiv. Der höchstens 8 cm breite Hut erscheint zu Anfang glockig, dann abgeflacht und niedergedrückt. Der Rand ist leicht eingerollt und zeigt häufig Wellen. Im Alter verblaßt die Farbe immer mehr. Die breiten, unregelmäßigen **Lamellen** behalten ihre weißlich-grünliche, nicht selten aber auch graulich-gelbe Farbe bis zur vollen Reife. Sie sind am **Stiel** angewachsen und laufen ein wenig an ihm herab. Nur bei sehr alten Exemplaren erreicht der Fuß eine Höhe von 5–7 cm. Meist krümmt sich der Stiel ein wenig, kann einer Keule ähneln und trägt an der Basis einen leichten Filz. Auch das **Fleisch** hat eine leicht grünliche Färbung. Besonderes Kennzeichen: ein deutlicher, oft sogar intensiver Anisgeruch.

Sporenpulverfarbe: Weiß mit grünlichem Schein.

Vorkommen: Der Pilz ist in der ganzen gemäßigten Zone der Nordhalbkugel verbreitet. Er verlangt aber erhebliche Kalkanteile im Boden. Vom Sommer an bis tief in den Herbst hinein kann man mit oft großen Vorkommen dieses Pilzes rechnen. Man findet ihn vor allem in Buchen-Mischwäldern, seltener in Nadelwäldern.

Verwechslungsmöglichkeit: Man sollte als Sammler stets darauf achten, daß man diesen Trichterling nicht mit den *weißen Trichterlingen* verwechselt, die samt und sonders ungenießbar, teilweise sogar gefährlich sind. Die im Alter immer mehr verblassende grüne Färbung macht die Unterscheidung optisch zuweilen etwas schwierig. Andererseits hilft der intensive Anisgeruch, Verwechslungen zu vermeiden.

Verwendbarkeit: Man sollte ihn nur als Mischpilz verwenden, weil beim Kochen der starke Anisgeruch nicht verschwindet.

Allgemeines: *Odora* bedeutet »riechend«.

Literaturhinweis: *Zeitschrift für Mykologie,* Beiheft (3), 1981.

Mönchskopf *Clitocybe geotropa (BULL. EX FR.) QUÉL.*

Merkmale: Der **Hut** erreicht einen Durchmesser von 5–20, seltener 30 cm. Anfangs erscheint er gewölbt, flacht dann immer mehr ab und bildet in der Mitte eine mehr oder weniger starke Vertiefung, die einen schwachen Buckel umringt. Die Haut fühlt sich feucht und glatt an. Die Farbe schwankt zwischen lederweißlich, ockergelb und isabellenfarben. Die Huthaut ist seidig bereift, zart schuppig und schließlich kahl und am Rand deutlich eingerollt. Die **Lamellen** sind recht dick, stehen weit auseinander und laufen stark am Stiel herunter. Im Jugendzustand erscheinen sie weiß, verfärben sich aber im Laufe der Zeit leicht gelblich. Ein besonders charakteristisches Merkmal stellt der lange und oft sehr dicke **Stiel** dar. An der Basis verdickt er sich etwas und hat die gleiche Farbe wie der Hut. Alle Teile des Pilzes riechen deutlich süßlich nach Lavendel. Das **Fleisch** ist recht trocken und bleibt stets ein wenig zäh.

Sporenpulverfarbe: weiß.

Vorkommen: Der Mönchskopf gedeiht meist in Hexenringen und steht in Scharen. Am besten findet man ihn zur Herbstzeit auf Waldwiesen, Waldweiden, rasigen Waldrändern und in Gebüschnähe, auf Kalkboden.

Verwechslungsmöglichkeit: Man könnte den Pilz für einen *Riesentrichterling (C. maxima)* halten, denn dieser ähnelt ihm in der Farbe wie im Geruch. Allerdings unterscheidet er sich vom Mönchskopf durch seinen nur undeutlich gebuckelten, flockig bereiften Hut.

Verwendbarkeit: Mönchsköpfe gehören vor allem in südlicheren Ländern zu den geschätzten Speisepilzen. Wer einmal auf ein größeres Vorkommen stößt, sollte sich lediglich die jungen Exemplare heraussuchen. Ältere Pilze werden zunehmend zäher. In Deutschland wird der Mönchskopf von den Speisepilzsammlern wenig geschätzt und kaum gesammelt.

Allgemeines: *Geotropa,* griech., bedeutet »zur Erde gewendet«.

Gebuckelter oder **Ockerbrauner Trichterling** *Clitocybe gibba (PERS. EX FR.) KUMMER*

Merkmale: Der **Hut** wird kaum breiter als 5–8 cm. Er ist bemerkenswert fleischig, gewölbt, trägt in der Mitte einen Buckel und bekommt mit zunehmender Reife immer mehr Trichterform. Der Hutrand ist bisweilen kurz gerippt oder flatterig. Der Buckel in der Mitte bleibt dabei jedoch stets erhalten. Die Haut fühlt sich seidig-filzig an und hat eine rehbraune oder blasse Ockerfarbe. Zum Rand hin, der anfangs stark eingerollt ist, wird das Fleisch immer dünner. Die **Lamellen** stehen dicht gedrängt und laufen am Stiel weit herunter. Sie bleiben weiß. Der schlanke, biegsame und ausgestopft, faserige **Stiel** zeigt beim Durchschneiden eine schwammige Struktur. Er verdickt sich zur Basis hin. Bedeutsames Merkmal: Die Stieloberfläche trägt eine zottige Behaarung. Stiel und Hut sind gleich gefärbt. Das weißlich, zähe **Fleisch** riecht süßlich-mandelähnlich.

Sporenpulverfarbe: weiß.

Vorkommen: Der Gebuckelte Trichterling gehört zu den recht häufigen Pilzen. Meist tritt er gesellig auf und wächst im Laub- und Nadelwald. Der Pilz erscheint vom Sommer an bis in den Herbst hinein.

Verwechslungsmöglichkeit: Eine ganze Reihe von Trichterlingen steht mit diesem Pilz in enger, auch äußerlicher Verwandtschaft. Verwechslungen mit *weißen Trichterlingen* können sehr unangenehm werden, weil einige giftig sind.

Verwendbarkeit: Der Pilz ist bedingt eßbar. Er soll Magen- und Darmbeschwerden hervorrufen.

Allgemeines: Bei den *Trichterlingen (Clitocybe)* handelt es sich um eine recht umfangreiche, auf Erde wachsende Gattung mit ca. 90 Arten, wovon mindestens 10 Arten giftig sind. Trichterlinge sind mehr oder weniger fleischige Pilze, wobei ihr Hut meist stark trichterig niedergedrückt, bisweilen fast genabelt ist. Die Lamellen sind dünn, breit angewachsen und laufen oft stark am Stiel herab. Das Sporenpulver ist weiß bis creme oder rosa. *Gibba* bedeutet »bucklig«.

Fuchsiger Trichterling *Lepista inversa (SCOP. EX FR.) PAT.*

Merkmale: Diese Art, neuerdings Röteltrichterling genannt, kann im völlig reifen Zustand Größen von 4–8 cm erreichen. Zunächst erscheint er gewölbt, dann niedergedrückt und schließlich deutlich trichterförmig. Die kahle Oberfläche des **Hutes** glänzt und fühlt sich glatt an. Meist ist der Pilz gelblich bis rötlich, kann aber auch unregelmäßige Flecken zeigen. Der Hutrand ist eingerollt und an die Lamellen gedrückt. Allmählich schirmt der Pilz auf und nimmt dann meist unregelmäßig gewellte Formen an. Die **Lamellen** mit ihrer sehr dünnen und feinen Schneide stehen dichtgedrängt und laufen deutlich am Stiel herab. Anfangs erscheinen sie in blassem Elfenbein, verfärben sich aber mit zunehmender Reife cremig-rötlich bis fuchsig oder orangefarben. Mit einem leichten Druck der Finger lassen sich die Lamellen schnell vom Hut lösen. Der anfangs volle **Stiel** wird im Laufe des Wachstums hohl. Meist zeigt er regelmäßige Zylinderform, kann sich aber zur Basis hin leicht verdicken. Die Farbe seiner Oberfläche ist wie die des Hutes.

Sporenpulverfarbe: weißlich.

Vorkommen: Der Fuchsige Trichterling meidet offenes Gelände wie Wiesen und Weiden. Zwischen Laub- und Nadelwäldern macht er keinen Unterschied. Seine Zeit ist der Herbst, dann entdeckt man ihn meist in Ringen oder langen Reihen.

Verwechslungsmöglichkeit: *Clitocybe flaccida* ist eine dünnfleischige Laubwaldform vom Fuchsigen Trichterling und wird von einigen Autoren als eigene Art angesehen. Ähnlich ist auch der *Wasserfleckige Trichterling (Röteltrichterling), Lepista gilva*, der auf der Hutoberseite auffallende Wasserflecken besitzt. Eine weitere Ähnlichkeit hat *Lepista lentiginosa* mit einem von rostbraunen Schüppchen fast gezont erscheinenden Hut.

Verwendbarkeit: Der Fuchsige Trichterling wäre zwar eßbar, doch ist er nicht zu empfehlen.

Allgemeines: *Inversa* bedeutet »einwärtsgerollt«.

Keulenfüßiger Trichterling *Clitocybe clavipes (PERS. EX FR.) KUMMER*

Merkmale: Der **Hut** dieses Trichterlings wird bis zu 6 cm breit und ist nur gelegentlich breiter. Jung ist er mehr oder weniger gebuckelt, dann bald verflachend und selbst bei älteren Exemplaren kaum trichterförmig. Die Huthaut ist braun, graubraun, schwarzbraun und am Rand bisweilen schmutzig-weißlich, kahl und glatt, am Hutrand leicht gerippt. Die **Lamellen** sind weißlich und manchmal auch mit zart-gelben Tönen, sie laufen stark am Stiel herab. Der **Stiel** wird bis zu 10 cm hoch und bis zu 4 cm dick, wobei eine typische Keulenform erkennbar ist. Bei jungen Exemplaren fällt ein deutliches Mißverhältnis zwischen dem langen, keuligen Stiel und dem anfangs kleinen Hut auf. Das weißliche **Fleisch** ist am Hutrand sehr dünn und im Stiel weich, schwammig und mitunter faserig. Es riecht süßlich und schmeckt mild.

Sporenpulverfarbe: weiß.

Vorkommen: Dieser Trichterling ist auf der ganzen gemäßigten Zone der Nordhalbkugel ziemlich verbreitet. Von Juli bis November findet man den Pilz gesellig bis zerstreut, in Ringen und Reihen in bodensauren Nadelwäldern, er bevorzugt die Fichte, kommt aber auch unter Lärchen, Kiefern und anderen Koniferen vor.

Verwechslungsmöglichkeit: Durch den keuligen, aufgeblasenen Stiel, dem fehlenden Gasgeruch, der ihn von dem manchmal ähnlich aussehenden *Nebelgrauen Trichterling (Lepista nebularis)* unterscheidet, ist er kaum mit anderen Pilzen zu verwechseln.

Verwendbarkeit: Der Keulenfüßige Trichterling ist bedingt eßbar. In Verbindung mit Alkohol soll er giftig wirken, ähnlich wie der *Faltentintling (Coprinus atramentarius).*

Allgemeines: *Clavipes* bedeutet »keulenfüßig«.

Literaturhinweis: Flammer, René: *Differentialdiagnose der Pilzvergiftungen.*

Nebelkappe oder **Nebelgrauer Röteltrichterling** * *Lepista nebularis (FR.) HARMAJA*

Merkmale: Der **Hut** kann bis zu 20 cm im Durchmesser erreichen. Sein Fleisch zeichnet sich zwar durch große Festigkeit aus, der Pilz kann sehr lange im Wald stehenbleiben, und man erkennt dann den Zersetzungsgrad seines Fleisches sehr schwer. Der Hut erscheint zuerst leicht polsterförmig gewölbt, breitet sich dann bald aus und kann in der Mitte mehr oder weniger deutlich niedergedrückt sein. Der Hutrand ist anfangs leicht eingerollt. Seine Farbe spielt zwischen Braun und Aschgrau, Braungrau und weißlich. Bei Trockenheit bleibt er merklich blasser. Die Haut ist ganz fein bereift. Erst im reiferen Zustand und nach Berührung wird sie glatt und kahl und bekommt einen leichten Glanz. Die blaßgelblichen **Lamellen** wachsen dichtgedrängt, sind ablösbar, schmal und laufen in einem Bogen am **Stiel** herab. Dieser schwammige, nach oben verjüngte Fuß läßt sich leicht biegen und wird im Alter hohl. Die Farbe ist weißlich bis hellgrau, die Oberfläche läßt eine feine Faserung erkennen. Das **Fleisch** des Pilzes ist weiß und riecht schwach gasartig. **Sporenpulverfarbe:** weißlich-creme.

Vorkommen: Diesen Pilz findet man im Spätherbst vor allem in Nadelwäldern, wo er meist in Gruppen wächst. Er gehört zu den häufigen Pilzen Mitteleuropas und des Südens.

Verwechslungsmöglichkeit: Auf den ersten Blick kann der Pilz mit ähnlich gefärbten Trichterlingen verwechselt werden. Aber sein aufdringlicher Geruch, die späte Erscheinungszeit, die sehr leicht ablösbaren Lamellen und die oft beachtliche Größe unterscheiden ihn doch recht deutlich von anderen Pilzen. Entfernte Ähnlichkeit hat er allenfalls mit dem *Buxblättrigen Trichterling (Clitocybe alexandri)*, der aber sehr selten vorkommt und ungefährlich ist.

Verwendbarkeit: Den Pilz verträgt leider nicht jeder. Speziell junge Fruchtkörper können Verdauungsbeschwerden hervorrufen.

Allgemeines: Früher galt die Nebelkappe als Marktpilz.

* Neuerdings wird er wieder Nebelgrauer Trichterling genannt. *Clitocybe nebularis (BARTSCH EX FRIES) KUMMER.*

Violetter Rötelritterling *Lepista nuda (BULL. EX FR.) CKE.*

Merkmale: Schon von weitem fällt dieser violett gefärbte Pilz auf. Auf der **Hut**haut können auch einige rötlich-braune Verfärbungen vorkommen. Der Rand bleibt bei jungen Pilzen noch einige Zeit eingerollt und ist bereift. Die **Lamellen** sind ebenfalls violett und nehmen später einen zarten Braunton an, der aber stets den typischen Lila-Schimmer hat; sie stehen dichtgedrängt und laufen manchmal – auch mit einem Zähnchen – am Stiel herab. Der kräftige, aber keineswegs plumpe **Stiel** kann Höhen von 8–10 cm und Durchmesser von 2–2,5 cm erreichen. Die natürlich violette, manchmal auch violettgraue Oberfläche kann faserig-streifig oder auch schuppig sein. Beim Anschneiden erkennt man, daß auch das **Fleisch** einen violetten Schimmer hat. Es riecht und schmeckt parfümiert.

Sporenpulverfarbe: blaß-fleischrosa.

Vorkommen: Der Violette Rötelritterling bevorzugt Nadelgehölze, man findet ihn aber auch in humusreichen Laubwäldern. Er gehört zu den »Spätkömmlingen«, denn er wächst im Herbst, hält sich noch bis tief in den Spätherbst hinein und kommt zuweilen schon im Mai.

Verwechslungsmöglichkeit: Besteht mit fast allen kräftig gebauten Pilzen dieser und ähnlicher Farbe. Darunter gibt es auch ein paar ungenießbare, so daß Vorsicht am Platze ist. Am ähnlichsten sieht ihm der *Blaßblaue Rötelritterling (L. glaucocana)*, dessen Farbe aber doch sehr viel heller ist. Von unerfahrenen Pilzsammlern wird er gelegentlich auch mit dem *Violetten Schleierling (Cortinarius violaceus)* oder *Cortinarius hercynicus* verwechselt. Durch den Haarschleier, das braune Sporenpulver und den dumpfen Geruch ist er aber deutlich unterschieden.

Verwendbarkeit: Der Pilz gehört zu den recht guten Speisepilzen. Vor allem als Mischpilz kann man ihn sehr empfehlen. Ergiebigkeit und Erscheinungsweise in der pilzarmen Zeit machen ihn begehrt.

Allgemeines: Der Pilz läßt sich gut züchten. *Nuda* bedeutet »nackt«.

Maipilz oder **Mairitterling** *Calocybe gambosa (FR.) DONK*

Merkmale: Der Gattungsname *Calocybe* bedeutet »Schönköpfe«. Man erkennt den Maipilz schon von weitem an seinem cremefarbenen bis hell-ockerlichen **Hut**. Er kann bis zu 10 cm breit werden, hat zunächst eine gewölbte Form mit eingerolltem Rand und breitet sich allmählich fast flach aus. Manchmal zeigen die Hüte auch tiefe, zusammengewachsene Einschnitte. Die weißlichen **Lamellen** stehen sehr dicht und sind um den Stiel herum ausgebuchtet. Der **Stiel** wächst mehr oder weniger zylindrisch, kann aber auch keulig ausgebildet sein. Er wird bis zu 8 cm lang und ist weißlich bis gelblich. Obwohl Pilzgerüche nicht immer deutlich sind, kann man beim Maipilz einen deutlichen und charakteristischen Mehlgeruch und -geschmack feststellen.

Sporenpulverfarbe: weiß.

Vorkommen: Der Pilz erscheint schon gegen Ende April, zeigt sich aber vor allem im Mai, doch kann man ihn auch im Sommer und Herbst finden. Typisch ist das Wachstum in sogenannten Hexenringen, also in einer mehr oder weniger ausgeprägten Kreisform. Er ist an keine Baumart gebunden, doch verlangt er einen reichlichen Kalkanteil im Boden.

Verwechslungsmöglichkeit: Zur gleichen Jahreszeit erscheint der *Ziegelrote Rißpilz (Inocybe patouillardii)*, der recht gefährlich ist. Er sieht dem Maipilz ähnlich, aber sein Hut hat eine mehr spitzkegelige Form, und sein Fleisch rötet bei Druck, im Alter sogar stark.

Verwendbarkeit: Der Maipilz gehört zu den guten Speisepilzen, die vor allem schon früh die Sammler in die Wälder locken. In vielen Gegenden läutet er sozusagen das Pilzjahr ein. Doch es gibt auch viele Pilzsammler, denen der strenge Mehlgeruch und -geschmack nicht zusagt.

Allgemeines: Der deutsche Name Mairitterling ist irreführend. Mykologische Untersuchungen haben gezeigt, daß der Maipilz nicht zu den Ritterlingen gehört, sondern eine eigene Gattung bildet, zu der ca. 13 Arten gehören.

Literaturhinweis: *Zeitschrift für Mykologie*, Beiheft (3), 1981.

Weißer Krempentrichterling *Leucopaxillus candidus* (BRES.) SING.

Merkmale: Der Durchmesser des **Hutes** kann bis zu 25 cm betragen. Zunächst erscheint der Pilz als kleine Halbkugel auf dem Boden, flacht dann im Laufe des Wachstums ab, wölbt sich stark hoch und nimmt schließlich die Form eines großen Trichters an. Nur im reifen Zustand entstehen in der Hutmitte des ansonsten milchig-weißen Pilzes gelbliche Flecken. Der Rand ist schwach eingerollt, glatt und flaumig, manchmal wellig verbogen. Die **Lamellen** laufen etwas am Stiel herab. Man erkennt viele Zwischenlamellen und bisweilen am Stielansatz einige Gabelungen. Auch die Lamellen sind weiß. Sie lassen sich leicht vom Hutfleisch trennen, wenn man darüberstreicht. Der dickliche **Stiel** erreicht Höhen von höchstens 8 cm und Durchmesser von stattlichen 2–3,5 cm. Viele Exemplare haben ausgesprochene Zylinderform, andere zeigen eine leichte Verdickung, die etwas bauchig wirkt. Die weißliche Oberfläche wird im oberen Teil von einem deutlichen Reif bedeckt. Das **Fleisch**, das ebenfalls weiß ist, riecht nach Aussagen mancher Sammler mehl- bis rettichartig.

Sporenpulverfarbe: weiß.

Vorkommen: Der Weiße Krempentrichterling wächst nach Aussagen vieler Autoren nur auf Bergwiesen der Alpen, wo er gesellig vorkommt. Man kann ihn aber auch auf grasigen Plätzen der Mittelgebirge finden. Funde aus dem Flachland sind selten. Die Bildung von Hexenringen ist erkennbar. Er erscheint zwischen Sommer und Herbst.

Verwechslungsmöglichkeit: Es gibt eine sehr ähnliche Art, den *Riesen-Krempentrichterling (L. giganteus)*. Dessen Lamellen verfärben sich jedoch im Reifezustand creme- bis lederblaß. Eine Verwechslung wäre ungefährlich.

Verwendbarkeit: Der Pilz gehört zu den guten Speisepilzen; doch sollte er dort, wo er selten ist, geschont werden.

Allgemeines: Wo die ausgedehnten Hexenringe erscheinen, stirbt das Gras in der Mitte ab. Der Standort der abgebildeten Pilze ist nicht typisch. *Candidus* bedeutet »reinweiß«.

Bitterer Krempentrichterling *Leucopaxillus gentianeus* (QUÉL.) KOTL.

Merkmale: Der 5–10 (15) cm breite **Hut** des Pilzes wächst zunächst gewölbt hervor, flacht dann immer mehr ab und bekommt manchmal eine Vertiefung in der Hutmitte. Der fleischige Pilz mit der trockenen, kahlen Haut macht einen sehr gedrungenen, fast wuchtigen Eindruck. Im jugendlichen Zustand nimmt man eine feine, samtige, nicht eingewachsenschuppige Struktur der Oberfläche wahr, die sich aber bald verliert. Die Lederfarbe der jungen Stücke weicht einem Zimtbraun oder sehr dunklem Braun. Nur der eingerollte Rand bleibt etwas heller, er kann sogar weißlich sein und trägt eine dünne Bereifung. Hier kann man auch feine Furchen erkennen. Die ausgebuchteten **Lamellen** stehen dichtgedrängt und wachsen am Stiel an. Manche laufen auch mit einem Zähnchen herab. Die Farbe ist weiß bis elfenbeinfarben. Der dicke, nur etwa 6 cm hoch wachsende **Stiel** unterstreicht den Eindruck der Kompaktheit des Bitteren Krempentrichterlings. Manche Füße sind auch keulig verdickt. Auf der Oberfläche ist er fein gestreift und an der Spitze fast filzig. Sie bräunt bei Druck. Es macht ein wenig Mühe, das weiße, sehr nachgiebige **Fleisch** anszuschneiden, wenn man nicht gerade ein scharfes Messer zur Hand hat. Es schmeckt sofort sehr bitter. Der Pilz riecht mehlig, mitunter etwas ranzig.

Sporenpulverfarbe: weiß.

Vorkommen: Der Pilz ist nicht häufig. Man sollte ihn an seinen bevorzugten Plätzen unter Laub- und Nadelgehölzen auf sauren Böden, oft zwischen Heidekraut suchen. Dort findet man ihn im Herbst in Gruppen.

Verwechslungsmöglichkeit: Er hat Ähnlichkeit mit einigen *Ritterlingen*. Ein gutes Erkennungsmerkmal ist der äußerst bittere Geschmack, der dem Pilz den Namen gab. Man kann nur empfehlen, ihn und ähnliche Pilze nicht zu ernten.

Verwendbarkeit: Der bittere Geschmack ist der Grund für die Ungenießbarkeit.

Allgemeines: Früher wurde der Pilz *L. amarus* genannt, *amarus* bedeutet »bitter«.

Hallimasch *Armillariella mellea (VAHL EX FR.) KARST. S. L.*

Merkmale: Der Hallimasch ist ein büschelig wachsender Massenpilz. Bei einzelnen ausgewachsenen Exemplaren erreicht der **Hut** einen Durchmesser von etwa 10 cm. Die bräunliche bis gelbe Huthaut ist im Jugendzustand von büschelig-haarigen Schüppchen bedeckt, die im Laufe der Zeit mehr und mehr verschwinden können. Die zunächst weißlichen **Lamellen** verfärben sich später ins Gelblich-Bräunliche und sind von den Sporen weiß bemehlt. Sie laufen am schlanken **Stiel** ein wenig herab. Dieser kann bis zu 15 cm hoch werden. Den Stiel umgibt ein weißlicher bis leicht bräunlicher Ring, es sind Reste der Haut, die ursprünglich die Lamellen umhüllten. Kaut man ein Stückchen **Fleisch** roh, so geht der zunächst angenehm milde Geschmack in ein unangenehmes Kratzen über.

Sporenpulverfarbe: weiß.

Vorkommen: Der Hallimasch wächst ausschließlich auf lebendem und totem Holz. Exemplare, die scheinbar aus dem Boden wachsen, stehen in Wirklichkeit auf unterirdischen Wurzeln oder Holz. Im Herbst findet man den Pilz in großer Zahl. Er dürfte weltweit verbreitet sein und ist ein Fäulnisbewohner, doch geht er meist in parasitische Lebensweise über und ist daher ein schwerer Forstschädling.

Verwechslungsmöglichkeit: Einige Autoren unterscheiden neuerdings 5 verschiedene Hallimascharten. Ein anderer baumbewohnender Pilz wie der *Sparrige Schüppling (Pholiota squarrosa),* der ebenfalls als Parasit büschelig an Laubholz wächst, hat gelbes Fleisch und braunes Sporenpulver.

Verwendbarkeit: Ein ergiebiger Pilz, von dem nur die jüngeren Hüte gesammelt werden. Man sollte ihn jedoch mit Vorsicht genießen, von manchen Menschen wird er sehr schlecht vertragen und kann Magen- und Darmbeschwerden hervorrufen. Es empfiehlt sich, ihn immer abzukochen und den Sud wegzuschütten.

Allgemeines: *Mellea* bedeutet »honigfarben«.

Literaturhinweis: *Zeitschrift für Mykologie,* Bd. 44 (2), 1978 und Jahn, H.: *Pilze, die an Holz wachsen.*

Samtfußrübling oder **Winterrübling** *Flammulina velutipes (CURT. EX FR.) SING.*

Merkmale: Der **Hut** wird 2–10 cm breit, erscheint in allen Altersstufen abgeflacht bis leicht gewölbt und fühlt sich ziemlich schmierig an. Die Oberfläche ist glatt oder auch fein bereift. Die Farbe kann man als honiggelb oder orangegelb bezeichnen. Besonderes Kennzeichen: Zur Mitte hin wird die Färbung dunkler. Die **Lamellen** stehen etwas entfernt, sind verschieden lang, am Stiel angewachsen und haben eine leicht gebauchte Form. Ihre Farbe spielt zwischen Weiß (im jungen Zustand) und Ocker. Der **Stiel** fühlt sich samtig an, ist röhrig, oben gelblich bis rötlich, unten dunkelbraun bis fast schwarz. Das **Fleisch** ist weiß oder blaßgelblich und riecht angenehm.

Sporenpulverfarbe: creme-weißlich.

Vorkommen: Dieser weitverbreitete Pilz schließt die Lücke zwischen Herbst und Frühjahr. Man findet ihn dann an den Strünken von Laubbäumen, besonders an Weiden, an Bachläufen, Waldrändern, in Parks und Gärten; er wächst in dichten Büscheln, sogar unter Schnee, aber stets an Holz.

Verwechslungsmöglichkeit: Sowohl Färbung und Struktur der Stieloberfläche als auch der extreme Erscheinungstermin machen den Samtfußrübling unverwechselbar. Die Gattung der *Samtfußrüblinge (Flammulina)* umfaßt neben dieser Art noch eine kleinere, an Wurzeln von Hauhechel wachsende Varietät, *var. ononidis.*

Verwendbarkeit: Man kann den Pilz essen, und er hat im Winter durchaus seinen Wert. Wer ihn essen will, sollte nur die Hüte sammeln.

Allgemeines: Hartgesottene Pilzsammler kennen die Stellen, wo sie selbst im Winter fündig werden. Da in dieser Jahreszeit nur sehr wenige Pilze erscheinen, halten gerade passionierte Sammler Ausschau nach dem Samtfußrübling. Diese Pilzart läßt sich auch im Garten züchten, auf Buchenholz, wo sie reichlich Fruchtkörper treibt. *Velutipes* bedeutet »samtfüßig«.

Gefleckter Rübling *Collybia maculata* (A. & S. EX FR.) QUÉL.

Merkmale: Dieser Pilz wird im Durchmesser kaum größer als 8–10 (12) cm; sein **Hut** ist anfangs flach gewölbt und schirmt auch später kaum auf. Er ist weiß, recht fleischig, trägt eine glatte, zunächst weiße Haut und bekommt allmählich rostbraune Flecken. Der Rand ist auffallend dünn und eingerollt. Die **Lamellen** stehen dichtgedrängt, sind schmal, abgerundet angeheftet, leicht gezähnt und zunächst weiß wie der junge Hut. Genau wie er, nehmen auch sie mit zunehmender Reife rostbraune Flecken an. Der **Stiel** erreicht Höhen von 6–10 cm. Der junge Pilz ist ganz gefüllt, später wird er zunehmend hohl. Seine Struktur zeichnet sich durch eine deutliche Härte und Faserigkeit aus. Oft ist der Stiel verdreht. Nach unten verjüngt er sich und hat eine schwach erkennbare Längsriefung. Wie beim Hut und den Lamellen entwickeln sich auf seiner Oberfläche allmählich rostbraune Flecken. Wenn man den Pilz aufschneidet, zeigt sich ein völlig weißes **Fleisch**, dessen bitterer Geschmack ein gutes zusätzliches Merkmal darstellt.

Sporenpulverfarbe: weißlich-creme.

Vorkommen: Vom frühen Herbst an findet man den Gefleckten Rübling gesellig in allen Nadelwäldern, meist in sogenannten Hexenringen.

Verwechslungsmöglichkeit: Wegen des stets leicht gewölbten Hutes mit den Rostflekken kann man diesen ansonsten weißen Pilz kaum verwechseln.

Verwendbarkeit: Wegen seiner zähen Faserigkeit und des bitteren Geschmacks kann man den Gefleckten Rübling nicht verzehren.

Allgemeines: Der Pilz gehört in die große Gattung der *Rüblinge (Collybia)* mit über 30 Arten. Es sind kleine bis mittelgroße, kahlhütige Arten, die Stiele sind knorpelig oder biegsam, die Lamellen gerade oder ausgebuchtet angewachsen. Der Hutrand ist jung eingerollt. Alle sind Boden- oder Holzbewohner. Das Sporenpulver geht von Weiß bis Creme und Blaßocker. Viele Arten sind ungenießbar und einzelne leicht giftig. *Maculata* bedeutet »gefleckt«.

Spindeliger Rübling *Collybia fusipes* (BULL. EX FR.) QUÉL.

Merkmale: Der braunrötliche **Hut** entwickelt sich im Jugendstadium zunächst deutlich gewölbt. Mit zunehmender Reife flacht die Form immer mehr ab und ist bisweilen stumpfgebuckelt. Der Hut ist unregelmäßig geformt, trocken und zähfleischig. Der Pilz zeigt eine schmutzige Färbung. Die **Lamellen** stehen weit auseinander, sind ungleich lang, oft etwas wellig und aderig miteinander verbunden. Am Stiel sind sie ringförmig angeheftet. Eigentlich fleischfarben, tragen sie rostbraune Flecken. Der 8–12 cm lange **Stiel** ist nur zu Anfang voll und wird später hohl. Auch krümmt er sich häufig, ist oft flachgedrückt und längsfurchig, spindelig und wurzelnd. Er hat die gleiche Farbe wie der Hut. Das **Fleisch** ist sehr zäh.

Sporenpulverfarbe: weiß.

Vorkommen: In Europa ist dieser Pilz vorwiegend südlich verbreitet. Gelegentlich ist er bis hinauf nach Südschweden zu finden. In Deutschland besiedelt er wärmebegünstigte Eichen-Hainbuchenwälder und steigt bis auf eine Höhe von 650 m. Südlich der Alpen ist er auch an Edelkastanien zu finden. Er wächst meist büschelig, selten einzeln, an Stammfüßen und Stümpfen. Er erscheint von Juni bis Oktober.

Verwechslungsmöglichkeit: Der Pilz ist durch den auffallend spindelig-wurzelnden Stiel und die entfernten nicht weißen Lamellen gut gekennzeichnet.

Verwendbarkeit: Der Spindelige Rübling ist bedingt eßbar. Als Speisepilz kommt er kaum in Betracht, denn weder Geschmack noch Geruch kann man als besonders bemerkenswert bezeichnen.

Allgemeines: Der Artname *fusipes* bedeutet »spindelfüßig«.

Literaturhinweis: *Zeitschrift für Mykologie,* Beiheft (3), 1981.

Waldfreund-Rübling *Collybia dryophila* (BULL. EX FR.) KUMMER (FR.) GILL

Merkmale: Der **Hut** erreicht höchstens einen Durchmesser von 3–6 cm. Im Jugendstadium hat er eine gewölbte Form, mit zunehmender Reife flacht er immer mehr ab und sieht schließlich niedergedrückt aus. Die Huthaut fühlt sich glatt an. Die großen Unterschiede in den Farben der Oberfläche machen eine Bestimmung nicht gerade leicht. Sie variieren zwischen Fuchsigrot, Gelblich, Grau, Weißlichgrau bis fast Weiß, sehen bei Trockenheit blasser aus und bei Feuchtigkeit intensiver. Die **Lamellen** stehen gedrängt, sind recht schmal und am Stiel mit Häkchen angewachsen. Die Farbe schwankt nur wenig zwischen einem weißlichen und etwas intensiveren Gelb. Der **Stiel** wächst zylindrisch und kann zuweilen an der Basis eine leichte Verdickung aufweisen. Der ganze Pilz macht einen schmächtigen Eindruck, was vor allem der dünne, röhrige, im übrigen ziemlich zähe Stiel bewirkt. Er ist orangegelb bis gelblichrot. Das **Fleisch** ist sehr dünn, blaß und wässrig.

Sporenpulverfarbe: weiß.

Vorkommen: Der Waldfreund-Rübling ist weit verbreitet, und man kann ihn fast während der ganzen Pilzsaison vom Frühling bis in den Herbst hinein in allen Waldtypen und Waldgebieten entdecken.

Verwechslungsmöglichkeit: Wie bereits erwähnt, fällt die Bestimmung des Pilzes nicht leicht. Dazu kommt, daß er eine ganze Reihe von Verwandten hat, die ihm äußerlich recht ähnlich sehen. So zum Beispiel der giftige, Magenbeschwerden hervorrufende *Striegelstielige Rübling (C. hariolorum),* der hat einen Camembert-Geruch.

Verwendbarkeit: Der Waldfreund-Rübling soll in größeren Mengen gegessen leicht giftig, zumindest aber unverträglich wirken.

Allgemeines: Die Bestimmung der verschiedenen Rüblingsarten ist oft recht schwierig und erfordert ein genaues Studium. Die Gattungsmerkmale finden Sie unter dem *Gefleckten Rübling. Dryophila,* griech., ist zusammengesetzt aus *dryu* = »Baum« und *philos* = »Freund«.

Kastanienroter Butterrübling oder Horngrauer Rübling
Collybia butyracea (BULL. EX FR.) GILL. (S.L.)

Merkmale: Der **Hut** erreicht bis zu 8 cm im Durchmesser, ist anfangs leicht gewölbt, flacht aber sehr bald stark ab. Reife Exemplare ähneln schließlich einem Suppenteller mit welligen, fast nach innen gedrückten Rändern, so daß man die Lamellen von oben sehen kann. Der fleischige Hut glänzt rotbraun bis dunkelbraun und färbt sich zur Mitte hin intensiver und dunkler. Die **Lamellen** sind breit, stehen dichtgedrängt, sind abgerundet angeheftet und manchmal sogar frei vom Stiel und zeigen ein kalkiges Weiß. Die Schneiden sind fein gekerbt. Den **Stiel** erkennt man leicht an seiner filzigen Basis. Er läßt sich elastisch biegen und verjüngt sich nach oben. Hier ist er ähnlich wie der Hut gefärbt, allerdings heller. Dem **Fleisch** sagt man einen leichten Obstgeruch nach, der aber nicht immer feststellbar ist.

Sporenpulverfarbe: Weiß, in der Masse rosa.

Vorkommen: Vom Sommer bis in den Herbst hinein wächst der Kastanienrote Rübling in Laub- und Nadelwäldern, auf versauerten Böden. Er kann in großen Massen auftreten.

Verwechslungsmöglichkeit: Die charakteristische Tellerform mit den hochgebogenen, welligen Rändern sowie die glänzende Oberfläche machen den Rübling nahezu unverwechselbar. Man achte auch auf die weißlich-filzige Basis.

Verwendbarkeit: Der Butterrübling ist durchaus eßbar, Kenner schätzen ihn aber nicht besonders, weil er eigentlich recht fade schmeckt. Andererseits wachsen in der Erscheinungszeit auch genügend andere Pilze, so daß man diesen etwas zähen Vertreter nicht unbedingt sammeln muß.

Allgemeines: Manche Autoren machen zuweilen einen Unterschied zwischen dem Kastanienroten Butterrübling und dem *Horngrauen Rübling (var. asema).* Diese Varietät ist im feuchten Zustand schon horngrau gefärbt, ansonsten aber kaum vom Kastanienroten Butterrübling zu unterscheiden. *Butyracea* bedeutet »butterartig«.

Knopfstieliger Rübling *Collybia confluens* (PERS. EX FR.) KUMMER

Merkmale: Der 2–4 cm breite, dünnfleischige **Hut** ist im Jugendstadium erst glockig-konvex, dann ausgebreitet mit leicht erhabener Mitte. Der Rand ist bei alten Exemplaren oft etwas wellig-verbogen und meist schwach gerieft. Die Hutfarbe ist feucht fleischbräunlich und trocken weißgelblich ausblassend. Die **Lamellen** sind fast frei vom Stiel, stehen schmal und sehr dicht und sind an den Schneiden fein gewimpert (Lupe). Ihre Farbe ist anfangs weiß und wird dann später creme-, fleischfarben. Der dem Hut ähnlich gefärbte **Stiel** ist bis zu 12 cm lang und steif, zylindrisch und oft etwas verbogen. Meist findet man auch viele Stiele, die breitgedrückt sind. Die Stieloberfläche ist über seine ganze Länge striegelig-filzig, was besonders bei trockenen Exemplaren gut zu erkennen ist. Das **Fleisch** ist weißlich, dünn und riecht anfangs bittermandelartig. Der Pilz hat auch ziemlich zähes Fleisch.

Sporenpulverfarbe: weiß.

Vorkommen: Der Knopfstielige Rübling ist weit verbreitet und im Laub- und Nadelwald anzutreffen. Er steht stets in dichten Büscheln, sehr oft findet man ihn in Laub- oder Nadelstreu.

Verwechslungsmöglichkeit: Man könnte ihn mit dem *Rotbraunstieligen Büschelrübling, (C. acervata)* verwechseln, der ebenfalls in Büscheln wächst. Dessen Stiel ist zumindest im oberen Teil kahl. Dieser Pilz wächst im Laubwald. Wenn man beim Knopfstieligen Rübling den Hut mit einem Ruck nach oben abzieht, so bleibt an der Stielspitze eine knopfähnliche Verdickung zurück.

Verwendbarkeit: Der Pilz wäre eßbar, ist aber nicht zu empfehlen.

Allgemeines: Es gibt noch weitere büschelig wachsende Rüblingsarten mit mehr oder weniger flockig kleiigen oder filzigen Stielen. Alle diese Arten kommen als Speisepilze nicht in Betracht. *Confluens* bedeutet »zusammenfließend«; der Pilz heißt so aufgrund seines büscheligen Wachstums.

Brennender Rübling *Collybia peronata* (BOLT. EX FR.) KUMMER

Merkmale: Der **Hut** des Brennenden Rüblings kann im Durchmesser 3–7 cm erreichen. Er erscheint im Jugendstadium gewölbt und flacht dann immer weiter ab. Die Haut fühlt sich glatt und lederig an. Das Hutfleisch ist dünn, am Rand leicht gerunzelt. Die ockerrötliche Färbung der Haut variiert von blaßrötlichbraun mit bisweilen gelblichem Ton. Wie bei fast allen Rüblingen, so sind auch bei diesem die **Lamellen** zunächst ausgebuchtet am Stiel angewachsen, lösen sich aber dann von ihm ab, Queradern verbinden sie. Ihre Farbe spielt von Gelb bis zu einem bräunlichen Ocker. Der **Stiel** kann sich bis zu einer Höhe von 5–7 cm entwickeln. Seine Form gleicht einem fast regelmäßigen Zylinder. Nur am Hutansatz und an der Basis zeigt er eine leichte Verdickung. In voller Länge weist seine Oberfläche einen kalkig-weißen oder gelblichen Filz auf, an dem man diesen Pilz ebenfalls recht gut identifizieren kann. Darunter trägt der lederig-zähe Stiel die Farbe des Hutes. Wenn man das Fleisch anschneidet, wird das holzfarbene Innere erkennbar. **Sporenpulverfarbe:** weiß.

Vorkommen: Diesen Pilz findet man auf Blättern und Nadeln, wo er zwischen Sommer und Herbst erscheint.

Verwechslungsmöglichkeit: Selbst wenn man sein charakteristisches Äußeres mit dem eines anderen Rübling verwechseln sollte, könnte der Geschmack des Fleisches den Irrtum auf der Stelle aufklären: Es schmeckt zwar beim ersten Biß noch mild, aber schon nach wenigen Augenblicken brennend-scharf.

Verwendbarkeit: Selbstverständlich muß man diesen Rübling als ungenießbar bezeichnen.

Allgemeines: Über eine Giftigkeit liegen keine Anzeichen vor. Vermutlich würde der Brennende Rübling keinen Schaden anrichten, wenn man von seinem Geschmack absieht, der sich noch lange an Zunge und Gaumen hält. *Peronata* bedeutet »gestiefelt, filzig«.

Knoblauchschwindling *Marasmius scorodonius (FR.) FR.*

Merkmale: Das kleine Pilzchen mit dem im Durchmesser höchstens 1–2 cm großen **Hut** drängt sich wie ein Knopf aus dem Boden. Aufgeschirmte, also ältere Stücke lassen einen sehr dünnen Rand erkennen sowie eine glokkige Hutform, die immer mehr abflacht und schließlich in der Mitte eine kleine Mulde bildet. Die zähe Huthaut fühlt sich glatt an und trägt am Rand eine feine Riefung. Bei Feuchtigkeit ziehen die Pilzchen Wasser, und dann erkennt man auch am besten die fleischrötliche Färbung. Bei Trockenheit verblaßt diese Farbe. Die welligen **Lamellen** stehen recht weit auseinander, sind bauchig, ungleich lang und weiß. Nur manchmal überzieht sie ein blasser rötlicher Schimmer. Der sehr dünne **Stiel** wächst nur etwa 4–6 cm. Er verjüngt sich zur Basis hin. Seine Haut ist glatt und glänzt ein wenig, die Färbung schwankt zwischen einem fuchsigen Rot und Dunkelbraun. Findet man Exemplare mit längerem und fast schwarzem Stiel, dann handelt es sich um den selteneren *Langstieligen Knoblauchschwindling (M. alliaceus)*.

Sporenpulverfarbe: weiß.

Vorkommen: Die Pilzchen wachsen nur auf Nadeln in Nadelwäldern. Hier findet man sie vom Sommer bis in den Herbst hinein oft in sehr großen Gruppen.

Verwechslungsmöglichkeit: Den sehr ähnlichen *Saitenstieligen Knoblauchschwindling* haben wir bereits erwähnt. Ferner kann man ihn mit dem *Nadelschwindling (Micromphale perforans)* verwechseln, der ausschließlich auf Fichtennadeln wächst.

Verwendbarkeit: Getrocknet kann man diesen fast fleichlosen Pilz durchaus verwenden – oft läßt er sich in großen Mengen ernten, besonders nach Regenfällen. Er wird gerne als Würzpilz verwendet (Knoblauchersatz).

Allgemeines: Der Knoblauchschwindling hat seinen Namen wahrlich verdient. Darum schätzen ihn viele Sammler auch als Gewürzpilz, denn sein typischer Geschmack verliert sich beim Kochen nicht.

Langstieliger Knoblauchschwindling *Marasmius alliaceus (JACQ. EX FR.) FR.*

Merkmale: Der **Hut** hat einen Durchmesser von 2–4 cm. Er ist zunächst glockig oder halbkugelig gewölbt, später flach ausgebreitet. Der Rand ist glatt oder runzelig gerieft. Die Farbe des Hutes kann milchigweiß sein; meist ist sie aber hell lehmig bis graubraun. Die schmutzigweißen **Lamellen** sind dicklich und fast entfernt. Auffällig ist der Farbkontrast gegenüber dem 8–10 cm (manchmal auch bis zu 20 cm) hohen und 1–3 mm dicken **Stiel**, der braunschwarz ist oder durchgehend schwarz und nur nach oben hin braun gefärbt. Durch seine samtig-filzige Bereifung wirkt er glanzlos-matt. Seine Konsistenz erinnert an Horn, er ist starr und zäh. Die kleinknollige Basis ist oft gekniet. Das dünne **Fleisch** ist im Hutbereich weißlich gefärbt, im Bereich des Stiels bräunlich. Es riecht sehr stark knoblauchartig.

Sporenpulverfarbe: Farblos bis hell cremefarben.

Vorkommen: Die Fruchtkörper des Langstieligen Knoblauchschwindlings findet man in der Zeit von Juni/Juli und Oktober/November. Der Pilz wächst fast ausschließlich in Buchenwäldern auf vermoderndem Holz und Fallaub. Durch seine Bindung an die Buche fällt das Verbreitungsgebiet des Pilzes mit dieser Baumart zusammen. Er ist aber nicht häufig und kommt auch nicht überall vor.

Verwechslungsmöglichkeit: Der Pilz verbreitet einen so starken und anhaltenden Knoblauchgeruch, daß er praktisch mit keinem anderen Pilz verwechselt werden kann. Bereits der Geruch eines einzigen Fruchtkörpers ist penetrant. Der *Große Knoblauchschwindling (M. prasiosmus)* ist bis zur blasseren Spitze des Stieles einheitlich braun, schmeckt brennend scharf und wächst auf Blättern.

Verwendbarkeit: Der Pilz ist eßbar, sagt aber nicht jedermann zu.

Allgemeines: *Alliaceus* bedeutet »zum Knoblauch gehörend«.

Literaturhinweis: *Zeitschrift für Mykologie,* Bd. 44 (2), 1978.

Aderblättriger Schwindling *Marasmius epiphyllus* (PERS. EX FR.) FR.

Merkmale: Dieses Pilzchen zu suchen und auch zu finden macht Naturfreunden viel Freude. Man muß aber schon recht genau hinschauen, um ihn auszumachen, denn sein **Hütchen** wird kaum breiter als 0,5–1 cm. Es besteht mehr aus einem dünnen Häutchen als aus Fleisch und wirkt wie ein kleiner Regenschirm. Nur ältere Exemplare werden allmählich flacher. Die Haut ist ein wenig runzlig und bleibt vom Anfang bis zum Ende milchig-weiß. Die wenigen **Lamellen** stehen sehr weit auseinander und laufen am Stiel ein wenig herab. Wie der Hut bleiben auch sie weiß. Von einem regelrechten **Stiel** kann man bei diesen Ausmaßen kaum sprechen. Das Füßchen läßt sich besser mit dem Begriff Faden beschreiben. Es verfärbt sich von Weiß zur Basis hin bräunlich.

Sporenpulverfarbe: weiß.

Vorkommen: Das winzige Pilzchen trägt den Artnamen *epiphyllus*, und das sagt alles über den Standort: *epi* bedeutet »auf« und *phyllon* »Blatt« (beides stammt aus dem Griechischen). In der Tat kann man den Schwindling meist auf abgefallenen Laubblättern finden, aber auch auf dünnen Stengeln und Hölzchen. Dort wächst er oft in großen Stückzahlen. Seine Zeit ist der Herbst.

Verwechslungsmöglichkeit: Wegen des Standortes, seiner weißen Farbe und den sehr weit auseinanderstehenden, fast aderartig erscheinenden Lamellchen kann man den Schwindling nicht verwechseln. Wer allerdings nicht genau auf diese drei Merkmale achtet, könnte ihn auch für einen *Astschwindling (M. ramealis)* oder für den *Roßhaarschwindling (M. androsaceus)* halten. Diese Pilzchen sind hier nicht weiter beschrieben, die wichtigsten Merkmale sind jedoch unter dem gleichen Stichwort beim *Käsepilzchen* aufgeführt.

Verwendbarkeit: Wer käme schon auf die Idee, diesen Winzling für den Kochtopf zu sammeln! Giftig scheint er allerdings nicht zu sein.

Allgemeines: Der Pilz ist leicht zu übersehen. Man muß also ganz gezielt nach ihm Ausschau halten.

Käsepilzchen *Marasmius bulliardii* QUÉL.

Merkmale: Hier stellen wir einen besonders hübschen Winzling vor, dessen breit plissiertes beziehungsweise gewelltes **Hütchen** nur einen Durchmesser von 2–4, seltener 5 mm erreicht. Die aufgeschirmten Exemplare tragen in der Mitte eine deutliche, fast nabelartige Vertiefung. Die Farbe des fast fleischlosen Hutes schwankt zwischen einem hellen Ocker und Holzbraun. Man findet aber auch sehr viel hellere Stücke, die von weitem fast weiß wirken. Die **Lamellen** sind weißlich, spärlich und verwachsen. Um den Stiel sind sie ringartig zusammengewachsen (Kollar), was auf dem umgedrehten Pilz gut erkennbar ist. Der **Stiel** ist geradezu stecknadeldünn. Mit seiner schwarzbraunen Färbung, an der Spitze bleibt er weiß, würde man ihn im Laub nicht entdecken, trüge er nicht den viel helleren Hut.

Sporenpulverfarbe: weiß.

Vorkommen: Das Käsepilzchen wächst massenhaft auf abgefallenen Koniferennadeln oder Blättern zwischen Moos. Man findet es zwischen Sommer und Herbst.

Verwechslungsmöglichkeit: Folgende Arten sehen dem Käsepilzchen ähnlich: Der *Aderblättrige Schwindling (M. epiphyllus)* wächst auf abgestorbenen Ästen, Zweigen und Blattstielen. Der größere *Astschwindling (M. ramealis)* hat sich die gleichen Standorte ausgesucht, trägt aber einen schuppigen, weißlichrosa Hut und steht auf einem gleichfarbigen Stiel. Der *Nadelschwindling (M. perforans)* bevorzugt Nadelhumus, besonders unter Fichten, und besitzt einen oben weißlichen, unten braunen Stiel.

Verwendbarkeit: Schon wegen seiner Winzigkeit wird wohl niemand auf den Gedanken kommen, dieses ungiftige, aber für den Kochtopf völlig wertlose Pilzchen mit dem appetitlichen Namen zu sammeln.

Allgemeines: Der Pilz wurde bislang nur selten beschrieben, weil er für Sammler nicht viel hergibt. Man kann ihn jedoch recht oft entdekken. *Bulliardii*, zu Ehren des französischen Mykologen Pierre Bulliard.

Nelkenschwindling oder **Feldschwindling** *Marasmius oreades (BOLT. EX FR.) FR.*

Merkmale: Junge Pilze erscheinen mit gewölbtem **Hütchen.** Im Reifezustand können die aufgeschirmten Pilze bis zu 5 cm Durchmesser erreichen. Sie werden dann fast völlig flach und tragen in der Mitte einen kleinen Buckel. Die Haut fühlt sich ein wenig lederartig an und ist glatt. Die Farben spielen feucht zwischen Ocker mit einem rosa Schimmer und einem blassen, rötlichen Braun. Trocken werden die Pilze fast weiß. Man sollte sich durch derartige Unterschiede nicht täuschen lassen. Die ungleich langen **Lamellen** und Zwischenlamellen stehen weit auseinander. Sie erscheinen weiß, verfärben sich aber immer mehr zu einem hellen Braun. Die Stiele wachsen nicht höher als etwa 4–7 cm. Wie beim Hut variieren ihre Farben zwischen Nußbraun und Weiß. Wenn man den Stiel ein wenig anhebt, erkennt man einen dünnen Filz an der Basis. Das **Fleisch** ist dünn, blaßocker und riecht nach Sägespänen.
Sporenpulverfarbe: weißlich.
Vorkommen: Der Feld- oder Nelkenschwindling bricht meist in Reihen oder Hexenringen aus dem Wiesenboden von Gärten und Parks. Er wächst zwischen Frühjahr und Herbst.
Verwechslungsmöglichkeit: Er sieht dem kleineren *Ledergelben Schwindling (M. lupuletorum)* ähnlich, der aber einen fast schwarzen Stiel hat, sowie dem *Violettlichen Schwindling (M. wynnei)*, der jedoch an Hut und – ebenfalls fast schwarzem – Stiel deutliche Violett-Töne aufweist. Pilze, die auf dem Trockenrasen gefunden wurden, waren nicht violett, sondern weiß. Eine Verwechslung wäre ohnehin ungefährlich. Der Nelkenschwindling wurde aber schon mehrmals mit weißen, giftigen *Trichterlingen* verwechselt, die aber nie so dickliche, entfernte Lamellen besitzen.
Verwendbarkeit: Dieser Schwindling gehört zu den sehr beliebten Speisepilzen, vor allem wohl auch deshalb, weil man ihn meist schon sehr früh im Jahr entdeckt.
Allgemeines: *Oreades*, griech., bedeutet »Bergnymphe« (wobei das Auftreten in Ringen und Reihen gemeint ist).

Rettichhelmling *Mycena pura (PERS. EX FR.) KUMMER*

Merkmale: Der dünne **Hut** des mittelgroßen Pilzes erreicht einen Durchmesser von 3–6 cm. Zunächst erscheint er als kleine Glocke, wird dann immer flacher und ausgebreitet. Seine Haut ist glatt und zeigt je nach Feuchtigkeit recht unterschiedliche Färbungen, von Schmutzig-rosa über ein helles Lila bis zu Weiß mit einem graurosa Schimmer. Am Rand erkennt man die durchscheinenden **Lamellen.** Sie wachsen am Stiel ausgebuchtet an und stehen recht breit auseinander. Sie haben eine bauchige Form und sind aderig miteinander verbunden. Ihre Farbe entspricht der des Hutes, aber meist wirken sie etwas blasser. Der **Stiel** wird bis zu 7 cm hoch. Seine Oberfläche ist wie der Hut gefärbt und manchmal etwas dunkler. Oft ist er ausgestopft und später röhrig mit striegeliger Basis. Das **Fleisch** ist wäßrig und riecht bzw. schmeckt deutlich nach Rettich oder Rüben.
Sporenpulverfarbe: weiß.
Vorkommen: Er ist allgemein verbreitet und kommt in Deutschland von der Nordseeküste bis in die Alpen hinein in fast allen Laub- und Nadelwaldtypen vor. Man findet ihn oft in großer Zahl fast das ganze Jahr über, in der Regel von Juli bis in den November hinein.
Verwechslungsmöglichkeit: Der Formenkreis um den Rettichhelmling ist nicht nur in der Farbe sehr variabel. Der *Schwarzgezähnelte Helmling (M. pelianthina)* hat eine schwärzlich gefärbte und grob gekerbte Lamellenschneide und wächst vorwiegend im Laubwald, bei Rotbuchen. Der *Rosa-Rettichhelmling (M. rosea)* ist meist kräftiger als der Rettichhelmling und hat einen schönen, weiß-rosa Hut und einen rosa Stiel, auch er wächst nur unter Laubbäumen. *M. diosma* ist eine neubeschriebene Art, die im Spätherbst auf faulendem Buchenlaub wächst.
Verwendbarkeit: Der Rettichhelmling galt früher als eßbar, doch sind verschiedene Vergiftungsfälle bekannt geworden.
Allgemeines: *Pura* bedeutet »unverfälscht«.
Literaturhinweis: *Zeitschrift für Mykologie*, Bd. 48 (1), 1982.

Büscheliger Nitrosehelmling *Mycena alcalina* (FR.) KUMMER

Merkmale: Das kegelige oder glockige **Hütchen** behält seine Form bis zur Reife, es schirmt also fast nicht auf. Der Durchmesser beträgt dabei etwa 2–3 cm. Die Hutmitte färbt sich graubraun, honigbraun, bisweilen ist sie dunkler, während die langen Riefen, die von der Mitte zum Rand herunterlaufen, immer grauer werden. Am Hutrand erkennt man einen weißen Saum. Das häutige Hutfleisch ist zerbrechlich. Die **Lamellen** wachsen so stark bauchig, daß sie oft noch unter dem Hut hervorschauen. Sie stehen recht weit auseinander und besitzen eine weiße Schneide, während sie im übrigen graubraune Töne zeigen. Der sehr dünne **Stiel** kann bis zu 6 cm, manchmal sogar 7 cm hoch werden. Seine Farbe entspricht der des Hutes, auch in seiner Abstufung von Grau und Gelbbraun. Der ganze Pilz ist sehr dünnfleischig und der Geruch stark laugenartig, was aber manchmal auch fehlen kann.

Sporenpulverfarbe: weiß.

Vorkommen: Der Büschelige Nitrosehelmling ist recht verbreitet und wächst oft rasig oder büschelig auf moosigen Strünken von Nadelholz, doch kommt er auch auf Nadelstreu vor. Er erscheint bereits im Frühjahr, bleibt den Sommer über aus und kommt dann nochmals im Herbst.

Verwechslungsmöglichkeit: Ist mit anderen Helmlingen gegeben, so zum Beispiel mit dem *Nichtbüscheligen Nitrosehelmling (M. leptocephala)*, der im Laub- und Nadelwald zwischen Streu und Moos vorkommt. Ansonsten ist aufgrund des starken Geruchs nach Ammoniak eine Verwechslung kaum möglich.

Verwendbarkeit: Der Pilz ist ungenießbar. Das liegt vorwiegend an dem höchst unangenehmen Geruch und Geschmack. Von einer Giftigkeit ist allerdings nichts bekannt.

Allgemeines: Sammler sollten die hübsch gewachsenen Kolonien des Nitrosehelmlings schonen, er gehört mancherorts nicht gerade zu den häufigen Pilzen. *Alcalina* kommt aus dem Arabischen (Laugen- oder Aschensalz) und bedeutet »alkalisch«.

Gelbfüßiger Helmling *Mycena renati* QUÉL

Merkmale: Von der Größe her nimmt dieser Helmling einen mittleren Rang unter seinen Verwandten ein. Sein **Hut** breitet sich bis zu 2, manchmal auch 3 cm aus. Im Jugendzustand erscheint er allerdings als kleine Glocke, die am Rand eine deutliche Reifung zeigt. Die oft einreißende Huthaut färbt sich rosa oder bräunlich. Die **Lamellen** wachsen am Stiel abgerundet an und besitzen anfangs weiße, später nach Rosa umfärbende Farben. Der **Stiel** kann Höhen von 3–5 cm erreichen. Er färbt sich rosa bis goldgelb, gelbbraun oder lederartig braun. Das weißliche **Fleisch** hat im Geruch große Ähnlichkeit mit dem *Nitrosehelmling (M. alcalina)*, beide riechen stark unangenehm nach Ammoniak.

Sporenpulverfarbe: weißlich.

Vorkommen: Man kann den Pilz verallgemeinernd als Charakterart der mittel- und südeuropäischen montanen Buchenwälder, vorzugsweise auf Kalk, bezeichnen. Er erscheint büschelig in 2 bis 3 Schüben bis Ende September auf feuchtem, morschem Holz, vorwiegend von Rotbuche und anderen Laubbäumen.

Verwechslungsmöglichkeit: Es bestehen Ähnlichkeiten mit der hier nicht weiter beschriebenen, aber auch deutlich nitrös (ammoniakalisch) riechenden *M. viridimarginata*. Mit dem Gelbfüßigen Helmling gehören beide zu einem Kreis von ca. 18 Arten, die oft selbst von erfahrenen Pilzsammlern nur schwer zu unterscheiden sind.

Verwendbarkeit: Der Gelbfüßige Helmling ist wegen seines unangenehmen Geruchs völlig ungenießbar. Auch aufgrund seiner Größe wird niemand auf die Idee kommen, ihn zu essen.

Allgemeines: Keiner der beschriebenen Helmlinge hat einen besonderen Speisewert, sie gehören nicht in den Korb des Sammlers: Vielmehr sollte man sich an den Formen und Farben dieser meist kleinen Pilzchen erfreuen und sie schonen.

Literaturhinweis: *Zeitschrift für Mykologie*, Beiheft (3), 1981 und Jahn, H.: *Pilze, die an Holz wachsen.*

Rosablättriger Helmling *Mycena galericulata* (SCOP. EX FR.) GRAY

Merkmale: Ein sehr schöner und nahezu unverwechselbarer Pilz. Der radialrunzelige **Hut** kann Durchmesser von 4–6 cm haben. Zunächst erscheint er spitzglockig, aber bald öffnet er sich, ohne ganz aufzuschirmen. Die Falten laufen auf dem kleinen Buckel in der Mitte des Hutes in Riefen zusammen. Seine Farbe ist grau- oder fleischbraun, aber auch weißlich mit rosa Schein, die Mitte ist dunkler. Zwischen den bauchigen **Lamellen** bestehen aderige Verbindungen. Anfangs erscheinen sie weißgrau, verfärben sich aber allmählich in ein blasses Rosa. Der **Stiel** streckt sich bis auf eine Länge von etwa 8–10 cm, bleibt aber mit einem Durchmesser von etwa 0,5 cm bemerkenswert zierlich. Er ist glatt und glänzend und an der Basis ein wenig wollig. Beim Durchschneiden erkennt man das hohle Innere. Die Stieloberfläche färbt sich wie der Hut, nur oben bleibt sie weiß. Das **Fleisch** riecht manchmal mehlartig.

Sporenpulverfarbe: weiß.

Vorkommen: Den Rosablättrigen Helmling findet man auf Strünken von Laub- und Nadelholz. Er wächst büschelig, seltener einzeln, erscheint im Mai und kann selbst im Dezember noch kommen.

Verwechslungsmöglichkeit: Dieser hübsche, fast schon etwas bizarre Pilz mit dem »Glokkenrock« kann wegen seiner großen Variabilität, besonders solange die Lamellen noch nicht rosa sind, wohl nicht verwechselt werden. Er ist der weitaus häufigste Büschelhelmling, der totes Holz bewohnt.

Verwendbarkeit: Von einem Giftgehalt ist zwar nichts bekannt, aber sammeln sollte man den Pilz nicht, weil er für den Kochtopf völlig wertlos ist und außerdem zu den besonders hübschen Formen gehört, die wir in Mittel- und Südeuropa finden können.

Allgemeines: *Galericulata* bedeutet »mit einem Käppchen versehen«.

Literaturhinweis: Jahn, H.: *Pilze, die an Holz wachsen.*

Buntstieliger Baumhelmling *Mycena inclinata* (FR.) QUÉL.

Merkmale: Wie die meisten Helmlinge ist auch dieser sehr klein. Sein **Hut** wird nur etwa 2–4 cm breit. Aus der anfänglichen Eiform entsteht im Laufe des Wachstums eine kleine Glocke, deren Rand sehr breit gerieft ist und in kleinen Zacken endet. Nur die Hutmitte bleibt glatt und zeigt, wie der geriefte Rand, eine graubraune, im Wald kaum sichtbare Färbung. Auch die schmalen, nicht sehr dicht stehenden **Lamellen**, die noch durch unregelmäßige Zwischenlamellen unterbrochen werden, fallen mit ihrer blassen Farbe, die manchmal rötlich scheint, ebenfalls nicht sehr auf. Reife Exemplare haben grauliche Lamellen. Nur der 6–10 cm lange und 0,2–0,4 cm dicke **Stiel** fällt aus dem Rahmen dieser unauffälligen Färbung, denn zuerst glänzt er weißlich, ändert seine Farbe aber bald in goldgelbe und zur Basis hin rostrote Abschnitte. Zunächst ist er elastisch und lederig-zäh, später brüchig, leicht bereift und etwas faserig mit striegeliger Basis. So macht er seinem Namen ein wenig Ehre, obwohl der Pilz im ganzen eher unauffällig wirkt. Das **Fleisch** im Hut ist weißlich und im Stiel hellockerbraun und läuft bei Verletzung goldgelb an. Geruch und Geschmack sind leicht ranzig.

Sporenpulverfarbe: weiß.

Vorkommen: Der Buntstielige Baumhelmling wächst vorwiegend an Laubholzstümpfen, vor allem an Eichen und Buchen. Dort wächst er in dichten Büscheln vom Spätsommer bis in den Spätherbst hinein.

Verwechslungsmöglichkeit: Wegen der gerieften Huthaut und der grauen Färbung des Schirms könnte man meinen, es handelte sich um den *Rosablättrigen Helmling* (*M. galericulata*), der jedoch an seiner mehr oder weniger einheitlichen Stielfärbung und an seinen im Alter rosafarbenen Lamellen gut zu unterscheiden ist.

Verwendbarkeit: Die Winzlinge sind für die Sammler, die nur auf Eßbares aus sind, wertlos. Von Giftigkeit ist nichts bekannt.

Allgemeines: *Inclinata* bedeutet »geneigt« (aufgrund der oft gebogenen Stiele).

Dehnbarer Helmling *Mycena epipterygia (SCOP.) S. F. GRAY*

Merkmale: Dieses Pilzchen gehört zu den häufigsten, aber auch zu den am häufigsten übersehenen Waldbewohnern. Kein Wunder, denn der **Hut** wird höchstens 1–1,5 cm breit. Er bricht spitzglockig aus dem Boden und flacht nur wenig ab, entspricht in der Form also in der Tat einem kleinen Helm. Bis auf das obere Drittel ist die Oberfläche von einer deutlichen und verhältnismäßig breiten Riefung überzogen. Der Hut ist bedeckt mit einer durchsichtigen, vollständig abziehbaren, zähen Schleimschicht. Die weißliche, manchmal zitronengelbliche, seltener rotbräunliche Färbung macht den Pilz im Wald fast unsichtbar. Mit einem Zähnchen laufen die **Lamellen** am Stiel herab. Ihre Farbe ist erst weiß und bekommt später einen rosa Schein. Der dünne **Stiel** kann bis zu 8 cm hoch werden. Auch er wird von einer schleimigen Schicht überzogen. Die Farbe variiert zwischen einem blassen Gelb, Zitronengelb und, vor allem zur Basis hin, einem ebenfalls blassen, rötlichen Braun. Die Stielbasis ist wurzelnd. Der Pilz ist dünnfleischig und ohne besonderen Geruch und Geschmack.

Sporenpulverfarbe: weiß.

Vorkommen: Der Pilz kommt in ganz Europa vor und ist dicht verbreitet. Ohne Unterschied wächst er in Laub- und Nadelwäldern, im Moos, auf Fallaub und Holzabfällen; dort findet man den kleinen Helmling meist gesellig zwischen Sommer und Herbst.

Verwechslungsmöglichkeit: Es gibt noch einige weitere Helmlinge mit schleimigem Hut oder Stiel, die alle mit dem Dehnbaren Helmling sehr eng verwandt sind und von manchen Autoren nur als Varietäten betrachtet werden.

Verwendbarkeit: Weder vom Geschmack her noch von der Größe bietet der Dehnbare Helmling einen Anreiz zum Sammeln für Speisezwecke.

Allgemeines: Die Bezeichnung »dehnbar« bezieht sich auf die schleimig zähe Haut, die den Stiel überzieht und in der Tat dehnbar ist. *Epipterygia*, griech., bedeutet »überhäutet«.

Literaturhinweis: *Zeitschrift für Mykologie*, Beiheft (4), 1982.

Gelborangemilchender Helmling *Mycena crocata (SCHRAD. EX FR.) KUMMER*

Merkmale: Der zunächst kegelförmige, später glockig ausgebreitete **Hut** hat einen Durchmesser von 1–3 cm. Er ist leicht gerieft und nackt. Die Farbe des Hutes ist olivgrau bis graubraun. Durch austretenden Milchsaft erscheinen bisweilen gelbrote Flecken auf der Hutoberseite. Die gleichen Flecken zeigen auch die bauchigen, angehefteten, weißlich gefärbten **Lamellen**, wenn sie verletzt werden. Der **Stiel** wird 4–8 cm lang, sein Durchmesser beträgt 2–3 mm. Er ist röhrig und nach oben leicht verschmälert. An der Basis ist der Stiel von einem weißlichen Geflecht umsponnen. Die Farbe verändert sich von Schwefelgelb im oberen Stielbereich nach Safrangelb im unteren. Bricht man den Stiel ab, so tritt reichlich orangegelber Milchsaft aus. Das dünne **Fleisch** ist ebenfalls gelb gefärbt und enthält gleichfalls den milchigen Saft.

Sporenpulverfarbe: weiß.

Vorkommen: Diesen Helmling findet man gelegentlich in Laubwäldern, vor allem in Rotbuchenbeständen. Er wächst einzeln bis gesellig auf Fallaub und ist nicht überall anzutreffen. Oft wächst er mit dem *Langstieligen Knoblauchschwindling* am gleichen Standort. Die Fruchtkörper erscheinen in der Zeit von September bis November.

Verwechslungsmöglichkeit: Aufgrund des typischen orangegelben Milchsaftes ist dieser Helmling eigentlich unverkennbar. Der nah verwandte büschelig wachsende *Große Bluthelmling (M. haematopoda, Pers. ex Fr., Kummer)* besitzt einen dunkelblutroten Milchsaft. Und der vereinzelt, aber gesellig wachsende *Kleine Bluthelmling (M. sanguinolenta, Alb. & Schw., Kummer)* scheidet einen wässrigen blutroten Saft aus.

Verwendbarkeit: Der Pilz ist nicht giftig, aber wertlos.

Allgemeines: *Crocata*, griech., bedeutet »safranfarbig« (wie ein Krokus).

Literaturhinweis: *Zeitschrift für Mykologie, Bd. 44 (2), 1978.*

Amethyst-Lacktrichterling oder **Lackbläuling**

Laccaria amethystina (BOLT. EX HOOKER) MURR.

Merkmale: Sicherlich gibt es kaum einen Sammler, der diesen hübschen Pilz nicht schon entdeckt hat. Dieser Waldbewohner sieht nicht gerade »eßbar« aus. Der Durchmesser des **Hütchens** erreicht bestenfalls 1–6 cm. Größere Exemplare sind nicht die Regel. Das Hütchen erscheint mit eingerolltem Rand, erst später schirmt es auf, kann unregelmäßig verbogen sein und ist etwas genabelt. Feucht ist der Hut oben oft glatt, nur im trockenen Zustand ein wenig faserig oder auch filzig-schuppig. Der Hutrand ist etwas gerieft. Die **Lamellen** stehen weit auseinander und wachsen am Stiel an. Am Hutrand sieht man deutlich einen dichten Kranz von kurzen Zwischenlamellen. Auch sie zeigen die hübsche lila Farbe des Hutes. Nicht anders der **Stiel.** Nur wenige Stücke können bis zu 10 cm hoch werden. Das Stielchen erreicht bestenfalls einen Durchmesser von 0,4–1,0 cm. Es ist im oberen Teil feinschuppig und an der Basis zottig behaart. Das **Fleisch** ist dünn, hygrophan, elastisch und violettlich. Sein Geruch ist leicht fruchtartig, sein Geschmack ist mild.

Sporenpulverfarbe: weiß.

Vorkommen: Der ganz und gar lilafarbene Pilz wächst, meist in Gruppen, vom Frühsommer an bis in den Spätherbst, in allen Wäldern. Auch in Parkanlagen, Gärten und Mooren. Er stellt an die Bodenbeschaffenheit keine Ansprüche. In Deutschland ist er von der Meeresküste bis in die Alpen überall zu finden.

Verwechslungsmöglichkeit: Mit dem Rettichhelmling *(Mycena pura).*

Verwendbarkeit: Das Pilzchen hat unter Kennern durchaus seinen Wert, wenn auch nur als Mischpilz, denn sein Geschmack ist kaum ausgeprägt. Dieser Pilz mit seiner lebhaften Färbung kann ruhig gesammelt werden, er kommt häufig vor, und die wenigen, die ihn zu schätzen wissen, werden wohl seinen Bestand nicht gefährden.

Allgemeines: *Amethystina* bedeutet »dunkellila-blau«.

Rötlicher Lacktrichterling *Laccaria laccata (SCOP. EX FR.) BK. & BR.*

Merkmale: Der **Hut** wird bis zu 5 cm breit, ist anfangs gewölbt, später unregelmäßig ausgebreitet und mit mehr oder weniger genabelter Mitte. Jung ist der Rand eingerollt, wird aber bald wellig verbogen. Bei Feuchtigkeit ist der Pilz rosa bis rosabraun und bei Trockenheit heller, mehr oder weniger blaßocker, faserig-matt bis feinschuppig. Die rosafarbenen bis fleischroten **Lamellen** sind breit bis herablaufend angewachsen. Sie sind breit, dicklich, stehen entfernt und sind von zahlreichen Zwischenlamellen untermischt. Der **Stiel** wird bis zu 10 cm lang und ist relativ dünn, wie der Hut gefärbt und abwärts bräunlich faserig. Seine Basis ist mit weißem Myzelfilz besetzt. Das **Fleisch** ist dünn, fleischrot oder blasser und im Stiel recht zäh; es riecht angenehm.

Sporenpulverfarbe: weiß.

Vorkommen: Diesen Pilz findet man von Juni bis in den November im Laub- und Nadelwald, auch in Mooren und an feuchten Standorten.

Verwechslungsmöglichkeit: Von dieser Art gibt es zahlreiche Varietäten, die oft nur mit Hilfe des Mikroskops bestimmt werden können. Der meist größere *Braune Lacktrichterling (L. proxima)* hat einen mehr orangebraunen und feinschuppigen Hut. Auch er ist hygrophan, das heißt, Pilze mit dieser Eigenschaft haben im trockenen Zustand eine andere, meist hellere Hutfarbe als im feuchten. Einige Autoren geben als Verwechslungsmöglichkeit den *Orangefuchsigen Rauhkopf (Cortinarius orellanus)* an, der jedoch neben anderen Unterscheidungsmerkmalen (Haarschleier), orangebraune Lamellen und rostbraunes Sporenpulver hat. Eine Fehlbestimmung ist nur von sehr ungeübten Sammlern möglich.

Verwendbarkeit: Der Pilz ist eßbar.

Allgemeines: Die Gattung der *Lacktrichterlinge (Laccaria)* besteht aus 11 Arten, die alle ungiftig sind. Es handelt sich um Pilze, die in allen Teilen mehr oder weniger fleischrosa, orangebraun, lila oder violett sind. Ihre Lamellen sind dicklich, breit angewachsen bis herablaufend und stehen entfernt. *Laccata* bedeutet »lackiert«.

Breitblättriger Schleimrübling oder **Samtrübling**

Megacollybia platyphylla (PERS. EX FR.) MOS.

Merkmale: Der **Hut** dieses recht dünnfleischigen Pilzes erscheint als kleine Wölbung von etwa 5 cm, flacht aber im Laufe des Reifens ab und erreicht Durchmesser von etwa 15 cm. Die knorpelige Haut ist kahl. Vom Rand aus laufen feine Fasern radial auf die Mitte des Hutes zu, und in diesen »Spuren« reißt der Pilzhut häufig auf. Die Farbe der Haut variiert zwischen Braun und Grau. Die weißlichen **Lamellen** sind am Stiel ausgebuchtet angewachsen und sehr breit. Die Schneiden sind manchmal braun gewimpert. Der **Stiel** kann bis zu 12 cm hoch werden und etwa 1–1,5 cm dick. Die fast ideale Zylinderform verdickt sich nur zur Basis hin ein wenig, die Oberfläche weist eine feine Faserigkeit auf. Die Farbe variiert zwischen Weiß, Elfenbein oder einem blassen Gelb. Der Stiel ist hohl und an der Basis mit schnurartigen Myzelsträngen versehen. Das **Fleisch** ist weiß und geruchlos, mit manchmal bitterem Geschmack.

Sporenpulverfarbe: weiß.

Vorkommen: Die Standorte können ganz verschieden sein, denn den Pilz findet man sowohl auf modernden Baumstrünken als auch in nahrhaftem Humusboden auf vergrabenem Holz. Eine besondere Vorliebe für bestimmte Hölzer ist nicht festzustellen. Seine Zeit beginnt im Sommer und endet mit den ersten kalten Nächten des Spätherbstes.

Verwechslungsmöglichkeit: Es gibt keinen ähnlichen Giftpilz. Wirklich unerfahrene Pilzsammler könnten den Breitblättrigen Schleimrübling aufgrund seines oft eingerissenen Hutrandes für einen *Rißpilz* halten, aber allein schon der Standort und die breiten, hellen Lamellen und die Myzelstränge an der Stielbasis sind verschieden. In Gebirgswäldern wächst der ähnliche kleinere und extrem seltene *Gestreifte Rübling (Clitocybula lacerata).*

Verwendbarkeit: Der Breitblättrige Schleimrübling ist bedingt eßbar. Er eignet sich nur für ein Mischgericht.

Allgemeines: *Platyphylla* heißt »breitblättrig«.

Beringter Schleimrübling *Oudemansiella mucida (SCHRAD. EX FR.) V. HOEHN*

Merkmale: Der sehr dünnfleischige und im Jugendstadium zunächst halbkugelig geformte **Hut** kann Durchmesser bis zu 8 cm erreichen. Die Regel liegt aber bei Größen von 5–6 cm. Feuchte Pilzhüte weisen eine dicke Schleimschicht auf, die den Pilzen ihren Namen geben. Die Farben der Huthaut spielen von Weiß, Eierschalenfarben ins leicht Gräuliche, selten auch ins Bräunlichgraue. Die Haut ist leicht transparent. Die breiten, bauchigen **Lamellen** stehen weit auseinander und laufen am Stiel mit einem Zähnchen herab. Die Abstände werden durch Zwischenlamellen zum Teil ausgefüllt. Die Farbe ist weiß. Die recht dünnen **Stiele** werden bis zu 7 oder 8 cm hoch und sind sehr zerbrechlich. Schon bei leichtem Druck fallen die Pilzchen um und brechen ab. Die Oberfläche wird von feinen Flocken überzogen, und die Stielspitze zeigt eine dünne Riefung. Im oberen Teil des Stiels hängt noch ein breiter, weißer und geriefter Ring, der jedoch vergänglich ist. Die Stielbasis ist oft zwiebelförmig verdickt. Beim Anschneiden erkennt man das weiße **Fleisch** des Pilzes.

Sporenpulverfarbe: weiß.

Vorkommen: Der Beringte Schleimrübling bevorzugt die Stämme und Äste von Buchen, vom Stammgrund bis in die Kronenschicht, aber man hat ihn auch schon auf anderen Laubgehölzen gefunden. Er wächst büschelig, gelegentlich aber auch einzeln. Er ist weltweit verbreitet und kommt in Europa innerhalb des Buchenareals vor. Man findet ihn im Herbst.

Verwechslungsmöglichkeit: Der Pilz ist die einzige europäische Schleimrüblings-Art mit Ring und daher leicht kenntlich.

Verwendbarkeit: Die beinahe gallertartige Beschaffenheit des sehr dünnen Fleisches macht den Pilz für den Sammler wertlos.

Allgemeines: Das aus dem Lateinischen stammende Wort *mucus*, aus dem *mucida* als Artname abgeleitet wurde, weist auf die schleimige Haut des Rüblings hin.

Literaturhinweis: *Zeitschrift für Mykologie*, Bd. 44 (2), 1978 und Jahn, H.: *Pilze, die an Holz wachsen.*

Grubiger Schleimrübling *Xerula radicata* (RELHAN EX FR.) SING.

Merkmale: Diesem Pilz begegnet der Sammler immer wieder. Der **Hut** wird zwischen 5 und 7 cm breit, und wenn man mit dem Finger über die Haut streicht, merkt man, daß sie einerseits schmierig, andererseits recht rauh und runzelig ist. Von Fleisch kann bei dem Pilz kaum die Rede sein, der Hut ist hauchdünn. Anfänglich erscheint er gewölbt und schirmt dann fast flach auf. Riefen und Falten laufen radial auf die mehr oder weniger gebuckelte Mitte zu. Unter der abziehbaren Schleimschicht erkennt man die gelblichbraune, selten weißliche oder haselnußbraune Färbung. Die breiten **Lamellen** stehen entfernt, sie sind am Stiel angewachsen oder laufen mit einem Zahn herab. Ihre Farbe ist weiß, und die Schneiden sind bisweilen braun. Der **Stiel** kann beachtliche Längen erreichen, nämlich bis zu 15 (20) cm. Nur in seltenen Fällen wird er mehr als 1 cm dick. Die Oberfläche fühlt sich glatt an, ist blaß hautfarben und längsstreifig bis gefurcht. An der Basis kann man eine leichte Verdickung feststellen. Ein weiteres gutes Merkmal ist der tiefwurzelnde Stiel. Das weiße **Fleisch** riecht und schmeckt nach nichts.

Sporenpulverfarbe: weiß.

Vorkommen: In Mitteleuropa ist er vom Flachland bis in höhere Lagen ziemlich gleichmäßig verbreitet. Vom Juni an bis in den Herbst hinein wächst dieser langstielige Schleimrübling in allen Laubwäldern auf faulenden Wurzeln, neben Baumstümpfen und morschen Ästen, einzeln, aber auch gesellig. Gelegentlich soll er sogar Nadelholz besiedeln.

Verwechslungsmöglichkeit: Einige Rüblinge wie der *Sammetige Rübling (X. longipes)* sehen ihm ähnlich. Weitere Verwechslungen sind kaum möglich.

Verwendbarkeit: Der Grubige Schleimrübling ist eßbar und ließe sich als Mischpilz verwenden, aber sein Wert und seine Ergiebigkeit sind sehr gering.

Allgemeines: *Radicata* bedeutet »würzelnd«.

Literaturhinweis: *Zeitschrift für Mykologie,* Beiheft (4), 1982.

Sammetiger Rübling *Xerula longipes* (BULL.) DÖRFELT

Merkmale: Der anfangs gewölbt aus dem Boden brechende Pilz flacht im Laufe der Reife immer mehr ab. Die Glockenform des nur 3–6 cm breit werdenden **Hutes** bleibt immer noch schwach erhalten, und selbst bei eher flach ausgewachsenen Exemplaren erkennt man immer noch einen leichten Buckel in der Hutmitte. Die bereifte Huthaut hat eine milchigbraune, fast kastanienbraune Farbe, der Hutrand ist etwas gerieft. Die breiten, entfernt stehenden **Lamellen** sind am Stiel angewachsen. Sie sind bauchig geformt und weiß bis etwas gelblich. Die Beschaffenheit des **Stiels** hat dem zerbrechlich wirkenden Pilz den Namen gegeben: Der Artname *longipes* bedeutet »langer Fuß«, und in der Tat kann dieser bis zu 20 cm lang werden. Auch der deutsche Name enthält ein Merkmal: Der in der Farbe dem Hut gleichende Stiel fühlt sich samtig an. Viele Exemplare haben einen leicht gefurchten Fuß. Beim Anschnitt zeigt sich in Hut und Stiel weißes **Fleisch,** das oft etwas bitter schmeckt.

Sporenpulverfarbe: weiß.

Vorkommen: Der Sammetige Rübling ist in Europa weit verbreitet und wächst in warmen Laubwäldern auf totem Wurzelholz, bei Eiche, Kastanie und Buche. Er gehört außerdem zu den Pilzen, die in warmen Steppenheide-Wäldern vorkommen. Er erscheint im Sommer und bis in den Herbst hinein.

Verwechslungsmöglichkeit: Vom Sammetigen Rübling gibt es zwei Varietäten, die unter anderem an den verschieden gefärbten Stielhaaren unterschieden werden können. Die einzelnen Bestimmungen sind aber oft recht schwierig, aber für den Sammler von Speisepilzen nicht von Bedeutung. Auf der Abbildung ist die Stielbehaarung gut erkennbar.

Verwendbarkeit: In der Literatur werden verschiedene Angaben über den Speisewert dieses Pilzes gemacht, von eßbar bis ungenießbar. Aber auch hier gilt: Man muß nicht alles essen, was eßbar erscheint.

Literaturhinweis: *Zeitschrift für Mykologie,* Beiheft (4), 1982.

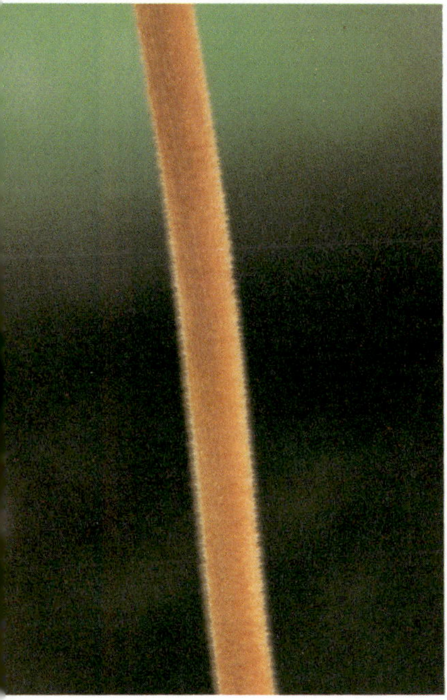

Voreilender Ackerling *Agrocybe praecox (PERS. EX FR.) FAY.*

Merkmale: Der **Hut** erreicht kaum einen Durchmesser von 7 cm, erscheint zunächst gewölbt, später abgeflacht. Seine Farbe ist meist ocker bis ocker-graubraun, jedoch auch schmutzigweiß und zeigt später in der Mitte gelbliche milchige Stellen. Die am Stiel buchtig angewachsenen **Lamellen** sind anfangs weißlich (bleich lehmfarben), ändern ihr Aussehen aber mit zunehmender Reife in ein schmutziges Braun. Wenn man bei jungen Exemplaren den **Stiel** senkrecht aufschneidet, erkennt man einen markigen Längskern, später wird der Stiel jedoch hohl. Unter dem Hut trägt der Pilz einen häutigen, gerieften Ring, von dem oft auch Fetzen am Hutrand hängenbleiben. Auf den in manchen Pilzbüchern hervorgehobenen Mehlgeruch des **Fleisches** sollte man sich keinesfalls verlassen. Er ist nicht sehr deutlich. Der Geschmack kann bei manchen Exemplaren unangenehm und bitter sein.
Sporenpulverfarbe: graubräunlich.
Vorkommen: Der Voreilende Ackerling erscheint oft schon im Mai und kommt bis in die Sommermonate hinein vor. Er wächst auf Wiesen und Weiden, in Gärten und Parkanlagen, Eichen-Buchenwäldern und Buchen-Tannenwäldern. Er ist in Deutschland weit verbreitet und bevorzugt dabei leicht saure Standorte.
Verwechslungsmöglichkeit: Es handelt sich hier um eine sehr variable Art, wobei die Abgrenzung innerhalb der Gattung oft Schwierigkeiten bereitet. Der *Rissige Ackerling (A. dura)* ist meist kräftiger, von festerem Fleisch und hat oft eine felderig aufgerissene Huthaut; er wächst an trockenen, warmen und kalkhaltigen Standorten. Der Sumpf-Schüppling *(A. paludosa)* wächst nur an feuchten, nassen Stellen.
Verwendbarkeit: Der Pilz kommt als Speisepilz kaum in Frage.
Allgemeines: Diese Gattung (in Deutschland ca. 16 Arten) enthält mehrere untereinander schwer abzugrenzende Arten. Ihre genaue Bestimmung ist ohne Erfahrung und Mikroskop nicht möglich. *Praecox* bedeutet »voreilend«.
Literaturhinweis: *Zeitschrift für Mykologie,* Beiheft (4), 1982.

Südlicher Schüppling *Agrocybe aegerita (BRIG.) SING.*

Merkmale: Der halbkugelige und später flache **Hut** erreicht höchstens 10 cm im Durchmesser. Seine Farbe ist graubäunlich, gelb- bis blaßfuchsig oder ockerbraun. Zur Mitte hin, die hier und da auch leicht gebuckelt und vertieft sein kann, wird die Farbe dunkler, und der Rand ist weißlich-blaß. Oft ist die Haut rissig. Die **Lamellen** stehen dichtgedrängt und unregelmäßig. Sie sind angewachsen und laufen mit einem Zähnchen herab. Jung beginnen sie mit einer weißlichen Tönung, verfärben sich aber im Laufe der Reife bis zu einem Zimtbraun. Der bis zu 15 cm lange **Stiel** kann gebogen sein und wird nach unten dünner. Die Basis ist bisweilen bräunend. Im oberen Drittel trägt der Stiel einen weißen, häutigen und hängenden Ring. Sein **Fleisch** ist hart, weiß und manchmal leicht bräunlich. Der Pilz riecht etwas unangenehm, fast ranzig oder käseartig.
Sporenpulverfarbe: braun.
Vorkommen: Wie schon sein deutscher Name sagt, ist der Südliche Schüppling im Süden beheimatet. Er ist im gesamten Mittelmeerraum stark verbreitet. In Mittel- und Nordeuropa wird die Art zunehmend selten. Hier sind seine Fundorte die großen Stromtäler, wo er an geschützten Stellen zu suchen ist. Seine Fruchtkörper findet man meist büschelig an den Stümpfen und Stämmen verschiedener Laubhölzer, vor allem aber an Pappel- und Weidenarten. Vom Frühjahr bis in den Herbst hinein.
Verwechslungsmöglichkeit: Kaum mit anderen Arten möglich.
Verwendbarkeit: Der Südliche Schüppling war bereits im Altertum bekannt und beliebt. Er war bei Römern und Griechen ein geschätzter Speisepilz, der in dieser Zeit bereits künstlich gezüchtet wurde. Da er in Deutschland selten ist, sollte er hier geschont werden!
Allgemeines: Dieser Pilz wird im Mittelmeergebiet, besonders in Südfrankreich, auf dicken Pappelscheiben künstlich angebaut. Ihre Flächen reibt man mit den braunen Blättern reifer Fruchtkörper ein und legt darauf Grasfladen.
Literaturhinweis: *Zeitschrift für Mykologie,* Bd. 45 (1), 1979.

Goldfellschüppling *Pholiota aurivella (BATSCH EX. FR.) KUMMER*

Merkmale: Der fleischige **Hut** hat einen Durchmesser von 6–12 (16) cm. Er ist zunächst glockig, später gewölbt. Anfangs ist der Rand mit den Resten des gewebeartigen, gelblich gefärbten Velums behangen; er bleibt lange eingerollt. Die Farbe des Hutes variiert von Zitronengelb bis Rostgelb. Auffällig sind die dunklen Schuppen auf der Hutoberseite, die wie aufgeklebt erscheinen. Bei feuchtem Wetter wirkt der Hut glänzend klebrig-schmierig, die Schuppen quellen dann gallertartig auf und können leicht abgewaschen werden. Die breit ausgebuchteten oder abgerundet angehefteten **Lamellen** sind zunächst gelblich gefärbt, dann olivbraun und schließlich kastanienbraun. Sie haben gelblich gewimperte Schneiden. Der **Stiel** wird bei einem Durchmesser von 1–1,5 cm 5–8 cm hoch. Er ist gelblich gefärbt und weist eine rostbraune Basis auf. Bei jungen Exemplaren ist der Stiel an der Spitze von gelbwolligem Velum ringförmig umgeben. Bei der Streckung zerbricht das Velum in haarig-flockige Schuppen oder Gürtel. Das gelblichweiße **Fleisch** ist leicht hart und riecht bisweilen ein wenig nach Rettich.

Sporenpulverfarbe: rostbraun.

Vorkommen: Der Goldfellschüppling wächst meist büschelig an lebenden Laubbaumstämmen (Apfelbäumen, Buchen usw.), oft auch in einigen Metern Höhe. Die Fruchtkörper findet man im Oktober/November, manchmal aber auch im Frühjahr (April/Mai). Der Pilz ist weit verbreitet und kommt in Deutschland vom Flachland bis ins Bergland vor.

Verwechslungsmöglichkeit: Sehr ähnlich ist der *Schleimige Schüppling (Ph. adiposa* [Fr.] Kummer), der zudem im Aussehen noch stark variieren kann. Einige andere nahe Verwandte sehen dem Goldfellschüppling zwar ebenfalls sehr ähnlich, wachsen aber entweder auf Nadelholz oder aber einzeln an Laubbäumen.

Verwendbarkeit: Der Pilz ist zwar eßbar, aber von eher mäßiger Qualität. *Aurivella* bedeutet »mit goldenem Fell«.

Literaturhinweis: *Zeitschrift für Mykologie,* Beiheft (4), 1982.

Sparriger Schüppling *Pholiota squarrosa (PERS. EX FR.) KUMMER*

Merkmale: Der **Hut** dieses 3–10 (15) cm breiten Pilzes ist erst glockig gewölbt, dann ausgebreitet mit erhabener Mitte. Im Jugendzustand sind die Hüte geschlossen, und ihr Rand bleibt lange eingebogen, später ist er oft vom Velum der Teilhülle behangen. Die rostgelbe oder ockerfarbene Huthaut ist mit dunkleren, sparrigen und nicht abwischbaren Schuppen dicht besetzt. Die angewachsenen und dichtstehenden **Lamellen** sind erst wachsgelb und werden später rostfarben. Der **Stiel** wird bis zu 12 (20) cm hoch und 1–2,5 cm dick, er ist wie der Hut gefärbt und unterhalb der zerfetzten Ringzone dicht mit aufgerichteten dunkleren Schuppen besetzt, oberhalb der Ringzone ist er glatt. Der Ring ist hängend und faserig-fransig, das **Fleisch** gelblich und riecht nach morschem Holz; es schmeckt nicht unangenehm, manchmal schwach rettichartig.

Sporenpulverfarbe: rostbraun.

Vorkommen: Er ist weit und gleichmäßig verbreitet. In Deutschland kommt er vom Flachland bis in hohe Berglagen vor. Er bildet seine Fruchtkörper von September bis November meist büschelig am Grund von lebenden Stämmen, an Wurzeln und unteren Stammteilen fast aller einheimischer Baumarten. Im Wald sind Fichten (selten Tannen) und außerhalb des Waldes Apfelbäume die Hauptwirte. Der Pilz ist ein Saprophyt, aber auch ein gefährlicher Wundparasit (Weißfäule-Erreger).

Verwechslungsmöglichkeit: Er könnte mit den verschiedenen *Hallimasch*arten verwechselt werden. Diese haben aber glatte Stiele, und die Farben wechseln mehr ins Fleischbräunliche, außerdem ist deren Sporenpulver weißlich. Der Sparrige Schüppling gehört innerhalb seiner Gattung (ca. 30 Arten) in eine Gruppe mit mehr oder weniger schuppigem Hut und Stiel. Einige dieser Arten sehen sich sehr ähnlich, bei anderen ist die Identität noch nicht sicher geklärt.

Verwendbarkeit: Der Pilz ist bedingt eßbar, er sollte auf jeden Fall abgekocht werden.

Allgemeines: *Squarrosa* bedeutet »grindig-schuppig«.

Pappelschüppling *Pholiota destruens (BROND.) QUÉL.*

Merkmale: Der **Hut** erreicht einen Durchmesser von 4–20 cm. Er erscheint zunächst als Halbkugel, wölbt sich aber dann breit auf und flacht schließlich stark ab. Die Haut des fleischigen, recht massiven Hutes trägt auf gelblichbraunem Untergrund große, unregelmäßige, weiß-wollige Schuppen. Auch der Rand ist schuppig, an ihm hängen noch lange die Reste des Velums. Die **Lamellen** stehen dichtgedrängt und wachsen am Stiel an. Ihre Farbe spielt ins Weißliche, aber im Laufe der Reife verfärben sie sich immer mehr braun bis tabakbraun. Der kurze, dicke **Stiel** erreicht Durchmesser von fast 4 cm, zumindest bei den ausgewachsenen und dann bis zu 10 cm hohen Fruchtkörpern. Zur Basis hin verdickt er sich noch mehr und ist leicht wurzelnd. Die weißliche bis hellbraune Oberfläche trägt unregelmäßige und faserige Schuppen. Unter dem Hut sitzt ein ebenso faseriger, flüchtiger Ring. Das **Fleisch** des Pappelschüpplings bleibt unveränderlich weiß, nur in der Stielbasis ist er zimtbräunlich. Sein Geschmack ist mild, kann aber auch bitter sein. Der Geruch ist malzartig.

Sporenpulverfarbe: dunkelbraun.

Vorkommen: Er wächst an Pappelstrünken. Hier erscheint er vom Sommer an bis in den Herbst. In Europa ist er mehr im Süden verbreitet und in Deutschland, wo er warme Flußauen bevorzugt, sehr zerstreut zu finden.

Verwechslungsmöglichkeit: Auf den ersten Blick und bei geringer Erfahrung könnte man ihn für einen *Goldfellschüppling* halten (vergleiche *Ph. aurivella*). Der sehr seltene *Abweichende* oder *Meerrettich-Schüppling (Ph. heteroclita)* hat einen gelblichen Hut, der mit bräunlichen, gegen den Rand hellocker gefärbten, faserigen Schüppchen besetzt ist. Er wächst einzeln vor allem an Birken und seltener an Erlen.

Verwendbarkeit: Der Pilz ist nicht giftig, aber es gibt, wie schon erwähnt, Exemplare mit intensivem, bitterem Geschmack.

Allgemeines: *Destruens* heißt »zerstörend«.

Literaturhinweis: *Zeitschrift für Mykologie,* Bd. 45 (1), 1979.

Goldschüppling oder **Glimmerschüppling** *Phaeolepiota aurea (MATT. EX FR.) MRE.*

Merkmale: Zwischen 5 und 25 (30) cm kann der Hut breit werden. Er erscheint zuerst fast wie eine Kugel, aber allmählich schirmt er auf und kann dann leicht in der Mitte eingedrückt sein; der zentrale und wenig ausgeprägte Bukkel bleibt dabei erhalten. Die bisweilen runzelige Huthaut kann goldgelb, löwengelb, ockerlich-rötlich oder auch aprikosenfarben sein. Die anfangs feine, staubig-körnige Oberfläche fühlt sich bei ausgewachsenen Exemplaren samtig an. Die dünnen **Lamellen** sind nicht sehr breit und schmal angewachsen. Sie stehen dichtgedrängt und enden mit einem Zähnchen. Ihre Färbung beginnt mit Ocker und ändert sich allmählich in Braungelb. Die ebenfalls ockerliche Stieloberfläche wird durch sehr zarte Riefen und winzige Körnchen gekennzeichnet. Über dem sehr großen, lappigen, hängenden Ring, der erst richtig erkennbar wird, wenn er sich endlich vom Hutrand löst, zeigt sich der Stiel kahl und weißlich. Der keulige **Stiel** kann bis zu 20 (30) cm hoch werden und ist kräftig. Das **Fleisch** ändert seine Farbe mit zunehmender Reife von Weiß in eine gelbliche, im unteren Stielteil rötliche Tönung.

Sporenpulverfarbe: ockerlich.

Vorkommen: Der Pilz ist holarktisch verbreitet und vorwiegend in südlichen und südöstlichen Ländern heimisch. In Deutschland ist er am Alpennordrand häufiger, weiter nordwärts nur noch vereinzelt zu finden. Dort kann man ihn mit ein wenig Glück an Wegrändern, gern unter Brennesseln, meist gesellig, auf Lichtungen in den Wäldern sowie in der Nähe von Koniferen und Erlen entdecken. Selten!

Verwechslungsmöglichkeit: Der Pilz läßt sich wegen seines auffälligen Äußeren nicht verwechseln.

Verwendbarkeit: Der Goldschüppling ist eßbar, sollte aber geschont werden.

Allgemeines: Die Abbildung zeigt den Pilz nicht an seinem natürlichen Standort. *Aurea* bedeutet »goldgelb, vergoldet«.

Literaturhinweis: *Zeitschrift für Mykologie,* Bd. 45 (1), 1979.

Gifthäubling *Galerina marginata (FR.) KÜHN.*

Merkmale: Der dünnfleischige **Hut** wird bis 4 cm breit, ist anfangs konvex und wird später flach. Feucht ist er honig-, ocker- bis gelbbraun, mit durchscheinend gerieftem Rand; trocken ist er hell gelbbraun (hygrophan), kahl und glatt. Die **Lamellen** sind am Stiel gerade angewachsen bis kurz herablaufend. Sie stehen gedrängt, sind schmal; anfangs hellocker und in der Reife rostbraun. Der **Stiel** ist zylindrisch mit weißfaseriger Basis, oben hell honigfarben, abwärts dunkler braun, und die Spitze ist weißmehlig. Unterhalb des weit oben ansitzenden, häutigen, meist aufsteigenden und bald verschwindenden Rings ist der Stiel mit einigen hellen Flocken besetzt. Das **Fleisch** ist im Hut gelblich und im Stiel dunkelbraun. Bei Verletzung riecht es mehlartig.

Sporenpulverfarbe: rostbräunlich.

Vorkommen: Er ist ein weit verbreiteter, büschelig, aber auch einzeln an Nadelholz- und an Laubholzstämmen wachsender Pilz. Man findet Fruchtkörper von August bis Oktober.

Verwechslungsmöglichkeit: Der Gifthäubling ist der kleinere, aber gefährliche »Doppelgänger« des *Stockschwämmchens (Kuehneromyces mutabilis)*. Dieses ist aber unter dem deutlich ausgeprägten Ring schuppig, dunkler braun, stark hygrophan, und es riecht nicht nach Mehl. Da der Gifthäubling auch noch ähnliche Ansprüche an Substrat und Klima stellt, muß der Speisepilzsammler beide Pilze unbedingt genau kennen!

Verwendbarkeit: Der Gifthäubling ist ein gefährlicher Giftpilz, er enthält einen Stoff, der auch im *Grünen Knollenblätterpilz (Amanita phalloides)* enthalten ist.

Allgemeines: Viele Autoren bezeichnen den Gifthäubling auch als *Nadelholzhäubling*. Dieser deutsche Name ist aber irreführend, denn der Pilz wächst sowohl an Nadel- als auch an Laubholz. Die Gattung *Galerina* enthält ungefähr 55 zum Teil schwer bestimmbare Arten, von denen mindestens 3 sehr giftig sind. *Marginata* bedeutet »gesäumt«.

Literaturhinweis: Flammer/Horak: *Giftpilze, Pilzgifte.*

Stockschwämmchen
Kuehneromyces mutabilis (SCHFF. EX FR.) SING. & SMITH

Merkmale: Der **Hut** wird 4–5 (8) cm groß. Die Pilzchen erscheinen gewölbt, schirmen völlig auf, wobei immer ein leichter Buckel bleibt. Die Haut fühlt sich glatt und feucht an. Bei Niederschlägen kann der Fruchtkörper viel Wasser aufnehmen, das verändert die Farbe des Hutes stark. Sie ist schmutziggelb-braun bis zimtbraun, bei Trockenheit zeigt sie sich blasser. Der Rand weist eine dünne Riefung auf, der Buckel ist bei Feuchtigkeit von der hygrophanen breiten Zone umgeben, also einem dunkleren Rand. Die **Lamellen**, die dicht gedrängt stehen, angewachsen sind und etwas am Stiel herablaufen, zeigen sich erst gelblich, dann rostbraun. Der **Stiel** kann bis zu 6 (10) cm hoch werden, ist schmächtig, anfangs gefüllt, im Alter hohl und recht zäh, und trägt einen Ring; dieser vergeht recht früh, so daß man ihn nicht an allen Stücken erkennen kann. Unterhalb dieses aufsteigenden, oft vom Sporenpulver braun gefärbten Rings ist der Stiel dunkel rostbraun und etwas schuppig, oberhalb ist er heller und etwas gerieft. Das **Fleisch** ist im Hut blaß, im Stiel braun. Geruch angenehm, Geschmack mild.

Sporenpulverfarbe: ockerbraun.

Vorkommen: Das Stockschwämmchen ist weit verbreitet und wird nur in regenärmeren Gegenden seltener. In den Buchen-Mischwäldern des Flachlandes und der Mittelgebirge scheint der Pilz Laubholz zu bevorzugen. Hier wächst er von April bis November/Dezember, meist in großen Büscheln an Stämmen und toten Laubholzstümpfen. In höheren Lagen scheint der Pilz auf Nadelholz umzusteigen.

Verwechslungsmöglichkeit: Gefährlich ist die Verwechslung mit dem *Gifthäubling (Galerina marginata)*. Die etwas ähnlichen *Schwefelköpfe* besitzen keinen Ring. Der eßbare *Wässerige Saumpilz (Psathyrella hydrophila)* hat auch einen braunen, hygrophanen Hut, aber einen weißen ringlosen Stiel.

Verwendbarkeit: eßbar.

Grünblättriger Schwefelkopf *Hypholoma fasciculare (HUDS. EX FR.) KUMMER*

Merkmale: Der schwefelgelbe **Hut** , der sich bis zu 7 cm ausbreitet, hat eine deutlich braunere Mitte. Zunächst erscheint er kugelig, wird aber schnell flacher. Vor allem am Rand ist das Fleisch sehr dünn. Die Haut fühlt sich völlig glatt an. Manche Exemplare haben gelbliche Velumreste am Rand. Ein Bestimmungsproblem stellen die **Lamellen** dar. Sie haben keine ausgeprägte grüne Farbe, sondern zeigen eine gelblichgrüne Ockertönung. Im Jugendstadium sind sie schwefelgelb. Erst später werden sie durch die reifen Sporen oliv-bräunlich. Sie sind angeheftet angewachsen und dichtstehend. Der **Stiel** kann bis zu 10 cm lang werden. Der Eindruck der Zerbrechlichkeit wird durch den geringen Durchmesser von 0,5–1 cm unterstrichen. Die gelbliche Haut des Stiels trägt oft noch sehr weit oben eine undeutliche faserige Ringzone. Beim Anschnitt des Hutes zeigt sich das schwefelgelbe **Fleisch,** das sehr bitter schmeckt.

Sporenpulverfarbe: grauviolett.

Vorkommen: Der Grünblättrige Schwefelkopf ist allgemein verbreitet und wächst stets in großer Zahl in Büscheln auf morschen Baumstrünken. Er besiedelt Nadel- und Laubholz von Mai bis in den Dezember.

Verwechslungsmöglichkeit: Sie besteht einerseits mit dem *Rauchblättrigen Schwefelkopf (H. capnoides)*, der aber nie grünlich gefärbte Lamellen hat und an Nadelholz wächst, und dem *Ziegelroten Schwefelkopf (H. sublateritium)*, einer weiteren bitteren, ungenießbaren Art mit angedrückten gelbgrünlichen Velumresten auf dem Hut.

Verwendbarkeit: Der Grünblättrige Schwefelkopf galt lange Zeit nur als ungenießbar. Neuere Erkenntnisse ergaben, daß er Giftstoffe enthält, die auch im *Grünen Knollenblätterpilz* enthalten sind.

Allgemeines: Man sollte auch die Beschreibungen der nachfolgend abgebildeten Schwefelköpfe hinzuziehen, um unangenehme Verwechslungen zu vermeiden. Auf dem Bild wächst der Pilz auf vergrabenem Holz im Moos. *Fasciculare* bedeutet »büschelig«.

Rauchblättriger Schwefelkopf *Hypholoma capnoides (FR.) EX FR. KUMMER*

Merkmale: Der **Hut** kann bei ausgewachsenen Exemplaren bis zu 8 cm breit werden. Er ist völlig glatt. Zuerst erscheint er gewölbt und flacht dann ab. Die Farbe ist ohne große Variationen gelbbraun, ohne grünlichen Beiton. Die angehefteten **Lamellen** erscheinen im Jugendstadium zuerst blaß, ändern ihr Aussehen aber bald in ein deutliches Rauchgrau, das nie jene grüngelblichen Töne des giftigen *Grünblättrigen Schwefelkopfs* annimmt. Der **Stiel** kann bis zu 10 cm lang werden und ist dabei 0,5–1 cm dick. Zum Hut hin erkennt man hellere Töne, gegen die Basis verdichtet sich ein etwas dunkleres Gelbbraun. Der häufig gebogene Stiel hat einen Hohlraum. Das **Fleisch** ist weiß und ohne besonderen Geruch und Geschmack.

Sporenpulverfarbe: grauviolett.

Vorkommen: Der Rauchblättrige Schwefelkopf ist weit und gleichmäßig verbreitet, besiedelt Nadelhölzer, vor allem Stümpfe von Fichten und Kiefern, und geht nur ganz selten an Laubhölzer. Er wächst büschelig, fast das ganze Jahr über, meist aber in 2 Schüben von März bis Mai und von September bis Dezember.

Verwechslungsmöglichkeit: Besteht mit dem *Grünblättrigen Schwefelkopf (H. fasciculare)*, der giftig ist. Auch mit dem *Stockschwämmchen (Kuehneromyces mutabilis)* kann man ihn verwechseln, was jedoch ohne Folgen wäre. Der Sammler muß an dieser Stelle wieder dringend auf die Beschreibungen der beiden verwechselbaren Pilze hingewiesen werden.

Verwendbarkeit: Der Rauchblättrige Schwefelkopf gehört zu den beliebten Speisepilzen. Man sollte auch hier nur die Hüte sammeln, die Stiele sind oft holzig.

Allgemeines: Es empfiehlt sich, von der Ernte Abstand zu nehmen, wenn man sich nicht hundertprozentig sicher ist. Die Gattung der Schwefelköpfe umfaßt ca. 17 Arten, die büschelig an Holz oder Torfmoosen wachsen. Einige Arten sind bitter und daher ungenießbar. *Capnoides* bedeutet »rauchähnlich«.

Ziegelroter Schwefelkopf *Hypholoma sublateritium* (FR.) QUÉL.

Merkmale: Der Name täuscht ein wenig über die Farbgebung des etwa 6–8 cm breiten **Hutes**, der anfangs kugelig aufbricht und sich bis zu einer flachen Halbkugel öffnen kann. Nur das Zentrum des Hutes bekommt eine nahezu ziegelrote Färbung. Am Rand oder zum Rand hin verblaßt das Braunrot zusehends zu einem unscheinbaren wässrigen Braun oder Ocker. Besonders am Hutrand sind bei jungen Exemplaren gelbgrünliche Velumflocken erkennbar. Die Haut des Hutes fühlt sich ansonsten glatt und trocken an. Die **Lamellen** sind abgerundet angewachsen, stehen dichtgedrängt und zeigen zunächst eine weißlich-gelbliche Tönung. Schließlich werden sie olivgrau und färben sich durch die ausfallenden Sporen am Ende fast schwarz (mit einem leichten Olivton), wobei ihre Schneiden heller sind. Der **Stiel** kann sich bis zu einer Höhe von 12 cm aufrichten. Er ist schlank, hohl und zur Basis hin dunkler braun, während er vom Hut an abwärts zunächst weißlich-gelblich beginnt. Dicht unter dem Hut sitzt eine schleierartige Ringzone (Cortina), die sich beim Ausfallen der Sporen dunkel färbt. Das **Fleisch** ist weiß-gelblich und leicht bitter.

Sporenpulverfarbe: oliv-purpurbraun.

Vorkommen: Den Ziegelroten Schwefelkopf findet man von Ende August bis Ende November, einen ersten Schub auch im Frühjahr, auf modernden Laubholzstrünken. Allerdings ist er keinesfalls so häufig wie die *Rauch-* und die *Grünblättrigen Schwefelköpfe* unserer Breiten.

Verwechslungsmöglichkeit: Ist mit anderen Schwefelkopfarten gegeben. Ihn mit *Stockschwämmchen (Kuehneromyces mutabilis)* oder *Graublättrigem Schwefelkopf (H. capnoides)* zu verwechseln, wäre ungefährlich, weil sie beide zu den guten Speisepilzen gehören.

Verwendbarkeit: Der Pilz steht im Verdacht, Gesundheitsstörungen hervorzurufen. Wegen seines bitteren Geschmacks kommt er als Speisepilz nicht in Betracht.

Allgemeines: *Sublateritium* bedeutet »fast ziegelrot«.

Halbkugeliger Träuschling *Stropharia semiglobata* (BATSCH EX FR.) QUÉL.

Merkmale: Der **Hut** des Pilzchens wird nur etwa 2–3 (5) cm breit. Zuerst erscheint der kleine Träuschling als Dreiviertelkugel über dem Boden, wölbt sich später nur schwach auf und bleibt im Grunde genommen stets halbkugelig, eine Eigenschaft, die ihm den Namen eingetragen hat. Die Hutfarbe zeigt ein glänzendes Gelb oder ein gelbliches Grün, das sich gut von der Umgebung abhebt. Die Haut ist glatt und schmierig. Die breiten und nicht dicht stehenden **Lamellen** wachsen am Stiel an und haben eine grau-violette Färbung. Die Lamellenschneiden sind heller. Der **Stiel** reckt sich bei ausgewachsenen Exemplaren bis auf etwa 12 cm. Er fühlt sich recht klebrig an, ist blaßgelb und trägt unter dem Hut einen häutigen Ring, der nicht sehr beständig ist. Bei manchen Stücken läßt er sich im Reifezustand schon kaum noch feststellen. Im Anschnitt stellt man blasses, gelbliches **Fleisch** fest, das seine Farbe an der Luft nicht verändert und schwach mehlartig riecht.

Sporenpulverfarbe: violettbraun.

Vorkommen: Dieser Träuschling hat sich sehr spezialisiert, denn er wächst gern auf Wiesendung (Kuh- und Pferdemist). Dort erscheint er schon im Frühjahr und bleibt bis in den Herbst hinein.

Verwechslungsmöglichkeit: Größe, Form (Halbkugel!), Farbe und Standort machen den Träuschling erkennbar. Von einigen nahverwandten Arten aber läßt sich der Pilz nur mikroskopisch trennen. Den *Kuhfladen-Träuschling (S. stercoraria)* halten manche Autoren nur für eine Varietät des beschriebenen Pilzes. Er hat einen mehr gebuckelten Hut, stärker schuppigen Stiel und haarförmige Zystiden an den Lamellenschneiden (Mikroskop!).

Verwendbarkeit: Schon allein aufgrund seines Standortes kommt er als Speisepilz wohl nicht in Betracht.

Allgemeines: Der Halbkugelige Träuschling kommt, vor allem in südlichen Ländern, mitunter recht häufig vor. *Semiglobata* bedeutet »halbkugelig«.

Rotbrauner Riesenträuschling *Stropharia rugosoannulata* FARLOW EX MURR.

Merkmale: Der **Hut** dieses typisch südlichen Pilzes wird größer als der seiner Verwandten, nämlich etwa 5–15 cm. Aus der anfänglichen Wölbung entsteht mit zunehmender Reifung eine Abflachung, die jedoch am Rand immer noch die Lamellen bedeckt. Die Haut ist trocken, glänzend und feucht-klebrig, er hat eine ockerliche bis fast ziegelbraune Farbe mit leicht lilarosa Tönen. Die dicht gedrängten, dünnen **Lamellen** wachsen am Stiel an. Ihre blasse, grauviolette Färbung erinnert ein wenig an die Töne der Huthaut. Der **Stiel** kann bis zu 15 cm hoch werden und wirkt bei einem Durchmesser von bis zu 2,5 cm verhältnismäßig kräftig. Der Stiel ist voll, oben weißlich, unten gelblich. Unter dem Hut trägt er einen breiten, häutigen, ebenfalls weißen Ring, der oberseits gerieft und vom Sporenstaub bald dunkel gefärbt ist. Das **Fleisch** bleibt nach dem Anschnitt unverändert weiß, ist geruchlos und im Geschmack manchmal etwas erdartig.

Sporenpulverfarbe: purpur-graubraun.

Vorkommen: Der Rotbraune Riesenträuschling wächst zwischen Sommer und Herbst auf Pflanzenresten, Stroh, gedüngtem Boden, Maisfeldern und an sandigen Flußufern. Er ist in Deutschland selten, wird aber auf mit Stroh durchsetzter Erde gezüchtet.

Verwechslungsmöglichkeit: Sehr ähnlich ist der giftverdächtige *Üppige Träuschling (S. hornemannii)*; er besitzt einen deutlich schmierigen Hut mit gelblich-brauner Färbung. Sein Stiel ist im unteren Teil auffallend schuppig. Auch er hat einen hängenden, gerieften Ring, der aber vergänglich ist. Er wächst im Nadelwald, an reichlich vermoderten Fichtenstümpfen, gern im Lebermoos. Er ist in Nordeuropa verbreitet und in Deutschland sehr selten.

Verwendbarkeit: Der Riesenträuschling ist eßbar.

Allgemeines: Die Suche zu Speisezwecken lohnt sich nicht, denn der Pilz wird auf dem Markt als »Braunkappe« angeboten. Er kann aber auch leicht selbst gezüchtet werden. *Rugosoannulata* bedeutet »runzelig und beringt«.

Grünspan-Träuschling *Stropharia aeruginosa* (CURT. EX FR.) QUÉL.

Merkmale: Kein Pilz sieht giftiger aus, keiner ungenießbarer. Im Durchschnitt mißt der **Hut** etwa 5–8 cm. Seine schleimige Haut glänzt in einem fast unnatürlichen Grün bis Blaugrün und läßt sich sehr gut abziehen. Am Rand hängen noch viele Velumreste, und im Schleim schwimmen weiße Schüppchen. Die weißlichen, mehr und mehr grau-violettfarbenen **Lamellen** haben eine deutlich hellere Schneide und wachsen am **Stiel** breit an. Dieser wird ungefähr 5–6 (10) cm hoch. Auch seine Oberfläche bedeckt eine schmierige Schicht von blasser, bläulicher bis grünlicher Farbe. Seine grobe Faserigkeit erkennt man sofort, ebenfalls den häutigen, aufsteigenden Ring, der unter dem Hut am Stiel sitzt. Durch herausgefallene Sporen färbt sich diese Manschette bald dunkel. Das **Fleisch** ist weiß und weich.

Sporenpulverfarbe: purpurbraun.

Vorkommen: Vom Sommer bis in den Herbst hinein findet man den Grünspan-Träuschling recht häufig in Laub- und Nadelwäldern, vor allem unter Buchen, er wächst gern an Holzresten und an Baumstümpfen.

Verwechslungsmöglichkeit: Mit dem *Braunsporigen Träuschling (S. caerulea = cyanea)*. Die Unterscheidungsmerkmale sind makroskopisch gering, die Lamellen sind etwas bräunlicher, und die Schneide ist nicht heller gefärbt. Der Stiel besitzt einen flockigen und vergänglichen Ring. Das sicherste Unterscheidungsmerkmal läßt sich nur mikroskopisch erkennen: es sind die gegenüber dem Grünspan-Träuschling anders geformten *Zystiden* (sterile Zellen) auf der Lamellenschneide. Der Pilz wächst mehr außerhalb des Waldes, gern unter Brennesseln.

Verwendbarkeit: Es mag für viele Sammler eine Überraschung sein, aber diesen so giftig aussehenden Pilz kann man essen.

Allgemeines: Der Grünspan-Träuschling ist ein Beispiel dafür, daß nicht jeder makroskopisch ähnlich aussehende Pilz nicht zu derselben Art gehört. *Aeruginosa* bedeutet »voller Grünspan«.

Literaturhinweis: Jahn, H.: *Pilze, die an Holz wachsen.*

Wurzelnder Fälbling, Marzipanfälbling *Hebeloma radicosum* (BULL. EX FR.) RICKEN

Merkmale: Der 6–15 cm breite **Hut** ist ziemlich dickfleischig, tonfalb bis blaßbraun und oft von eingewachsenen Schuppen dunkler gefleckt; erst erscheint er halbkugelig gewölbt, dann ausgebreitet, er ist schmierig und vor allem bei feuchtem Wetter mit dickem Schleim überzogen, trocken glänzt er fast. Der Hutrand ist jung eingerollt und bisweilen mit Resten des Rings flockig behangen. Die **Lamellen** sind zu Beginn blaß tonfarbig, im Alter kakaobraun, ziemlich gedrängt, bauchig, fast frei oder ausgebuchtet am Stiel angewachsen. Der volle, zähe **Stiel** ist 10–15 cm hoch, 2–3 cm dick, am Grund brauchig und läuft in eine lange spindelförmige »Wurzel« aus (Name!). Über dem dickhäutigen, fast doppelten Ring ist der Stiel flockig-mehlig, darunter sparrigschuppig genattert. Die Stielfarbe weist blaßgraue bis blaßbraune Töne auf. Dem weißlichen **Fleisch** entströmt ein intensiver Geruch nach Bittermandel bzw. Marzipan (Name!), besonders deutlich im Lamellenbereich. Der Geschmack ist erst mild, später leicht bitter.

Sporenpulverfarbe: Tonbraun bis tabakbraun.

Vorkommen: Der Pilz hat seinen Verbreitungsschwerpunkt in Mitteleuropa, gegen Osten und Norden zu wird er seltener. Der Marzipanfälbling fühlt sich wohl in Laub-, vor allem Buchenwäldern, über nährstoffreichen, mehr oder weniger kalkhaltigen Böden; in sauren Nadelwaldgebieten fehlt er. Die Fruchtkörper erscheinen von Juli bis Oktober am Grund von Stämmen und Stümpfen und sitzen meist mit der spindeligen Stielbasis morschen Wurzeln auf.

Verwechslungsmöglichkeit: Der Wurzelnde Fälbling dürfte die einzige Fälblingsart sein, die an Ort und Stelle auf Anhieb sicher angesprochen werden kann. Durch den tiefwurzelnden, grobschuppigen Stiel mit häutigem Ring ist die Art gut gekennzeichnet.

Verwendbarkeit: Ungenießbar, weil oft bitter.

Allgemeines: *Radicosum* bedeutet »wurzelnd«.

Literaturhinweis: *Zeitschrift für Mykologie,* Bd. 45 (1), 1979.

Gesäter Tintling *Coprinus disseminatus* (PERS. EX FR.) S. F. GRAY

Merkmale: Der Artname *disseminatus* bedeutet ausgestreut, breit gesät, und in der Tat erscheinen auf engem Raum oft viele hundert der zunächst abgerundeten, dann glockigförmig aufschirmenden 1–2 cm breiten **Hütchen**. Man könnte fast den Eindruck haben, daß sich aus lauter Platzmangel die Glocken nie ganz öffnen. Sie bleiben in ihrer charakteristischen halboffenen Form. Die Färbung der Hüte variiert zwischen Weißlich, Creme, Ocker und später Hellgrau. Stets wird der Hut zur Mitte hin dunkler, er ist radialgefurcht, faltig, zerbrechlich und sehr vergänglich. Ein wichtiges Merkmal: Die **Lamellen** zerfließen nicht tintenartig. Sie sind sehr zart, breit, bauchig und am Stiel angewachsen. Zuerst scheinen sie weiß, werden dann rasch grau-violett, allmählich sogar bräunlich-violett, wobei die Schneide immer blasser wird. Der ebenfalls sehr zerbrechlich, glasig wirkende dünne und weißliche **Stiel** hat nahezu Zylinderform. Manche Stücke verdicken sich allerdings zur Basis hin.

Sporenpulverfarbe: schwarzbraun.

Vorkommen: Auf Baumstrünken, an der Stammbasis von Bäumen und in deren Nähe trifft man den Gesäten Tintling in dichten rasigen Büscheln oft zu Hunderten an. Seine Erscheinungszeit reicht vom Frühling bis in den Herbst hinein.

Verwechslungsmöglichkeit: Der Pilz läßt sich wegen seiner massenhaften Erscheinungsweise, die es bei kaum einem anderen Pilz dieser Größe gibt und wegen seines Aussehens – man achte auf den gefalteten, nicht zerfließenden Hut – kaum verwechseln.

Verwendbarkeit: Giftig ist der Pilz nicht, aber als Speisepilz entbehrt er jeden Wertes. Man sollte das prächtige Bild am Standort nicht zerstören.

Allgemeines: Der Gesäte Tintling ist kein typischer Vertreter seiner Gattung. Seine nicht zerfließenden Lamellen unterscheiden ihn von seinen Verwandten.

Literaturhinweis: Jahn, H.: *Pilze, die an Holz wachsen.*

Glimmertintling *Coprinus micaceus (BULL. EX FR.) FR.*

Merkmale: Der deutsche Name weist auf die Beschaffenheit des **Hutes** hin – er trägt glimmerige, körnige Flöckchen auf seiner Haut. Auch dieser Tintling ist nicht sehr groß, sein Hut erreicht einen Durchmesser von nur 2–4 cm. Anfangs erscheint das Pilzchen leicht gequetscht glockig. Zum Rand hin nimmt die deutlich erkennbare Riefung, die einem sehr feinen Plissee ähnlich ist, immer mehr zu und reißt ein. Die gelbbraune Färbung verstärkt sich zur Mitte hin zu satteren Tönen. Bei vielen Exemplaren kann man die Ursache des leichten Glimmers nur unter der Lupe erkennen: Es handelt sich um schwach gläserne Schüppchen. Die **Lamellen** sind breit, werden zum Ende hin immer schmaler, sind abgerundet angewachsen und dicht gedrängt. Im jugendlichen Zustand erkennt man noch gut ihre weißliche Färbung, mit zunehmender Reifung werden die Lamellen graubraun und zerfließen schließlich in schwarze Tinte, die heruntertropft. Bei feuchter Witterung ist schon nach wenigen Stunden von dem hübschen Pilzchen fast nichts mehr zu erkennen. Im Gegensatz zum Hütchen kann der **Stiel** verhältnismäßig große Ausmaße erreichen. Immerhin wachsen einige Exemplare bis zu einer Höhe von 10 cm heran. Der Durchschnitt liegt aber bei 5–8 cm für ausgewachsene Stücke. Sie haben eine kahle, weiße und leicht glänzende Außenhaut, die sich seidig anfühlt. Innen ist der Stiel röhrig.

Sporenpulverfarbe: schwarzbraun.

Vorkommen: Von Mai an bis in den November hinein bricht der kleine Pilz immer wieder aus der Erde; er wächst meist in kleineren und größeren Büscheln auf Stümpfen oder an der Basis von Laubbäumen in Wäldern und Parkanlagen und kommt auch in Gärten vor.

Verwechslungsmöglichkeit: Sehr ähnlich und makroskopisch nicht sicher zu unterscheiden ist der *Weidentintling (C. truncorum)*. Er besitzt einen stärker gefalteten Hut, und an der Stielbasis befinden sich volvaartige Velumreste. Die Sporen sind etwas anders geformt.

Verwendbarkeit: Der Pilz ist eßbar, aber wertlos.

Spechttintling *Coprinus picaceus (BULL.) FR.*

Merkmale: Der 5–10 cm breite **Hut** dieses sehr schönen Pilzes ist jung dicht mit weißem, flockigem Velum besetzt, wenn er sich streckt und ausbreitet, reißt diese Schicht in einzelne kleine Flöckchen auf, und die dunkelbraune bis schwarzbraune Huthaut wird sichtbar. Die Flöckchen werden vom Regen oft abgewaschen. In der Reife biegt sich der Hutrand nach oben auf und zerfließt mit den **Lamellen**. Diese sind erst weiß, dann rosa und schließlich schwarz. Sie sind bauchig und frei, das heißt, sie sind am Stiel nicht angewachsen. Der **Stiel** kann bis zu 25 cm hoch werden, speziell wenn der Pilz im tiefen Laub steht, und wird dabei 0,5–1,5 cm dick. Er ist weiß, glatt und nach oben etwas verjüngt, brüchig und hohl. Manchmal befinden sich auf der Oberfläche auch weißliche Flöckchen. Das **Fleisch** ist weißlich und unter der Huthaut braun.

Sporenpulverfarbe: schwärzlich.

Vorkommen: Der Spechttintling bevorzugt humusreiche Laubwälder auf Kalk und meidet nährstoffarme, bodensaure, bergige Nadelwälder. Er liebt schattige und nicht austrocknende Standorte. In Norddeutschland ist der Pilz etwas häufiger als im Süden, wo er relativ seltener zu finden ist. Er kann aber an ihm zusagenden Stellen kurzfristig massenhaft auftreten, ähnlich wie der *Schopftintling (C. comatus)*. Gewöhnlich erscheint der Pilz im Sommer bis in den Spätherbst hinein.

Verwechslungsmöglichkeit: Mit anderen Arten kaum gegeben.

Verwendbarkeit: Als Speisepilz kommt er nicht in Betracht. Auch bei diesem Pilz gilt wieder: Es muß nicht alles gegessen werden.

Allgemeines: Die Gattung der *Tintlinge (Coprinus)* umfaßt ca. 90 Arten. Es sind Fäulnisbewohner auf Boden oder Holz, einige Arten wachsen auf Dung und Mist und sind sehr schwer bestimmbar. Nur eine Art, der *Schopftintling (C. comatus)*, ist als guter Speisepilz zu empfehlen. *Picaceus* bedeutet »spechtartig«.

Literaturhinweis: *Zeitschrift für Mykologie*, Beiheft (1), 1976.

Faltentintling *Coprinus atramentarius* (BULL. EX FR.) FR.

Merkmale: Der Faltentintling gehört zu den größeren seiner Gattung. Der zunächst eiförmige **Hut** hat oben eine leichte Abplattung. Schnell schirmt er auf, sein Rand reißt ein und zerfließt wie bei allen Tintlingen bald in einer schwärzlichen Masse. Die Farbe der Huthaut variiert leicht zwischen einem weißlichen Grau, Aschgrau und einem bräunlich-schmutzigen Grau. Zur Hutmitte hin geht der Grauton stets in ein deutliches Braun über. Außerdem trägt vor allem dieses Zentrum kleine, angepreßte Schüppchen. Im übrigen fällt ein seidiger Glanz von Hut und Stiel auf. Die **Lamellen** stehen zuerst dichtgedrängt und in fast gleichmäßiger Länge beieinander, dabei sind die Schneiden deutlich flockig. Ihr schönes Hellgrau wandelt sich bald zu einem Dunkelgrau, das schließlich in einer rußigschwarzen Masse zerfließt. Der **Stiel** erreicht Längen von 8–9, manchmal 10 cm. Seine Form ist zylindrisch, viele Exemplare verjüngen sich nach oben, im unteren Teil hat er eine knotenartige Verdickung an der Stielbasis. Junge Stücke haben weißes, ältere dagegen ein graubläuliches **Fleisch.**

Sporenpulverfarbe: schwarz.

Vorkommen: Der Faltentintling erscheint im Frühjahr und dann nochmals im Herbst an Straßenrändern, in Gärten und Parks, wo er büschelig wächst. Vor allem um Strünke von Obstbäumen ist er zu finden.

Verwechslungsmöglichkeit: Der *Große Rauhsportintling (C. alopecia)* unterscheidet sich durch seinen Standort an Holz. Diese aus Amerika bekannte Art ist bei uns selten.

Verwendbarkeit: Junge Stücke, bei denen sich die Lamellen noch nicht verfärbt haben, könnte man essen. Doch er ist nicht jedermann bekömmlich. Der Verzehr des Faltentintlings darf auf keinen Fall unmittelbar vor oder nach dem Genuß alkoholischer Getränke erfolgen. Sonst könnten sehr unangenehme Folgen u. a. mit anhaltenden Hautstörungen auftreten.

Allgemeines: *Atramentarius* bedeutet »zur Tinte gehörend«.

Schopftintling *Coprinus comatus* (MÜLL. IN FL. DAN. EX FR.) GRAY

Merkmale: Schon von weitem erkennt der Sammler die charakteristische Form des jungen weißen Pilzes: sie ist nahezu zylindrisch. Aber schon bald öffnet sich der weiße, 5–10 cm hohe **Hut** und nimmt die Gestalt einer schmalen Glocke an. Diese beginnt schnell an den Rändern auszufransen und biegt sich dabei leicht nach oben. Unverkennbar schließlich auch das Ende des zunächst so schönen Tintlings: Der Fruchtkörper zerfließt in einer schmierigen, tintenschwarzen Masse. Die faserige Huthaut ist mit abstehenden, leicht bräunlichen Schuppen bedeckt, die sich leicht nach oben wölben. Die beim jungen, geschlossenen Pilz nicht erkennbaren **Lamellen** stehen dichtgedrängt und haben ganz unterschiedliche Längen. Sie sind frei, zeigen zuerst eine weiße, dann immer mehr ins Rosa übergehende Färbung und zerfließen schließlich mit dem Hut. Der **Stiel** ist zylindrisch und röhrig hohl. Seine Form ändert sich jedoch zur Basis hin zwiebelartig. Der Stiel trägt einen beweglichen, aber flüchtigen, oft herabfallenden Ring. Das **Fleisch** ist sehr zart, im Stiel längsfaserig.

Sporenpulverfarbe: schwarz.

Vorkommen: Vom Frühling bis in den Herbst hinein erscheinen immer wieder neue Exemplare, einzeln oder gesellig, oft in Massen, vor allem an Wegrändern, auf Feldern, in Gärten, überhaupt mit Vorliebe auf fetten Böden, aber auch in Wäldern. Er ist weit verbreitet vom Tiefland bis in mittlere Gebirgslagen.

Verwechslungsmöglichkeit: Diesen Pilz kann man wegen seiner auffallenden Färbung, vor allem aber wegen seiner eigenartigen, zylindrischen Hutform kaum verwechseln.

Verwendbarkeit: Der Schopftintling gehört zu den guten Speisepilzen. Allerdings kann man ihn nur jung essen. Das Sammeln sollte eingestellt werden, sobald die Lamellen eine rosa Färbung annehmen.

Allgemeines: Man sollte ihn nicht mit anderen Pilzen mischen. Mit einer leichten Drehung läßt sich der Hut vom Stiel abnehmen. Der Pilz wird kaum von der Pilzmücke bzw. deren Larven befallen. *Comatus* bedeutet »schopfig«.

Kegeliger Rißpilz *Inocybe fastigiata* (SCHFF. EX FR.) QUÉL.

Merkmale: Der **Hut** wird zwischen 4 und 7 cm breit. Er erscheint als kleiner Kegel, der sich im Laufe der Zeit immer mehr abflacht. Der Rand biegt sich nach oben und beginnt bald an vielen Stellen einzureißen. Auch beim völlig aufgeschirmten Pilz bleibt der Kegel in der Hutmitte bestehen. Die Farbe variiert zwischen nahezu strohgelb und ockerbraun, wobei die Hutmitte oft dunkler ist. Die Oberfläche ist trocken und stark radialfaserig. Die ungleich langen **Lamellen** stehen dichtgedrängt. Anfangs sind sie graulich-oliv und verändern sich allmählich bräunlich, wobei die Schneiden heller sind als die Lamellenflächen. Der **Stiel** wird gerade 7 (8) cm hoch und 0,5–1 cm breit. Zur Basis hin verdickt er sich leicht. Auch er zeigt die faserige Struktur des Hutes; innen ist er gefüllt, insgesamt recht fest und von unregelmäßiger weißlicher, allmählich mehr gelblicher Farbe. Die Stielfasern tragen vor allem bei jungen Exemplaren kleine weiße Flocken. Das **Fleisch** ist weiß und riecht spermatisch.

Sporenpulverfarbe: braun.

Vorkommen: Der Kegelige Rißpilz kennt keine bevorzugten Standorte. Er wächst fast überall, gern an Wegrändern. Im Sommer und bis in den Herbst hinein kann man ihn häufig finden.

Verwechslungsmöglichkeit: Der unerfahrene Pilzsammler sollte alle Pilze mit derartigem Aussehen meiden, denn vor allem bei Trockenheit können auch einige andere Pilzarten diese eingerissene Huthaut haben, so z. B. der *Reifpilz (Rozites caperatus)*.

Verwendbarkeit: Alle Rißpilze sind ungenießbar bis hochgiftig. Der Kegelige Rißpilz ist sehr giftig und enthält einen hohen Anteil an Muscarin, einem Gift, das zu schweren Kreislauf- und Nervenerkrankungen führen kann. Die Vergiftung zeigt sich zunächst in Tränenfluß und heftigen Schweißausbrüchen, schwere Magen- und Darmstörungen folgen.

Allgemeines: Bei den ersten Anzeichen einer Vergiftung muß man sofort den Arzt verständigen. *Fastigiata* bedeutet »zugespitzt«.

Ziegelroter Rißpilz *Inocybe patouillardi* BRES.

Merkmale: Etwa 3–7 cm breit ist der **Hut** dieses Pilzes, der anfangs als kleiner Buckel hervorbricht. Bald ähnelt er einer kleinen Glocke, schirmt aber dann auf. Er flacht ab, behält aber in der Mitte einen Buckel. Feine, seidige Fasern laufen vom Rand, der in der Reife meist einreißt, auf die Hutmitte zu, seine Farbe – weißlich bis unscheinbar ockerlich und später ziegelrötlich – kann man anfangs kaum von Laubblättern unterscheiden. Erst wenn der Pilz seine charakteristische rötliche Färbung annimmt, wird man ihn besser erkennen. Die **Lamellen**, breit und unregelmäßig gewachsen, sind am Stiel leicht ausgebuchtet angewachsen. Sie zeigen ein rötliches Weiß, später ein olivliches Rostbraun. Der **Stiel** kann 4–6 (8) cm hoch werden. Meist zeigt er zylindrische Form, aber er kann auch an der Basis leicht knollig verdickt sein. Unter dem Hut ist der Stiel weiß, nach unten hin verändert er sein Aussehen in weißlich, geblich und im Alter sowie bei Berührung wird er rötlich. Das **Fleisch** ist weiß und im Stiel etwas rötend, der Geruch ist fruchtartig.

Sporenpulverfarbe: rost-ocker.

Vorkommen: Dieser bekannte und verbreitete Rißpilz hat keine besonderen Standorte gewählt. Immer wieder findet man ihn von Ende Mai bis Anfang Juli, kaum später, in Parkanlagen, selbst in Gärten, auf Friedhöfen und in Mischwäldern.

Verwechslungsmöglichkeit: Der Ziegelrote Rißpilz wächst zur gleichen Zeit wie der eßbare *Maipilz (Calocybe gambosa)*. Er wurde schon mit diesem verwechselt und verursachte dann schwere Vergiftungen. Der starke Mehlgeruch, die weißen Lamellen und das Nichtröten des Maipilzes sollten aber gute Unterscheidungsmerkmale sein.

Verwendbarkeit: Auch dieser Rißpilz ist gefährlich giftig und bringt die gleichen Symptome hervor wie der *Kegelige Rißpilz*.

Allgemeines: Es gibt ca. 150 Rißpilzarten, die allesamt ungenießbar bis giftig sind.

Literaturhinweis: *Zeitschrift für Mykologie*, Bd. 45 (1), 1979.

Erd-Rißpilz *Inocybe terrigena (FR.) KÜHN.*

Merkmale: Der fleischige **Hut** kann bis zu 7 cm breit werden. Er erscheint anfangs gewölbt und wird später polsterförmig ausgebreitet. Seine Haut zeigt ein schmutziges Gelbbraun, das sich bald in ein Olivbraun wandelt und allmählich braun-ocker wird. Die Hutoberfläche wird bald grobschuppig. Jung ist der Hutrand zum Stiel hin mit einem dicken braunen Velum verbunden. Die **Lamellen** sind mit einem Häkchen angewachsen. Sie stehen nicht sehr weit voneinander entfernt, haben zuweilen unterschiedliche Längen und Lücken. Die Farbe ändert sich mit zunehmender Reife von weißgelblich über gelb-grünlich bis zu einem satten Olivbraun. An der Schneide erkennt man hellere Töne. Der **Stiel** wird kaum höher als 4–5 cm. Normalerweise zeigt er Zylinderform, kann aber an der Basis knollig verdickt sein. Er hat die gleiche Farbe wie der Hut, auch die flockigen Schuppen, die den Stiel ringartig umkleiden, fehlen nicht. Wenn man das **Fleisch** anschneidet, sieht man die gelbliche Farbe. Ältere Exemplare können sogar ein lebhaftes Zitronengelb aufweisen.

Sporenpulverfarbe: rostbräunlich.

Vorkommen: Der Erd-Rißpilz ist in Europa sehr ungleichmäßig, doch weit verbreitet, wächst vorwiegend auf altem Humus in feuchten Buchen-Mischwäldern und Fichtenforsten auf kalkreichen Böden. Hier entdeckt man ihm vom Sommer bis in den Spätherbst.

Verwechslungsmöglichkeit: Ist kaum mit anderen Arten gegeben. Unerfahrene Sammler könnten diesen Pilz aber z. B. mit dem *Bärtigen Ritterling (Tricholoma vaccinum)* verwechseln, der aber mehr rotbraun ist und weißes Sporenpulver besitzt, oder mit dem *Sparrigen Schüppling* (*Pholiota squarrosa*), der jedoch an Holz wächst. Beide Arten sind in diesem Buch beschrieben.

Verwendbarkeit: Der Erd-Rißpilz ist ungenießbar. Auf jeden Fall sollte man das Sammeln zu Speisezwecken unterlassen.

Allgemeines: Die Rißpilze sind eine große Gattung mit über 150 Arten. *Terrigena* bedeutet »aus der Erde geboren«.

Reifpilz oder Zigeuner *Rozites caperatus (PERS. EX FR.) KARST.*

Merkmale: Der **Hut** des Zigeuners kann Durchmesser von 6–10 (12) cm erreichen. Der fleischige Schirm erscheint zunächst fast glockig, schirmt immer mehr auf und kann schließlich beinahe flach werden, mit einem leichten Buckel. Seine blaßgelbe bis ockerbräunliche Oberfläche ist radialrunzelig, glänzend und mit einem silbrigen Reif überzogen, der in der Hutmitte meist länger erkennbar ist als im Randbereich. Der Hutrand ist besonders bei trockenem Wetter sehr oft eingerissen. Die **Lamellen** stehen dicht, sind am Stiel angewachsen, und ihre Schneiden sind gekerbt. Anfangs erkennt man einen blaßgelben Farbton, der sich allmählich in Ocker verwandelt. Der kräftige, bis zu 2,5 cm dicke, volle **Stiel** kann bis zu 15 cm hoch werden. Er ist faserig-gestreift und seine Farbe schmutzig weißlich. Unter dem Hut trägt er einen nicht beweglichen häutigen Ring mit leichter Riefung. Rest des Velums findet man auch noch an der Basis. Das weiche **Fleisch** ist creme-weißlich, ältere Exemplare nehmen aber eine gelblich-bräunliche Färbung an.

Sporenpulverfarbe: rostgelb.

Vorkommen: Der Reifpilz ist in Europa weit verbreitet und steigt im Gebirge bis auf etwa 2000 m. Er wächst auf bodensauren Standorten. In Nordeuropa begleitet er die Zwergbirke. In Mitteleuropa ist er in Nadelwäldern (Tanne, Fichte) zwischen Moosen und Heidelbeeren, aber – seltener – auch in Buchen-Eichenwäldern zu finden. Er wächst vom Sommer bis in den Herbst hinein.

Verwechslungsmöglichkeit: Eventuell mit größeren Rißpilzarten. Der ungenießbare *Lila Dickfuß (Cortinarius traganus)* hat keinen Ring und safrangelbes Fleisch mit einem unangenehmen Geruch.

Verwendbarkeit: Ein ausgezeichneter Speisepilz. Leider ist er sehr oft madig.

Allgemeines: Aus der Gattung *Rozites* ist in Europa nur eine Art bekannt. Sie gehört in die Verwandtschaft der *Haarschleierlinge. Rozites* steht zu Ehren des franz. Mykologen E. Roze. *Caperatus* bedeutet »gerunzelt«.

Orangefuchsiger Rauhkopf oder **Schleierling** *Cortinarius orellanus (FR.) FR.*

Merkmale: Der **Hut** dieses Pilzes wird bis zu 8 cm breit. Jung ist er gewölbt und später ausgebreitet mit einem mehr oder weniger starken Buckel. Seine Farben sind orangefuchsig bis rotbräunlich. Die Haut ist fein faserig-filzig bis feinst angedrückt schuppig, ältere Exemplare können bisweilen verkahlen. Der Rand ist manchmal eingerissen. Die **Lamellen** sind gerade oder ausgebuchtet angewachsen und breit. Sie sind dicklich und stehen entfernt, ihre Schneiden sind uneben und schartig. Ihre Farbe ist jung blasser und später schön orangerostbraun, lebhaft zimtbraun, zimtorange. Der **Stiel** wird bis zu 9 cm lang und ist dabei bis zu 2 cm dick, zylindrisch und gegen die Basis hin meist verjüngt. Er ist heller gelb, messing- bis goldgelb und matt, leicht längsfaserig. Velumreste sind meist nicht erkennbar. Das **Fleisch** ist ziemlich fest und blaßgelblich und in der Stielbasis bräunlich getönt. Der Geruch ist im frischen Schnitt rettichartig, im Geschmack ist er mild.

Sporenpulverfarbe: rostbraun.

Vorkommen: Der Orangefuchsige Rauhkopf ist in Europa weitgestreut vorhanden, gilt jedoch in vielen Landschaften als selten und kommt nur an wenigen Orten häufig vor. Er wächst in Laubwäldern (Eichen, Hainbuchen) mit eingestreuten Kiefern, in wärmebegünstigten Lagen, doch auch in Tannen-Buchen-Bergwäldern. Er scheint saure und sandige Böden zu bevorzugen.

Verwechslungsmöglichkeit: Am ähnlichsten sieht ihm der *Löwengelbe Rauhkopf (C. limonius)*, siehe dort. Verwandtschaftlich steht ihm aber *C. speciosissimus* am nächsten.

Verwendbarkeit: Der Orangefuchsige Rauhkopf ist äußerst giftig. Pilze, die eine entfernte Ähnlichkeit mit diesem Pilz haben, sollten für Speisezwecke nicht gesammelt werden.

Allgemeines: Im Jahr 1952 gab es in Polen eine Massenvergiftung bei über 130 Personen, wovon 19 starben.

Literaturhinweis: *Zeitschrift für Mykologie,* Bd. 35, 1969 und Beiheft (3), 1981 sowie Flammer/Horak: *Giftpilze – Pilzgifte.*

Spitzbuckliger Rauhkopf oder **Orangeschleierling**
Cortinarius speciosissimus KÜHN. & ROMAGN.

Merkmale: Der **Hut** dieses Pilzes wird bis zu 6 (8) cm breit. Jung ist er meist spitzkegelig oder kegelig glockig und später gewölbt, aber immer mit erkennbarem mehr oder weniger spitzem Buckel. Der Rand reißt bisweilen ein. Seine Farben sind orangebräunlich, rötlichbraun. Die Oberfläche ist fein filzig-faserig und alt etwas verkahlend. Am Rand von jüngeren Exemplaren sind bisweilen zitronengelbe Velumreste erkennbar. Die **Lamellen** sind gerade angewachsen bis abgerundet angeheftet. Sie sind dicklich, stehen entfernt und sind an den Schneiden leicht gekerbt. Ihre Farbe ist wie der Hut orangebraun, alt rostbraun. Der zylindrische **Stiel** ist verhältnismäßig lang, bis 8 (10) cm und bis 1,5 cm dick, an der Basis schwach keulig verdickt oder auch leicht verjüngt. Er hat mehr oder weniger die gleiche Farbe wie der Hut, wird aber auch blasser. Zumindest jung ist er mit mehreren ockergelben bis zitronengelben Velumzonen unvollständig gegürtelt. Das **Fleisch** ist blaß orange-ockerlich, im Kern auch gelblich, fast geruchlos.

Sporenpulverfarbe: rostbräunlich.

Vorkommen: Dieser Pilz ist in den Alpen- und Voralpengebieten, im Schwarzwald, im Schwäbischen und im Bayerischen Wald verbreitet und dort nicht selten. Er ist eine Charakterart sphagnumreicher, nasser, saurer Moor- und Nadelwälder bei Heidelbeeren und Fichten. Nördlich der Mainlinie ist der Pilz sehr selten bzw. bisher nur wenige Male gefunden worden. Er erscheint von August bis Oktober.

Verwechslungsmöglichkeit: Ist mit ähnlichen Arten dieser Pilzgruppe gegeben.

Verwendbarkeit: Der Spitzbucklige Rauhkopf enthält die gleichen Giftstoffe wie sein Verwandter der *Orangefuchsige Rauhkopf.*

Allgemeines: Bei den Giftstoffen dieser Pilzgruppe handelt es sich um thermostabile Zellgifte. *Speciosissimus* bedeutet »sehr ansehnlich, prächtig«.

Literaturhinweis: *Zeitschrift für Mykologie,* Bd. 35, 1969 und Beiheft (3), 1981.

Löwengelber Rauhkopf *Cortinarius limonius (FR. EX FR.) FR.*

Merkmale: Der **Hut** dieses Pilzes wird 4–6 (8) cm breit. Jung ist er halbkugelig, aufgeschirmt flacher konvex, der Rand ist etwas eingebogen. Seine Farben sind feucht Fuchsigrot bis Orangebraun und trocken Aprikosengelb, von der Hutmitte her ausblassend und am Hutrand, jung, von gelbem Velum überzogen. Die Oberfläche ist kahl und höchstens etwas blaßgelb überfasert. Die **Lamellen** sind mehr oder weniger ausgebuchtet angewachsen. Sie sind breit und stehen entfernt. Ihre Farbe ist jung hell Holzgelb und später Gelb bis Rostgelb. Der **Stiel** wird bis zu 7 cm lang und 1,5 cm dick, ist mehr oder weniger zylindrisch, dabei oft gebogen, an der Spitze leicht verschmälert und an der Basis oft verjüngt. Er ist gelblich und abwärts dunkler rostbraun verfärbend. Ein ausgesprochener Velumgürtel ist nicht zu sehen, aber er ist von gelben Fasern mehr oder weniger stark überzogen. Das **Fleisch** ist gelblich und in der Stielbasis rostfuchsig, geruch- und geschmacklos.
Sporenpulverfarbe: rostbräunlich.
Vorkommen: Der Löwengelbe Rauhkopf wächst im Nadelwald, besonders bei Fichten, auf moosigen kalkarmen Böden. Seine Fruchtkörper findet man einzeln bis gesellig von August bis in den September.
Verwechslungsmöglichkeit: Ist mit dem *Orangefuchsigen Rauhkopf (C. orellanus)* möglich. Dieser hat aber einen glatten Stiel ohne Velumreste. Einen mehr keuligen Stiel und orangegelbes, rhabarberfarben durchgefärbtes Fleisch hat *C. callisteus*, eine im Nadelwald wachsende Art dieser Gruppe.
Verwendbarkeit: Wahrscheinlich ist der Pilz ähnlich giftig wie die beiden vorstehend beschriebenen und abgebildeten Arten.
Allgemeines: Auch hier gilt: Pilze, die nicht genau bestimmt worden sind, sollten auf keinen Fall für Speisezwecke gesammelt werden. *Limonius* bedeutet »löwengelb«.

Rotschuppiger Dickfuß oder **Zinnoberschuppiger Rauhkopf**
Cortinarius bolaris (PERS. EX FR.) FR.

Merkmale: Der **Hut** dieses schönen Pilzes wird bis zu 8 cm breit. Anfangs ist er halbkugelig, später gewölbt und oft verbogen. Auf blaß tonfarbenem Grund ist seine stets trokkene Oberfläche dicht mit zinnober- bis karminroten Schüppchen bedeckt, besonders zur Mitte hin. Die **Lamellen** sind abgerundet angewachsen, schmal und stehen wenig gedrängt. Ihre Schneiden sind fein flockig. Der **Stiel** wird bis zu 8 cm lang und etwa 1–1,5 cm dick. Er ist zylindrisch, oft auch verbogen oder zusammengedrückt, und an der Basis keulig angeschwollen oder verjüngt. Er ist wie der Hut gefärbt und an der Spitze tonblaß, darunter ebenfalls mit roten Faserschüppchen bekleidet. Das **Fleisch** ist weiß und gilbt bei Druck leicht, es hat einen schwach staubartigen Geruch und ist von mildem Geschmack.
Sporenpulverfarbe: blaßbräunlich.
Vorkommen: Der Rotschuppige Rauhkopf ist in weiten Teilen Europas zu Hause und zerstreut in ganz Deutschland zu finden. Der Pilz ist wärmeliebend und bevorzugt im Flachland lichte Buchen-Eichen-Mischwälder, wobei er an Stellen mit eingestreuten Kiefern öfter gefunden wird, doch steigt er auch in untere Berglagen der Buchen-Tannen-Fichtenwälder auf. Er meidet Kalkböden und erscheint von Ende August bis in den Herbst hinein.
Verwechslungsmöglichkeit: Aufgrund seines »typischen« Aussehens ist er leicht zu erkennen.
Verwendbarkeit: Ungenießbar. Wegen seiner relativen Seltenheit sollte auch dieser Pilz geschont werden.
Allgemeines: Der Rotschuppige Dickfuß wurde früher zur Untergattung *Dickfuß (Inoloma, Sericeocybe)* innerhalb der Gattung der *Schleierlinge (Cortinarius)* gestellt, da er einen trockenen Hut besitzt. Er enthält jedoch eine Reihe von Stoffen, die in ultraviolettem Licht blau fluoreszieren und die sonst nur bei Arten der Untergattung *Rauhkopf (Leprocybe)* bekannt ist. *Bolaris* heißt »pfeifenerdenfarbig«.

Lila Dickfuß *Cortinarius traganus FR.*

Merkmale: Der zunächst kugelige, dann gewölbte **Hut** erreicht Größen von 4–10 cm. Seine lila-violette Farbe verblaßt bald zu Hellocker. Ältere Stücke verlieren ihre auffallende Färbung allmählich und blassen silbrig-weißlich aus. Sehr oft noch verbinden schleierartige Velumreste den Hutrand mit dem Stiel. Die breiten, ausgebuchteten **Lamellen** stehen mäßig dicht. Anfangs zeigen sie schon ein fuchsiges Ocker, das allmählich in Zimtbraun übergeht, wobei die Schneiden heller und gekerbt sind. Der **Stiel** wird nicht höher als etwa 10 cm. Seine Form ist dick keulig und die Basis etwas knollig. Auch er erscheint im Jugendstadium in einem lebhaften Violett, ändert aber diese Tönung im Alter zu einem blassen Ocker und ist mit schleierartigen Velumzonen mehr oder weniger überzogen. Das **Fleisch** ist safrangelblich und riecht unangenehm nach Acetylen.

Sporenpulverfarbe: rostbraun.

Vorkommen: Zwischen Sommer und Spätherbst findet man den Lila Dickfuß einzeln oder gesellig in Laub- und Nadelwäldern auf saurem Boden.

Verwechslungsmöglichkeit: Ähnlich ist der *Bocksdickfuß (C. camphoratus)*, der seinen Namen von dem unangenehmen Bocksgestank erhalten hat. Er ist heller und der Stiel schlanker, auch die Farbe des Fleisches ist ein gutes Unterscheidungsmerkmal, es ist bei diesem Pilz violettlich. Junge Fruchtkörper vom Lila Dickfuß könnten auch mit dem eßbaren *Reifpilz (Rozites caperatus)* verwechselt werden. Ihm fehlt aber der Haarschleier und auch der unangenehme Geruch.

Verwendbarkeit: Der Lila Dickfuß ist leicht giftig.

Allgemeines: Neben der unangenehm riechenden Hauptform gibt es angenehm fruchtartig riechende Varietäten, *var. finitimus* und *odoratum*, die aber ebenfalls nicht genießbar sind. *Traganus* bedeutet »nach dem Bock stinkend«.

Eulenauge oder **Schleiereule** *Cortinarius praestans (CORD.) GILL.*

Merkmale: Das Eulenauge gehört zu den seltsamen Erscheinungen der Pilzflora. Es sitzt mit seinem rotbraunen, kugeligen **Hut** einer dikken, weißen Stielknolle auf und ist mit dem Stiel durch einen dicken, weißlich-blauen Haarschleier verbunden. Dieser Pilz erreicht im reifen Zustand 10–20 cm im Durchmesser. Seine Huthaut ist feucht schmierig und hat eine bräunlich-weinrote Färbung, die meist einen leichten violetten Schimmer erkennen läßt. Zunächst ist sie mit weißviolettem Velum bedeckt, dessen Reste stellenweise als kleine Flöckchen erhalten bleiben. Die im Verhältnis zum Hutfleisch schmalen, dichtstehenden **Lamellen** wachsen am Stiel an. Ihre Färbung ändert sich im Laufe der Zeit von Weißgrau über Blaßlila bis zu Schokoladenbraun. Der **Stiel** wird bis zu 15 cm hoch und 2–5 cm dick. Er ist kräftig keulig-knollig. Seine Oberfläche zeigt eine faserige, glänzende Struktur von weißer, zum Hut hin mehr blaß-violetter Tönung. Oft hängen an ihm noch Reste des Velums, des Schleiers, der im Anfang die Lamellen noch einhüllte und dann aufriß. Das weißliche, zart blaßblaue **Fleisch** des Eulenauges zeichnet sich durch Festigkeit aus. Einen auffallenden Geruch kann man nicht feststellen.

Sporenpulverfarbe: blaß gelbbräunlich.

Vorkommen: Dieser Pilz hat ein mittel- und südeuropäisches Hauptverbreitungsgebiet. Er bevorzugt wärmebegünstigte, mittlere bis bergige Laubwälder auf Kalk. In Deutschland ist er auf den Süden beschränkt und kommt im Alpenvorland vor. Er ist hier überall selten und nur in Norditalien (Südtirol) häufiger.

Verwechslungsmöglichkeit: Der seltene *Taubenblaue Schleimkopf (C. cumatilis)* mit seinen *Varietäten* ist ähnlich, er ist aber kleiner und an der Basis vom Velum violett beschuht. Der *C. durissimus* hat eine mehr oder weniger stark gerandete Knolle mit ockergelbem Velum.

Verwendbarkeit: Die Schleiereule ist eßbar, doch sollte sie geschont werden.

Allgemeines: *Praestans* heißt »vortrefflich«.

Literaturhinweis: *Zeitschrift für Mykologie*, Beiheft (3), 1981.

Erdigriechender Schleierling *Cortinarius variecolor (FR.)*

Merkmale: Der **Hut** dieses Pilzes wird 5–15 cm breit. Erst ist er halbkugelig gewölbt, dann verflacht. Der Hutrand ist eingerollt. Seine Oberfläche fühlt sich glatt und kahl an und ist eingewachsen faserig. Seine Farben sind jung oft lila-violett, bald fuchsig-braun, doch bleibt die violette Grundfarbe am Hutrand lange erhalten. Die **Lamellen** sind ausgerandet angewachsen, dünn und dichtstehend, ihre Schneiden bisweilen leicht gewellt. Die Farbe ist in der Jugend schön Violett und in der Reife schließlich Rostbraun. Der **Stiel** wird 5–12 cm hoch und 1,5–2,5 cm dick. Er ist mehr oder weniger keulig, jung violett angedrückt-zottig, aber bald fuchsig und kahl. Der Haarschleier (Cortina) ist blaßlila und seidig. Das **Fleisch** ist erst lila, später weißlich, aber mit einem lila Schein. Es riecht unangenehm erdig, nach Straßenstaub.

Sporenpulverfarbe: rostbraun.

Vorkommen: Der Erdigriechende Schleierling ist recht häufig und wächst meist gesellig im Nadelwald. Er bildet seine Fruchtkörper von Juli bis Oktober.

Verwechslungsmöglichkeit: Vom Erdigriechenden Schleierling werden in der Literatur zwei Variationen angegeben: Die *var. marginatus* hat eine gerandete Knolle und riecht gebäckartig, sie wächst im Laubwald. Die *var. largiusculus* hat rötlichviolettes Fleisch und riecht erd- oder staubartig; sie wächst auch im Laubwald. Eine weitere verwechselbare Art wäre der *Verfärbende Schleimkopf (C. nemorensis)*, er wächst im Laubwald bei Rotbuchen und Eichen.

Verwendbarkeit: Wie auch alle seine Varietäten, ist der Erdigriechende Schleierling ungenießbar.

Allgemeines: Die Gattung der *Haarschleierlinge (Cortinarius)* umfaßt ca. 450 Arten. Es sind meist Mykorrhizapilze mit Cortina, das heißt mit einem Haarschleier, der oft am Hutrand oder am oberen Stieldrittel erkennbar ist. Das Sporenpulver ist mehr oder weniger bräunlich. Einige Arten sind tödlich giftig. *Variecolor* bedeutet »verschiedenfarbig«.

Violetter Schleierling, Dunkelvioletter Dickfuß *Cortinarius violaceus (L. EX FR.) FR.*

Merkmale: Der **Hut** wird 6–15 cm breit und ist sehr fleischig. Anfangs fast halbkugelig, flacht er dann immer mehr ab, wobei man einen kleinen Buckel erkennen kann. Die Haut ist trocken und einheitlich samtig oder filzig. Die schöne dunkelviolette Farbe bleibt bis ins Alter hinein erhalten. Die **Lamellen** wachsen ausgebuchtet an, stehen etwas entfernt und sind am Grund oft aderig verbunden. Auch sie zeigen das schöne Violett der Huthaut, verändern sich aber mit der Reife in Zimtbraun. Der **Stiel** kann bis zu 12 (15) cm hoch, aber kaum dicker als 1,5–2 cm, an der Basis oft 4 cm werden. Letztere ist oft knollenartig verdickt und wirkt wie aufgeblasen. Der Stiel ist samtig faserig, vom Velum oft genattert, schwammig und hohl, vor allem bei älteren Stücken. Auch hier zeigt sich das kräftige Violett. Die Cortina ist jung ebenfalls violett, aber flüchtig. Wenn man den Pilz anschneidet, erkennt man ein violett marmoriertes weiches **Fleisch.** Er riecht oft nach Juchtenleder oder Zedernholz.

Sporenpulverfarbe: rostbraun.

Vorkommen: Der schöne Pilz ist weit verbreitet und kommt in Europa von Spanien bis in die UdSSR vor. Überall ist er jedoch ziemlich verstreut und oft selten. Er weist in Mitteldeutschland eine Verbreitungslücke auf und wird südlich dann in Höhen über 300 m wieder häufiger. Der Pilz scheint wenig bodenabhängig zu sein, jedoch bevorzugt er feuchte, schattige Lagen in Laubwäldern und Fichten-Buchenwäldern. Im Alpenvorland ist *C. violaceus s. l.* oft in reinen Fichtenwäldern zu finden, einzeln, aber auch gesellig. Er wächst von August bis in den Herbst.

Verwechslungsmöglichkeit: Einige Autoren unterscheiden den Pilz von einer im reinen Nadelwald vorkommenden Art *C. hercynicus.* Beide Arten sind aber makroskopisch nicht auseinanderzuhalten, ihre Trennung beruht nur auf der unterschiedlichen Sporengröße.

Verwendbarkeit: Der Pilz wäre eßbar. Er sollte geschont werden.

Literaturverzeichnis: *Zeitschrift für Mykologie,* Bd. 45 (1), 1979.

Semmelfarbiger oder **Ziegelgelber Schleimkopf** *Cortinarius varius FR.*

Merkmale: Der fleischige 8–12 cm breite **Hut** wölbt sich zunächst halbkugelig, flacht dann immer weiter ab. Auf der schmierigen, ansonsten aber glatten Haut kleben meist abgefallene Nadeln der Bäume, Blattreste und Schmutz. Man kennt auffallend gelbliche, blaß-orangefarbene, fuchsige und semmelbraune Hüte. Zum Rand hin geht die Farbe immer in ein helleres Gelb über. Die **Lamellen** stehen mäßig gedrängt, sind ausgebuchtet angewachsen, breit und im Jugendstadium zartlila getönt. Im Alter wechselt die Farbe in ein schönes Lila-Blauviolett und später in Zimtbraun über. Der volle **Stiel** ist manchmal auch röhrig und hat Keulenform, wird höchstens 7 cm hoch, ist oft zottig, meist jedoch seidig glatt. Seine Färbung ist weiß, meist aber zeigt sich unter dem Hut eine blaßlila Tönung, in der Reife ist der jung weiße Haarschleier vom herabfallenden Sporenstaub bräunlich gefärbt. Beim Anschneiden erscheint mehr oder weniger weißes **Fleisch**, das einen neutralen Geruch und Geschmack besitzt.

Sporenpulverfarbe: hellrostbraun.

Vorkommen: Nur im Herbst und nur in Nadelwäldern auf Kalkböden, besonders im Gebirge, Alpenvorland, meist gesellig.

Verwechslungsmöglichkeit: Entfernt mit ähnlich gefärbten Haarschleierlingen. Der gelborangefuchsige Hut mit den lilafarbenen Lamellen und sein weißliches Fleisch machen den Schleimkopf aber gut erkennbar.

Verwendbarkeit: Der Semmelfarbige Schleimkopf ist eßbar.

Allgemeines: Leider läßt sich die verschmutzte Huthaut nur mühsam entfernen, wobei man meist das Fleisch verletzt. Der Semmelfarbige Schleimkopf gehört in die Gattung der *Haarschleierlinge (Cortinarius)* und hier in die Untergattung der *Schleimköpfe (Phlegmacium).* Bei der Bestimmung sind Reagenzien sehr hilfreich. Beim Betupfen des Fleisches mit Laugen (Natron- oder Kalilauge 20%) und mit Ammoniak (24–25%) wird es gelb oder zumindest braun mit gelblicher Umrandung. *Varius* bedeutet »abwechselnd, bunt«.

Dickfleischiger Schleimkopf *Cortinarius crassus FR.*

Merkmale: Nur wenige Ausnahmen können bis zu 12 cm im Durchmesser groß werden. Meist erreicht der **Hut** des Pilzes eine Breite von 5–8 cm. Er ist gewölbt abgerundet, dann gebogen verflacht. Der Rand ist jung eingerollt, leicht filzig, auch die Hutmitte ist kahl und glatt, trocken manchmal reifartig bedeckt. Die Färbung spielt zwischen Tabakbraun und mehr Ockerbraun. Die **Lamellen** sind angeheftet oder ausgebuchtet angewachsen, sie sind schmal und stehen gedrängt. Die Farbe der jungen Lamellen ist Creme, ändert sich aber über Lehmgelb in Zimtbraun. Der 3–8 cm lange **Stiel** wird 1,5–2,5 cm dick, ist kurz und robust, mehr oder weniger gleich dick. Er ist weiß und faserig, an der Spitze bereift und im unteren Teil bräunend. Die Schleierreste *(Cortina)* unter dem Hut und am Stiel sind weißlich, sehr flüchtig und im erwachsenen Stadium des Pilzes kaum noch auszumachen. Das **Fleisch** ist weiß und auch etwas bräunend, der Geruch schwach und im Geschmack mild.

Sporenpulverfarbe: bräunlich.

Vorkommen: Der Dickfleischige Schleimkopf ist sehr selten. Er wächst in feuchten Fichten- (Laub-?) und Kiefernbeständen, wo er schon im Frühjahr erscheinen kann. Seine eigentliche Zeit ist jedoch der Spätsommer und der Herbst.

Verwechslungsmöglichkeit: Die Beschreibung dieses Pilzes ist in der Literatur sehr abweichend dargestellt. Der Dickfleischige Schleimkopf ist eine variationsreiche Art. In der Literatur werden einige weitere, sehr ähnliche Arten genannt, die teilweise nicht oder nur schwer zuzuordnen sind. Die hier dargestellte Art steht stellvertretend für die Problematik einer genauen Artenbestimmung und Zuordnung. Nicht jeder Pilz, der gefunden wird, kann – auch mit noch so guter Fachliteratur – exakt bestimmt werden.

Verwendbarkeit: Der Pilz gehört in die Gruppe der Schleierlinge mit weißem Fleisch und wäre eßbar.

Allgemeines: *Crassus* bedeutet »dick«.

Prächtiger Klumpfuß *Cortinarius auroturbinatus* (SECR.) LGE.

Merkmale: Der **Hut** des Pilzes wird zwischen 4 und 10 cm breit, manchmal bis zu 12 cm. Auch dieser Schleierling erscheint zuerst halbkugelig, wölbt sich allmählich und ist schließlich ausgebreitet und manchmal in der Mitte ein wenig niedergedrückt, oft auch verbogen. Der Rand bleibt lange eingerollt. Die Huthaut leuchtet in einem hellen Chromgelb, wird in der Mitte oft auch fuchsigrot. Bei Feuchtigkeit ist sie stark schleimig, und bei trockener Witterung glänzt sie trocken. Im jugendlichen Alter zeigen sich die **Lamellen** zunächst zitronengelb, wechseln langsam zu Gelbbraun mit einem deutlichen olivfarbenen Ton und enden mit Rostbraun, wobei die unebenen bis ausgefressenen Schneiden noch gelblich bleiben. Die Lamellen sind breit und tief ausgebuchtet angewachsen und mäßig bis ziemlich gedrängt. Der **Stiel** kann Höhen bis zu 12 cm erreichen. Zur Knolle hin verbreitert er sich von etwa 1–2,5 cm auf 2–4 cm und darüber. Die Farbe gleicht der des Hutes, ist jedoch nicht ganz so intensiv, und wird älter, außer an der Stielspitze, etwas bräunlich. Die Knolle weist eine starke Randung auf, die durch Velumreste meist rotbräunlich gefärbt ist, jung können sie die Knolle sogar volvaartig umgeben. Die *Cortina* ist gelbgrünlich. Beim Anschneiden zeigt sich an Hut und Stielrand ein Gelbgrün. Ansonsten ist das **Fleisch** weißlich, im oberen Teil des Stiels leicht blauviolett. Geruch gewürzartig, Geschmack mild.

Sporenpulverfarbe: rostbraun.

Vorkommen: Den Klumpfuß entdeckt man im Spätsommer und Herbst ausschließlich unter Buchen. Der Boden muß stark kalkhaltig sein.

Verwechslungsmöglichkeit: Die Abgrenzung zu benachbarten Arten und die genaue Bestimmung ist nicht immer leicht und erfordert Erfahrung. Sehr nahe steht z. B. der *Zedern-Schleimkopf (C. cedretorum)*, eine in südlichen Ländern unter Zedern wachsende Art, die in Mitteleuropa, aber auch unter Buchen vorkommen soll und hier selten ist.

Verwendbarkeit: Der Pilz ist ungenießbar. *Auroturbinatus* heißt »goldfarbig, kreisartig«.

Anis-Klumpfuß *Cortinarius odorifer* BRITZ.

Merkmale: Der fleischige, feste **Hut** kann bis zu 10 (12) cm im Durchmesser erreichen. Zunächst bricht er gewölbt aus dem Boden, reckt sich dann aber immer weiter hoch, wird flach konvex und zuletzt auch trichterförmig und etwas verbogen. Der Rand bleibt lange eingerollt. Die Haut des Hutes ist feucht stark schmierig-schleimig und trocken glänzend, sie ist abziehbar. In der Mitte findet man ein kupferfarbenes Zentrum, während die Tönung zum Rand hin immer mehr grünlich, grünlich-grau, gelboliv, selbst violettlich wird. Im Alter ist der Hut mehr einheitlich rotbraun. Die **Lamellen** stehen gedrängt und recht regelmäßig, sie wachsen mehr oder weniger stark ausgebuchtet an und zeigen eine gelbliche bis grünliche Färbung, die später mehr ins Olivbraune übergeht. Der **Stiel** erreicht Höhen von 5–8 cm und ist 1–2 cm, an der Knolle bis 3,5 cm dick. Er ist stets gefüllt und fleischig. Seine Außenhaut variiert von blaß gelblich bis grünlich und ist stark faserig-haarig behangen, wobei das Velum vom herabfallenden Sporenstaub bald bräunlich gefärbt ist. Die Knolle zeigt eine deutliche Randung. Beim Anschnitt erscheint festes, gelbgrünes **Fleisch**, das stark nach Anis riecht und mild schmeckt.

Sporenpulverfarbe: rötlichbraun.

Vorkommen: Oft gesellig auf Kalk- und Silikatböden, die mit Nadelbäumen bewachsen sind, in den Alpen und im Alpenvorland, nördlich bis etwa zur Linie Karlsruhe–Regensburg, jedoch kaum unter Höhen von 300 m. Er wächst vom Sommer bis zum Spätherbst.

Verwechslungsmöglichkeit: Entfernt ähnelt er dem hier nicht näher beschriebenen *Blutroten Klumpfuß (C. orichaleus)* oder auch dem ebenfalls nicht weiter vorgestellten *C. aureofulvus*. Das sicherste Unterscheidungsmerkmal stellt der sehr intensive Anisgeruch dar.

Verwendbarkeit: Der Pilz ist eßbar, er sagt aber aufgrund seines starken Anisgeruchs nicht jedem Gaumen zu.

Allgemeines: *Odorifer* heißt »wohlriechend«.

Literaturhinweis: *Zeitschrift für Mykologie*, Beiheft (3), 1981.

Blaustiel-Schleimfuß *Cortinarius collinitus* FR.

Merkmale: Der gelbliche bis ocker-orange-bräunliche, 2–12 cm breite **Hut** trägt bei Feuchtigkeit eine dicke Schleimschicht, die auch bei Trockenheit nicht an Glanz verliert. Anfangs erscheinen die Pilze glockig gewölbt, schirmen aber mit zunehmender Reife auf. Ganz flach werden sie jedoch nicht. Die **Lamellen** sind ausgebuchtet angewachsen und haben eine violett-bräunliche Tönung. Der 6–12 cm hohe und etwa 1 cm dicke **Stiel** zeigt eine unter den Pilzen nicht sehr häufig anzutreffende, deutlich blaue Färbung, vor allem im oberen Teil. Zur Basis hin verfärbt er sich mehr ins Rötliche bis Gelbliche. Auch er trägt, wie der Hut, eine schleimige Schicht, die manchmal natterig gebändert wirkt. Das **Fleisch** des Blaustiel-Schleimfußes läßt, wenn man es anschneidet, ebenfalls eine leichte bläuliche Tönung erkennen, obwohl es auf den ersten Blick gelblich bis ockerfarben zu sein scheint.

Sporenpulverfarbe: blaßgelbbräunlich.

Vorkommen: In manchen Gegenden, vor allem unter Fichten im Bereich von Hochmooren, kann man diesem eigenartig gefärbten Schleimfuß recht häufig begegnen, er wächst aber auch bei Kiefern und ausnahmsweise im Laubwald. Seine Zeit ist der Herbst.

Verwechslungsmöglichkeit: Beim Blaustiel-Schleimfuß handelt es sich um eine recht variable Art. Ähnlich ist der *Runzeliggeriefte Schleimfuß (C. mucifluus)*, dessen Hutrand stark runzelig-gerieft ist. Der *Heide-Schleimfuß (C. mucosus)* hat einen weißlichen, alt bisweilen gelblich-bräunlichen Stiel und wächst im Kiefernwald und Birkenheiden mit Kiefern.

Verwendbarkeit: Er ist eßbar.

Allgemeines: Der Blaustiel-Schleimfuß und seine verwandten Arten gehören innerhalb der Gattung der *Schleierlinge (Cortinarius)* in die Untergattung *Myxacium*; der Hut von Pilzen dieser Untergattung ist – von wenigen Ausnahmen abgesehen – vom schleimigen Velum mehr oder weniger stark überzogen. Einige Arten davon sind bitter. *Collinitus* bedeutet »schleimig, schmierig«.

Natternstieliger Schleimfuß *Cortinarius trivialis* LGE.

Merkmale: Die **Hüte** erreichen Durchmesser von 3–7 (10) cm. Anfangs sind die Köpfe fast rund, später glockig und gewölbt mit einer stumpfen Mitte. Auch wenn sich der Pilz völlig aufschirmt, kann man immer noch diesen Bukkel erkennen. Die bräunlich-tonige, oft mehr creme-oliv-farbene Haut ist am Rand stark nach innen eingerollt. Sie trägt eine schleimige Schicht und glänzt. Die **Lamellen** stehen wenig gedrängt, sind zart und mit Zwischenlamellen versehen, mit einem Zähnchen laufen sie ein wenig am Stiel herab. Ihre Farbe ist jung bläulich oder violettlich (oder zumindest mit diesen Reflexen), später wechselt die Tönung mehr ins Rostbraune oder Zimtfarbene. Der feste, fast zylindrische **Stiel** kann bis zu 10 cm hoch wachsen und wird bis zu 1,5 cm dick. Zur Basis hin verjüngt er sich mehr und mehr. Meistens findet man gefüllte, zuweilen aber auch hohle Stiele. Im oberen Drittel erkennt man manchmal noch seidige Reste des Schleiers, der anfangs zwischen Hut und Stiel gespannt war. Diese Cortina ist auf der Oberseite faserig, unterhalb schleimig. Die Stielfarbe schwankt von Braun, Gelb, Ocker bis zu diversen Olivtönen und oft violettfarben. Die Oberfläche ist oft natternartig aufgerissen-schuppig. Diese Strukturen bilden feucht schleimige Ringzonen, die auch untereinander zusammenhängen können. Das **Fleisch** ist ockerweißlich, in der Stielbasis dunkler, geruchlos, mild und zeichnet sich durch Festigkeit aus.

Sporenpulverfarbe: rostbräunlich.

Vorkommen: Im Herbst wachsen diese häufigen Schleimfüße gesellig in Laubwäldern, am liebsten auf tonigen Böden.

Verwechslungsmöglichkeit: Der Natternstielige Schleimfuß ist ebenfalls sehr variabel. Einen gelb-oliven, mit oben weißlichen, abwärts olivbraunen Ringzonen versehenen Stiel hat die *var. squamosipes*. Ansonsten läßt der charakteristische natternartige Stiel kaum Verwechslungen zu.

Verwendbarkeit: ungenießbar.

Allgemeines: *Trivialis* bedeutet »geringwertig, gewöhnlich, gemein«.

Geschmückter Gürtelfuß *Cortinarius armillatus (FR.) FR.*

Merkmale: Der 5–12 cm breite **Hut** dieses charakteristischen Pilzes ist zuerst glockig und dann ausgebreitet und flach gebuckelt. Seine Farbe ist mehr oder weniger einheitlich Rostbraun-Fuchsig bis Ziegelrot, er ist feinfilzig-schuppig. Die breiten **Lamellen** sind ausgebuchtet angewachsen, etwas entfernt stehend und mit Zwischenlamellen untermischt. Jung sind sie zart ockerbräunlich und später zimtbraun, wobei die Schneiden meistens heller sind. Der **Stiel** wird zwischen 6–14 cm lang und ist dabei 1–3 cm dick, mehr oder weniger zylindrisch und an der Basis oft keulig-knollig. Oben ist er hellbeige, fleischrötlich und abwärts ockerbräunlich, rot- oder graubraun. Seine Oberfläche ist mit einem oder mehreren zinnoberroten Gürteln charakteristisch gezeichnet. Das **Fleisch** ist weiß-gelb-rötlich bis blaßbräunlich, geruchlos und schmeckt mild.

Sporenpulverfarbe: zimtbraun.

Vorkommen: Der Geschmückte Gürtelfuß wächst vom Flachland bis in mittlere Gebirgslagen stets bei Birken auf sauren Böden, gern in Moorgebieten. Er bildet in der Regel seine Fruchtkörper von Juli bis Oktober.

Verwechslungsmöglichkeit: Besteht mit seiner *var. luteoornatus*, deren Farbe etwas matter ist und deren Velum gelbe bis gelbbraune Gürtel am Stiel bildet. Ansonsten ist der Geschmückte Gürtelfuß kaum mit anderen Pilzen zu verwechseln, besonders wenn man auf seinen Standort unter Birken achtet.

Verwendbarkeit: Der Pilz ist eßbar, aber kaum zu empfehlen.

Allgemeines: Der Geschmückte Gürtelfuß gehört innerhalb der Gattung der *Haarscheierlinge (Cortinarius)* in die Untergattung der *Gürtelfüße (Telamonia)*, zu der auch die *Wasserköpfe* zählen. Es sind kleine bis sehr große Pilze mit vorherrschend braunen, gelbbraunen, ocker- oder violettfarbenen Tönungen, und sie sind meist mehr oder weniger hygrophan. Der Stiel ist unterhalb des Haarschleiers *(Cortina)* oft gegürtelt. *Armillatus* bedeutet »mit einem Armband versehen«.

Blutblättriger Hautkopf *Dermocybe semisanguinea (FR.) MOS.*

Merkmale: Der **Hut** dieses Pilzes wird 2–8 cm breit. Jung ist er glockig gewölbt und später ausgebreitet mit einem erkennbaren Bukkel. Seine Farben sind oliv- bis umbrabraun oder auch gelbbräunlich. Die Huthaut ist trokken und kahl bis feinschuppig. Der Rand ist bisweilen leicht überstehend und das Hutfleisch recht dünn. Die **Lamellen** sind mehr oder weniger stark ausgebuchtet angewachsen, relativ dünn und breit, unregelmäßig untermischt. Ihre Farbe ist schön Blutrot und später Zimtbraun. Der 3–8 (10) cm lange, schlanke **Stiel** wird bis zu 0,7 cm dick, ist zylindrisch, oft leicht gebogen und brüchig. Er ist mehr oder weniger lebhaft chrom- bis quittengelb, messingfarben und hat eine bisweilen rötlich gefärbte Stielbasis. Das **Fleisch** ist gelblich und riecht schwach rettichartig.

Sporenpulverfarbe: rostbraun.

Vorkommen: Der Blutblättrige Hautkopf ist häufig und wächst gesellig, gern im Nadelwald auf sauren Böden, am Rand von Moorgebieten im Moos. Man findet ihn von August bis in den November hinein.

Verwechslungsmöglichkeit: Der *Zimthautkopf (D. cinnamomea)* ist im Hut ähnlich gefärbt, hat aber jung zimtorangefarbene Lamellen, was lange so bleibt. Auch er wächst meist im Nadelwald. Der Stiel ist bisweilen in der unteren Hälfte vom Velum braun überzogen. Der *Bluthautkopf (D. sanguinea)* hat einen meist mehr oder weniger einheitlich dunkel-blutrot gefärbten Fruchtkörper. Seine Lamellen sind breit und stehen entfernt. Auch er wächst im Nadelwald und bevorzugt besonders moorige Wälder.

Verwendbarkeit: Es besteht der Verdacht, daß er ähnliche Giftstoffe enthält wie die Pilzgruppe um den *Orangefuchsigen Rauhkopf.*

Allgemeines: Der Blutblättrige Hautkopf steht stellvertretend für die Gattung der *Hautköpfe (Dermocybe)*, die ca. 27 Arten umfaßt; diese sind mit den *Schleierlingen (Cortinarius)* verwandt. *Semisanguinea* bedeutet »halb-blutrot« (wegen der so gefärbten Lamellen).

Speitäubling *Russula emetica* FR.

Merkmale: Dieser Pilz steht stellvertretend für die Gruppe der Speitäublinge mit mehr oder weniger rosa-, kirsch-, zinnober- bis blutroten Hutfarben, scharfem Geschmack und weißem Sporenpulver. Der **Hut** kann Durchmesser von 5–11 cm erreichen. Er erscheint zunächst gewölbt und breitet sich allmählich so weit aus, daß er in der Mitte niedergedrückt wird. Die Farben spielen zwischen zinnober- und blutroten, im Alter blasseren Tönen. Die Haut fühlt sich glatt und schmierig an und glänzt, sie ist gut abziehbar. Die entfernt stehenden **Lamellen** sind fast frei oder am Stiel abgerundet angewachsen. Sie sind gleich lang und dünn. Man erkennt die Speitäublinge unter anderem auch an ihrer hellen weißen Lamellenfarbe. Der 1–2 cm dicke, walzenförmige **Stiel** wird bis zu 7 cm hoch. Auch er ist weiß und nur selten etwas rötlich überhaucht. Sein Fleisch ist voll, wird der Pilz älter, ist es ausgestopft und schließlich zellig hohl, zerbrechlich. Das ansonsten saftige, weiße **Fleisch** riecht leicht fruchtartig und schmeckt sehr scharf.

Sporenpulverfarbe: weiß.

Vorkommen: Dieser Speitäubling wächst besonders auf moosreichen Böden, unter Fichten; in Hochmooren zwischen Sphagnum. Der Pilz erscheint von Juli bis November.

Verwechslungsmöglichkeit: Es gibt noch einige Varietäten dieses Speitäublings, die ebenso helle Lamellen, einen mehr oder weniger weißen Stiel, sehr brüchiges Fleisch und einen scharfen Geschmack haben. Bei der Bestimmung ist ihr unterschiedlicher Standort hilfreich, so z. B. beim *Birken-Speitäubling, R. emetica, var. betularum.*

Verwendbarkeit: Giftig, wie seine Varietäten.

Allgemeines: Die Gattung der *Täublinge (Russula)* umfaßt weit über 150 Arten. Es sind Pilze mit vielen verschiedenen Hutfarben, mehr oder weniger spröden, seltener etwas anschmiegsamen Lamellen. Die Stiele sind glatt, ohne Ring und Haarschleier, mit glatt-brüchigem Fleisch. *Emetica* bedeutet »zum Erbrechen reizend«.

Literaturhinweis: *Flammer/Horak: Giftpilze.*

Stachelbeertäubling *Russula quéletii* FR. IN QUÉL.

Merkmale: Sein **Hut** breitet sich nur zwischen 5 und 8 cm aus. Reife Exemplare zeigen eine Vertiefung in der Hutmitte, die vielen Täublingen eigen ist. Die Hutfarben können trüb weinrot, purpurfarbig sein, manchmal sogar ins Zitronengrünliche spielen. Im Alter verblassen sie sehr, wobei die Mitte des Hutes dunkler gefärbt bleibt. Seine Haut ist etwas klebrig und glänzend, nahezu bis zur Mitte abziehbar. Der Rand ist gut erkennbar gerieft. Die **Lamellen** stehen etwas gedrängt und sind am Stiel angewachsen. Jung sind sie weißlich, blaß, reif wachsgelb und flecken bei Druck oft grünlich. Der **Stiel** wird bis zu 7 cm lang und 1,5–2 cm dick. Er ist glatt, zylindrisch, wächst nach unten allmählich etwas breiter auseinander und zeigt ein gutes Unterscheidungsmerkmal, nämlich eine meist karmin- bis purpurrote Färbung. Nur selten sieht man Stücke mit sehr hellem oder fast weißem Stiel. Er wirkt starr und spröde. Das **Fleisch** ist graulich, aber unter der Haut zeigt es die gleiche Färbung wie der Hut selbst. Er riecht süßlich, nach Stachelbeerkompott, ist aber im Geschmack brennend scharf. **Sporenpulverfarbe:** cremegelb.

Vorkommen: Der Stachelbeertäubling ist häufig und wächst von Juli bis Oktober auf kalkreichen Böden, besonders im Fichtenwald.

Verwechslungsmöglichkeit: Der unerträglich scharfe Geschmack unterscheidet ihn gut von anderen roten und milden, eßbaren Täublingen. Unerfahrene Sammler könnten ihn mit dem ebenfalls sehr scharfen *Zedernholztäubling (R. badia)* verwechseln. Dessen Stiel ist aber meist weiß und rot geflammt. Sein Standort sind saure Böden im Nadelwald. Die geriebenen Lamellen riechen nach Zedernholz.

Verwendbarkeit: Er schmeckt viel zu scharf, um genießbar zu sein.

Allgemeines: Sein Geruch nach Stachelbeerkompott ist nicht immer ausgeprägt und reicht als Bestimmungsmerkmal nicht aus. *Queletii* steht zu Ehren des französischen Mykologen L. Quélet.

Zitronen- oder Ockertäubling *Russula ochroleuca (PERS.) FR.*

Merkmale: Der Pilz wirkt wegen seines kompakten Fleisches groß und hat einen **Hut** von bis zu 9 (12) cm Durchmesser. Wie bei den meisten seiner Artverwandten schirmt der Hut sehr weit auf und läßt im Zentrum eine schwache Vertiefung erkennen. Die Haut, die sich bis etwa zur Hälfte des Hutes abziehen läßt – danach reißt sie faserig ein –, trägt gelbliche, ockerliche bis hellbraune Töne, manchmal mit einem leichten Olivhauch, der bei einigen Ausnahmen fast bis ins Grünliche spielen kann. Die kahle Oberfläche fühlt sich glatt an und glänzt. Die weißen bis elfenbeinfarbenen, später schwach gelblichen **Lamellen** stehen recht dicht beieinander und zeigen bei reifen Exemplaren rostig-braune Flecken. Sie sind abgerundet am Stiel angewachsen. Der **Stiel** wirkt durch seine verhältnismäßig geringe Länge (etwa 5–8 cm), aber auffallende Dicke (bis zu 2,5 cm) recht kompakt und kräftig. Zur Basis hin zeigt er eine leichte Verdickung, bleibt aber ansonsten zylindrisch. Die weiße bis ockerliche Oberfläche hat von unten her gelbliche Flecken und verfärbt sich im Alter leicht graulich. Junge Stücke haben weißes, alte graubraunes **Fleisch**. Der Geruch ist obstartig, im Geschmack ist er kaum mild, eher mäßig scharf bis bitter.

Sporenpulverfarbe: creme.

Vorkommen: Der Zitronentäubling ist ein weitverbreiteter, häufiger Pilz und wächst gern im Nadel- und Laubwald zwischen Sauerklee und Moos. Auf ausgesprochenen Kalkböden fehlt er. Man findet seine Fruchtkörper von August bis in den November hinein.

Verwechslungsmöglichkeit: Ähnlich ist der *Gallentäubling (R. fellea)*. Die Farben des Hutes sind besonders am Rand heller, seine Haut ist nur ein kurzes Stück abziehbar, sein Geschmack ist brennend scharf. Der *Gelbe Graustieltäubling (R. flava)* wächst auf torfigen Böden bei Birken.

Verwendbarkeit: Bedingt eßbar. Man könnte ihn zu Mischpilzgerichten verwenden.

Allgemeines: *Ochroleuca* bedeutet »ockergelb-weiß«.

Gallentäubling *Russula fellea (FR.)*

Merkmale: Der **Hut** dieses Täublings erreicht meist einen Durchmesser von 5–9 cm. Beim Aufschirmen bildet sich in der Mitte eine flache Vertiefung, doch meist ist ein kleiner, flacher Buckel erkennbar. Die Farben des Hutes spielen von Ocker bis Strohgelblich, manchmal auch Honigbräunlich. Zum Rand hin verblassen die Tönungen. Die Haut ist glatt und glänzend und nur am Rand abziehbar; hier zeigen ältere Pilze eine Riefung. Die dünnen, am Stiel angewachsenen **Lamellen** stehen recht regelmäßig und nicht sehr eng zusammen und sind teilweise hinten häufig gegabelt. Junge Lamellen sind blaß, alte weißlichbraun. Der **Stiel** erreicht eine Höhe von nur 4–6 cm sowie einen Durchmesser von 1–2 cm. Er ist heller als der Hut, rahmfarben mit gelblichem Einschlag. Erst ist er voll, dann ausgestopft. Das blaßweiße **Fleisch** verändert sich im Laufe der Zeit zum Gelblichen hin. Es ist spröde, riecht süßlich nach Pelargonien oder Senfsoße und ist im Geschmack sehr scharf.

Sporenpulverfarbe: blaß cremefarben.

Vorkommen: In manchen Jahren tritt der Gallentäubling in Massen auf. Man findet ihn dann vom Spätsommer bis in den Herbst hinein vor allem unter Buchen und Eichen.

Verwechslungsmöglichkeit: Ist mit dem *Zitronentäubling* möglich, dieser hat aber keinen so scharfen Geschmack, sein Stielfleisch verfärbt sich im Alter grau.

Verwendbarkeit: Der Pilz schmeckt sehr scharf und ist deshalb ungenießbar.

Allgemeines: Die Gattung der Täublinge umfaßt weit über 150 Arten. (Gattungsmerkmale siehe *Speitäubling*.) Für Pilzsammler könnte man die Regel aufstellen: Alle mild schmeckenden Täublinge sind eßbar, alle bitteren und scharf schmeckenden Arten daher ungenießbar. Der Pilzliebhaber wird damit nicht zufrieden sein, sondern versuchen, die Arten genau zu bestimmen. Dies erfordert aber einige Erfahrung, Geduld, gute Fachliteratur und ein Mikroskop. Viele Täublinge werden makroskopisch falsch bestimmt. *Fellea* bedeutet »gallenbitter«.

Gemeiner Stinktäubling *Russula foetens* FR.

Merkmale: Mit seinem im Durchmesser etwa 5–18 cm großen **Hut** zählt er zu den Großen seiner Gattung. Jung ist er fast kugelig, mit scharfem, dem Stiel anliegenden, oft etwas wellig, buchtigen Rand. Älter verflacht der Hut, wobei die Mitte sich bisweilen etwas vertieft, dann ist der Rand kammrandig, höckerig, gerippt und überstehend. Die Haut des Hutes ist bräunlichhell bis ockerlich gefärbt, wobei seine Mitte deutlich dunkler ist. Die dünne Haut läßt sich halb abziehen. Feucht ist sie klebrig, trocken glatt, glänzend. Die anfänglich gedrängten und mehr oder weniger angewachsenen **Lamellen** sind untermischt und zahlreich gegabelt. Anfangs sind sie blaß und werden schließlich schmutzig creme; berührt man sie, verfärben sie sich langsam bräunlich; oft sind sie mit bernsteinfarbenen Tränen besetzt, die später eintrocknen und dunkle Flecken bilden. Der zylindrische bis bauchige **Stiel** wird bis zu 9 (13) cm hoch und 2–3,5 cm dick. Er hat eine weiße Oberfläche, die meist von der Basis her ocker- bis mehr oder weniger braunfarbene Flecken bekommt. Er ist hart, hat aber schon früh Hohlräume und ist älter oft ganz hohl. Das weiße **Fleisch** bräunt an der Luft und ist von süßlich-öligem, unangenehmem Geruch; es schmeckt im ersten Moment mehr oder weniger bitter, dann aber bald brennend und erregt zum Erbrechen.

Sporenpulverfarbe: weiß.

Vorkommen: Der Stinktäubling bevorzugt feuchte Laub- und Nadelwälder, wo er vom Sommer bis zum Herbst in Gruppen wächst.

Verwechslungsmöglichkeit: *R. subfoetens* riecht etwas weniger stark und wächst im Laubwald. Ansonsten ähnelt er dem hier nicht weiter beschriebenen *Mandeltäubling (R. laurocerasi)*, der nicht so stark »stinkt«, sondern deutlich nach Bittermandel riecht. Der *Morsetäubling (R. illota)* unterscheidet sich von beiden durch gelb- bis dunkel-violettbraun, strichförmig gezeichnete Lamellenschneiden.

Verwendbarkeit: Dieser Pilz ist ungenießbar.

Literaturhinweis: *Zeitschrift für Mykologie*, Bd. 40 (3–4), 1974.

Brauner Ledertäubling *Russula integra* L. EX FR. SS. R. MRE.

Merkmale: Sein **Hut** wird bis zu 12 (15) cm breit. Erst ist er glockig gewölbt, später ausgebreitet und verflacht, mit einer etwas tieferen Mitte. Seine Farben sind mehr oder weniger braun, schokolade-, fleisch-, gelb- bis olivbraun; seltener blutrot-rosa, meist mehr von trüb oder schwärzlich Purpur nach Braun, oft auch etwas ockerfleckig. Die meist kahle Oberhaut ist schmierig glänzend und nur selten trocken, glanzlos; weit abziehbar. Der Rand ist lange gewölbt und oft schon früh ziemlich breit höckerig gerieft. Die eher gedrängt stehenden **Lamellen** sind abgerundet am Stiel angewachsen, am Grund queraderig verbunden; lange haben sie einen blaßweißlichen Schein, der oft ins Bläuliche geht, später werden sie satt ocker oder lederocker. Der zylindrische, volle **Stiel** wird etwa 10 cm hoch und 1–3 cm dick. Seine Oberfläche ist oft von feinen Runzeln überzogen, die Farbe meist reinweiß, an der Basis sind häufig kleine gelbe Flecken zu erkennen. Das **Fleisch** ist ebenfalls weiß, auf Messerdruck bräunt es im Stiel ganz leicht. Es ist hart und fest. Der Geruch ist schwach obstartig, der Geschmack völlig mild.

Sporenpulverfarbe: satt ocker.

Vorkommen: Vom Sommer bis in den Herbst sucht man diesen häufigen und verbreiteten Täubling in Nadel- (Fichte, Tanne, Kiefer) und Bergwäldern, auf kalkhaltigen Böden.

Verwechslungsmöglichkeit: Der Braune Ledertäubling ist eine sehr wechselfarbige Art und läßt sich mit anderen dieser Gruppe verwechseln. Der ebenso milde *Ledertäubling (R. alutacea)* hat einen mehr violett-, weinrötlichen, elfenbeinweiß ausblassenden Hut und einen weißen bis roten Stiel. Der *Rotstielige Ledertäubling (R. olivacea)* hat einen meist gänzlich karminrosafarbenen Stiel. Vor dem Gelbwerden der Lamellen kann man den Braunen Ledertäubling auch mit den *Heringstäublingen* verwechseln, die Geruchskomponente ist aber ein gutes Unterscheidungsmerkmal.

Verwendbarkeit: Ein recht guter Speisepilz.

Allgemeines: *Integra* bedeutet »unversehrt ganz« (die Lamellen sind nicht unterbrochen).

Frauentäubling *Russula cyanoxantha* SCHFF. EX FR.

Merkmale: Der **Hut** kann Durchmesser von etwa 15 cm erreichen. Seine anfänglich halbkugelige Form breitet sich immer flacher aus, bis schließlich die Mitte niedergedrückt erscheint. Die Hutoberfläche kann grauviolett, blaulila, grüngelb oder auch grünlila sein, wobei meist gleichzeitig Violett und Grün vorkommen, dazu jedoch wiederum Flecken in verschiedenen lila Farbabstufungen. Die Oberhaut ist feucht, lange schmierig, glänzend, kahl und radialaderig. Gutes Merkmal: Läßt sich ziemlich gut abziehen, dann erkennt man das oberflächlich violett gefärbte Hutfleisch. Die schmalen **Lamellen** stehen dicht gedrängt, gabeln sich, sind dünn, schmal angewachsen und älter leicht herablaufend; sie sind weich und biegsam und splittern nicht, wenn man mit dem Finger darüberstreicht, kleben aber zusammen. Ihre Farbe ist ein stumpfes, sehr helles Weiß, das bei manchen Exemplaren einen schwachen, lilabläulichen Schimmer hat. Der kahle, große und stämmige **Stiel** wird bis zu 10 cm hoch und bis zu 2,5 cm dick. Seine Form ist zylindrisch und aufwärts etwas verjüngt. Die Grundfarbe der Stiele ist Weiß, aber manche Pilze schimmern auch ein wenig violett und sind rötlich überhaucht. Das **Fleisch** ist weiß, im Alter nicht selten bräunlich schmutzend. Im Hut ist es fest, etwas elastisch, im Stiel voll, aber auch mit vereinzelten Kammern versehen und später etwas schwammig. Es ist geruchlos und völlig mild.

Sporenpulverfarbe: rein weiß.

Vorkommen: Der sehr häufige Täubling läßt sich zwischen Sommer und Herbst fast überall im Nadel- und Laubwald, vorwiegend aber bei Buchen finden.

Verwechslungsmöglichkeit: Vom Frauentäubling gibt es einige Varietäten. Der *Grauliche Täubling (R. grisea)* ist ein echter Doppelgänger, da die Hutfarbe ähnliche Tönungen annehmen kann. Die Lamellen sind stärker cremefarben mit satteren Reflexen und starrerspröde.

Verwendbarkeit: Der Pilz ist eßbar.

Allgemeines: *Cyanoxantha* heißt »blaugelb«.

Grüner Frauentäubling *Russula cyanoxantha, fm. peltereaui* SING.

Merkmale: Dieser Pilz unterscheidet sich vom Frauentäubling nur durch die von Anfang an mehr oder weniger grüne Farbe des Hutes. Alle anderen Merkmale sind ähnlich oder gleich. Auch der Standort ist derselbe.

Verwendbarkeit: Der Pilz ist eßbar.

Verwechslungsmöglichkeit: Der Grüne Frauentäubling wird von Pilzsammlern oft für den Grasgrünen Täubling *(R. aeruginea)* gehalten. Dieser hat aber seinen Standort meist unter Birken, nur selten in reinen Nadelwäldern (Fichten). Sein **Hut** wird 5–10 cm breit, ist grasgrün, hellgrün, graugrün und oft auch sehr blaß. Die **Lamellen** sind erst weiß und werden später cremegelblich. Der **Stiel** ist ebenfalls weiß und an der Basis oft rostfleckig. Das **Fleisch** ist mild, doch die Lamellen können etwas scharf schmecken. Dieser Pilz erzeugt im rohen Zustand starkes Erbrechen und kann sogar noch nach starkem Erhitzen Vergiftungserscheinungen hervorrufen. Von seinem Genuß ist daher abzuraten. Ein weiterer Vertreter ist der *Gefelderte Grüntäubling (R. virescens)* mit seiner kleiig-schorfig und feldrig aufgebrochenen Huthaut. Sein Standort ist meist unter Eichen, Buchen und Birken, stellenweise auch im Nadelwald. Auch er ist eßbar. Alle diese Täublinge werden immer wieder von unvorsichtigen Speisepilzsammlern mit dem *Grünen Knollenblätterpilz (Amanita phalloides)* verwechselt. Dabei sind die Merkmale grundverschieden und leicht kenntlich: Täublinge haben keinen Ring und keine Stielknolle mit einer Scheide. Ihr Fleisch ist außerdem glattbrüchig. Um nicht eine der zwar ungiftigen, aber zuweilen sehr scharfen Arten zu erwischen, genügt eine winzige Probe des rohen Hutfleisches oder der Lamellen, die man kurz kaut. Die scharfen Täublinge werden so sehr schnell erkennbar. Eine gute Bestimmungshilfe können verschiedene Reagenzien sein. Das Arbeiten mit diesen Chemikalien erfordert aber Erfahrung und geht über die normale Bestimmung durch den Sammler hinaus. Für den Amateur und Mykologen sind diese Tests aber eine wertvolle Hilfe.

Goldtäubling *Russula aurata (WITH.) EX FR.*

Merkmale: Der **Hut** des Pilzes wird nicht breiter als etwa 9 (10) cm. Aus der jungen Halbkugel entwickelt sich ein gewölbt-verflachter, schließlich scheibenförmiger Hut. Er ist auf lebhaft orange- bis zitronengelbem, tief ins Fleisch durchgefärbtem Grund, feurig-orange, feurig-rot, doch auch ohne leuchtende Farben, aber immer chromgelb durchgefärbt, oft mehr oder weniger gefleckt. Die Oberhaut ist anfangs schmierig glänzend, später glatt oder leicht samtwarzig und matt; sie ist feucht nur halb abziehbar und dünn. Der Hutrand ist lange glatt und später etwas gerieft. Die breiten, bröckeligen **Lamellen** stehen dicht gedrängt und sind vorn und hinten abgerundet. Ihre Farben sind im Jugendstadium blaß und verändern sich schließlich satt buttergelb. Die Schneiden sind typisch, wenn auch nicht immer konstant, zitronen-chromgelb gefärbt. Der feste fleischige **Stiel** wird bis zu 9, seltener 10 cm hoch und bis zu 2,5 cm dick. Er ist weiß, doch typisch, wenn auch mehr oder weniger ausgeprägt chromgelb überhaucht und walzenförmig, keulig oder ausspitzend; kahl, oft runzelig. Fleisch, weißlich, fest, im Alter weich bis gekammert, fast geruchlos und mild.

Sporenpulverfarbe: dottergelb.

Vorkommen: Diesen schönen Täubling findet man vom Sommer bis in den Spätherbst in Laub- und Nadelwäldern auf mehr oder weniger kalkhaltigen Böden. Er ist in der gemäßigten Zone weit verbreitet, weist in Europa jedoch viele und weite Auflockerungszonen auf. Er bevorzugt höhere Lagen. In den norddeutschen feuchten Sandgebieten fehlt er.

Verwechslungsmöglichkeit: Er läßt sich wesentlich leichter von seinen Verwandten unterscheiden als etwa *Frauen-* oder *Ledertäubling.* Durch die meistens chromgelb gefärbten Lamellenschneiden und den gelblich überhauchten Stiel ist er gut kenntlich.

Verwendbarkeit: Der Pilz ist eßbar, sollte aber dort, wo er selten ist, geschont werden.

Allgemeines: *Aurata* bedeutet »goldgelb«.

Literaturhinweis: *Zeitschrift für Mykologie,* Beiheft (3), 1981.

Zinnobertäubling *Russula rosacea PERS. EX S. F. GRAY = R. lepida FR.*

Merkmale: Der 10 (12) cm breite **Hut** ist halbkugelig und lange gewölbt, später niedergedrückt. Meist ist es zinnoberrot, aber auch dunkler blutrot, rosa oder fleischfarben vor und verblaßt oft von der Hutmitte aus. Die kaum abziehbare Oberhaut ist glatt, manchmal etwas samtig, trocken und weißlich bereift. Der glatte Rand bleibt längere Zeit abgerundet, alte Stücke sind leicht gerieft. Charakteristisch sind die hellroten Randzonen oder Flecken. Die spröden, dichtstehenden **Lamellen** sind weiß bis schwach strohgelb, abgerundet, verschmälert bis gerade angewachsen und gabeln sich häufig. Bei einigen Exemplaren ist die Schneide rötlich angehaucht, oft fallen geschwärzte Stellen auf. Der zylindrische, oft recht kurze **Stiel** wird bis 7 (8) cm hoch und 3 cm dick, bekommt älter eine mehr oder weniger starke runzelige Oberfläche. Diese ist weiß, meist aber rosa bis rot überhaucht, besonders an der Stielbasis. Das weiße **Fleisch** wird leicht schmutzig blaß, ist sehr hart und fest, dabei brüchig und feinkörnig. Der Geschmack ist nicht scharf, aber besonders in den Lamellen mehr oder weniger bitter.

Sporenpulverfarbe: blaß cremefarben.

Vorkommen: Er ist allgemein verbreitet und häufig, wächst in Laub- und Nadelwäldern, besonders unter Buchen, auch bei trockenem Wetter, vom Sommer bis Herbst.

Verwechslungsmöglichkeit: Oft mit dem Zinnobertäubling vergesellschaftet wächst *R. amarissima.* Sein Fleisch schmeckt sehr stark bitter. Die Hutfarben sind sehr ähnlich, wobei die Mitte oft ockerfleckig ist. Der *Ockerblättrige Zinnobertäubling (R. pseudointegra)* hat ebenfalls die gleichen Hutfarben. Seine Lamellen sind lange blaß, werden dann aber hellokker. Der Stiel ist nicht rosa überhaucht. Sein Geruch ist stark obstartig, sein Geschmack stark bitter. Er wächst im Laubwald.

Verwendbarkeit: Wegen der schwierigen Unterscheidung zu den bitteren, oft harzig schmeckenden Arten sollte man vom Genuß absehen.

Allgemeines: *Rosacea* bedeutet »rosafarben«, *lepida* »hübsch«.

Apfeltäubling *Russula paludosa* BRITZ.

Merkmale: Der Apfeltäubling gehört zu den Großen seiner Artverwandten, sein **Hut** kann Durchmesser von nahezu 15 cm haben. Jung ist er glockig, manchmal auch gebuckelt und später flach niedergedrückt. Die leuchtende, blutrote Färbung der Haut, die an rotbackige Äpfel erinnert, fällt auf. Meist verdichtet sich die Farbe in der Mitte noch, oft variiert sie von Kirsch- über Blaßrot und ist meist mit verschiedenen ockerlichen oder gelblichen Flekken versehen. Die Haut läßt sich weit abziehen und ist leicht durchfärbt. Sie ist kahl, glatt und glänzt, zuweilen ist sie radialaderig. Bei ganz reifen Exemplaren beginnt sich am Rand des Hutes eine deutliche Riefung zu entwickeln. Die verschmälert angewachsenen **Lamellen** stehen mehr oder weniger gedrängt, besitzen viele Zwischenlamellen und Gabelungen. Sie sind eher dünn und etwas elastisch, ihre blasse Farbe wird später satt buttergelb, und die Schneiden können gelegentlich rot sein. Der stämmige **Stiel** wird 4–10 (15) cm hoch und oft bis 1,5–4 cm dick. Seine Form variiert zwischen zylindrisch-keulig und bauchig. Die weiße Oberfläche ist sehr oft mehr oder weniger stark rötlich behaucht, glänzt und ist mehr oder weniger fein aderig bis gerieft. Das **Fleisch** ist weiß und kaum veränderlich, im Stiel voll und fest. Es schmeckt meist mild, etwas süßlich, mitunter sind die Lamellen junger Fruchtkörper schwach scharf. Der Geruch ist nur sehr schwach ausgeprägt.

Sporenpulverfarbe: hellocker.

Vorkommen: Man findet den Apfeltäubling in moorigen und sauren Fichtenwäldern, aber auch unter Kiefern. Er erscheint von Juni bis in den Herbst hinein.

Verwechslungsmöglichkeit: Die roten eßbaren Täublinge könnte man mit den unangenehmen *Speitäublingen* und anderen scharf schmeckenden Arten verwechseln. Vorsicht ist deshalb angebracht.

Verwendbarkeit: Wer ihn einwandfrei identifizieren kann, erntet einen guten Speisepilz.

Allgemeines: *Paludosa* bedeutet »zum Sumpf gehörend, dort wachsend«.

Roter Heringstäubling *Russula erythropoda* PELT. = *R. xerampelina* (SCHFF. EX SECR.) FR. P.P.

Merkmale. Diese Art steht stellvertretend für die in den Farben äußerst variable Gruppe der Heringstäublinge. Der zwischen 10 und 12 cm breite **Hut** ist jung kugelig, breitet sich später aus und flacht ab. Im Reifezustand erscheinen auch feine Riefungen an dem recht dünnen Rand. Diese Nadelwaldform erkennt man an ihrer karmin-, weinlaub-, purpur- und dunkelrot getönten Huthaut, wobei die Mitte oft dunkler (schwarz) ist. Die Oberhaut ist feucht sehr schmierig, bald aber trocken glanzlos und bis zur Hälfte abziehbar. Die abgerundet angewachsenen **Lamellen** sind gegabelt und zeigen anfangs ein blasses Cremeweiß, später ein stumpfes Ocker, auf Druck bräunen sie. Der **Stiel** wächst bis auf etwa 6–9 cm heran und kann bis zu 3 cm dick werden. Er ist oft kräftig keulig bis bauchig, sonst zylindrisch. Auch ist er auf weißem Grund karminrosa, seltener völlig rot gefärbt. Bei Druck läuft er schmutzigbraun an. Das weiße **Fleisch** ist im Stielmark mehr oder weniger bräunlich und läuft an der Luft rasch bräunlich an. Es riecht frisch obstartig, einige Minuten nach dem Pflücken und im Alter heringsartig (Heringslauge).

Sporenpulverfarbe: hellocker.

Vorkommen: Diesen Heringstäubling findet man in Nadelwäldern (Fichte, Kiefer) vom Sommer an bis in den Herbst hinein. Er ist allgemein verbreitet und häufig.

Verwechslungsmöglichkeit: Es werden je nach Standort zwischen 4 Arten unterschieden. Der *Grüne Heringstäubling (R. elaeodes)* mit seinen grünen, oliven Farben wächst im Laubwald, z. B. bei Buchen, Eichen und Birken. *R. faginea* kommt im Buchenwald vor. Sein Hut ist mehr braun, weinbraun und in der Mitte mehr gelblich. *R. graveolens* hat ähnliche Farben, sein Stiel ist weiß, später gelbbräunlich. Er wächst besonders unter Eichen. *R. pascua* ist eine kleine Art der alpinen *Zwergstrauchheide.*

Verwendbarkeit: Wegen des intensiven Heringsgeruchs wird der Pilz nicht sonderlich geschätzt, er ist aber eßbar.

Allgemeines: *Erythropoda* heißt »rotfüßig«.

Speisetäubling *Russula vesca (FR.)*

Merkmale: Mit seinen höchstens 10 (12) cm **Hut**durchmesser zählt er zu den mittelgroßen Täublingen, meist erreicht er diese Maße aber nicht. Er breitet sich nach der anfänglichen Halbkugelform bald sehr stark aus und ist niedergedrückt. Bis etwa zur Hälfte, vom Rand aus gesehen, läßt sich die Haut abziehen, die wie so oft bei dieser Gattung in vielen Farbtönen variiert. In der Regel ist sie fleischfarben, kann aber auch lilafarben sein, auch kräftig rot, dann auch bräunlich bis rotbräunlich, oft auch abgestumpft, trüb olivgrau fleckig. Der Hutrand ist bisweilen weißlich, und wenn der Pilz älter wird, bisweilen gerieft. Die meist gegabelten, weichen **Lamellen** stehen ziemlich dicht gedrängt, sind angewachsen oder laufen fast ein wenig am Stiel herab. Sie sind weiß, aber auch mit zart grünlichen Reflexen versehen. An den Schneiden bemerkt man nicht selten bräunliche Flecken. Der **Stiel** wird 1,5–2,5 cm dick. Er ist zylindrisch, meist verjüngt er sich nach unten. Seine Oberfläche ist weißlich und an der Basis bräunlich fleckend, oft einen leichten Gelbschimmer zeigend. Das **Fleisch** ist weiß und neigt ebenfalls zu rostiger Fleckenbildung. Es ist lange sehr fest, fast hart und bei Trockenheit aufplatzend und gekammert. Im Geschmack völlig mild und mehr oder weniger geruchlos.

Sporenpulverfarbe: weiß.

Vorkommen: Der Speisetäubling gehört zu den häufigen Täublingsarten, die man bereits ab Mai in Laub- (besonders unter Eichen) und Nadelwäldern entdeckt.

Verwechslungsmöglichkeit: Alle Täublinge mit rötlicher bis roter Hutfarbe sollte man der bereits erwähnten Geschmacksprobe unterziehen, da man sonst Gefahr läuft, an *Speitäublinge* und andere ungenießbare bis giftige Verwandte zu geraten.

Verwendbarkeit: Der Speisetäubling trägt seinen Namen mit Recht, denn er läßt sich sowohl als Einzel- wie auch als Mischpilz verwenden.

Allgemeines: *Vesca* bedeutet »eßbar«.

Milder Wachstäubling *Russula puellaris (FR.)*

Merkmale: Der **Hut** dieses kleinen Pilzes wird etwa 3–5 (7) cm breit. Jung ist er etwas gewölbt und später in der Mitte niedergedrückt. Seine Farbe ist typisch Fleischviolett bis Lachspurpurn und mehr oder weniger gebräunt. Stets aber ist die Hutmitte intensiver, etwas schwärzlich getönt, wobei der Rand meist blasser, oft fleischrosa ist. Typisch ist auch die ocker-wachsgelbe Verfärbung vom Fleisch her. Die Haut läßt sich weit abziehen, ist lange feucht und schmierig glänzend. Der Hutrand ist breit höckerig gerippt und durchscheinend. Die **Lamellen** stehen mäßig dicht beieinander und sind rundlich oder verschmälert am Stiel angeheftet oder frei; dünn und gebrechlich, weich. Ihre Färbung ist wässerig cremefarben, geht ins blasse Gelb und schließlich ins satte Ocker über. Der zur Basis hin meist leicht keulig verdickte, gebrechliche **Stiel** wird 3–5 (10) cm lang und ist 0,7–1,5 cm dick. Die später aderig-runzelige Oberfläche ist zunächst weiß, verändert sich aber bald von unten her zum Gelblichen, wird schließlich ockerfleckig und ist etwas seidig glänzend. Das **Fleisch** ist im Hut ziemlich brüchig, im Stiel mit harter Rinde und innen schwammig, weich ausgestopft und kammerartig hohl. Es ist weißlich-gelblich und über Nacht stark gilbend. Im Geruch schwach obstartig und völlig mild.

Sporenpulverfarbe: Blaß creme bis cremefarben.

Vorkommen: Meist in Nadel- und seltener in Laubwäldern. Er wächst gesellig, aber auch einzeln, vom Sommer an bis in den Herbst.

Verwechslungsmöglichkeit: Eine scharfe, sehr ähnliche Art ist der unter Birken wachsende *Vielfarbige Täubling (R. versicolor)*. Er hat oft die gleichen Hutfarben, aber kaum mit so durchdringender wachsgelber Verfärbung, und der Hutrand ist schwächer und nicht so breit gerieft. Achten Sie auf den Standort!

Verwendbarkeit: Der Milde Wachstäubling ist eßbar.

Allgemeines: *Puellaris* bedeutet »mädchenhaft, geziert«.

Wolliger Milchling *Lactarius vellereus (FR.) FR.*

Merkmale: Der **Hut** erreicht Durchmesser zwischen 10 und 20 cm. Er ist besonders dickfleischig, hart und fest. Aus der anfänglichen Wölbung wird allmählich ein niedergedrückter bis trichterförmiger Hut mit stets leicht nach unten gebogenem Rand. Gutes Erkennungsmerkmal: die wollige, filzige oder bereift-flaumige Haut mit ihrer ungezonten, cremeweißen Farbe, die an wenigen Stellen gelbliche Flekken aufweist. Die jung dicht, später entfernt stehenden **Lamellen** sind angewachsen bis kurz herablaufend. Auch sie sind weiß, und mit zunehmender Reife zeigt sich ein blasses Okkergelb. Sie sind spärlich gabelig und bisweilen queradrig verbunden, schmal und etwas dicklich. Bei Verletzung tritt über große Flächen reichlich Milch aus. Der **Stiel** wird kaum länger als 5–6 cm und etwa 2–5 cm dick. Er ist meist zylindrisch, seltener abwärts verjüngt und hat das harte und feste **Fleisch** des Hutes, ebenso die filzige, wollige und gleichfarbige Oberfläche, die an Druckstellen hell ockerfuchsig wird. Wenn man das kompakte, sehr harte und weißliche Fleisch anschneidet, tritt reichlich weiße Milch aus. Ohne Fleisch schmeckt sie mild, während dieses auf Zunge und Rachen scharf brennt.

Sporenpulverfarbe: weißlich.

Vorkommen: Er ist in Europa verbreitet, man findet ihn vom Sommer bis in den Herbst hinein oft scharenweise in Laubwäldern (Rotbuchen, Eichen), doch auch in Nadelwäldern, allerdings nicht so häufig.

Verwechslungsmöglichkeit: Besteht mit anderen weißen oder weißlich gefärbten, ebenfalls scharfen Milchlingen, vor allem mit dem *Pfeffermilchling (L. piperatus)*, der aber nicht die chrakteristische wollige Oberfläche besitzt. Weiter mit dem *Grünenden Pfeffermilchling (L. pargamenus)*, der gerade angewachsene Lamellen hat.

Verwendbarkeit: Der Pilz wird von manchen Sammlern trotz seiner Schärfe gegessen.

Allgemeines: *Vellereus* bedeutet »schafwollig« (wegen der Huthautbeschaffenheit).

Pfeffermilchling *Lactarius piperatus (L. EX FR.) GRAY*

Merkmale: Er zählt zu den mittelgroßen Milchlingen, sein **Hut** wird 13–16 cm breit. Auch er erscheint zunächst gewölbt, schirmt auf und flacht ab; seine Mitte ist dann niedergedrückt und leicht trichterförmig. Die weißliche, glatte, fast kahle Huthaut wird im Alter oft ockerfleckig und kann bei anhaltender Trockenheit felderig aufreißen. Der eingerollte Rand verbiegt sich bei älteren Stücken wellenartig. Die schmalen **Lamellen** stehen sehr dicht gedrängt, sind ungleich lang, am Stiel kurz herablaufend und oft gegabelt. Ihre Farbe spielt zwischen weißlichen, cremefarbenen und elfenbeinartigen Tönungen. Werden sie verletzt, bekommen sie braungelbliche Flecken. Der **Stiel** wird 3–8 cm lang und 1–3 cm dick. Er ist zylindrisch, abwärts oft etwas verjüngt und wie der Hut gefärbt. Er fühlt sich glatt an und ist zur Basis hin manchmal etwas längsfurchig. Das **Fleisch** ist weiß, hart und geruchlos. Die weiße Milch des Pilzes zeichnet sich wie bei vielen der Verwandten durch sofortiges Brennen auf Zunge und Rachen aus.

Sporenpulverfarbe: weißlich.

Vorkommen: Der Pfeffermilchling ist in Europa allgemein verbreitet, wird aber zum Norden hin seltener. Er wächst vorwiegend im Laubmischwald (Hain-Rotbuchen, Eichen, Birken) und nicht so häufig in Fichten- und Kiefernwäldern. Er tritt oft massenhaft auf, schon im Juni bis August/September ist er zu finden.

Verwechslungsmöglichkeit: Ähnlich sind der *Wollige Milchling (L. vellereus)*, der *Grünende Pfeffermilchling (L. pargamenus)* und *L. glaucescens*, die grünlich-bläulich verfärbendes Fleisch haben. Diese Arten sind sehr scharf.

Verwendbarkeit: Wegen seiner großen Schärfe kann man diesen Milchling kaum verwenden. In einigen Ländern aber schätzt man ihn sogar als Speisepilz, weil er gegrillt, geröstet oder scharf gebraten seine bemerkenswerte Schärfe verlieren soll.

Allgemeines: Bei der Bestimmung sind Reagenzien sehr hilfreich, da sie Huthaut und Stielfleisch verschiedener Arten unterschiedlich färben. *Piperatus* bedeutet »pfefferartig«.

Edelreizker oder **Echter Reizker** *Lactarius deliciosus (FR.)*

Merkmale: Der **Hut** dieses Pilzes erreicht Durchmesser zwischen 5 und 12 cm. Er ist jung flach gewölbt und bald ausgebreitet mit niedergedrückter Mitte, alt wird er trichterförmig. Der Rand bleibt aber lange eingerollt. Auf lebhaftem Grund ist die Oberhaut dunkler, kreisförmig gezont und nur stellenweise und nicht immer ein wenig grünlich verfärbend. Feucht ist sie schmierig-schlüpfrig. Die **Lamellen** zeigen fast die gleiche Farbe wie der Hut. Sie stehen dicht, sind verschieden lang, schmal und laufen am Stiel ein wenig herab. Man sollte wissen, daß sich die Lamellen bei Berührung grünlich verfärben. Der **Stiel** wird 3–7 cm lang und 1–2,5 cm dick, er ist fast zylindrisch und an der Basis bisweilen deutlich verschmälert. Auch er ist wie der Hut gefärbt, doch zeigt seine Oberfläche kleine, dunklere, flache Gruben. Das **Fleisch** ist weiß, an den Rändern und in der Stielrinde orange und im Stiel bald hohl, brüchig. Die Milch ist orange-karottenrot, verblaßt nach und nach und wird schließlich grünlich. Der Geschmack ist mild.

Sporenpulverfarbe: hellocker.

Vorkommen: Der Edelreizker wächst fast nur unter Kiefern. Er ist verbreitet, und man findet ihn von August bis Oktober.

Verwechslungsmöglichkeit: Es gibt noch weitere unter Kiefern und Tannen wachsende *Milchlinge* mit orangefarbener bis weinroter Milch und ähnlichem Aussehen. Die Bestimmung erfordert ein genaues Studium der Unterscheidungsmerkmale. Im wesentlichen spielen das Nichtverfärben oder Verfärben der Milch und der Standort eine Rolle. Alle diese Milchlinge sind eßbar. Die Verwechslung mit dem *Birkenreizker (L. torminosus)* ist allein schon aufgrund der Standortunterschiede nicht gegeben.

Verwendbarkeit: Der Edelreizker schmeckt sehr delikat und gehört zu den begehrten Speisepilzen. Da diese Pilze oft stark von Maden befallen sind, lohnt es sich, sie gleich im Wald zu durchschneiden.

Allgemeines: *Deliciosus* bedeutet »wohlschmeckend«.

Fichtenreizker *Lactarius deterrimus* GRÖGER

Merkmale: Der **Hut** wird 3–10 cm breit, ist jung gewölbt, ausgebreitet niedergedrückt und flachtrichterig, wobei der Hutrand lange eingerollt bleibt. Seine Farben sind orange-fleischfarben und oft dunkler orange-rötlich und grünlich gezont. Druckstellen sind erst orangerot und zuletzt grün. Die ansonsten kahle Huthaut ist feucht schmierig und an der Randpartie abziehbar. Die **Lamellen** sind angewachsen bis leicht herablaufend, dichtstehend, untermischt und gegabelt. Ihre Farbe ist erst blaßocker und später orangeocker, grün fleckend. Der 3–6 cm lange **Stiel** wird 1–2,5 cm dick und mehr oder weniger walzenförmig. Seine organgefarbene Oberfläche ist oft dunkler orange gefleckt-grubig. Das **Fleisch** ist gelblichblaß und im Stielmark weiß, unter der Huthaut etwas dunkler grün, im Stiel schwammig, brüchig. Die orangerote Milch verfärbt sich nach Minuten langsam weinrot. Der Geschmack ist leicht bitter.

Sporenpulverfarbe: hellocker.

Vorkommen: Dieser Reizker ist ein Fichtenbegleiter, auf kalkigen wie auch sauren Böden und in jüngeren Pflanzungen oft ein Massenpilz. In Europa weit verbreitet, wächst er von August bis Ende Oktober.

Verwechslungsmöglichkeit: Ist mit den unter Kiefern wachsenden Arten wie dem *Echten Reizker (L. deliciosus)* und *L. semisanguifluus* gegeben.

Verwendbarkeit: Der Fichtenreizker ist eßbar, aber nicht besonders schmackhaft und sehr oft bitter.

Allgemeines: *Reizker* bedeutet »rot« und wurde erst später auf die weißmilchenden Arten ausgedehnt. Die Gattung der Milchlinge umfaßt über 80 Arten. Viele davon schmecken scharf bis sehr scharf und sind ungenießbar. Es sind *Mykorrhiza*pilze und in den Merkmalen den *Täublingen* ähnlich: brüchiges (nicht faseriges) Fleisch, mehr oder weniger spröde Lamellen, doch bei Verletzung milchend. *Deterrimus* bedeutet »geringwertig«.

Literaturhinweis: *Zeitschrift für Mykologie*, Beiheft (3), 1981.

Birkenreizker, Gezonter Birkenmilchling *Lactarius torminosus (SCHFF. EX FR.) GRAY*

Merkmale: Der **Hut** wird bis zu 12 (15) cm breit. Anfangs gewölbt, flacht er immer mehr ab, bis er flachtrichterig wird. Der Rand bleibt längere Zeit eingerollt und ist mit unregelmäßig gelagerten gekräuselten, langen zottigen Haaren bedeckt. Zur Hutmitte ist die eingewachsene karminrosa Faserung undeutlich und wird von angetrocknetem Schleim überlagert, der bei Feuchtigkeit schmierig und klebrig wird. Die Farbe ist frisch karmin- bis fleischrot oder fleischrosa und blaßt später zu blaßocker aus. Die Oberhaut ist mit dunkleren, wäßrigen Zonenringen gezeichnet. Die anfangs weißen **Lamellen** sind angewachsen, stehen gedrängt und sind nahe am Stiel oft gegabelt. Allmählich nehmen sie eine blaß fleischrötliche Tönung an. Der 4–8 cm lange und 1–2 cm dicke **Stiel** ist zylindrisch und abwärts nur wenig dikker. Man erkennt eine zarte, weiße Bereifung auf seiner gesamten Oberfläche, die blasser ist als die Farbe des Hutes. Druckstellen werden rostig-fleischrosa. Das **Fleisch** ist im Hut weißlich mit leichtem Rosaton, im Stiel kräftiger fleischrot und bald hohl. Der Geruch ist schwach obst- bis terpentinartig, der Geschmack scharf. Die weiße Milch fließt anfangs reichlich, verfärbt sich nicht und brennt sofort scharf auf der Zunge.

Sporenpulverfarbe: hellgelblich.

Vorkommen: Er ist ein Birkenbegleiter und in Europa allgemein verbreitet. Seine Häufigkeit schwankt. Man findet ihn von (Juli) September bis Oktober auf trockenen bis mäßig feuchten, meist sauren Sand- und Lehmböden.

Verwechslungsmöglichkeit: Der ebenfalls scharfschmeckende *Ungezonte Birkenmilchling (L. blumii)* hat einen stark zottigen Hutrand und weißlich bis rosa-fleischblasse Hutfarben ohne Zonung. Er wächst unter Birken an grasigen Stellen und auch außerhalb des Waldes.

Verwendbarkeit: Der Pilz ist ungenießbar, da er harzartige Bitterstoffe enthält.

Allgemeines: *Torminosus* bedeutet »Koliken verursachend«.

Grubiger Milchling *Lactarius scrobiculatus (SCOP. EX FR.) FR.*

Merkmale: Der **Hut** wird 10–20 cm breit, ist anfangs halbkugelig gewölbt mit genabelter Mitte und wird später mehr oder weniger stark trichterförmig. Der Rand bleibt lange eingerollt und ist dann eingebogen; durch kurze Härchen erscheint er etwas filzig. Die faserige Oberfläche variiert zwischen einem trüben Gelb mit leichter Ockertönung und einem Goldgelb. Durch angeklebte Faserschuppen macht sich eine leichte ringförmige Zeichnung innerhalb der Farbtöne bemerkbar. Die Hutmitte bleibt meistens glatt und hat wäßrige Flecken. **Lamellen** und Zwischenlamellen sind dichtstehend und laufen kurz am Stiel herab. Die Farbe ist weißlich bis rahmgelblich, Druckstellen werden schmutzig rötlichbraun. Der **Stiel** wächst kaum höher als 4–6 cm und gibt dem Pilz mit seiner stattlichen Dicke von manchmal 3,5 cm ein gedrungenes und kräftiges Aussehen. Seine gelblichweiße Oberfläche hat zahlreiche flache, unregelmäßig ovale, oft auch verzerrte dunkle Vertiefungen. Das weißliche, **Fleisch** ist hart und riecht obstartig parfümiert. Es schmeckt, wie die anfangs weiße Milch, unerträglich scharf und brennend. Die Milch verfärbt sich rasch intensiv gelb.

Sporenpulverfarbe: hellocker.

Vorkommen: Diesen Milchling findet man in Skandinavien, Süddeutschland und in den Alpen, in Fichtenwäldern, meist auf kalkigen Böden, oft gruppenweise von Juli bis Oktober.

Verwechslungsmöglichkeit: Der seltenere *Fransenmilchling (L. citriolens)* sieht sehr ähnlich aus, hat aber keinen so grubigen Stiel und wächst im Laubwald. Der *Violettmilchende Zottenreizker (L. repraesentaneus)* wächst in feuchten Fichtenwäldern, aber auch unter Birken und ist in Deutschland selten.

Verwendbarkeit: Der Pilz ist verdächtig, wahrscheinlich sogar leicht giftig. Wegen seines äußerst brennenden Geschmacks kommt er als Speisepilz sowieso nicht in Frage.

Allgemeines: *Scrobiculatus* bedeutet »kleingrubig«.

Literaturhinweis: *Zeitschrift für Mykologie*, Bd. 45 (1), 1979.

Milchbrätling *Lactarius volemus* FR.

Merkmale: Der bis zu 15 (20) cm breite **Hut** ist anfänglich gewölbt und später ausgebreitet, niedergedrückt. Der Rand ist jung deutlich eingerollt und auch im Alter meistens nach unten gebogen. Die einheitliche orangefarbene bis fuchsige Tönung des Hutes wird zur Mitte meist dunkler. Die fein samtige Haut fühlt sich glatt und trocken an. Bei älteren Exemplaren reißt die Huthaut oft parallel (kreisförmig) zum Rand auf. Die **Lamellen** stehen dicht gedrängt, sind bauchig und verschmälert angewachsen bis kurz herablaufend. Sie sind ungleich lang und zum Rand hin oft gegabelt. Auch im Alter behalten sie ihre weißlichblasse-ockerliche Färbung. An den verletzten Stellen verfärben sie sich intensiv braun. Der **Stiel** kann bis zu 12 cm hoch werden und ist 1,5–3,5 cm dick. Innen ist er vollfleischig und insgesamt meist zylindrisch gebaut, aber oft auch bauchig erweitert. Seine Oberfläche hat die gleiche Farbe wie der Hut, ist aber meist blasser gefärbt und blaß bereift. Das weißliche (mit eindringender Stielfarbe) **Fleisch** wird von der Basis her im Alter gelblich und bekommt bei Verletzung mehr oder weniger rostbraune Flecken, es riecht nach Heringslake. Der weiße, reichliche Milchfluß wird beim Eintrocknen graubräunlich und klebrig. Die Milch schmeckt mild mit bitterharzigem Nachgeschmack.

Sporenpulverfarbe: weißblaß.

Vorkommen: Er ist in Dänemark und Schweden und auch im Norddeutschen Flachland wenig zu finden, während er in Mittel- und Südeuropa verbreitet und bis in Höhen von über 1000 m anzutreffen ist. Er bevorzugt feuchtere Laub- und Nadelwälder (unter Kiefern, Fichten). Juli bis Oktober. Leider ist der Pilz in den letzten Jahren stark zurückgegangen.

Verwechslungsmöglichkeit: Vom Milchbrätling gibt es noch eine kleinere Varietät, *var. oedematopus,* die Farbe seines Hutes ist ein dunkles Rotbraun oder Kupferrot.

Verwendbarkeit: Ein beliebter Speisepilz. Doch sollte man ihn schonen.

Literaturhinweis: *Zeitschrift für Mykologie,* Beiheft (3), 1981.

Rotbrauner Milchling *Lactarius rufus* (SCOP.) FR.

Merkmale: Der **Hut** wird bis 8 (10) cm breit. Jung ist er kegelförmig, dann flach gewölbt und um den charakteristischen spitzen Buckel herum niedergedrückt. Bis ins Alter behält er seine typische dunkelrote bis rotbraune gleichmäßige Färbung. Nur manchmal kann man eine etwas hellere Randzone feststellen. Die Oberfläche ist zuweilen dünn bereift, was die Farbe trüb und matt erscheinen läßt. Die dichtstehenden **Lamellen** sind angewachsen-herablaufend und untermischt, wenig gegabelt. Anfangs sind sie weiß mit fleischrosa Tönung, dann roströtlich-hellocker mit schmutzigen Flecken, im Alter weiß bestäubt. Der 4–8 cm lange und 0,5–2 cm dicke **Stiel** ist mehr oder weniger zylindrisch. Junge Stücke tragen auf der Stieloberfläche eine weißliche Bereifung, die bei älteren fleischfarben-rostrot wird. Seine helle Farbe ändert sich allmählich in einen blassen Rotton und ist besonders in der Stielmitte wie der Hut gefärbt. Das anfangs mattweiße **Fleisch** wird bald von der Hut- und Stielrinde her rötlich. Es ist fest und im Stiel bald ausgestopft, hohl. Es riecht nach harzigem Holz. Die reichliche, weiß bleibende Milch schmeckt kurz harzig, dann aber brennt sie scharf und kratzt im Hals.

Sporenpulverfarbe: weißlich.

Vorkommen: In Europa weit verbreitet, zählt er zu den häufigsten seiner Gattung, wächst vom Sommer bis Herbst, meist in größerer Stückzahl auf sauren Böden in Fichten- und Kiefernwäldern sowie in Mooren unter Birken.

Verwechslungsmöglichkeit: Der eßbare *Kampfermilchling (L. camphoratus)* riecht besonders beim Eintrocknen nach Maggiwürze. Der mildbittere *Orangeblättrige Milchling (L. badiosanguineus)* hat einen kräftig kastanienrotbraunen Hut mit dunklerer Mitte und einen gleichfarbigen Stiel. Die Lamellen sind in der Aufsicht orange. Der milde *Torfmoosmilchling (L. sphagneti)* hat ähnliche Hutfarben wie *L. rufus* und wächst in feuchten, moorigen Fichten-Kiefernwäldern.

Verwendbarkeit: ungenießbar.

Allgemeines: *Rufus* bedeutet »fuchsrot«.

Mohrenkopf *Lactarius lignyotus* FR.

Merkmale: Der **Hut** wird 2–7 (10) cm breit. Anfangs ist er kegelig bis bucklig-gewölbt, später ausgebreitet, immer hat er einen spitzen, bleibenden Buckel in der Mitte und ist um diesen etwas niedergedrückt. Der meist hellere, weißliche Rand ist jung eingebogen und fein gestrichelt. Charakteristisch aber ist seine tiefschwarze, schwarzbraune, samtige und strahlig-aderig runzelige Oberfläche. Die **Lamellen** sind angewachsen und alt herablaufend, dünn, untermischt, nur wenige sind gegabelt und wachsen in die Stielspitze hinein. Anfangs sind sie rein weiß, erst später werden sie weißlichocker. Verletzte Stellen verfärben sich rosa bis roströtlich. Der **Stiel** ist meist sehr schlank, bis 12 cm hoch und 0,5–1 (2) cm dick; er ist zylindrisch und besonders im Mittelteil etwas breitgedrückt. Die Stielspitze ist tief faltig-gefurcht und vom Lamellenansatz abwärts sofort wie der Hut dunkelsamtig gefärbt. Die Stielbasis ist blasser weißlich. Das weißliche **Fleisch** ist elastisch und nur am Stielansatz leicht brüchig, es schmeckt mild und nur wenig bitter; nur sehr langsam läuft es von Hellrosa zu Lachsrosa an, und erst nach einiger Zeit verfärbt es sich ockergelb. Die reichliche, milde bis schwach bittere, weiße Milch ist leicht wäßrig und verfärbt nur in Verbindung mit dem Fleisch.

Sporenpulverfarbe: hellocker.

Vorkommen: Er gilt in Mitteleuropa als Charakterart der bodensauren, älteren, moosigen Berg-Nadelwälder (Fichte, Tanne) und fehlt im Flachland. Er ist nicht so häufig wie seine Artverwandten. August bis Oktober.

Verwechslungsmöglichkeit: Ähnlich, auch in den Standortansprüchen, ist der *Pechschwarze Milchling (L. picinus)*, er hat weder einen runzeligen Hut noch Stiel, und der kontrastreiche farbliche Übergang von den Lamellen zum Stiel fehlt ihm. Seine Milch schmeckt erst mild, dann aber brennend scharf.

Verwendbarkeit: Der Pilz ist eßbar.

Allgemeines: *Lignyotus* heißt »schwarz«.

Literaturhinweis: *Zeitschrift für Mykologie,* Beiheft (1), 1976.

Tannenreizker, Olivbrauner Milchling *Lactarius necator* (BULL. EM. PERS. EX FR.) KARST.

Merkmale: Der **Hut** wird 6–20 cm breit, ist gewölbt mit vertiefter Mitte und später flach trichterförmig. Sein Rand ist eingerollt und bleibt lange so. Die Oberhaut ist dunkeloliv-grün bis fast olivschwärzlich, auch olivgelb und olivbraun, wobei die Hutmitte meist schwärzlich erscheint; oft ist sie kreisförmig dunkelfleckig. Der Hutrand ist bei jungen Pilzen gelbgrün flaumig-filzig und etwas fransig. Feucht ist die Haut schleimig-klebrig, trocken schwach filzig. Die **Lamellen** stehen ziemlich dicht, sind untermischt, bisweilen gegabelt und angewachsen bis herablaufend. Anfangs sind sie milchweiß, später strohgelb bis ockerlich blaß. Bei feuchter Witterung sind die Lamellenschneiden mit wasserhellen Tropfen besetzt, trocken sind sie schmutzig oliv- und braunfleckig. Der **Stiel** wird 3–8 cm lang und 1–2,5 cm dick, ist gedrungen, zylindrisch und oft nach unten verschmälert, mitunter hat er aber auch eine etwas dickere Basis. Seine Oberfläche ist heller als der Hut und hat nach oben zu eine hellere oliv-grüngelbliche Gürtelzone. Von der Basis her ist sie bräunend bis leicht schwärzend. Das **Fleisch** ist fest, im Alter etwas brüchig, jung weiß, später bräunt es im Schnitt nach längerem Liegen; es schmeckt zunächst mild, wird aber wie die wäßrig-weiße Milch bald brennend scharf.

Sporenpulverfarbe: rahmgelblich.

Vorkommen: In Europa weit verbreitet. In Deutschland gehört er zu den häufigsten Arten. Er wächst auf nährstoffarmen, sauren, feuchten Böden, unter Fichten und Birken, seltener unter Kiefern, aber auch an torfigen Stellen der Laubwälder und steigt bis an die Baumgrenze. Juli bis Oktober.

Verwechslungsmöglichkeit: Der Olivbraune Milchling ist kaum verwechselbar.

Verwendbarkeit: Er ist ungenießbar und erzeugt ungekocht Magen-Darm-Beschwerden mit Erbrechen.

Allgemeines: Der bisherige volkstümliche Name Tannenreizker ist irreführend und falsch, da er kein Mykorrhizabildner der Tanne ist. *Necator* bedeutet »Mörder«.

Kahler Krempling *Paxillus involutus* (BATSCH.) FR.

Merkmale: Der **Hut** wird 7–15 (20) cm breit, jung ist er flach gewölbt, später ausgebreitet mit leicht vertiefter Mitte. Erst ist der Hutrand stark eingerollt, dann nach unten gebogen und oft leicht gekerbt. Die Oberfläche ist bei Feuchtigkeit schmierig, bei Trockenheit seidig glänzend und filzig. Ihre Farbe variiert zwischen einem oliven Braun, rostbraunen und rotbraunen Tönen. Die aderig verbundenen **Lamellen** gabeln sich am Stielansatz und laufen an diesem herab. Sie sind leicht vom Hutfleisch trennbar und zunächst holzgelblich, später intensiver rostbraun gefärbt und flecken auf Druck dunkelbraun. Der 5–8 cm lange und 1–2 cm dicke **Stiel** ist mehr oder weniger zylindrisch, oft gebogen und bisweilen zugespitzt. Seine Oberfläche ist ähnlich dem Hut gefärbt und oft fein bereift. Das gelblichweiße **Fleisch** verfärbt sich wie die anderen Teile des Pilzes ebenso bräunlich. Es ist weich, saftig, mit säuerlichem Geruch und Geschmack.

Sporenpulverfarbe: rostockerbraun.

Vorkommen: Der Kahle Krempling ist in Europa weit verbreitet und überall häufig anzutreffen. In Deutschland kommt er von der Küste bis in hohe Gebirgslagen vor. Er wächst von Juni bis Oktober in fast allen Waldgesellschaften, in Parks, Gärten, auf Grasplätzen, jedoch bevorzugt er zumindest oberflächlich versauerte sandhaltige Böden und trockene sowie feuchte und moorige Standorte.

Verwechslungsmöglichkeit: Ähnlich ist der *Erlenkrempling (P. filamentosus)*, er ist heller gefärbt, seine Hutoberfläche ist mit dunkleren, eingewachsenen oder angedrückten Schüppchen besetzt. Die Lamellen flecken nicht oder nur sehr schwach.

Verwendbarkeit: Der Pilz galt lange Zeit als eßbar. Roh oder ungenügend gekocht, kann er aber sehr schwere Vergiftungen hervorrufen. Bei regelmäßigem Genuß kann es im Körper zu allergischen Reaktionen kommen, die sogar zum Tode führen können.

Allgemeines: *Involutus* bedeutet »eingerollt«.

Literaturhinweis: Flammer/Horak: *Giftpilze – Pilzgifte.*

Samtfußkrempling *Paxillus atrotomentosus* (BATSCH.) FR.

Merkmale: Der **Hut** dieses fleischigen Pilzes wird etwa 8–15 (20) cm breit. Im Jugendstadium wächst er zunächst gewölbt hervor, breitet sich aber dann immer mehr und recht unregelmäßig aus. Sein Rand bleibt auch bei den reifen Exemplaren deutlich eingerollt und wellig. Die fast gleichmäßig mehr oder weniger dunkelbraune Haut fühlt sich trocken und wie Samt an. Die weichen **Lamellen** laufen am Stiel herab, sind dichtstehend, oft gegabelt und durch Querwände miteinander verbunden. Ihre Farbe spielt zwischen einem blassen Gelb und einem hellen Ocker. Der **Stiel** wird 4–9 cm lang und ist oft sehr dick (2,5–4 cm), was dem Pilz ein gedrungenes und massives Aussehen gibt. Er steht nicht immer zentral, sondern auch exzentrisch und seitenständig. Seine Oberfläche macht den Namen verständlich, denn sie ist deutlich samtig, und die Farbe erinnert an dunkelbraunen oder fast schwarzen Samt. Das blaßgelbe **Fleisch** ist dick, weich, oft wäßrig und zur Basis hin leicht bräunlich. Der Geruch ist angenehm, der Geschmack säuerlich.

Sporenpulverfarbe: rostbraun.

Vorkommen: Er hat eine ähnliche Verbreitung wie der *Kahle Krempling*, nur in Nordwestdeutschland ist er nicht häufig. Vom Ende des Frühjahrs bis in den Herbst hinein findet man seine Fruchtkörper am Grund lebender Stämme, auf Wurzeln und Stümpfen von Nadelholz, nur selten auf Laubholz.

Verwechslungsmöglichkeit: Solange man den Pilz nicht von unten sieht, könnte man ihn für einen *Röhrenpilz*, etwa eine *Marone (Xerocomus badius)* oder *Ziegenlippe (Xerocomus subtomentosus)* halten.

Verwendbarkeit: Der Samtfußkrempling kommt als Speisepilz kaum in Frage. Erst längeres Abkochen macht ihn genießbar.

Allgemeines: Die Gattung der Kremplinge umfast 5 Arten. Taxonomisch werden sie von den meisten Autoren der Ordnung der *Boletales* zugeordnet, das heißt, verwandtschaftlich stehen sie den Röhrenpilzen näher als den Lamellenpilzen. *Atrotomentosus* heißt »schwarzfilzig«.

Doldenblütler-Seitling oder **Kräuterseitling** *Pleurotus eryngii (DC EX FR.) QUÉL.*

Merkmale: Der **Hut** wird 3–10 cm breit, erst ist er halbkugelig, gebuckelt, später ausgebreitet-niedergedrückt und bisweilen unregelmäßig wellig verbogen. Der Rand ist dünn und lange eingerollt. Es gibt schmutzig weißlich, graulich, bräunlich gefärbte oder auf weißlichem Grund grau oder braun gesprenkelte Hüte. Seine Oberfläche ist jung zart feinfilzig und trocken oft rissig. Die **Lamellen** sind weit herablaufend und am Grund stellenweise aderig verbunden, erst weißlich und später grauockerlich überhaucht. Der **Stiel** wird 4–6 (10) cm lang und 1–2 (3) cm dick. Er steht exzentrisch bis fast zentral, ist bisweilen verbogen, bauchig wurzelnd und mehr oder weniger weißlich gefärbt. Das **Fleisch** ist fast weiß, riecht schwach angenehm und schmeckt mild.

Sporenpulverfarbe: weiß.

Vorkommen: Der Kräuterseitling ist nördlich der Alpen sehr selten, er kommt hauptsächlich in Süd- und Südwesteuropa vor, meist im offenen Gelände, an den Wurzeln von Doldenblütlern, wie z. B. Bärenklau, Mannstreu, Breitblättriges Laserkraut und Riesenfenchel. Der Pilz wächst oft schon im Frühjahr, meist jedoch vom Ende des Sommers bis weit in den Herbst hinein.

Verwechslungsmöglichkeit: Allein wegen seines Standorts ist der Kräuterseitling kaum zu verwechseln.

Verwendbarkeit: Der Pilz zählt zu den guten Speisepilzen.

Allgemeines: Die Gattung der *Seitlinge (Pleurotus)* besteht in Europa aus 8 Arten. Es sind meist seitlich oder exzentrisch gestielte, oft große fleischige, mehr oder weniger weiße, bräunlich, bläulich gefärbte Fruchtkörper. Sie sind Fäulnisbewohner und Schwächeparasiten auf Holz oder Kräuterwurzeln. Zwei Arten besitzen ein Velum. Bis auf diese »Velum-Arten« sind es gute Speisepilze. *Eryngii* bedeutet »auf den Wurzeln von Mannstreu wachsend«.

Literaturhinweis: *Zeitschrift für Mykologie,* Bd. 1, 1976.

Austernseitling *Pleurotus ostreatus (JACQ. EX FR.) KUMMER*

Merkmale: Der **Hut** kann Durchmesser von 5–15 cm erreichen und ist halbkreis-, muschelförmig. Die Hüte breiten sich sehr weit aus und lassen über dem jeweiligen Stielansatz einen Einschnitt erkennen, so, als ob der Fuß den Hut nach unten ziehen wolle. Die Oberhaut ist völlig glatt, kahl und glänzend und zeigt eine schwärzlichviolette bis schiefergraublaue Tönung, oft aber auch mit graubraunen oder grauen Färbungen. Die **Lamellen** stehen mehr oder weniger gedrängt, weisen ganz unterschiedliche Längen auf und sind in Stielnähe queraderig verbunden. Sie werden zum Rand hin etwas schmaler und laufen am Stiel etwas herab. Ihre Färbung ist erst cremeweißlich, später elfenbeinweißlich. Der weißliche **Stiel** ist recht kurz und meist seitlich angesetzt, die Basis oft striegelig-filzig überzogen. Bei vielen Austernseitlingen kann man aber einen Stiel oft nicht ausmachen, bestenfalls einen undeutlichen Ansatz. Das **Fleisch** ist weiß, dick, jung zart, später zäh und faserig. Es riecht und schmeckt angenehm.

Sporenpulverfarbe: weiß.

Vorkommen: Dieser Austernseitling ist weit verbreitet, er wächst meist saprophytisch und parasitisch an Laub-, seltener an Nadelholz und steht oft in dichtgedrängten Büscheln muschelförmig übereinander. Man findet seine Fruchtkörper meist in 2 Wachstumsschüben von September bis Dezember und im Frühjahr.

Verwechslungsmöglichkeit: Von dieser Art gibt es einige Farbvariationen. Nicht nur deshalb werden von manchen Autoren 3 eigenständige Arten abgetrennt. So hat z. B. *P. pulmonarius* hellere Hutfarben und gilbendes Fleisch mit schwachem Anisgeruch.

Verwendbarkeit: eßbar.

Allgemeines: Die Pilze werden in großen Mengen gezüchtet. Sie wachsen auf Buchen- und Pappelholz, Stroh und anderen pflanzlichen Substraten. Auch der Amateur kann sie mit recht gutem Erfolg züchten. Sie sind eine echte Alternative zu frischen Waldpilzen. *Ostreatus* bedeutet »austern-, muschelartig«.

Aniszähling *Lentinellus cochleatus (PERS. EX FR.) KARST.*

Merkmale: Der **Hut** wird 2,5–7 (9) cm breit, trichterförmig, ist oft einseitig halbiert, unregelmäßig gelappt und verbogen. Der Rand ist dünn, bisweilen leicht eingerollt. Seine Farbe ist mehr oder weniger Falb- oder Rötlichbraun bis Hell-Ledergelb. Die dichtstehenden **Lamellen** sind weit herablaufend, schmal und die Schneiden gesägt-eingerissen. Sie sind erst weiß und später fleischblaß. Der rippig-runzelig gefurchte **Stiel** wird 3–9 cm lang und etwa 0,5–1,5 cm dick, abwärts ist er verjüngt und an der Basis meist mit anderen Fruchtkörpern verwachsen. Seine Oberfläche hat die Farbe des Hutes, im unteren Teil wird sie dunkler rotbraun. Das **Fleisch** ist dünn, weißlich oder blaßrötlich, lederig, zäh, der Geruch anisartig, der Geschmack mild.

Sporenpulverfarbe: weiß.

Vorkommen: Der Aniszähling ist weit verbreitet. Man findet ihn von den Küstenregionen bis in die Alpentäler hinein. Er wächst an Nadel- und Laubholzstümpfen von Juli bis in den Oktober.

Verwechslungsmöglichkeit: Manche Autoren geben noch eine *var. inolens* an. Ihr fehlt lediglich der Anisgeruch. Sie ist in einigen Teilen Europas bekannt, so in Frankreich, der Tschechoslowakei und Deutschland. Der *Genabelte Zähling (L. omphalodes)* wächst meist auf in der Erde vergrabenen Holzstücken, besonders der Erle. Er ist meist etwas kleiner, riecht nicht anisartig und schmeckt scharf. *L. vulpinus* wächst ebenfalls büschelig verwachsen an Strünken. Er ist meist größer, aber kürzer gestielt. Ihm fehlt der Anisgeruch.

Verwendbarkeit: Der Aniszähling ist eßbar, aber sehr zäh.

Allgemeines: Die Gattung der *Zählinge (Lentinellus)* ist in Europa mit 9 Arten vertreten. Es sind zähe, exzentrisch- bis seiten- und ungestielte Fruchtkörper mit gesägten Lamellenschneiden; sie wachsen auf Holz oder Holzresten. Giftige Arten sind nicht bekannt. *Cochleatus* bedeutet »schnecken-, löffelartig«.

Literaturhinweis: *Zeitschrift für Mykologie,* Bd. 44 (1), 1980.

Ölbaumpilz *Omphalotus olearius (DC. EX FR.) SING.*

Merkmale: Der **Hut** wird 6–12 (14) cm breit. Jung ist er gewölbt, flacht im Laufe der Reifung ab und bildet einen deutlichen Trichter. Der Rand bleibt lange eingerollt. Die eingewachsen faserige, glänzende Oberfläche kann ganz verschiedene Färbungen aufweisen, die zwischen einem schönen Orangegelb, Orange oder Mahagonibraun variieren. **Lamellen** und Zwischenlamellen stehen dicht gedrängt. Am Stiel laufen sie recht tief herab. Ihre Farbe zeichnet sich durch ein schönes Safrangoldgelb aus. Selbst bei Dunkelheit läßt sich der Pilz ausmachen, denn die Lamellen besitzen biolumineszente Eigenschaften. Der kräftige, mehr oder weniger exzentrische **Stiel** wird bis zu 15 cm hoch und bis zu 2 cm dick. Gegen die Basis verjüngt er sich. Die Färbung schwankt zwischen der der Lamellen und der des Hutes. Das gelb-orangefarbene **Fleisch** ist zäh, riecht wenig angenehm und schmeckt zusammenziehend.

Sporenpulverfarbe: gelblichweiß.

Vorkommen: Wie der Name schon andeutet, gehört der Ölbaumpilz zu den Arten Südeuropas. Hier besiedelt er niedere Lagen (Ölbaumzone). In Deutschland ist er ausgesprochen selten und kommt nur in besonders klimatisch begünstigten (wärmeren) Gebieten vor, in der Oberrheinischen Tiefebene, im Main-Neckar-Gebiet und sehr vereinzelt im mittleren Deutschland. Er wächst von Juli bis September nicht nur an Strunkbasen und Wurzeln von Ölbäumen, sondern auch unter anderen Laubgehölzen, z. B. Eichen.

Verwechslungsmöglichkeit: Durch sein büscheliges Wachstum auf Holz kaum gegeben. Eine braunrothütige Form findet man im Mittelmeerraum. Die mehr orangefarbene Form wird von einigen Autoren als Unterart bzw. eigene Art betrachtet. Sie wächst auf der Eiche.

Verwendbarkeit: Der Ölbaumpilz ist giftig.

Allgemeines: *Olearius* bedeutet »zum Ölbaum gehörig«.

Literaturhinweis: *Zeitschrift für Mykologie,* Bd. 44 (2), 1978.

Filziger Gelbfuß *Chroogomphus helveticus (SING.) MOS.*

Merkmale: Der **Hut** wird selten breiter als 4–7 cm. Er bleibt rundlich gewölbt, und auch im reifen Zustand erkennt man diese Form noch deutlich. Die orangefarbene oder orangebräunliche Haut wird nur bei feuchtem Wetter schmierig, sonst fühlt sie sich ausgesprochen trocken und etwas faserig-filzig bis schuppig an. Die **Lamellen** laufen am Stiel herab. Anfangs kann man ihre leichte rosa Tönung noch deutlich von der des Hutes unterscheiden, aber im Laufe der Reifung gleichen sich die Farben von Lamellen und Huthaut. Im Alter sind sie schwärzlich gefärbt. Der **Stiel** wächst bis zu etwa 8 cm hoch, ist mehr oder weniger zylindrisch, oft gebogen und an der Basis verjüngt. Er hat die gleiche Farbe wie der Hut. Jung ist der Hutrand mit dem Stiel durch ein helles, trockenes Velum (Haarschleier) verbunden. An der oberen Stielhälfte ist dieses bei älteren Exemplaren nur noch als dunklere Faser erkennbar. Bei Berührung oder Verletzung färbt sich die Stieloberfläche ebenso wie das orangefarbene **Fleisch** rötlich.

Sporenpulverfarbe: olivbräunlich.

Vorkommen: Der Pilz kommt keineswegs nur in der Schweiz vor, wie der wissenschaftliche Artname glauben machen könnte. Er wächst zerstreut und nicht sehr häufig unter Fichten und Zirbelkiefern (Arven), an die er gebunden zu sein scheint. Vor allem in mittleren und höheren Gebirgslagen, kommt aber auch im Alpenvorland vor. Er erscheint von (Juli) August bis Oktober.

Verwechslungsmöglichkeit: Vom Filzigen Gelbfuß werden 2 Unterarten *(Subspecies)* aufgeführt. Die *ssp. helveticus* hat einen meist stärker gebuckelten Hut, oft mit Papille, und wächst unter Zirbelkiefern auf sauren und humösen Böden. Die *ssp. tatrensis* hat einen weniger gebuckelten Hut und wächst unter Fichten; sie ist häufiger und weiter verbreitet.

Verwendbarkeit: eßbar. Man sollte die Art ihrer Seltenheit wegen schonen.

Literaturhinweis: *Zeitschrift für Mykologie,* Beiheft (3), 1981.

Kupferroter Schmierling oder **Kupferroter Gelbfuß**
Chroogomphus rutilus (SCHFF. EX FR.) MILLER

Merkmale: Der **Hut** wird 4–10 cm breit, ist jung etwas kegelförmig, später halbrund abgeflacht, wobei er einen leichten Buckel nicht verliert. Die Farbe der Haut ist kupferrötlich, -braun, oft grau- oder braunorange; sie ist feucht deutlich schmierig, trocken kahl und glänzend. Der Rand ist lange eingerollt. Junge Pilze tragen einen dünnen faserigen Schleier zwischen Hutrand und Stiel. Darunter verbergen sich anfangs die **Lamellen**, die deutlich am Stiel herablaufen. Sie lassen sich leicht vom Hutfleisch entfernen. Ihre Farbe ändert sich im Laufe der Zeit von Rosa bis zu Safran-Rötlich, bald sind sie durch die Sporen schwarz bestäubt. Der **Stiel** wird bis zu 8 cm hoch und 0,5–2 cm dick. Er ist voll, sehr fest und verjüngt sich zur Basis hin. Seine faserige Oberfläche ist wie der Hut gefärbt und schwach natternartig gezeichnet, trocken. Im Anschnitt erscheint gelbliches, im Stiel dunkleres und in der Basis kräftiger goldgelbes **Fleisch**. Es hat einen unauffälligen Geruch und einen angenehm milden Geschmack.

Sporenpulverfarbe: schwarzbraun.

Vorkommen: Dieser Pilz ist in der ganzen gemäßigten Zone verbreitet. Man findet ihn von der Meeresküste bis in subalpine Höhen, stets aber unter Kiefern, er scheint Kalkböden zu bevorzugen. Es wird aber auch eine *var. testaceus* aus dem Laubwald angegeben. Er wächst ebenfalls von (Juli) August bis Oktober.

Verwechslungsmöglichkeit: Sind mit dem *Filzigen Gelbfuß (Ch. helveticus)* möglich. Ansonsten sind die beiden Pilze wegen ihres trokkenen Hutes, ihres Stiels und ihres Standortes kaum mit anderen Pilzen zu verwechseln.

Verwendbarkeit: eßbar.

Allgemeines: Die Gattung der *Gelbfüße (Chroogomphus)*, die in Europa aus den beiden beschriebenen Arten mit ihren Unterarten bzw. Varietäten besteht, wurde wegen ihres faserigen und trockenen Velums von der Gattung der *Schmierlinge (Gomphidius)* abgetrennt. *Rutilus* bedeutet »rötlichgelb«.

Kuhmaul oder **Großer Schmierling** *Gomphidius glutinosus* (SCHFF.) FR.

Merkmale: Der kräftige, fleischige **Hut** kann bis zu 12 cm im Durchmesser erreichen. Zunächst zeigt er sich als kleine Wölbung, allmählich aber schirmt er auf und breitet sich schließlich nahezu flach aus. Charakteristisch ist die graubraun-violette, schwarzfleckige Huthaut, die jung mit einer dicken, klaren Schleimschicht überzogen ist und die Lamellen gleichermaßen überspannt. Diese schmierige Haut läßt sich sehr leicht abziehen. Die weit auseinanderstehenden, dicken **Lamellen** gabeln sich und laufen deutlich am Stiel herab. Ihre ursprünglich weiße Farbe verwandelt sich mit zunehmender Reife der Sporen immer mehr in ein schmutziges, rußiges Grau. Der plumpe, stämmige **Stiel** verdickt sich meist an der Basis, während er an der Stielspitze leicht eingeschnürt erscheint. Er fühlt sich fast so schleimig an wie die Huthaut, wenn auch die Schicht keineswegs so dick wird. Oben ist er weiß, zur Basis hin mehr und mehr leuchtend gelb. Beim Stielanschnitt erscheint ebenso gelbes **Fleisch**, das sonst weiß, weich und im Stiel fest ist; riecht und schmeckt angenehm.
Sporenpulverfarbe: schwarz.
Vorkommen: Dieser Pilz ist über die ganze gemäßigte Zone der Nordhalbkugel verbreitet und in Europa überall zu finden, in Süd- und Mitteleuropa vorwiegend im Bergland. Er bildet seine Fruchtkörper von Juli bis in den Oktober im Fichtenwald, wo er einzeln oder in Gruppen anzutreffen ist.
Verwechslungsmöglichkeit: Wegen seiner dicken Schleimschicht, der kontrastreichen, braunvioletten und am Stiel leuchtendgelben Färbung kann man den Pilz kaum verwechseln. Der *Fleckende Schmierling (G. maculatus)* ist ein Lärchenbegleiter und hat eine weinrot verfärbende Stielbasis.
Verwendbarkeit: Ein guter Speisepilz.
Allgemeines: Es ist ratsam, die Huthaut schon unmittelbar nach dem Ernten abzuziehen. Der Schleim ist sehr zäh und wirkt wie Leim. *Glutinosus* bedeutet »klebrig«.
Literaturhinweis: *Zeitschrift für Mykologie*, Beiheft (4), 1982.

Fleckender Schmierling *Gomphidius maculatus* (SCOP.) FR.

Merkmale: Der **Hut** wird 3–5 (8) cm breit. Er erscheint rundlich, flacht bald ab, ist ausgebreitet und mehr oder weniger niedergedrückt. Die nicht abziehbare Haut ist schmierig, graurosa bis leicht bräunlich, manchmal fleischfarben. Die Mitte ist oft dunkler mit gelblichen Stellen und trägt – ein gutes Erkennungsmerkmal – schwarze Flecken. Der Rand ist dünn, höckerig und wellig verbogen. Die **Lamellen** laufen am Stiel herab und gabeln sich. Im Jugendstadium sehen sie weiß aus, werden aber bald grau und schließlich schwärzlich. An Druckstellen verfärben sie sich weinrot. Das jung erkennbare schleimige Velum schwindet bald und fehlt im Alter. Der **Stiel** wird 6–7 cm lang und etwa 1 cm dick. Im Gegensatz zur Huthaut ist weder eine Schleimschicht noch eine schleimige Cortina festzustellen. Dafür trägt er ein unverkennbares Merkmal: Auf seiner weißlichen Oberfläche sind kleine rosafarbene bis rötliche Tröpfchen, weiter unten schwarzrote Pünktchen erkennbar. Das **Fleisch** ist weiß, weich, im Stiel faserig und in der Basis gelblich. Es läuft beim Anschneiden rötlich an, ist geruchlos und mild.
Sporenpulverfarbe: olivschwärzlich.
Vorkommen: Der Fleckende Schmierling ist in bergigen bis subalpinen Lagen verbreitet und ein strenger Lärchenbegleiter. Außerhalb seines natürlichen Areals ist er auch in Lärchen-Anpflanzungen, aber nicht so häufig, zu finden. Er wächst von Juli bis Oktober auf nicht zu sauren Böden. Ähnliche Ansprüche stellt auch der *Hohlfußröhrling (Boletinus cavipes)*; oft ist er mit dem *Fleckenden Gelbfuß* vergesellschaftet und wächst zur gleichen Zeit.
Verwechslungsmöglichkeit: Der Pilz hat einen sehr engen Verwandten, den *Schmächtigen Schmierling (G. gracilis)*, von dem er sehr schwer zu unterscheiden ist. Bei ihm werden Druckstellen sofort schwarz. Seine Stellung ist aber noch nicht endgültig geklärt.
Verwendbarkeit: Der Pilz ist eßbar.
Allgemeines: *Maculatus* bedeutet »gefleckt«.
Literaturhinweis: *Zeitschrift für Mykologie*, Bd. 44 (2), 1978.

Goldblatt *Phylloporus rhodoxanthus* (SCHW.) BRES.

Merkmale: Der 3–9 cm breite, fleischige **Hut** ist erst gewölbt, dann unregelmäßig ausgebreitet-verflacht, mit dünnem, oft eingerolltem, welligem Rand. Die trockene, weichfilzige Haut mit ihren purpur- bis olivrotbraunen Farben erinnert an eine *Ziegenlippe (Xerocomus subtomentosus)*. Die Unterseite zeigt dicke Blätter mit anfänglich stumpfer, welliger Schneide und intensiv zitronen- bis goldgelber Farbe, auf Druck und im Alter verfärben sie rostbraun. Sie sind breit angewachsen, laufen mehr oder weniger strichartig am Stiel herab und lassen sich leicht vom Hutfleisch ablösen. Besonders gegen Hutrand und Stiel sind sie durch Queradern miteinander verbunden und erhalten damit ein röhrig-blättriges Aussehen. Der oft exzentrische **Stiel** ist fest, schlank, 4–9 cm lang, 1–2 cm dick, rötlichgelb bis purpurbräunlich, flockig-faserig, am Grund gern wurzelartig verjüngt. Das weiche, leicht faulende **Fleisch** ist gelblich, unter der Huthaut sowie im Stiel weinrot; beim Auseinanderbrechen verfärbt es sich dunkelpurpurrot. Es riecht schwach, jedoch angenehm und hat einen milden Geschmack.

Sporenpulverfarbe: Olivgelb bis rostgelb.

Vorkommen: Das Goldblatt kommt in ganz Europa vor, ist jedoch weit zerstreut und nirgendwo häufig. Vom Hügelland steigt der Pilz kaum über 800 m hinauf. Er ist von Juli bis Oktober vereinzelt oder in kleinen Gruppen besonders im Laub-, weniger im Nadelwald zu finden, bevorzugt aber saure Böden.

Verwechslungsmöglichkeit: Der ähnliche *Hohlfußröhrling (Boletinus cavipes)* besitzt einen Stiel mit Ring und wächst unter Lärchen.

Verwendbarkeit: Der Pilz ist eßbar, sollte jedoch geschont werden, da er nicht häufig ist.

Allgemeines: Das Goldblatt steht mit seinen Merkmalen im System der Pilze zwischen *Blätterpilzen* und *Röhrlingen* und hat so den Mykologen immer wieder Kopfzerbrechen bereitet. Früher wurde er den *Trichterlingen* oder den *Kremplingen* zugeordnet.

Literaturhinweis: *Zeitschrift für Mykologie*, Bd. 44 (2), 1978.

Samtiger Leistling *Cantharellus friesii* QUÉL.

Merkmale: In Gestalt und Farbe ähnelt dieser Pilz sehr dem Pfifferling, erreicht aber nie dessen Größe. Das dünnfleischige **Hütchen** kann sich höchstens bis auf etwa 4, selten 5 cm ausbreiten. Aus der anfänglich gewölbten entsteht im Laufe der Reife eine flache und sogar stark niedergedrückte bis trichterige Form. Die Farben sind orangegelb bis orangerötlich. Der Rand kann sich sehr wellig verformen und wirkt flattrig-kraus. Die dicken **Leisten** laufen am Stiel weit herab, sind gegabelt und aderig untereinander verbunden. Ihre Farbe, die zunächst der des Hutes entspricht, geht mit zunehmender Reife in ein Graugelb über. Der 2–3,5 cm lange **Stiel** erreicht bestenfalls Durchmesser von 0,5–1 cm. Zur Basis hin verjüngt er sich, und hier erkennt man auch einen feinen Filzbelag. Er ist hellorange bis gelblich. Das **Fleisch** ist zart, im Hut schwach orangefarben und im Stiel weiß bis gelblich. Es riecht ähnlich wie der *Echte Pfifferling* und schmeckt säuerlich.

Sporenpulverfarbe: strohgelblich.

Vorkommen: Der Samtige Leistling gehört nicht gerade zu den häufigen Pilzen. Man findet ihn in Europa zerstreut in Laubwäldern, auf sauren Böden, einzeln und oft büschelig, von Juli bis Oktober.

Verwechslungsmöglichkeit: Der Samtige Leistling sieht dem *Echten Pfifferling* recht ähnlich. Auch der Standort ist gleich. Doch sind seine Farben mehr gelblich ohne rötliche Töne. Ferner kennt man noch eine ganze Reihe anderer Leistenpilze, die man am besten im unmittelbaren Vergleich auseinanderhält.

Verwendbarkeit: Der Pilz ist eßbar.

Allgemeines: Daß dieser hübsche Pilz als eßbar bezeichnet wird, geschieht lediglich der Ordnung halber. Man sollte ihn schonen. Sicherlich findet der Sammler genügend andere, wesentlich häufigere Pilze, um seinen Kochtopf zu füllen. Dies trifft für viele der in diesem Buch beschriebenen Arten zu. *Friesii* steht zu Ehren des schwedischen Mykologen Elias Fries.

Falscher Eierschwamm *Hygrophoropsis aurantiaca (WULF. EX FR.) MRE.*

Merkmale: Aus einem etwa 2–4 (8) cm breiten und gewölbten **Hut** entwickelt sich beim Aufschirmen allmählich ein Trichter mit flachem und breitem Rand. Dieser bleibt lange eingerollt und zeigt regelmäßige, also kaum wellige Formen. Die Huthaut ist meist orangegelb gefärbt, manchmal aber auch mehr oder weniger braun, sie ist fein samtig und bereift. Die **Lamellen** laufen am Stiel herab, stehen gedrängt und gabeln sich zum Rand hin und sind kaum miteinander verbunden. Sie tragen die gleiche Farbe wie der Hut. Der im ausgewachsenen Zustand bis zu 8 cm hohe **Stiel** hat Zylinderform, steht zentral oder etwas exzentrisch. Seine Farben sind dem Hut ähnlich. Das **Fleisch** ist weich, biegsam, im Geruch etwas dumpf, im Geschmack nicht unangenehm.

Sporenpulverfarbe: weiß.

Vorkommen: Der Falsche Pfifferling wächst von September bis in den November hinein vom Flachland bis in die unteren Lagen der Alpen; meist kommt er im Nadel-, aber auch im Mischwald auf ärmeren Böden vor und steht recht zahlreich und gesellig auf Nadelstreu oder an Holz.

Verwechslungsmöglichkeit: Ist für den Anfänger mit dem *Echten Eierschwamm* gegeben, der aber nie auf Strünken wächst. Der *Duftende Afterleistling (H. morganii = olida)* ist in allen Teilen zart rosa gefärbt und riecht stark nach Fruchtbonbons. Er ist sehr selten und wächst in Bergnadelwäldern auf Kalk.

Verwendbarkeit: Der Pilz ist bedingt eßbar.

Allgemeines: Der Falsche Eierschwamm hat, nichts mit der Gattung der echten Leistlinge zu tun. Der deutsche Name weist aber auf starke Ähnlichkeit mit dem *Pfifferling* hin. Die Gattung der *Afterleistlinge (Hygrophoropsis)* enthält 4 Arten. Es sind Pilze mit mehr oder weniger trichterförmigen Hüten, filziger Oberfläche und jung eingerolltem Hutrand. Die Lamellen sind dünn und gegabelt bis leicht aderig. Die Sporenpulverfarbe ist weißlich. *Aurantiaca* bedeutet »orangefarbig«.

Literaturhinweis: *Zeitschrift für Mykologie*, Bd. 44 (2), 1978.

Pfifferling oder **Eierschwamm** *Cantharellus cibarius FR.*

Merkmale: Der **Hut** wird 2–10 (12) cm breit, erst ist er halbkugelig, aber dann wölbt er sich immer mehr hoch, breitet sich aus und beginnt dann, sich in der Mitte immer stärker niederzudrücken. Die matte Oberfläche fühlt sich glatt an. Die Farben kennt jeder passionierte Pilzsammler: dottergelb (»Eierschwamm«), orangegelb, nur selten heller oder gar recht blaß gefärbt. Der Rand bleibt lange leicht eingerollt und nimmt allmählich wellige, flatterige Formen an. Die unregelmäßigen, ebenfalls leicht welligen **Leisten** laufen weit am Stiel herab und gabeln sich häufig. Ihre Färbung unterscheidet sich nicht von der des Hutes. Der kräftige, 3–6 cm lange **Stiel** wird bis zu 2 cm dick, ist leicht gelblich, also blasser und weniger intensiv gefärbt als die übrigen Teile des Pilzes. Vor allem die weit nach unten herablaufenden Leisten vermitteln den Eindruck, als würde sich der Stiel nach oben verbreitern. Das **Fleisch** ist kompakt, im Stiel ziemlich faserig und blaßgelb. Es riecht kräftig, würzig und schmeckt leicht säuerlich.

Sporenpulverfarbe: blaßockergelb.

Vorkommen: Dieser weitverbreitete Pilz wächst im Laub- und Nadelwald, gern unter Fichten im Moos, aber auch im hohen Gras. Bereits im Juni und später von August bis Oktober kann man seine Fruchtkörper finden. Leider ist dieser Pilz in den letzten Jahren stark zurückgegangen, besonders im Bereich mit dichter Besiedelung.

Verwechslungsmöglichkeit: Im Buchenwald wächst eine hellere, kompaktere Art, der *Amethystpfifferling (C. cibarius var. amethysteus)*, dessen Hutoberfläche mit dichten, anliegenden, lilavioletten Schüppchen besetzt ist; er kommt in Fichten-Buchenmischwäldern vor und ist sehr selten. Weitere Ähnlichkeiten bestehen mit dem *Samtigen Leistling (C. friesii)* und dem *Falschen Eierschwamm (Hygrophoropsis aurantiaca)*.

Verwendbarkeit: Der Pilz ist eßbar.

Allgemeines: Eine Unsitte ist es, winzige, kaum 1 cm große Pilzchen zu »ernten«. *Cibarius* bedeutet »zum Essen gehörig, eßbar«.

Trompetenpfifferling oder **Durchbohrter Leistling** *Cantharellus tubaeformis FR.*

Merkmale: Der deutsche Name sagt fast alles über die Gestalt dieses Pilzes aus. Der dünnfleischige **Hut** bildet einen tiefen, offenen, durchbohrten Trichter in den Stiel hinein; er ist 2–6 cm breit, seine Ränder biegen sich nach unten um, dann sind sie zierlich kraus und wellig gelappt. Die Haut trägt feine Schuppen und Tönungen zwischen einem bräunlichen und einem graulichen Gelb. Die unregelmäßigen, gegabelten und breiten **Leisten** laufen am Stiel herab. Ihre Farbe schwankt zwischen gelblichgrauen Tönen. Der **Stiel** kann bis zu 8 cm hoch und 0,8 cm breit werden. Innen ist er hohl, im übrigen zylindrisch mit Einbuchtungen und Quetschungen, die wie breite Rinnen von oben nach unten verlaufen. Seine Farbe ist gelblichbraun. Das **Fleisch** ist dünn, weiß, im Geruch kaum wahrnehmbar und im Geschmack mild.

Sporenpulverfarbe: weiß.

Vorkommen: Man findet den Trompetenpfifferling von September bis November in schattigen Nadelwäldern, gern im feuchten Moos und auch auf vermodertem Holz; er mag mehr oder weniger saure Böden. Funde aus reinen Laubwäldern sind selten. Er erscheint oft in überraschend großer Zahl, in Reihen und Kreisen.

Verwechslungsmöglichkeit: Es gibt eine rein gelbe Varietät, den *Gelben Trompetenpfifferling, var. lutescens.* Beide könnten mit dem *Duftenden Leistling (C. xanthopus)* verwechselt werden. Er hat aber nur undeutliche Runzeln auf der Hutunterseite. Diese Arten variieren im Aussehen sehr stark, und nicht nur aus diesem Grund existieren in der Nomenklatur verschiedene wissenschaftliche Namen für die gleiche Pilzart.

Verwendbarkeit: Der Trompetenpfifferling gehört zu den eßbaren, wenn auch nicht sonderlich geschätzten Pilzen.

Allgemeines: Die Leistlinge gehören zu den *Nichtblätterpilzen.* Ihre Fruchtschicht (Leisten, Adern), Hymenophor, läßt sich im Gegensatz zu den *Lamellenpilzen* nicht so leicht vom Hutfleisch trennen. Die Gattung besteht aus 5 ungiftigen Arten. *Tubaeformis* bedeutet »trompetenförmig«.

Gelbe Kraterelle oder **Duftender Leistling**
Cantharellus xanthopus (PERS.) DUBY = C. lutescens (PERS.) EX FR. SENSU FR.

Merkmale: Der dünnfleischige und lappige **Hut** kann 3–5 cm erreichen. Der Fruchtkörper wirkt trompetenförmig. Jung ist er gebogen mit genabelter Mitte und später trichterförmig vertieft, mit kleiner Bohrung. Die Hutfarbe ist gelbbräunlich bis braunschwärzlich, bisweilen fein faserig schuppig. Von **Leisten** kann man kaum sprechen, eher von unregelmäßigen Adern, die sich nur wenig vom Untergrund abheben. Die Farben spielen zwischen rosaviolettlich, lachsfarben und orangegelblichen Tönen. Der dünne **Stiel** kann bis zu 8 cm hoch und 0,5–1 cm dick werden. Innen ist er hohl, außen meist unregelmäßig zusammengedrückt. Nicht selten sieht man auch Längsfurchen. Die goldgelbe Oberfläche fühlt sich glatt an. Das **Fleisch** ist dünn, ziemlich zäh, gelblich und riecht stark nach Früchten, im Alter aber unangenehm, es schmeckt mild.

Sporenpulverfarbe: weiß.

Vorkommen: Als Heimat hat sich dieser Leistling die Nadelwälder auf den Kalkböden der Gebirge ausgesucht. Hier muß man ihn zwischen Gräsern und Heidekraut suchen. Aber wo ein Pilz steht, findet man mit einiger Sicherheit stets weitere, weil die Gelbe Kraterelle fast immer gesellig wächst. Sie erscheint vom Spätsommer bis in den Herbst hinein.

Verwechslungsmöglichkeit: Mit anderen Leistlingen gegeben. Der *Durchbohrte Leistling (C. tubaeformis)* hat gut erkennbare Leisten unter dem Hut und riecht nicht so auffällig.

Verwendbarkeit: Die Gelbe Kraterelle ist eßbar. Sie eignet sich auch gut zum Trocknen. Allerdings muß man schon eine größere Menge sammeln, denn wegen seines dünnen Fleisches ist der Pilz nicht sehr ergiebig. Schließlich empfiehlt sich die Verwendung des getrockneten Pilzes als Pulver, das Suppen und Soßen ausgezeichnet würzt.

Allgemeines: *Xanthopus* bedeutet »Gelbfuß« und kommt aus dem Griechischen: *xanthos* = »gelb« und *pus* = »Fuß«.

Schweinsohr oder **Keulenpfifferling** *Gomphus clavatus (PERS. EX FR.) GRAY*

Merkmale: Der Habitus des Schweinsohres ist dem eines großen Pfifferlings entfernt ähnlich. Der volle, fleischige **Fruchtkörper** wird bis zu 10 cm hoch und oben bis zu 6 cm breit. Er besitzt eine Kreiselform, bisweilen wirkt er auch eher wie eine oben gestutzte Keule. Manchmal ist er an einer Seite ohrförmig ausgezogen. Bei jungen Exemplaren ist die Oberseite des Fruchtkörpers violettpurpurn gefärbt, bei älteren ist sie fleischfarben, schließlich okkergelb oder lehmfarben. Auch grünlichgelbe Exemplare kann man finden. Die Außenseite des Fruchtkörpers ist fleischfarben violett; bei älteren Exemplaren ist sie auch gelblich übertönt. Auffällig sind die gabelig-verzweigten **Leisten**, die durch Querleisten zu einer netzartigen Anordnung verbunden sind. Sie laufen bis zur Basis des Fruchtkörpers hinab. Ein **Stiel** ist also nur andeutungsweise zu erkennen. Das **Fleisch** ist weißlich gefärbt und von weicher, zarter Konsistenz. Der Pilz hat einen würzigen Geruch und Geschmack.

Sporenpulverfarbe: Ocker- bis rostfarbig.

Vorkommen: Das Schweinsohr findet man in Nadel- und Mischwäldern. Kalkuntergrund wird deutlich bevorzugt. Berglagen zwischen 400 und 1400 (1800) m werden eher besiedelt als flache Tallagen. Das Schweinsohr kommt in Süddeutschland häufiger vor und ist in Norddeutschland sehr selten anzutreffen. Reife Fruchtkörper findet man in der Zeit von August bis Oktober.

Verwechslungsmöglichkeit: Eigentlich kaum gegeben.

Verwendbarkeit: Das Schweinsohr ist ein sehr guter und ergiebiger Speisepilz. Leider ist auch dieser Pilz in den letzten Jahren stark zurückgegangen.

Allgemeines: Der Pilz wächst oft büschelig oder gesellig. Hexenringe können ebenfalls häufig beobachtet werden. Die Gattung *Gomphus* ist nur mit der einen beschriebenen Art in Mitteleuropa vertreten. *Clavatus* bedeutet »keulig«.

Literaturhinweis: *Zeitschrift für Mykologie*, Bd. 46 (1), 1980.

Herbst- oder **Totentrompete** *Craterellus cornucopioides (L. EX FR.) PERS.*

Merkmale: Der Pilz zeigt nicht die gewohnte Gliederung in **Hut** und Stiel, sondern bildet einen kompletten, nach unten meist spitzer zulaufenden Trichter. Im oberen Teil, dort, wo sich die lappigen Ränder der Trompete nach außen biegen und einen schwach angedeuteten Rand bilden, kann der Durchmesser bis zu 10 cm betragen. Im feuchten Herbstwald läßt sich der unscheinbare Pilz oft nur schwer ausmachen, weil seine Farben zwischen einem rußigen Grau oder Schwarz und einem schwärzlichen Braun mit einem Hauch von Lila variieren. Die Hutoberfläche ist mit kleinen, angedrückten Schüppchen besetzt. Der **Stiel** zeichnet sich durch Elastizität aus, er zerbröckelt aber bei anhaltender trockener Witterung wiederum ziemlich leicht. Der sporenbildenden Schicht fehlen die **Lamellen** oder **Leisten**. Sie besteht vielmehr aus aschgrauen, wenig ausgeprägten Runzeln und geht ohne Übergang in den Stiel über. Das **Fleisch** ist sehr dünn, grauschwärzlich und ohne besonderen Geruch, der Geschmack ist etwas zusammenziehend.

Sporenpulverfarbe: schwarz.

Vorkommen: Die Herbsttrompete erscheint an feuchten Stellen in Laubwäldern auf Kalkböden. Man sollte sich besonders unter Buchen umsehen. Hier entdeckt man oft große Vorkommen. Das Wachstum beginnt zwar schon in der zweiten Jahreshälfte, größere Erfolge wird man aber vorwiegend im Herbst haben.

Verwechslungsmöglichkeit: Entfernt ähnlich kann der sehr seltene *Graue Pfifferling (Pseudocraterellus cinerus)* sein. Seine Farben sind ebenso dunkel unscheinbar. Er hat aber ausgeprägte Leisten als Fruchtschicht. Die ebenfalls seltene *Vollstielige Kraterelle (Pseudocraterellus sinuosus)* ist dagegen fleischiger.

Verwendbarkeit: Die Herbsttrompeten schmecken recht gut. Die Säuberung der Pilze macht allerdings ein wenig Mühe. Am besten verwendet man sie getrocknet.

Allgemeines: Die Gattung *Craterellus* ist in Mitteleuropa durch eine Art vertreten. *Cornucopioides* bedeutet, daß der Fruchtkörper an ein »Füllhorn« erinnert.

Semmelstoppelpilz *Hydnum repandum* LINNÉ EX FR.

Merkmale: Der **Hut** kann Durchmesser von 10–12 cm, manchmal sogar von 15 cm erreichen. Nach dem Aufschirmen nimmt der sehr kompakte, kräftige Pilz sehr unregelmäßige gewellte und gebogene Formen an. Die Huthaut mit ihrem typischen hellen Gelb oder Semmelgelb gilbt auf Druck oder im Alter. Sie fühlt sich leicht filzig an und ist bereift. Der Hutrand ist lang leicht eingerollt. Die ungleichmäßigen **Stacheln** stehen dicht beieinander und laufen ein wenig am Stiel herab. Sie sind vom Hutfleisch ablösbar, und wenn man sie berührt, splittern sie leicht ab. Sie können weiß oder gelblich wie der Hut sein. Der **Stiel** wird bis zu 8 cm hoch und 3 cm dick. Er ist abwärts meist verjüngt und oft gebogen. Die Basis ist filzig. Das **Fleisch** ist weiß, dick und hart, aber brüchig und läuft rosagelblich an. Der Geruch ist leicht fruchtig, der Geschmack fast ein wenig scharf.

Sporenpulverfarbe: weiß.

Vorkommen: Der Semmelstoppelpilz ist weit verbreitet, wächst in Laub- und Nadelwäldern gern auf Kalkböden und kommt dort meist in Gruppen vor. Manchmal sind mehrere Exemplare miteinander verwachsen. Die Zeit des Pilzes liegt zwischen Spätsommer und Spätherbst. In südlichen Gegenden wächst er noch bis in den frühen Winter hinein.

Verwechslungsmöglichkeit: In gemäßigt warmen Gegenden ist der *Rotgelbe Stoppelpilz (H. repandum var. rufescens)* häufiger. Er ist etwas kleiner, Hut und Stacheln sind mehr orangerötlich gefärbt. Die charakteristischen Stacheln dürften weitere Verwechslungen mit anderen Pilzen ausschließen. Junge Pilze werden oft für *Pfifferlinge* gehalten.

Verwendbarkeit: Es handelt sich um einen eßbaren Pilz, der sich aber durch sein im Alter bitteres, scharfes Aroma nur als Würzpilz eignet. Die Gattung der *Stoppelpilze (Hydnum)* besteht aus 3 Arten, die man ebenso auch nur als Varietäten ansehen könnte. Ihre Unterscheidung beruht nur auf Farbunterschieden.

Allgemeines: *Repandum* heißt »rückwärts, aufwärts gebogen« (wegen des Hutrandes).

Habichtspilz oder **Rehpilz** *Sarcodon imbricatum* (L. EX FR.) KARSTEN

Merkmale: Der **Hut** kann die sehr beachtlichen Maße von bis zu 30 cm im Durchmesser erreichen. Erst ist er halbkugelig bis flach und oft etwas genabelt, zuletzt leicht trichterförmig. Junge Exemplare haben noch einen eingerollten Hutrand. Das deutlichste Merkmal ist die grob feldrige, schuppige Hutoberfläche. Diese Schuppen stehen konzentrisch um die Mitte herum bis zum Rand, heben sich ab und haben eine dunkelbraune, fast schwärzliche Färbung, die sich von dem rehbraunen Untergrund gut abhebt. Die Tönungen werden zu den Schuppenspitzen hin immer dunkler. Die **Stacheln** auf der Hutunterseite sind etwa 0,5 bis 1 cm lang, stehen dichtgedrängt und laufen ein wenig am Stiel herab. Ihre anfänglich weiße Farbe verändert sich im Laufe der Reifung in eine graubraune bis braune Tönung. Sie lassen sich leicht vom Hutfleisch lösen und sind sehr brüchig. Der kurze, kräftige **Stiel** kann bis zu 8 cm hoch und etwa 2–2,5 cm dick werden. Auch er zeigt eine graubraune Oberflächenfärbung. Das **Fleisch** ist anfänglich weiß und wird mit zunehmender Reife graubräunlich. Ältere Pilze riechen ziemlich unangenehm. Das Fleisch ist mürbe und schmeckt manchmal leicht bitter.

Sporenpulverfarbe: rotbraun.

Vorkommen: Den Habichtspilz findet man in Nadelwäldern vor allem im Bergland. Dort wächst er recht häufig vom Sommer an bis in den Herbst hinein.

Verwechslungsmöglichkeit: Es gibt einige bitter schmeckende Arten, die mit dem Habichtspilz verwechselt werden können. Der *Gallenstacheling (S. scabrosus)* hat einen etwas helleren Hut und mehr angedrückte Schuppen. Seine Stielbasis ist schwärzlich. *S. amarescens* ist eine andere, bittere Varietät.

Verwendbarkeit: Der Pilz kann roh giftig sein und sollte daher abgebrüht werden. Allenfalls junge Exemplare eignen sich zum Verzehr. Getrocknet läßt er sich aber zu würzigem Pilzpulver verarbeiten.

Allgemeines: *Imbricatum* bedeutet »dachziegelartig«.

Strubbelkopf *Strobilomyces floccopus* (VAHL EX FR.) KARST.

Merkmale: Der **Hut** hat einen Durchmesser von 5–15 cm. Bei jungen Exemplaren ist er annähernd kugelig gewölbt, bei älteren dagegen abgeflacht. Zunächst ist der Hutrand eingerollt und mit dem Stiel durch den weißlichgrauen wollig-flockigen Schleier verbunden, der später zerreißt. Ein Teil bleibt meist als Ring am Stiel erhalten, der andere als flockiger, zerfetzter Behang am Rand des Hutes. Dieser ist mit einer grau- bis schwarzbraunen Schicht überzogen, die im Laufe des Wachstums zerreißt und sich in dicke, abstehende Schuppen auflöst. Die Fasern der einzelnen Schuppen laufen nach der Spitze hin zusammen. Die **Röhren** sind 1–3 cm lang und am Stiel angewachsen. Sie laufen etwas am Stiel herab, sind aber um ihn herum etwas kürzer. Zunächst sind die Röhren weißlichgrau gefärbt, dann grau und später dunkelbraun. An Druckstellen färben sie sich rötlich und dann schwarz. Der **Stiel** wird 8–15 cm lang und 1–3 cm dick. Er ist fest und oft leicht gebogen. Unter dem Hut ist er weißlichgrau, tiefer unten schmutzig graubraun gefärbt. Das grauweißliche **Fleisch** verfärbt sich beim Aufbrechen erst rötlich, später wird es grau und schwarz. **Sporenpulverfarbe:** braun.

Vorkommen: Der Stubbelkopf bevorzugt im Norden Laubwälder auf reichen Böden. In Mittel- und Südeuropa ist er auch in Mischwäldern und sogar in reinen Nadelwäldern zu finden. Die Fruchtkörper erscheinen in der Zeit von Juli bis Oktober. Der Pilz ist nicht häufig, kommt nicht überall vor und bleibt oft Jahre ganz aus.

Verwechslungsmöglichkeit: Der Strubbelkopf erinnert mit seiner schuppigen Hutoberfläche sehr entfernt an den *Habichtspilz (Sarcodon imbricatum)*, der aber auf der Hutunterseite Stacheln trägt.

Verwendbarkeit: Der Strubbelkopf wäre zwar eßbar, aber das Fleisch hat einen eigenartigen Geruch und einen schlechten Geschmack.

Allgemeines: In Mitteleuropa ist der Pilz einziger Vertreter seiner Gattung. In Zentralafrika kommen weitere Arten vor. *Floccopus* bedeutet »mit flockigem Fuß«.

Düsterer Röhrling oder **Porphyrröhrling** *Porphyrellus porphyrosporus* (FR.) GILB.

Merkmale: Der **Hut** dieses derben Röhrlings mit dem düsteren Aussehen hat einen Durchmesser von 6–12 cm, auch Exemplare mit 16 cm kommen vor. Bei jungen Pilzen ist der Hut halbkugelig geformt, bei älteren polsterartig ausgebreitet. Sein Rand ist anfangs eingebogen und scharf, seine Farbe ist zunächst ein helles Graubraun, später dann ein dunkles Braun mit rötlichen Anflügen. Die Oberfläche des Hutes ist anfangs fein samtig, später glatt, aber immer trocken. Die **Röhren** sind am Stiel ausgebuchtet oder angewachsen. Sie sind zunächst ziemlich kurz und werden mit dem Wachsen des Fruchtkörpers bis zu 1,5 cm lang. Ihre Farbe wechselt von Graubraun bis zu Schmutzigbraun. Bei Druck verfärben sie sich, ähnlich wie der Hut, zu Schwarzbraun hin. Der **Stiel** hat eine ähnliche Farbe wie der Hut, ist aber an der Basis weißlich gefärbt und filzig. Bei jungen Exemplaren ist er samtig, bei älteren glatt. Er hat zunächst eine bauchige Form, später ist er mehr keulen- oder walzenartig geformt. Das **Fleisch** ist weiß bis weißgrau und wird manchmal rötlich oder blaugrün. Es ist fest. **Sporenpulverfarbe:** rotbraun.

Vorkommen: Die Art kommt auf nährstoffarmen Sandböden in Nadelforsten sowie auch auf nährstoffreicher Unterlage in Buchen- und Tannenwäldern vor. Bevorzugt werden aber Fichtenwälder in Bergregionen, während ebene Lagen weniger besiedelt werden. Man findet die Fruchtkörper von Juni bis Oktober. Sie wachsen einzeln oder in Gruppen.

Verwechslungsmöglichkeit: Aufgrund seines düsteren Aussehens ist er gut zu bestimmen.

Verwendbarkeit: Das Fleisch ist faserig, sein Geschmack auch nach dem Kochen bitter. Der Pilz ist nicht giftig.

Allgemeines: Da die Art variiert, unterschieden früher Mykologen zwischen 2 Arten, der Nadelwaldform *(P. pseudoscaber ss. sfr.)* und der Laubwaldform *(P. porphyrosporus [Fr.] Gilb.)*, neuere Erkenntnisse halten die Aufspaltung für nicht mehr gerechtfertigt.

Literaturhinweis: *Südwestdeutsche Pilzrundschau* 1/1984.

Gallenröhrling *Tylopilus felleus (BULL. EX FR.) KARST.*

Merkmale: Der **Hut** dieses Röhrlings ist 5–15 cm breit, im Jugendstadium halbkugelig geformt, später schirmt er auf und flacht ab. Seine Haut ist trocken und feinsamtig und nur schwer vom Fleisch abzulösen. Sie ist hell kartonbraun, rehbraun oder graubraun, mit einem schwachen olivfarbenen Schein. Die **Röhren** sind lang und um den Stiel herum halbfrei, polsterförmig gewölbt, jung weißlich, bald aber deutlich rosa. Die **Poren** sind rundlich, eng und erst später etwas weiter. An Druckstellen und im Alter bekommen sie braune Flecken. Der **Stiel** wird 4–12 cm lang und 1–4 cm dick. Er ist mehr oder weniger keulenförmig, etwas heller als der Hut gefärbt und mit einer charakteristischen weitmaschigen, erhabenen, dunkleren, oliv gefärbten Netzzeichnung versehen, die fast den ganzen Stiel überzieht. Das **Fleisch** ist weißlich, manchmal schwach rosa weich-wäßrig, unter der Huthaut braunolivgrünlich gefärbt. Der Geruch ist unauffällig, der Geschmack aber sehr bitter.

Sporenpulverfarbe: Schmutzig rosa bis rosaocker-bräunlich.

Vorkommen: Der Gallenröhrling ist in der gemäßigten Zone verbreitet. In Mitteleuropa findet man ihn vom Tiefland bis in höhere Lagen meist häufig und gesellig in allen Nadelwaldtypen auf sauren, nährstoffarmen Böden, aber auch in entsprechenden Laubwäldern, auf morschen Baumstümpfen und um sie herum. Er wächst von Juni bis Oktober.

Verwechslungsmöglichkeit: Ist besonders im jungen Zustand mit den *Steinpilz*arten gegeben. Bei genauem Vergleich der Artenmerkmale ist eine Geschmacksprobe nicht nötig. Es existiert noch eine weitere milde *var. alutarius.*

Verwendbarkeit: Er ist vor allem wegen seines außerordentlich bitteren Geschmacks ungenießbar. Schon ein einziger Pilz kann eine komplette Mahlzeit völlig verderben. Auch sind Magen- und Darmbeschwerden nicht auszuschließen.

Allgemeines: *Felleus* bedeutet »gallebitter«.

Literaturhinweis: *Zeitschrift für Mykologie,* Bd. 44 (2), 1978.

Stein-, Herren- oder **Fichtensteinpilz** *Boletus edulis BULL. EX FR.*

Merkmale: Der **Hut** wird 5–25 cm breit, ist erst halbkugelig, dann flach gewölbt bis ausgebreitet. Er ist kahl bis feinfilzig, manchmal grobrissig-feldrig, trocken und feucht schmierig, mit unterschiedlicher Farbe: weißlich, hellbraun, fahl grauocker, leder-, rot-, dunkelbraun; meist einheitlich gefärbt, mit oft helleren Randzonen. Die **Röhren** sind ziemlich lang, um den Stiel niedergedrückt, jung weiß oder weißlich, dann leicht gelb und zuletzt gelboliv-grün. Die **Poren** haben meist die gleiche Farbe wie die Röhren und sind jung sehr eng, rundlich bis eckig-rund. Der **Stiel** wird 4 bis 20 cm lang und 2–6 (10) cm dick. Er ist anfangs bauchig-knollig, dann verlängert, wobei die Basis meist bauchig-knollig bleibt, doch auch mehr oder weniger zylindrisch. Die Oberfläche ist meist weißlich bis hellbraun, immer blasser als der Hut und gegen die Basis immer weiß. Sie ist mit einem feinen, blassen Netzwerk von verschiedener Ausdehnung überzogen. Das **Fleisch** ist weiß, unter der Huthaut etwas blaßrosa-rötlich. Sein Geruch ist angenehm, der Geschmack mild.

Sporenpulverfarbe: olivbraun.

Vorkommen: Der Steinpilz ist in Mitteleuropa weit verbreitet. Er ist ein Mykorrhizabildner der Fichte und im Flachland bis in höhere Gebirgslagen (hier häufiger) zu finden. Er bevorzugt nährstoffarme, saure Sand- und Silikatböden, doch kommt er ebenso auf Kalkböden mit versauerter Oberfläche vor, so auf dichten Fichtennadelschichten und Rohhumuspaketen. Nicht selten ist er mit dem Fliegenpilz, der ähnliche Standortansprüche hat, vergesellschaftet. Meist von September bis Oktober.

Verwechslungsmöglichkeit: Mit dem *Gallenröhrling (Tylopilus felleus).* Es gibt noch weitere 7 Steinpilzarten, die unter anderem durch ihren Standort unter verschiedenen Baumarten unterschieden werden. Der *Sommersteinpilz (B. aestivalis)* wächst z. B. unter Eichen und Buchen, meist im Frühsommer; er hat ein deutliches, kräftiges Netz bis zur Stielbasis.

Verwendbarkeit: Guter Speisepilz.

Allgemeines: *Edulis* bedeutet »eßbar«.

Rothütiger oder **Kiefern-Steinpilz** *Boletus pinicola VITT.*

Merkmale: Der 10–20 cm breite **Hut** zeigt eine einfarbige, satte braunrote bis kastanienbraune Farbe. Die Oberfläche des Hutes fühlt sich glatt bis samtig an, bei Nässe etwas schmierig. Im Laufe der Zeit ändert sich das Aussehen der zunächst weißen **Röhren** über gelblich zu einem gelblichen Oliv. Die **Poren** sind meist gleichfarben wie die Röhren, jung sehr eng, dann rundlich bis eckig. Den dicken, sehr harten **Stiel** überzieht ein rötliches bis braungelbliches Netz, das zur Stielspitze zu heller wird. Das **Fleisch** ist weiß, unter der Huthaut etwas rötlich durchfärbt und unter der Stielhaut ebenso. Es schmeckt, wie bei allen Steinpilzen, mild.

Sporenpulverfarbe: gelbgrünlich.

Vorkommen: Der Rothütige Steinpilz ist, wie sein zweiter deutscher Name sagt, ein Kiefernbegleiter. Er ist in Europa verbreitet und besonders in den Alpenländern anzutreffen; dort steigt er bis in Höhen über 2000 m. In den norddeutschen Kiefernpflanzungen ist er nur selten zu finden. Einige Autoren geben den Pilz auch unter Fichten und Buchen an. Er bildet seine Fruchtkörper meist in zwei Schüben, einmal im Mai/Juli und dann wieder im Herbst.

Verwechslungsmöglichkeit: Dieser Pilz läßt sich wegen seiner rotbraunen Huthaut und seines Standorts relativ leicht von den anderen Steinpilzarten unterscheiden. Für den Speisepilzsammler ist die Trennung der einzelnen Arten kaum von Bedeutung. Doch kann er erkennen, daß Steinpilz nicht gleich Steinpilz ist.

Verwendbarkeit: Alle Steinpilze schmecken gut, einzeln oder auch mit anderen Pilzen zubereitet.

Allgemeines: Einige Autoren unterscheiden noch eine *var. fuscoruber* (»dunkelrot«). Sein Stiel ist noch ein wenig bauchiger und mehr oder weniger rotbräunlich. Man findet ihn bereits im Frühsommer. *Pinicola* bedeutet »Kiefern bewohnend«.

Literaturhinweis: Engel, H.: *Dickröhrlinge,* 1983. *Zeitschrift für Mykologie,* Beiheft (4), 1982.

Königsröhrling *Boletus regius KRBH.*

Merkmale: Der kompakte Pilz trägt einen anfangs kugeligen, allmählich sich weiter ausbreitenden **Hut** von 6–15 cm. Er ist auf rosa oder blaßgelbem Grund rötlich bis blutrot haarig überfasert, an dunkleren Standorten sehr blaß weißgelblich bis rosarot. Im Alter verliert er mehr und mehr diese Rottönung und wird dann schmutzig hell-lederfarben mit glatter, kahler, oft feinfeldrig-rissiger Oberfläche. Die **Röhren** sind blaßgelb, bald satt zitronen- bis goldgelb, zuletzt mit grünlich-olivem Ton. Sie sind am Stiel angewachsen und im Alter um ihn niedergedrückt. Die **Poren** haben die gleiche Farbe wie die Röhren. Sie laufen bei Druck und Verletzung nicht oder nur selten schwach blau an. Der keulenförmige **Stiel** ist zitronengelb und weist manchmal an der Basis eine leichte karminrote Tönung auf. Seine sehr feine gelbe Netzstruktur überzieht einen Großteil des Stiels. Abwärts wird er oft längsmaschig oder -adrig. Das **Fleisch** ist blaß bis satt zitronengelb und besonders in der Stielspitze und über dem Röhrenboden kräftiger gelb; unter der Huthaut wird es oft etwas rosa. Es verfärbt sich nicht. In der Stielbasis fällt häufig eine purpurkarminrosa Färbung auf. Der Geruch ist schwach, der Geschmack mild.

Sporenpulverfarbe: olivbräunlich.

Vorkommen: Dieser Pilz ist eine Typusart wärmebegünstigter Beckenlandschaften und an geschützten, südexponierten Stellen, in Hainbuchen- und Buchenwäldern zu finden. Dort wächst er auf grasigen, kalkhaltigen Böden von Mai bis in den September. Er ist in Mitteleuropa sehr zerstreut verbreitet und in den letzten Jahren stark zurückgegangen.

Verwechslungsmöglichkeit: Er kann mit anderen, ebenfalls selteneren gelbporigen Röhrlingen verwechselt werden. So z. B. mit dem *Blassen Königsröhrling (B.fechtneri)* oder mit dem *Blauenden Königsröhrling (B.speciosus).*

Verwendbarkeit: Eßbar. Wegen seiner Seltenheit ist er auf jeden Fall zu schonen.

Literaturhinweis: Engel, H.: *Dickröhrlinge,* 1983. *Zeitschrift für Mykologie.* Beiheft (3), 1981.

Schönfuß-Röhrling *Boletus calopus FR.*

Merkmale: Der im Durchmesser bis zu 20 cm breite **Hut** breitet sich aus der jugendlichen Halbkugelform allmählich auf und wird polsterförmig flach. Der Rand bleibt anfangs eingebogen. Die Färbung der Oberfläche ist olivgrau, hellgrau bis graubräunlich, manchmal tonfarben bis milchkaffeebraun. Ansonsten ist sie fein samtig-filzig, matt und nicht schmierig. Die langen, zitronengelben **Röhren** werden später oliv und sind um den Stiel herum niedergedrückt. Die **Poren** haben die gleiche Farbe wie die Röhren, sie sind eng und werden bei Druck ebenfalls blau. Der **Stiel** wird 6–8 cm lang und 2–5 cm dick, hat eine knollig-bauchige Form, die manchmal schon früh fast zylindrisch wird. Er hat meistens mehrere Farben: Von der Stielspitze abwärts bis manchmal über die eine Hälfte hinaus ist er gelb und darunter schön karminrot, das letzte Stück ist meist bräunlich oder braun. Seine Oberfläche ist von einem weißlichen erhabenen Netz überzogen, das die gleiche Farbe hat wie der jeweilige Untergrund. Die Rottöne sind nicht immer konstant und können oft nur als eine schmale Ringzone ausgemacht werden. Das **Fleisch** ist weißgelblich, wird bei Druck ziemlich stark blau und erscheint dadurch marmoriert. Der Geschmack ist anfangs zusammenziehend, dann meist bitter.

Sporenpulverfarbe: hellocker-bräunlicholiv.

Vorkommen: Holarktisch verbreitet. In Deutschland ist er in bergigen Lagen von 400–1400 m Höhe am häufigsten, im Flachland seltener. Er besiedelt Laub- und Nadelwälder auf nährstoffarmen, sauren und mehr oder weniger trockenen Böden. Angaben auf Kalkböden sind nicht gesichert.

Verwechslungsmöglichkeit: Ähnlich ist der *Wurzelnde Bitterschwamm (B.radicans),* dem aber die rötliche Färbung um den Stiel fehlt.

Verwendbarkeit: Wegen seines intensiven bitteren Geschmacks ist der Pilz ungenießbar. *Calopus* bedeutet »Schönfuß«.

Literaturhinweis: Engel, H.: *Dickröhrlinge,* 1983. *Zeitschrift für Mykologie,* Beiheft (4), 1982.

Bitterschwamm oder **Wurzelnder Bitterröhrling** *Boletus radicans PERS. EX FR.*

Merkmale: Der **Hut** wird 6–20 (30) cm breit. Jung ist er halbkugelig-polsterförmig, dann konvex mit überstehendem häutigem Rand, der anfangs eingebogen ist. Die Huthaut ist weißlich mit schmutziggrauer, braungrauer Tönung, ähnlich wie die des *Satansröhrlings.* Bei Druck dunkelt sie leicht. Sie ist sehr fein filzig überzogen und manchmal feldrig aufgerissen. Die **Röhren** sind erst blaß zitronengelblich, dann schmutzig olivgelb mit olivgrünen Tönen, bei Bruch werden sie blau; um den Stiel herum sind sie niedergedrückt. Die **Poren** haben die gleiche Farbe wie die Röhren, sie sind rundlich bis eckigrund, eng und werden ebenfalls blau. Der **Stiel** wird 8–12 cm lang und 3–5 cm dick, er ist knollig-bauchig, im Alter manchmal mehr oder weniger zylindrisch gestreckt mit knolliger, wurzelig-ausgezogener, oft ausgespitzter Basis. Seine Farbe ist stumpf-gelb bis zitronengelb und nach unten zu oft grau-braunoliv, manchmal leicht bräunlich gefleckt. Mit einem sehr feinen, gleichfarbenen Netz, oft aber ohne Netz. Das **Fleisch** ist zitronengelb und über den Röhren weißlich. Beim Durchschneiden wird es besonders im Stiel blau. Der Geruch ist schwach, der Geschmack leicht bitter, unangenehm.

Sporenpulverfarbe: oliv.

Vorkommen: In Europa ist er vorwiegend südlich verbreitet, er liebt die Wärme und steigt im Bergland nicht allzu hoch auf. Er bevorzugt Laubwälder auf kalkhaltigen bis neutralen Böden und trockene Standorte. Dieser Pilz ist in Deutschland relativ selten, sein Bestand rückläufig. Er erscheint von Juli bis Oktober.

Verwechslungsmöglichkeit: Ist u. a. mit dem *Schönfuß-Röhrling (B. calopus)* möglich, sollte aber durch die verschiedenen Standorte nicht gegeben sein.

Verwendbarkeit: Der Pilz ist nicht giftig, aber wegen seines bitteren Geschmacks nicht als Speisepilz verwendbar.

Allgemeines: *Radicans* bedeutet »wurzelnd«.

Literaturhinweis: Engel, H.: *Dickröhrlinge,* 1983. *Zeitschrift für Mykologie.* Beiheft (4), 1982.

Fahler Röhrling *Boletus impolitus* FR.

Merkmale: Der **Hut** wird 5–12 (20) cm breit. Jung ist er halbkugelig, dann polsterförmig-konvex, selten breit gebuckelt und oft in der Mitte – selten ganz – verflacht. Er ist blaß ok-ker- bis hell lederfarben und am Rand bisweilen braun. Sonst ist er seidig-filzig, später glatt, nicht schmierig. Die **Röhren** sind blaßgelb bis goldgelb und werden später grüngelblich mit olivfarbenem Ton; sie verändern ihre Farbe bei Druck nicht. Die **Poren** haben die gleiche Farbe wie die Röhren und sind wie diese unveränderlich eckig-rund und zackig verzogen. Der **Stiel** wird 5–15 cm lang und 2–5 cm dick. Erst ist er knollig-bauchig, später mehr oder weniger zylindrisch gestreckt mit keulig verdickter Basis. Anfangs hat er die gleiche Farbe wie der Hut, wird aber später immer mehr gelb; selten ist er einheitlich gefärbt, oft hat er nur eine gelbe Spitze. Seine Oberfläche ist eingewachsen faserig und oft rauh, abwärts fein flockig bis punktiert und nicht aderig genetzt. Oft ist sie auch rotfleckig, -gestreift oder -punktiert. Das **Fleisch** ist weiß bis blaßgelb und besonders über den Röhren und im Stiel goldgelb; es blaut nicht, ist weich, riecht säuerlich und schmeckt mild.

Sporenpulverfarbe: olivocker.

Vorkommen: In Mitteleuropa findet man den Pilz in wärmebegünstigten Au- und Eichen-Hainbuchenwäldern, aber auch in Parks, auf kalkhaltigen, feuchten Böden. In Deutschland sind Funde aus den nördlichen Gebieten selten, doch auch in Süddeutschland kommt er nicht häufig vor. Er ist ein Mykorrhizabildner mit der Eiche, doch wurde er auch schon unter anderen Laubbäumen und sogar unter Kiefern gefunden. Er erscheint von Juni bis Oktober.

Verwechslungsmöglichkeit: Mit anderen Röhrlingen kaum gegeben.

Verwendbarkeit: Eßbar. Wegen seiner Seltenheit sollte er geschont werden.

Allgemeines: *Impolitus* bedeutet »ungeglättet, unpoliert«.

Literaturhinweis: Engel, H.: *Dickröhrlinge,* 1983. *Zeitschrift für Mykologie,* Beiheft (3), 1981.

Satansröhrling *Boletus satanas* LENZ

Merkmale: Der kompakte **Hut** kann 25 cm breit werden. Erst ist er halbkugelig, dann polsterförmig-konvex, älter mehr ausgebreitet und unregelmäßig verbogen. Jung ist er grauweißlich, schottersteinfarben, älter tendiert er mehr ins Ocker-Lederfarbene und ins Grünliche, oft mit schmutzig-grauen Zonen, nur selten schwach rosa überhaucht. Er ist fein filzig-haarig eingewachsen, verkahlt später und wird dann oft schwach klebrig-schmierig. Die **Röhren** sind erst blaßgelb und laufen schließlich grüngelb und schwach blaugrün an. Die **Poren** sind nur bei jungen Pilzen gelblich, aber sehr bald rötlich überhaucht und bereits vor der vollen Reife ganz rot. Der **Stiel** wird 5–12 cm lang und ist dabei oft sehr knollig-bauchig (4–10 cm); meist ist er mehr breit als lang und jung sogar fast kugelig. Er ist von einem deutlich roten Netz auf gelbem Grund überzogen, das zuletzt düster blutrot wird, engmaschig, sechseckig ist und manchmal bis zur gelblichen Basiszone reicht. Das **Fleisch** ist weißlich, gelb bis hellocker, wird bei Bruch nur mäßig blau und verfärbt sich sehr selten rötlich. Der Geruch ist jung schwach und wird erst später und nach längerem Liegen aasartig.

Sporenpulverfarbe: oliv.

Vorkommen: Er kommt in der ganzen gemäßigten Zone vor, doch weist er in Europa eine deutlich südliche Verbreitung auf. Er bevorzugt trockene Südhänge in Buchen- und Eichenwäldern und erscheint von Juni bis Oktober. Auch dieser Röhrling ist schützenswert.

Verwechslungsmöglichkeit: Mit anderen rotporigen Röhrlingen gegeben, z. B. mit dem *Rosahütigen Röhrling (B. rhodoxanthus)* und den *Hexenröhrlingen.* Von Anfängern wird der *Schönfuß-Röhrling (B. calopus),* obwohl dieser auch im Alter gelbe Röhrenmündungen hat, oft für einen Satanspilz gehalten.

Verwendbarkeit: Der Pilz ist giftig und verursacht, besonders roh gegessen, schwere Magen- und Darmbeschwerden.

Allgemeines: *Satanas* bedeutet »teuflisch«.

Literaturhinweis: *Zeitschrift für Mykologie,* Beiheft (4), 1982.

Netzstieliger Hexenröhrling *Boletus luridus* SCHFF. EX FR.

Merkmale: Der **Hut** wird 5–25 cm breit, ist jung halbkugelig bis konvex, dann ausgebreitet und verflacht nur sehr selten. Seine Oberfläche ist fein filzig-samtig mit mehr oder weniger olivbraunen Farben, manchmal auch mehr olivgelb bis fast ledergelblich, oft sind mehrere dieser Farbtöne zusammen feststellbar; bei Berührung bekommt er dunkle Flecken. Feucht ist er sehr schwach schmierig, ansonsten trocken. Die **Röhren** sind blaß olivgelb und später gelbgrün bis schmutzig oliv, bei Bruch laufen sie grünblau an. Ein gutes, wenn auch nicht konstantes Erkennungsmerkmal ist der rote Röhrenboden, der im Schnitt als rote Pigmentschicht zwischen Hutfleisch und Röhren erkennbar ist. Die **Poren** sind jung gelblich, aber sehr bald rötlich überhaucht und schließlich lebhaft rot. Der anfangs bauchige **Stiel** wird später mehr oder weniger gestreckt, 4–20 cm lang und 1,5–5 cm dick. Auf hell- oder orangegelbem Grund wird er von einem deutlichen roten, langgestreckten, meist erhabenen Netz überzogen. Das milde **Fleisch** ist hart, blaßgelb, meist in der Stielbasis und oft bis zur Spitze und besonders in Larvenfraßgängen rot durchzogen; es läuft dort nicht so stark blau an wie in den übrigen Teilen.

Sporenpulverfarbe: olivbraun.

Vorkommen: Dieser Pilz ist in Europa weit verbreitet und steigt vom Tiefland bis in Hochgebirgslagen auf. In Deutschland zeigt er sich jedoch wärmeliebend und bevorzugt Eichen-Hainbuchen-Buchenwälder auf Kalkböden. Je höher er aufsteigt, um so mehr Kalk und Südlagen fordert er. (Mai) Juni bis September.

Verwechslungsmöglichkeit: Ist mit dem *Flockenstieligen Hexenröhrling (B. erythropus)* und anderen rotporigen *Röhrlingen* möglich.

Verwendbarkeit: Der Pilz ist eßbar. Er enthält aber thermolabile Giftstoffe, die jedoch beim Kochen oder Braten zerstört werden. Ißt man ihn, dann empfiehlt es sich, keinen Alkohol zu sich zu nehmen.

Allgemeines: *Luridus* bedeutet »fahl, bleich«.

Flockenstieliger Hexenröhrling, Schuster- oder Donnerpilz *Boletus erythropus* (FR. EX FR.) PERS.

Merkmale: Der **Hut** wird 8–20 cm breit, jung ist er halbkugelig, dann polsterförmig-konvex und älter mehr oder weniger verflacht. Seine Farbe ist meist einheitlich dunkelbraun, aber auch oliv- bis schwarzbraun; er ist fein filzig, matt, trocken und nur bei Feuchtigkeit schwach schmierig. Die **Röhren** sind blaß-, hell-, olivgelb, schließlich gelbgrün und werden bei Verletzung oder im Schnitt stark blau. Die **Poren** sind nur sehr jung gelblich und werden schnell mehr oder weniger einheitlich rot, sehr eng, rundlich bis eckig-rund; bei Berührung laufen sie ebenfalls stark blau an. Der **Stiel** wird 4–15 cm lang und 2–6 cm dick. Jung bauchig-knollig, wird er bald mehr oder weniger zylindrisch, aber gewöhnlich relativ dick. Auf gelblichem Grund ist er mit kleinschuppigen, pustelartigen roten Flocken dicht besetzt; dadurch zeigt er erst spät den gelben Untergrund. Das **Fleisch** ist gelb bis sattgelb und feucht etwas marmoriert, bei Verletzung oder im Schnitt läuft es sofort tiefblau an. Es riecht schwach und schmeckt mild.

Sporenpulverfarbe: olivbraun.

Vorkommen: Der Pilz ist in der gemäßigten Zone verbreitet und kommt in Mitteleuropa vom Flachland bis in höhere Berglagen vor. Er bevorzugt saure, kalkfreie oder zumindest oberflächenversauerte Böden und ist dort in Fichten- und in Buchen-Tannen-Fichtewäldern, auch in Mooren, aber auch in Laubwäldern ohne Nadelholzanteil schon ab Mitte Mai bis in den Oktober zu finden.

Verwechslungsmöglichkeit: Der sehr seltene *Glattstielige Hexenröhrling (B. queletii)* hat olivgelbe bis olivbraune Hutfarben mit rötlichen Tönen und einen mehr oder weniger glatten Stiel, der nach oben gelblich, nach unten rötlich ist. Er bevorzugt kalkige Böden, ist aber nicht so streng wie der *Netzstielige Hexenröhrling* an diesen gebunden. Er ist eher im südlichen Teil der Alpen zu finden.

Verwendbarkeit: Guter Speisepilz.

Allgemeines: *Erythropus* bedeutet »Rotfuß«.

Rosahütiger Röhrling *Boletus rhodoxanthus* (KRBH.) KBCH.

Merkmale: Der **Hut** wird 7–20 cm breit, jung ist er halbkugelig, dann polsterförmig-konvex und später flacher ausgebreitet. Er ist weißlich-bräunlich-grau, im Alter auch schmutzig bräunlich-gelb, aber meistens vom Rand her rosa bis rötlich überhaucht. Ansonsten ist er kahl oder höchstens leicht filzig, meist etwas klebrig und eindrückbar. Die **Röhren** sind lang hellgelb bis sattgelb, im Alter gelbgrün und laufen leicht blau an. Die **Poren** haben anfangs die gleiche Farbe wie die Röhren, werden aber sehr schnell rot bzw. kräftig karminblutrot; jung sind sie sehr eng, später rundlich-eckig. Der **Stiel** wird 6–16 (20) cm lang und 2–6 cm dick. Er ist anfangs etwas bauchig-knollig, später mehr oder weniger zylindrisch, die Basis kann dabei leicht zugespitzt sein. Seine gelbliche, stielabwärts purpur-karminrote Oberfläche ist mit einem feinmaschigen, später langgezogenen, leicht erhabenen, feinpunktierten, roten bis purpur-blutroten Netz überzogen. Das im Hut harte, im Stiel weiche **Fleisch** ist lebhaft zitronengelb und über den Röhren und im Stiel satter, es läuft schwach blau an und ist in Basisnähe weinrötlich durchzogen. Der Geruch ist schwach und der Geschmack mild. **Sporenpulverfarbe:** olivlich.

Vorkommen: Dieser schöne rotporige Röhrling hat ähnliche Standortansprüche wie der *Satansröhrling (B. satanas)* und ist gleichermaßen wärmeliebend. Er ist aber insgesamt wesentlich seltener.

Verwechslungsmöglichkeit: Ist für den Anfänger mit dem *Satansröhrling* gegeben. Die anderen, sehr seltenen »Purpur«-Röhrlinge, wie *B.rhodopurpureus, B. lupinus, B. splendidus* etc., sind teilweise sehr schwer abgrenzbar und bestimmbar.

Verwendbarkeit: Zumindest roh giftig. Wegen seiner Seltenheit aber auf jeden Fall schonenswert.

Allgemeines: *Rhodoxanthus* bedeutet »rosa und gelb«.

Literaturhinweis: Engel, H.: *Dickröhrlinge*, 1983; *Zeitschrift für Mykologie*, Beiheft (4), 1982.

Satansähnlicher Röhrling *Boletus splendidus* MARTIN

Merkmale: Der **Hut** wird 5–10 cm breit, jung ist er polsterförmig, dann konvex, oft uneben, mit fast scharfem, oft überstehendem Rand; erst ist er milchkaffeebraun, dann mehr oder weniger braun mit flüchtigen rosa Tönungen; trocken und jung etwas filzig, älter dann kahl. Die **Röhren** sind jung sehr schmal und graugelblich, die **Poren** bei sehr jungen Pilzen gelb und sehr eng, später bald rot-karminfarben und etwas weiter. Der **Stiel** wird 4,5–8 cm hoch und 2–4 (6,5) cm dick. Er ist mehr oder weniger zylindrisch und zur Basis zu verjüngt. Auf seiner gelblichen Oberfläche ist er mit einem schönen, sehr feinen, roten Netz überzogen. Stielabwärts werden die Farben kräftig feuerkarmin- bis purpurrot, wobei Netz und Untergrund einheitlich gefärbt sind. Das Basalmycel ist gelb. Das **Fleisch** ist zart hellgelb, in der Stielbasis rötlich durchzogen und läuft im Hut schwach blau an. Larvenfraßstellen sind rötlich. Es riecht leicht süßlich parfümiert.

Sporenpulverfarbe: olivlich.

Vorkommen: In wärmeren Laubwäldern, besonders an sonnigen Standorten, bei Eichen und Buchen. Der abgebildete Pilz wurde an einem sonnigen, trockenen Standort, bei Rotbuchen, auf kalkhaltigem Boden gefunden. Die Verbreitung ist noch ungenügend bekannt; unter anderem kommt er in Frankreich, Italien und der ČSSR vor. Sehr selten. Er wächst vom Sommer bis in den Herbst.

Verwechslungsmöglichkeit: Der *Rosahütige Röhrling (B. rhodoxanthus)* und *Purpurröhrling (B. rhodopurpureus)* sind gut vom *B. splendidus*-Kreis abzugrenzen. Bei der beschriebenen Art handelt es sich um eine extrem seltene Art, die in der Literatur beschrieben, aber nicht einheitlich und unter verschiedenen Namen dargestellt wird; *B. satanoides, B. lupinus, B. purpureus, B. le-galiae.*

Verwendbarkeit: Nicht bekannt.

Allgemeines: Die Abbildung dieses Röhrlings wurde in unser Buch aufgenommen, um die Problematik einer genauen Bestimmung einer ungeklärten Pilzart anzuschneiden.

Literaturhinweis: Engel, H.: *Dickröhrlinge.*

Rotfußröhrling *Xerocomus chrysenteron (BULL. EX ST. AMANS) QUÉL.*

Merkmale: Der **Hut** wird 3–12 cm breit. Erst ist er stark polsterförmig-konvex bis fast halbkugelig, später verflacht er langsam und bekommt manchmal eine leicht niedergedrückte Mitte. Er ist mehr oder weniger braun, gelbbräunlich, oft mit olivlichem Ton, ockergrau und manchmal leicht rötlich. Die Haut des Hutes ist trocken, matt, feinfilzig bis samtigfilzig und reißt bei Trockenheit oft typisch felderig auf, dann zeigt sie die rötliche oberste Fleischschicht und läuft auch an Fraßstellen rötlich an. Die **Röhren** sind anfangs blaßgelblich, bald aber grüngelb bis olivgrünlich und laufen auf Druck blau an. Die **Poren** haben die gleiche Farbe wie die Röhren oder sie sind etwas schmutziger, groß (weit) und vieleckig. Manchmal sind sie auch leicht braun gefleckt und werden bei Druck mehr oder weniger blau. Der **Stiel** wird 3–10 cm lang und 0,5–2 cm dick. Er ist meist zylindrisch, zur Basis hin verjüngt, oft etwas verbogen. Auf gelblichem Grund ist er meist rot oder bräunlich gefärbt und oft längsfaserig gestreift, die Riefung im oberen gelben Teil geht in die Röhren über. Das zarte, weiche **Fleisch** ist weiß bis lebhaft gelb und unter der Huthaut rötlich gefärbt, bei Bruch wird es blau. Geruch und Geschmack angenehm.

Sporenpulverfarbe: bräunlicholiv.

Vorkommen: Der Pilz ist in Europa dicht verbreitet und kommt vom Flachland bis in Gebirgslagen, im Nadel- wie Laubwald auf fast allen Böden häufig vor. Juni bis November.

Verwechslungsmöglichkeit: Der besonders in Parks und Laubwäldern vorkommende *Falsche Rotfußröhrling (X. truncatus = X. porosporus)* ist äußerst ähnlich. Er unterscheidet sich im wesentlichen durch abgestutzte Sporen mit deutlichem Keimporus.

Verwendbarkeit: Der Pilz ist eßbar.

Allgemeines: Die Gattung der *Filzröhrlinge (Xerocomus)* umfaßt ca. 10 Arten. Es sind Pilze mit trockenem, samtig-filzigem Hut, grünen bis gelben Röhren, die relativ weite Poren und schlanke Stiele haben. *Chrysenteron* bedeutet »mit goldgelbem Fleisch«.

Maronenröhrling oder **Braunkappe** *Xerocomus badius (FR.) KÜHN. EX GILB.*

Merkmale: Neben dem *Steinpilz* dürfte der Maronenpilz wohl der bekannteste aller Röhrlinge sein. Der zunächst halbkugelig wachsende, unregelmäßig polsterförmig-konvexe, später flachere **Hut** wird 5–10 (15) cm breit. Meist ist er mehr oder weniger kastanienbraun, heller rötlichbraun oder sogar olivbraun. Manche Exemplare zeigen sich fast schwarzbraun. In der Regel ist er matt und trocken filzig, bei feuchtem Wetter aber deutlich schmierig. Die **Röhren** sind am Stiel angewachsen bis buchtig niedergedrückt und zeigen eine auffallend blasse, helle Farbe, die später olivgelblich bis schmutzig olivgrün wird; bei Berührung färben sie sich grün-bläulich. Jung sind sie sehr eng, später mittelweit und eckig. Der **Stiel** wird 5–12 cm lang und 1–4 (5) cm dick. Er ist in der Form sehr veränderlich, oft mehr oder weniger zylindrisch mit leicht zugespitzter Basis, aber auch bauchig, dickknollig und gebogen. Er ist gelblich-braun, oft dunkler, eingewachsen längsstreifig, die Stielspitze oft gelblich und die Basis vom Myzel oft weißlich-striegelig. Das sonst weißlich-gelbe **Fleisch** ist unter der Huthaut etwas bräunlich und verfärbt sich auf Druck mehr oder weniger blau. Es ist in der Jugend sehr fest, die Stielrinde oft faserig hart, erst zuletzt im Hut weich. Der Geruch ist schwach und der Geschmack mild.

Sporenpulverfarbe: olivbraun.

Vorkommen: Der Maronenröhrling ist weit verbreitet und kommt von der Küste bis in die Alpen vor. Er bevorzugt Nadelwald und ist nur selten in reinen Laubwäldern zu finden. In guten Pilzjahren stößt man zuweilen auf größere Bestände, vor allem in alten Fichtenwäldern, oft zwischen den Wurzelausläufen. Oft schon im Juni/Juli, doch meist erst im Herbst/Spätherbst bis November.

Verwechslungsmöglichkeit: Er wird von Anfängern manchmal für einen *Steinpilz* gehalten. Der Maronenröhrling hat aber keine Netzzeichnung am Stiel. Das Fleisch und die Röhren des Steinpilzes werden nicht blau.

Verwendbarkeit: Der Pilz ist eßbar.

Allgemeines: *Badius* bedeutet »schön braun«.

Brauner Filzröhrling *Xerocomus spadiceus* (FR.) QUÉL.

Merkmale: Der 3–10 cm breite **Hut** ist polsterförmig, später flacher konvex und in der Mitte bald flach, oft auch etwas vertieft. Der Rand ist oft ziemlich dünn und scharf oder eingebogen. Seine Farben sind braun bis rötlichbraun und ohne Olivtöne, aber jung meist mit einem gelblichen, feinfilzigen Überzug. Trocken ist das weißlichgelbe Fleisch in den unregelmäßigen Rissen sichtbar. Die **Röhren** sind erst hellgelb, dann goldgelb und laufen bei Berührung blau an. In der Reife sind sie um den Stiel meist niedergedrückt, buchtig. Die **Poren** haben die gleiche Farbe wie die Röhren, jung sind sie auffallend labyrinthisch-verzogen und in der Reife weit, eckig; frisch leicht blau anlaufend und an diesen Stellen schließlich bräunlich werdend. Der **Stiel** ist 4–9 cm hoch und 1–2 cm dick. Mehr oder weniger gleich dick, besonders jung in der Mitte oder gegen die Basis bauchig erweitert und darunter zugespitzt. Auf seiner weißlich-gelblichen Oberfläche sind hellbräunliche, grobe Gratzeichnungen erkennbar, die sich sehr oft unvollkommen netzartig zusammenschließen. Das **Fleisch** ist weißlich und nur gegen die Röhren zu und im Stiel gelblich; bei Berührung wird es besonders in frischem Zustand und speziell über den Röhren blau, es schmeckt mild.

Sporenpulverfarbe: olivbräunlich.

Vorkommen: Der Pilz wächst im Laub- und Nadelwald, auf Erde, um Baumwurzeln, im tiefen Humus oft zwischen Moos. Meist gesellig, aber auch einzeln, von Juli bis Oktober.

Verwechslungsmöglichkeit: Diese Art wird oft mit der *Ziegenlippe (X. subtomentosus)* verwechselt und früher lediglich als Varietät oder Unterart zu dieser gestellt. Manche Autoren unterscheiden zwischen einer Laubwald- und Nadelwaldform; diese Unterscheidung beruht im wesentlichen auf einer positiven oder negativen Ammoniakreaktion der Huthaut.

Verwendbarkeit: eßbar.

Allgemeines: *Spadiceus* bedeutet »dattelbraun«.

Literaturhinweis: *Zeitschrift für Mykologie,* Beiheft (4), 1982.

Ziegenlippe *Xerocomus subtomentosus* (L. EX FR.) QUÉL.

Merkmale: Der **Hut** wird 3–12 cm breit, ist jung fast halbkugelig, bald polsterförmig mit verflachter Mitte, manchmal aber auch etwas niedergedrückt. Seine Farben sind mehr oder weniger oliv bis olivbraun. Besonders jung sind sie mit typisch senfgelbem Reif überlagert, der sich später meistens verliert. Fraßstellen oder die seltener etwas rissige Oberhaut zeigen keine rötlichen Verfärbungen. Die **Röhren** sind lebhaft gelb, zuletzt aber grünlichgelb mit bräunlichem Ton und relativ lang. Die **Poren** haben die gleiche Farbe wie die Röhren oder sie sind noch stärker gelb, relativ weit und reagieren auf Druck nur sehr schwach blau. Der **Stiel** wird 6–10 cm lang und 1,5–2,5 cm dick. Meist ist er mehr oder weniger zylindrisch, nach oben manchmal etwas dicker und nach unten leicht zugespitzt. Auf oft einfarbigem, blaßgelblichem Grund ist er mit kleinen bräunlichen Flöckchen besetzt bis überfasert, ohne deutliche Netzzeichnung. Das **Fleisch** ist weißlich-gelb, jung fest, bald aber schwammig weich, es riecht nur schwach und schmeckt mild. Das Blauen ist nicht konstant und oft an sehr jungen Pilzen kaum feststellbar.

Sporenpulverfarbe: bräunlicholiv.

Vorkommen: Der Pilz ist ähnlich wie der *Rotfußröhrling* holarktisch verbreitet und in ganz Europa anzutreffen. Vom Norden bis zum Süden besiedelt er Laub- und Nadelwälder und kommt auch gelegentlich außerhalb des Waldes – nach dessen Rodung sogar noch einige Jahr danach – vor. Man findet die Fruchtkörper in großer Zahl von August bis Oktober.

Verwechslungsmöglichkeit: Ist mit dem *Braunen Filzröhrling (X. spadiceus)* möglich, siehe dort. Der *Rotfußröhrling (X. chrysenteron)* unterscheidet sich durch rötliche Töne am Stiel und in den Rissen und Fraßstellen.

Verwendbarkeit: Die Ziegenlippe ist eßbar.

Allgemeines: Bei feuchtem Wetter wird der Pilz sehr schnell von einer weißen Schimmelschicht bedeckt. Es handelt sich um den Goldschimmel, der die Ziegenlippe bevorzugt, aber auch andere Röhrlinge befällt. *Subtomentosus* bedeutet »etwas filzig«.

Hohlfußröhrling *Boletinus cavipes* (OPAT.) KALCHBR.

Merkmale: Der **Hut** wird 5–15 cm (20) cm breit, ist anfangs konvex, dann polsterförmig, hat oft einen stumpfen, niedrigen Buckel, seltener eine leicht niedergedrückte Mitte. Er ist gelb-, gold-, dunkel- bis rotbraun, anfangs filzig und reißt bald in Schüppchen auf, er ist trocken und manchmal auch etwas rissig, oft sparrig schuppig. Der Hutrand ist jung mit weißlichen Resten der Teilhülle, *Velum partiale,* behangen. Die **Röhren** sind erst gelb, dann grünlichgelb, relativ kurz und nur schwer vom Hutfleisch zu trennen. Die **Poren** haben die gleiche Farbe wie die Röhren, anfangs sind sie unregelmäßig, dann stark länglich, fast lamellenartig mit niederen Querwänden, oft weit. Der **Stiel** wird 5–8 cm lang und 1–2,5 cm dick. Er ist fast gleichdick bis leicht keulig, oft gebogen und hohl. Oberhalb des Rings hat er die gleiche Farbe wie die Röhren und unterhalb des Hutes ist er mit kleinen bis gröberen Schüppchen besetzt. Anfangs verbindet ein mehr oder weniger dickes und dichtes Velum den Stiel mit dem Hutrand. Das **Fleisch** ist blaßgelb, bei Verletzung unveränderlich, zart und im Geruch und Geschmack unauffällig.

Sporenpulverfarbe: olivocker.

Vorkommen: Der Hohlfußröhrling ist ein Mykorrhizapilz der Lärche und an diese gebunden. Er ist im natürlichen Verbreitungsgebiet dieses Baumes zu finden, also vorwiegend in bergigen bis subalpinen Lagen verbreitet. Er folgt aber auch in die Pflanzungen des Tieflands, ist dort aber seltener. Er wächst von Juli bis Oktober auf mehr oder weniger sauren Böden.

Verwechslungsmöglichkeit: Er ist durch seinen filzigen Hut, die weiten Poren, den Ring und den hohlen Stiel gut erkennbar.

Verwendbarkeit: Er ist eßbar.

Allgemeines: Die Gattung der *Schuppenröhrlinge (Boletinus)* besteht im westlichen Europa nur aus einer Art. Der *Asiatische Schuppenröhrling (B. asiaticus)* ist an die Sibirische Lärche gebunden und erreicht vom Osten her Finnland. *Cavipes* bedeutet »mit hohlem Fuß«.

Literaturhinweis: *Zeitschrift für Mykologie,* Bd. 44 (2), 1978.

Pfefferröhrling *Chalciporus piperatus* (BULL. EX FR.) BAT.

Merkmale: Der **Hut** wird 2–6 (10) cm breit. Erst ist er halbkugelig gewölbt, dann polsterförmig und später etwas flach. Seine Farben variieren von kupferrotbraun, gelblichbraun bis fuchsig-ockerbraun. Seine Oberfläche ist fein eingewachsen, fein-filzig bereift, trocken matt bis stumpf glänzend und feucht schmierig-klebrig. Die **Röhren** sind am Stiel angewachsen, laufen manchmal schwach herab und zeigen eine orangebraune, gelbbraune, mehr oder weniger zimtrote Färbung. Anfangs schwer, später leichter vom Hutfleisch abtrennbar. Die **Poren** haben die gleiche Farbe wie die Röhren und sind jung eng, später aber weit. Der **Stiel** wird 4–7 (10) cm lang und 0,5–1 cm dick. Er ist zylindrisch, gleich dick oder abwärts etwas verjüngt. Seine Oberfläche hat die gleiche Farbe wie Hut und Hymenophor oder blasser, sie ist kahl, glatt und trocken. Das **Fleisch** ist gelblich, gelblichweiß, oft mit rötlichem Schein und unveränderlich bei Bruch oder Schnitt. Im Geschmack ist es pfefferscharf.

Sporenpulverfarbe: zimtbraun.

Vorkommen: Der Pfefferröhrling ist in Mitteleuropa weit verbreitet, aber nicht überall gleich häufig. Er kommt auf mehr oder weniger sauren Böden vom Flachland bis ins Gebirge vor, wobei er Sandstein-Nadelwälder bevorzugt; unter ähnlichen Bedingungen, wenn auch seltener, wächst er allerdings auch im Laubwald. Er steht gern an Waldrändern und -weiden, einzeln oder gesellig, vom Sommer bis in den Herbst.

Verwechslungsmöglichkeit: Der *Falsche Pfefferröhrling (Ch. amarellus)* hat ähnliche, aber etwas blassere, mehr rosa bis kupferrote Farben und ein mild bis schwach bitter schmeckendes Fleisch. Er ist bedeutend seltener, mehr südlich (Alpen, Seealpen) verbreitet und wächst unter Tannen und Fichten. Von einigen Autoren wird er nur als Varietät des Pfefferröhrlings betrachtet.

Verwendbarkeit: Er wird manchmal als Gewürzpilz verwendet, sonst kaum brauchbar.

Allgemeines: Die Gattung *Chalciporus* enthält 4 Arten. *Piperatus* bedeutet »pfefferartig«.

Butterpilz *Suillus luteus* (L. EX FR.) GRAY

Merkmale: Der **Hut** wird 5–10 (15) cm breit. Jung ist er halbkugelig, dann polsterförmig mit leichtem Buckel, später ausgebreitet. Seine besonders anfangs feucht, stark schleimig-schmierige, trocken glänzende Oberfläche ist dunkel-, gelbbraun oder auch heller mit grauem bis violettem Schimmer; sie ist leicht abziehbar. Die **Röhren** sind blaßgelb, dann gelb bis schmutzig olivgelb, am Stiel angewachsen bis schwach herablaufend. Die **Poren** haben die gleiche Farbe wie die Röhren, sie sind sehr eng und scheiden nur selten eine weißliche Flüssigkeit aus. Der **Stiel** wird 3–6 cm lang und 1–2,5 cm dick, ist mehr oder weniger zylindrisch, selten abwärts verdickt oder an der Spitze verjüngt. Ein häutiges Velum verbindet anfangs den Hutrand mit dem Stiel, dieses ist außen weißlich, aber bald schmutzig braun und innen gelblich gefärbt. Es bleibt als häutig abstehender, hängender Ring zurück. Darunter ist die Oberfläche oft bräunlich überzogen. Das **Fleisch** ist weiß bis gelblich und von der Basis her bräunlich eindringend, fest-faserig im Stiel und weich-zart im Hut. Der Geruch ist obstartig und der Geschmack etwas säuerlich.

Sporenpulverfarbe: rostockerbraun.

Vorkommen: Der Pilz ist über die ganze nördliche Halbkugel verbreitet und gilt in Europa als gemein. Er begleitet die Kiefernarten von den Meeresküsten bis in die alpinen Zonen. Er hat eine Vorliebe für kaltgemäßigtes Klima und stellt keine direkten Bodenansprüche, er scheint aber saure, nährstoffarme Böden vorzuziehen. Man findet ihn oft in Trupps von September bis Oktober.

Verwechslungsmöglichkeit: Am Standort und am häutigen Ring gut zu erkennen.

Verwendbarkeit: Der Pilz ist eßbar. Er soll bei manchen Menschen ähnliche allergische Erscheinungen hervorrufen wie der *Kahle Krempling (Paxillus involutus).*

Allgemeines: Die Gattung umfaßt ca. 20 Arten. Es sind Mykorrhizapilze der Nadelbäume, mit meist schmierigen Hüten, mit oder ohne Velum und Guttationstropfen. *Luteus* bedeutet »gelb«.

Goldröhrling *Suillus grevillei* (KLOTZSCH) SING.

Merkmale: Der **Hut** wird 3–10 cm breit, anfangs ist er halbkugelig, dann polsterförmig, manchmal mit Buckel, später mehr ausgebreitet bis flach. Seine Farben sind ein lebhaftes Hellgelb mit Variationen zu Goldbraun mit dunklerer Mitte, ansonsten ist er schleimig-schmierig, kahl und trocken glänzend, glatt. Die **Röhren** sind gelb, später trüboliv bis braungelb, angewachsen bis etwas herablaufend. Die **Poren** haben die gleiche Farbe wie die Röhren, anfangs sind sie rundlich eng, unregelmäßig verzogen und weiter. Der **Stiel** wird 6–10 (12) cm lang und 1–2,5 cm dick. Meist ist er zylindrisch oder gegen die Basis etwas keulig verdickt. Ein gelbliches Velum verbindet ihn anfangs mit dem Hutrand, es ist bald nur noch als wulstig-kantige, außen schmierige Ringzone erkennbar, die bei trockenem Wetter manchmal verkümmert. Ansonsten ist der Stiel gelblich, braunfaserig bis flockig. Das **Fleisch** ist ebenfalls kräftig gelb, manchmal aber auch blasser und läuft beim Durchschneiden schwach rosaviolett an, es riecht angenehm fruchtartig und schmeckt mild oder etwas säuerlich.

Sporenpulverfarbe: Gelblichbraun, variabel.

Vorkommen: Der Goldröhrling kommt überall in den nördlichen gemäßigten Zonen vor und ist in den natürlichen Lärchenregionen, aber auch in deren Anpflanzungen zu finden. Seine Fruchtkörper wachsen oft gesellig von Juli bis Oktober auf sauren bis kalkhaltigen Böden.

Verwechslungsmöglichkeit: Der *Graue Lärchenröhrling (S. aeruginascens)* hat einen ähnlichen Habitus, Hut, Poren und Stiel sind aber mehr oder weniger grau. Sein Fleisch ist weißlich. Der *Rostrote Lärchenröhrling (S. tridentinus)* hat gleiche Formen, aber mehr oder weniger orange-zimtbräunliche Farben. Beide wachsen bei Lärchen, bevorzugen Kalkböden und sind im Flachland etwas seltener zu finden oder fehlen dort ganz.

Verwendbarkeit: Alle drei Lärchenröhrlinge sind eßbar.

Allgemeines: *Suillus grevillei* ist synonym mit S. flavus und S. nuëschii.

Körnchenröhrling *Suillus granulatus* (L. EX FR.) KUNTZE

Merkmale: Der **Hut** wird 4–10 cm breit, ist zunächst halbkugelförmig und flacht im Laufe der Zeit immer mehr ab. Seine Farbe ist braun bis gelblichbraun ausblassend. Feucht ist die Oberhaut schmierig, glatt, glänzend, am Hutrand leicht abstehend und abziehbar. Die **Röhren** sind weißlich, dann gelblich, angewachsen bis leicht herablaufend. Die **Poren** haben die Farbe der Röhren, sind eng, etwas unregelmäßig verzogen bis eckig. Aus ihnen tritt eine milchfarbene Flüssigkeit aus, die sich in Tröpfchen zeigt. Der **Stiel** wird 4–10 cm lang und 1–2 cm dick. Er ist zylindrisch, seltener nach unten verdickt und zur Basis wieder verjüngt oder an der Stielspitze verjüngt. Seine gelblichweiße Oberfläche ist ganz oder zumindest in der oberen Hälfte mit gleichfarbenen bis olivgelben oder braunen Körnchen besetzt. Jung ist er mit kleinen, milchartigen Tröpfchen geschmückt, die beim Eintrocknen rußig nachdunkeln. Das **Fleisch** ist ebenfalls weißgelblich, erst fest, später sehr weich und wäßrig, im Geruch angenehm säuerlich und im Geschmack mild. **Sporenpulverfarbe:** ockergelb.

Vorkommen: Der Pilz ist in Europa weit verbreitet und kommt stets unter 2nadeligen Kiefern auf trockeneren, kalkigen Böden vor. In Deutschland ist er im Flachland seltener und zum Süden zu dichter verbreitet. Man findet ihn teilweise gesellig, gern an lichten Stellen, Waldrändern und Schafweiden; er wächst in mehreren Schüben von Juni bis November.

Verwechslungsmöglichkeit: Besteht am Mittelmeer und der Atlantikküste mit der unter Strandkiefern vorkommenden langstieligen Form *S. littoralis* und der kurzstieligen Form *var. mediterraneensis.* Der *Ringlose Butterpilz (S. collinitus)* hat an der Stielbasis ein rosa gefärbtes Myzel. Alle diese Formen sind eßbar.

Verwendbarkeit: Der Pilz ist eßbar.

Allgemeines: Die Huthaut sollte man wie bei allen Schmierröhrlingen abziehen. *Granulatus* bedeutet »körnig«.

Literaturhinweis: *Zeitschrift für Mykologie,* Beiheft (4), 1982.

Zirben- oder **Arvenröhrling** *Suillus plorans* (ROLL.) SING.

Merkmale: Der **Hut** wird 3–15 cm breit, jung ist er halbkugelig, dann polsterförmig und nur selten gebuckelt. Auf ocker-orangebräunlichem, manchmal auch auf mehr gelbem Grund ist er bräunlich überfasert. Feucht ist er schmierig, trocknet aber schnell aus und ist eingewachsen faserig punktiert. Die **Röhren** sind orangebräunlich, dann olivocker und im Alter wieder schmutziggelb aufhellend. Die **Poren** haben die gleiche Farbe wie die Röhren oder sie sind dunkler, relativ klein und rundlich. Jung scheiden sie eine milchigweiße Flüssigkeit aus, die später braun eintrocknet. Der **Stiel** wird 4–10 (12) cm lang und ist 1–2,5 cm dick. Seine Basis ist meist ziemlich dick und gegen die Spitze verjüngt. Er ist voll, seltener ausgestopft oder hohl. Seine schmutzig-ocker- bis orangefarbene Oberfläche ist dicht mit milchige Tropfen ausscheidenden Drüsenkörnchen besetzt, die den ganzen Stiel bekleiden und später schwärzlich eintrocknen. Das **Fleisch** ist ebenfalls orangefarben, über den Röhren und in der Stielspitze mehr gelblich, hart im Stiel und weich im Hut. Der Geruch ist schwach obst-mandel-artig, und es schmeckt leicht säuerlich.

Sporenpulverfarbe: braunoliv.

Vorkommen: Der Pilz begleitet die 5nadelige Zirbe (Arve), ein Nadelgehölz der alpinen Zone. Deshalb kommt der Zirben- oder Arvenröhrling nur in den Alpen (Zentralalpen), in Teilen Sibiriens und den Karpaten vor. Man findet seine Fruchtkörper vom Sommer bis in den Herbst.

Verwechslungsmöglichkeit: Nahe verwandt ist der *Elfenbeinröhrling (S. placidus),* der unter der Weymouthskiefer, aber auch unter der Zirbe wächst. Seine Farben sind mehr oder weniger weißlich. Er ist auf S. 226/227 beschrieben und abgebildet.

Verwendbarkeit: Der Zirbenröhrling ist eßbar. Doch sollte er dort, wo er selten ist, geschont werden.

Allgemeines: *Plorans* bedeutet »weinend« (wegen seiner Tränen).

Literaturhinweis: *Zeitschrift für Mykologie,* Beiheft (4), 1982.

Kuhröhrling *Suillus bovinus* (L. EX FR.) KUNTZE

Merkmale: Der **Hut** wird 3–10 cm breit. Jung ist er polsterförmig, mit leicht eingebogenem Rand, später mehr ausgebreitet und unregelmäßig verflacht und niedergedrückt, gelbbräunlich-falb, lederfarben bis kuhrötlich. Feucht ist die Oberhaut stark schmierig, trocknet aber schnell. Sie ist kahl, glatt oder feinrunzelig uneben vom eingetrockneten Schleim. Die **Röhren** sind blaß graugelblich, dann olivgelb bis -braun, breit angewachsen bis herablaufend und nur schwer vom Hutfleisch zu lösen. Die **Poren** haben die gleiche Farbe wie die Röhren oder sie sind etwas schmutziger; weit und unregelmäßig zusammengesetzt, meist zahnartig vorgezogen. Der **Stiel** wird 3–6 cm lang und 0,5–1,5 cm dick, ist meist fleischig, in der Jugend etwas bauchig, manchmal verbogen. Seine Oberfläche ist ähnlich wie der Hut gefärbt, aber oft blasser, an der Spitze fast immer safrangelb getönt und abwärts etwas bräunlich eingewachsen längsfaserig. Das **Fleisch** ist blaßgelb bis bräunlich, beim Eintrocknen verfärbt es sich rosafleischrötlich. Es riecht angenehm fruchtartig und schmeckt säuerlich.

Sporenpulverfarbe: blaß olivbraun.

Vorkommen: Der Kuhröhrling ist in Europa weit verbreitet und von der Küste bis in den Alpen anzutreffen. Er bevorzugt nährstoffarme, sandige, stark bodensaure Nadelwälder. Er wächst unter Kiefern. August bis Oktober.

Verwechslungsmöglichkeit: Unerfahrene Pilzsammler könnten ihn für den *Sandröhrling (Suillus variegatus)* halten. Dessen Hut ist mit rauhen, filzigen Schüppchen bedeckt, und seine Poren sind sehr eng.

Verwendbarkeit: Der Kuhröhrling ist eßbar.

Allgemeines: Am gleichen Standort ist meist auch der *Rosenrote Schmierling (Gomphidius roseus)* anzutreffen. Beide Arten stellen gleiche Ansprüche an Bodenverhältnisse und Baumart. Möglicherweise besteht ein Abhängigkeitsverhältnis zwischen beiden Pilzen. *Bovinus* bedeutet »zur Kuh gehörend«.

Literaturhinweis: *Zeitschrift für Mykologie,* Bd. 44 (2), 1978.

Sandröhrling *Suillus variegatus* (SCHWARTZ EX FR.) KUNTZE

Merkmale: Der **Hut** wird 6–15 cm breit. Zunächst erscheinen die jungen Pilze halbkugelig, mit stark eingebogenem Rand, später polsterförmig, bald ausgebreitet und unregelmäßig verbogen, ihre Mitte ist manchmal niedergedrückt. Seine gelbbraune bis orangeockerfarbene Oberfläche ist mit gelblicholivgrauem, rauhem Filz bedeckt, gegen die Hutmitte ist dieser dichter und stärker angedrückt, er sieht wie mit Sand bestreut aus. Bei feuchtem Wetter ist die Haut nur wenig schmierig, ansonsten trocken. Die **Röhren** sind schmutzig blaßgelblich mit orangefarbenen Tönen und zuletzt gelbgrün. Die **Poren** sind etwas dunkler und schmutziger gefärbt und werden an Druckstellen leicht blau; sie sind klein, rundlich-eckigrund. Der **Stiel** wird 7–10 cm lang und 1,5–2,5 cm dick. Anfangs schwach bauchig, wird er später zylindrisch mit oft verdickter Basis. Er hat eine hellere Farbe als der Hut und ist gegen die Basis hin mehr orangebraun, an der Stielspitze lebhafter orangegelblich sowie sehr fein filzig überzogen. Das **Fleisch** ist gelblich oder orangeblaß, reagiert mehr oder weniger stark blau und ist im Stiel faserig-fest, im Hut alt weichfleischig. Der Geruch ist schwach, der Geschmack mild.

Sporenpulverfarbe: olivbräunlich.

Vorkommen: Er ist in ganz Europa weit verbreitet und gilt in vielen Gegenden als Massenpilz. Er wächst in feuchten sowie trockenen, sandigen Nadelwäldern unter Kiefern und auf sauren, zumindest oberflächlich stark entkalkten Lehm- und Rohhumusböden. In den Alpen steigt er bis auf eine Höhe von 2000 m. Er bildet seine Fruchtkörper von Juni bis November.

Verwechslungsmöglichkeit: Sie ist mit dem beschriebenen *Kuhröhrling (S. bovinus)* möglich. Dieser hat aber einen glatten, feucht stark schmierigen Hut.

Verwendbarkeit: Der Sandröhrling ist ein Speisepilz, aber er gilt als nicht besonders gut.

Allgemeines: *Variegatus* bedeutet »mannigfaltig, gesprenkelt«.

Literaturhinweis: *Zeitschrift für Mykologie,* Beiheft (4), 1982.

Elfenbeinröhrling *Suillus placidus (BON.) SING.*

Merkmale: Der **Hut** wird 3–13 cm breit, erst ist er halbkugelig bis polsterförmig und später ausgebreitet mit stumpfem Buckel oder leicht vertiefter Mitte. Die weiße, elfenbeinfarbene, vom Rand her gelbliche Oberfläche ist feucht schmierig-klebrig, glatt und kahl glänzend. An Druckstellen verfärbt sie sich langsam violettlich; sie ist abziehbar. Die **Röhren** sind weißlich, haben die Farbe des Hutes und werden erst bei der Reife zitronengelb. Die **Poren** haben die gleiche Farbe wie die Röhren, sind klein, etwas verzogen, später eckig. Sie scheiden milchigweiße, später auch bräunliche bis rötliche Tröpfchen aus, die schließlich als braunrote Punktierung erkennbar sind. Der **Stiel** wird 5–15 cm lang und 0,5–3 cm dick. Er ist mehr oder weniger zylindrisch, oft verbogen und innen voll. Auf seinem weißen Grund ist er mit blassen, bald mehr oder weniger rotbraunen Körnchen besetzt, die oft strichartig erscheinen. An der Spitze sind sehr oft kleine Tränen festzustellen. Das **Fleisch** ist ebenfalls weiß, nach außen etwas gelblich und läuft an der Luft zuweilen violettgrau an. Der Geruch ist unauffällig und der Geschmack mild.

Sporenpulverfarbe: trüb ocker.

Vorkommen: In Süd- und Mitteleuropa ist der Pilz von der Meeresküste bis in Hochlagen von 2100 m zu finden, allerdings sehr lückenhaft. Im norddeutschen Flachland ist er dabei seltener als in den Mittelgebirgslagen. Er scheint keine besonderen Bodenarten zu bevorzugen, ist aber an die heimische Arve (Zirbe) und an die aus Amerika um 1700 eingebrachte Weymouthskiefer gebunden.

Verwechslungsmöglichkeit: Der ebenfalls beschriebene *Zirbenröhrling (S. plorans)* ist eng verwandt, aber in Deutschland noch nicht gemeldet worden.

Verwendbarkeit: Der Elfenbeinröhrling ist ein guter Speisepilz. Dort, wo er selten ist, sollte er aber geschont werden.

Allgemeines: *Placidus* bedeutet »mild, angenehm, ruhig«.

Literaturhinweis: *Zeitschrift für Mykologie,* Beiheft (4), 1982.

Espen-Rotkappe *Leccinum aurantiacum (BULL. EX ST. AM.) GRAY*

Merkmale: Der **Hut** wird 5–20 (25) cm breit. Jung ist er halbkugelig, dann polsterförmig und im Alter verflacht, mit am Rand wenig überstehender Huthaut, diese ist orangerot, braunrot, orangebraun und bei feuchtem Wetter leicht schmierig, sonst aber feinfilzig bis filzig und schnell trocknend. Die **Röhren** sind lange weißlich, zuletzt aber grau bis schmutzigolivgrau oder gelbgrau, um den Stiel niedergedrückt und erst später etwas schwammig. Die **Poren** haben die gleiche Farbe wie die Röhren. Sie sind eng und bräunen bei Druck ganz leicht. Der **Stiel** wird 5–20 cm lang und 1–5 cm dick. Er wirkt meist kräftig, ist an der Spitze verjüngt und oft abwärts dicker und verbogen. Auf weißem, hellem Grund ist er schuppig-rauh, oft längsstreifig gezeichnet. Diese feinen Schuppen sind anfangs weißlich, werden bald orange und dann braun. Die unverletzte Stieloberfläche wird bei Druck mehr oder weniger hellockerfleckig. Das **Fleisch** ist weiß, schnell grauviolett, purpurgrau und verfärbt oft schwarz. Beim Anschnitt läuft es weinrot bis veilchenfarben und in der Stielbasis manchmal grünlichblau an. Im Stiel ist es fest längsfaserig und wird im Hut mit zunehmendem Alter weich. Es riecht und schmeckt angenehm.

Sporenpulverfarbe: Bräunlich mit olivem Ton.

Vorkommen: Der Pilz ist in Europa weit verbreitet und kommt wohl überall vor. Er wächst von Juni bis in den Oktober unter Zitterpappeln (Espen), gern an Waldrändern und an grasigen, moosigen Standorten. Die Art ist in den letzten Jahren stark zurückgegangen.

Verwechslungsmöglichkeit: Die Rotkappen gehören in eine variationenreiche Gattung; die Unterscheidung ist zum Teil recht schwierig, der Standort ist bei der Bestimmung wichtig. Die *Schwarzschuppige Rotkappe (L. atrostipitatum)* wächst unter Birken, die *Fichten-Rotkappe (L. piceinum)* unter Fichten, die *Eichen-Rotkappe (L. quercinum)* unter Eichen, die *Kiefern-Rotkappe (L. vulpinum)* unter Kiefern.

Verwendbarkeit: Alle Arten sind eßbar.

Allgemeines: *Aurantiacum* bedeutet »orangefarben«.

Birkenpilz *Leccinum scabrum* (BULL. EX FR.) GRAY

Merkmale: Der **Hut** wird 5–15 cm breit, jung ist er halbkugelig, dann polsterförmig und in der Mitte manchmal verflacht. Die Huthaut ist dabei nicht überhängend; sie ist hell graubraun bis rötlich-graubraun, später oft mehr oder weniger braun, glatt, kahl, trocken und feucht ziemlich schmierig. Die **Röhren** sind weißlich, später schmutziger und etwas blaßgrau; bei Bruch unverändert, relativ lang, um den Stiel tief ausgebuchtet und bauchig vorgewölbt; leicht vom Hutfleisch lösbar. Die **Poren** haben die gleiche Farbe wie die Röhren, sie sind eng, rund und verändern sich ebenfalls nicht bei Druck. Der **Stiel** wird 5–15 (20) cm lang und 1–2,5 (3,5) cm dick. Er ist schlank, nach oben verjüngt, oft mit geschwollener Basis. Seine weißliche Oberfläche ist anfangs mit blaßgrauen, später grauen bis schwärzlichen, rauhen Schuppen besetzt, im oberen Teil manchmal längsstreifig netzig. Das Basismyzel ist weiß. Das **Fleisch** ist weißlich, später mehr grauweiß und getrocknet blaß bräunlich; bei Bruch unveränderlich, in der Jugend relativ fest, aber sehr bald, besonders bei Regenwetter, schwammig und wasserhaltig. Im Stiel faserig hart. Der Geschmack ist mild.

Sporenpulverfarbe: Gelbbraun, zimtfarben.

Vorkommen: Der Pilz ist in Europa weit verbreitet und innerhalb des Birkenareals häufig zu finden. Er ist ein Mykorrhizapartner der Birkenarten und wächst von Juni bis Oktober.

Verwechslungsmöglichkeit: Der Name Birkenpilz ist recht weit gefaßt und stellt den Amateur und Mykologen wie bei den Rotkappen manchmal vor Probleme. Der *Vielverfärbende Birkenpilz (L. variicolor)* hat einen blauverfärbenden Stiel, der *Rötende Rauhstielröhrling (L. oxydabile)* hat festeres, rosaanlaufendes Fleisch und eine andere Huthautstruktur, der *Schwärzliche Birkenpilz (L. melaneum)* ist dunkelfarbiger und zeigt unter der Hut- und Stielhaut gelbliche Töne, der *Moorbirkenpilz (L. holopus)* ist in allen Teilen heller, weißlich.

Verwendbarkeit: Der Pilz ist eßbar.

Literaturhinweis: Engel, H.: *Rauhstielröhrlinge*, 1978.

Hainbuchen-Röhrling *Leccinum griseum* (QUÉL.) SING.

Merkmale: Der **Hut** wird 3–15 cm breit; erst ist er halbkugelig, dann polsterförmig, später mitunter etwas abgeflacht. Seine Farben sind grau, graubraun, gelbbraun, olivbraun bis schwarzbraun, sehr veränderlich und mit allen Übergängen dieser Farben, am Rand und in der Mitte hat er oft ockergelbe Töne. Er ist zart samtig-bereift, jung typisch grubig-runzelig und älter trocken, feldrig aufreißend; feucht wird er leicht klebrig. Die **Röhren** sind zuerst weißlich, dann gelblich-grau, bei Berührung oder Verletzung laufen sie violettgrau an, am Stiel sind sie tief ausgebuchtet. Die **Poren** haben die gleiche Farbe wie die Röhren, bei Berührung verfärben sie sich grauviolettlich bis schwärzlich, sie sind eng, auch eckig-rund. Der **Stiel** wird 5–16 cm lang und 0,8–3 (4) cm dick. Er ist zunächst stark bauchig, dann zylindrisch gestreckt mit dünnerer Spitze und zugespitzter Basis. Auf weißlichem bis gelblich-grauem Grund ist er rippig längsfaserig, anfangs mit grauen, später tiefbraunen, fast schwärzlichen Schüppchen punktiert und verfärbt bei Druck überall dunkler. Das **Fleisch** ist weißlich-blaßgelblich und läuft im Schnitt schnell rötlich bis etwas violett an, dann wird es schwarz, fest, im Hut später weich.

Sporenpulverfarbe: schmutzigbraun.

Vorkommen: Er ist in Mitteleuropa weit verbreitet, wenn auch zerstreut vorkommend, und geht nicht über die Nord-Ost-Grenze der Buche und Hainbuche hinaus. Er wächst von Juni bis Oktober meist gesellig im Laubwald, besonders in Hainbuchen-Eichenwäldern, doch auch mit Pappel, Birke und Hasel.

Verwechslungsmöglichkeit: Der *Gemeine Birkenpilz (L. scabrum)* ist nicht so kräftig und hat kein verfärbendes Fleisch, auch sein Standort ist verschieden.

Verwendbarkeit: Der Pilz ist eßbar.

Allgemeines: Die Gattung der Rauhfüße, *Leccinum*, umfaßt ca. 18 Arten. Es sind Mykorrhizapilze. Ihr Hut ist trocken und matt. Die Röhren sind um den Stiel niedergedrückt, der Stiel ist durch verschiedenfarbige Schuppen rauh. *Griseum* bedeutet »grau«.

Schafporling *Albatrellus ovinus* (SCHFF. EX FR.) KOTL. ET POUZ.

Merkmale: Der **Hut** hat einen Durchmesser von 5–12 cm. Wenn die Pilze einzeln wachsen, sind ihre Hüte regelmäßig und annähernd kreisrund geformt. Oftmals wachsen sie aber dicht aneinandergedrängt, und dann nehmen ihre Hüte eine unregelmäßig verbogene und gelappte Form an und sind oft miteinander verwachsen. Bei jungen Exemplaren ist der Hut glatt, bei älteren wird er rissig oder erscheint gefeldert. Er ist fleischig und blaßgelb, graugelblich oder blaßbraun gefärbt. Die **Poren** sind anfänglich weiß gefärbt, später dann gelblich und mit einem grünlichen Schimmer versehen. Sie sind nur 1–3 mm lang und laufen am Stiel herab. Ihre Mündungen sind zunächst weiß, später gelblich gefärbt. Sie sind rundlich und sehr fein. Der **Stiel** dieses Porlings wird 3–5 cm hoch, sein Durchmesser beträgt 1–3 cm. Er ist glatt und voll, aber einigermaßen brüchig. Der Stiel steht häufig seitlich; aber auch eine zentrale Stellung kommt vor. Das **Fleisch** ist weiß und verfärbt sich bei Druck häufig gelblich. Es ist von derber, aber brüchiger Konsistenz. Geruch und Geschmack sind angenehm.

Sporenpulverfarbe: weiß.

Vorkommen: Man findet den Schafporling in der Zeit von Juli bis Oktober in Nadelwäldern bergiger Lagen; er kommt sowohl auf Silikat- als auch auf Kalkböden vor und kann am Fundort recht häufig werden. Er ist ein Fichtenbegleiter.

Verwechslungsmöglichkeit: Sehr ähnlich ist *Albatrellus similis (= subrubescens)*, eine Art, die in Mitteleuropa bisher wenig bekannt ist. Ähnlich kann auch der *Semmelporling (A. confluens)* aussehen. Von oben könnte man ihn für den *Semmelstoppelpilz (Hydnum repandum)* halten, diese Art hat jedoch Stacheln.

Verwendbarkeit: Der Schafporling ist eßbar und ein schmackhafter Pilz, dessen Fleisch aber leider häufig viele Maden aufweist.

Allgemeines: *Ovinus* bedeutet »das Schaf betreffend«.

Schwefelporling *Laetiporus sulphureus* (BULL. EX. FR.) MURR.

Merkmale: Die **Hüte** sind oft 10–50 cm groß, flach, fächerartig ausgebreitet, konsolenartig abstehend, dachziegelartig übereinander angeordnet und hinten am Stamm miteinander verwachsen. Die Farbe der Hutoberseite geht von Ziegelrot oder Gelbrot bei jungen Hüten über Schwefelgelb bei reifen Fruchtkörpern bis zu schmutzigem Weiß im Alter. Die **Röhren** sind schwefelgelb, kurz, 2–4 mm lang. Von den gleichfarbigen, feinen **Poren** (3–5 mm) werden im Jungzustand gelbliche Wassertropfen ausgeschieden. Das **Fleisch** ist jung lebhaft gelb, weich und sehr saftig, im Alter weißlich, hart, trocken und brüchig, leicht zu zerbröckeln und zu zerreiben. Es riecht aromatisch, während der Geschmack säuerlich, im Alter sogar bitter ist.

Sporenpulverfarbe: blaßcreme.

Vorkommen: Der weltweit verbreitete Pilz kommt in Süd- und Mitteleuropa häufig vor. Vom Mai bis in den Herbst findet man ihn in eichenreichen Laubwäldern, in Parks und Gärten, in Flußauen und an Wegrändern. Er steigt vom Tiefland bis auf 1500 m Höhe in den Alpen. Wirtsbäume sind vor allem lebende und tote Laubbäume, insbesondere Eichen, Weiden und verschiedene Obstbäume, jedoch auch Ahorn, Erle, Esche, Pappel, Linde, Robinie, Walnuß, Roß- und Eßkastanie. Seltener wächst der Pilz an Nadelbäumen, in den Alpen und in Norddeutschland besonders an Lärchen.

Verwendbarkeit: Junge, saftige Schwefelporlinge werden ausgewässert, um den säuerlichen Geschmack zu entfernen, dann in Scheiben geschnitten und paniert. Solche Pilzschnitzel schmecken recht gut.

Allgemeines: Der schöne und auffallende Pilz ist ein meisterhafter Holzzerstörer. Mit seinem ausdauernden Myzel erzeugt er eine intensive Braunfäule. Das Kernholz des Stammes wird in eine braunrote, leicht zerreibbare und bröckelige Masse verwandelt, der Stamm wird ausgehöhlt und bricht früher oder später ab. *Sulphureus* bedeutet »schwefelgelb«.

Literaturhinweis: Jahn, H.: *Pilze, die an Holz wachsen.*

Fichtenporling oder **Rotrandiger Baumschwamm**
Fomitopsis pinicola (SOW. EX FR.) KARST.

Merkmale: Die **Fruchtkörper** dieses mehrjährigen Großporlings sind in polsterartigen, später hufförmigen Konsolen breitflächig am Baum angewachsen, bis zu 25 cm tief, an der Anwachsstelle 15 cm dick und 10–40 cm breit. Die hartkrustige Oberseite ist konzentrisch gezont, gefurcht und höckerig-runzelig. Je nach Alter weist sie immer wieder andere Farben auf. Junge Pilze sind anfänglich mit einer orangegelben bis rotbraunen, klebrig-glänzenden Kruste bedeckt, die fast an den *Glänzenden Lackporling (Ganoderma lucidum)* denken läßt. Später wird die Kruste schwärzlich bis dunkelgrau, die jüngste Zone bleibt rot und die äußerste, frische Zuwachskante ist gelblichweiß. Frische, wachsende Fruchtkörper scheiden am stumpfen, wulstigen Hutrand und auf der Unterseite häufig Wassertropfen aus. Die Unterseite, die auf Druck nach grau bis braunrot umschlägt, weist kleine runde **Poren** von blaßgelber Färbung auf, 3–4 pro mm. Zerschneidet man den Pilz, erkennt man deutlich die übereinandergeschichteten, holzblassen **Röhren**, jede Schicht 5–10 mm dick. Über den Röhren liegt die 2–6 cm dicke, korkig-holzige Trama, das **Hutfleisch**, blaßocker gefärbt, undeutlich gezont, mit auffallendem, säuerlichem Geruch. **Sporenpulverfarbe:** blaßcreme.
Vorkommen: Obwohl in Skandinavien einschließlich Dänemark, im mittleren und südlichen Deutschland sowie in den Alpenländern einer der häufigsten Porlinge, ist er im norddeutschen Tiefland, in Holland, Nord- und Westfrankreich sowie England nur vereinzelt oder gar nicht anzutreffen. Er befällt lebende Bäume an Verletzungsstellen, mehr noch aber totes Holz, das er als Braunfäuleerreger in würfelige Bruchteile zerlegt. Er bevorzugt Nadelholz, vor allem Fichten und Tannen, läßt sich indes häufig auch an Laubholz feststellen.
Verwechslungsmöglichkeit: Alte, dunkelgraue Pilze sehen dem *Zunderschwamm (Fomes fomentarius)* ähnlich.
Verwendbarkeit: Der Pilz ist ungenießbar.

Zunderschwamm *Fomes fomentarius* (L. EX FR.) FR.

Merkmale: Die mehrjährigen, oft hufförmigen **Fruchtkörper** erreichen eine Breite von 10–30 (50) cm und eine Höhe von 7–15 (25) cm. Die Oberfläche wird von einer harten, 1–3 mm dicken, glanzlosen Kruste bedeckt, die je nach Alter verschieden gefärbt ist. Die junge Kruste ist meist rotbraun, dann haselnußbraun, verziert mit dunkleren, wellenförmigen Bändern. Über den Winter wird die Kruste einheitlich grau und bleibt auch so, nur die Zuwachszone zeigt nußbraune Farben. Alte Pilze sind grau bis dunkelgrau und ungleichmäßig konzentrisch gefurcht-gezont. Die Unterseite ist abgespaltet-flach, grau bis graubraun bereift, auf Druck wesentlich dunkler, mit feinen, rundlichen **Poren**, 2–4 je mm. Der größte Teil des Pilzes wird vom vielschichtigen (3–10 mm Dicke je Schicht), rostbraunen Röhrenlager eingenommen. Die **Röhren**schichten wie auch die Ringfurchen der Kruste entsprechen den Wachstumsschüben, die mehrmals in einem Jahr auftreten können. Über den Röhren liegt ein knolliger, braunweiß marmorierter, krümelig-brüchiger Kern, der scharf von einer gelbbraunen, zähfaserigen Schicht von 2–5 cm Dicke abgesetzt ist, aus dem man früher den begehrten Zunder gewann.
Sporenpulverfarbe: weißlich.
Vorkommen: In Europa vom Polarkreis bis zu den Mittelmeerländern verbreitet, wobei der Pilz in Mitteleuropa vorwiegend an Buchen auftritt, während in Skandinavien wie in den Heide- und Moorgebieten Mitteleuropas die Birke beliebtester Wirt ist. Funde an Nadelholz sind sehr selten. Er befällt geschwächte und verwundete Bäume, deren Holz er als Weißfäuleerreger ziemlich rasch zerstört.
Verwechslungsmöglichkeit: Er wird manchmal mit alten, grauen *Fichtenporlingen (Fomitopsis pinicola)* verwechselt.
Verwendbarkeit: Der Pilz ist ungenießbar.
Allgemeines: *Fomentarius* bedeutet »zum Zunder gehörend«.
Literaturhinweis: Jahn, H.: *Pilze, die an Holz wachsen. Zeitschrift für Mykologie,* Bd. 43 (1), 1977.

Tropfender Schillerporling *Inonotus dryadeus* (PERS. EX FR.) MURR.

Merkmale: Am Fuße von Eichen wächst dieser eigenartige Porling, der mit meist 10–40 (60) cm Länge, 5–20 cm Tiefe und 3–10 (15) cm Dicke oft beachtliche Ausmaße erreicht. Die **Fruchtkörper** kommen im Sommer als knollig-rundliche, unregelmäßige, dicke Polster dicht über dem Erdboden am Stammgrund heraus. Die höckerig-grubige Oberseite ist zuerst von einem weißgelblichen Flaum überzogen, fühlt sich dann filzig-staubig an und ist bedeckt von zahlreichen Wassertropfen, in denen Farbstoffe des Hutfleisches gelöst sind, so daß sie rotbraun gefärbt sind. Im weiteren Verlauf verschwindet der Flaum, beim reifen Pilz bildet sich eine rotbräunliche, kahle und dünne Kruste aus. Nur die stumpfe, gelblich-weiße Zuwachskante ist dann von braunen Tropfen übersät. Ebenfalls erst beim größeren Pilz entwickeln sich auf der Unterseite die 0,5–2 cm langen, kastanienbraunen **Röhren** in nur einer einzigen Schicht. Die **Poren** sind ziemlich klein, 3–5 je mm, rundlich, bräunlich, frisch silbrig schimmernd. Das dicke, rostfarbene **Hutfleisch** ist zuerst zäh-weich und safthaltig, schwach gezont, später verhärtet es sich faserig-korkig.

Sporenpulverfarbe: Weißlich, dann gelblich.

Vorkommen: In Europa ist er an das Verbreitungsgebiet der Eichenarten gebunden, wird in Norddeutschland schon selten und findet in Südskandinavien seine Nordgrenze. Innerhalb dieses Gebietes tritt er ebenfalls nur zerstreut bis selten auf, bevorzugt vor allem wärmebegünstigte Gegenden, wo er vom Sommer bis in den Herbst an der Stammbasis meist mächtiger Eichen oder auch an den Wurzeln erscheint. Sehr selten kommt er auch an Edelkastanien, Buchen oder sogar Tannen vor. Die vom Pilz erzeugte Weißfäule greift nur die Wurzeln an.

Verwendbarkeit: Der Pilz ist ungenießbar.

Allgemeines: *Dryadeus* bedeutet »baumbewohnend«.

Literaturhinwei: Jahn, H.: *Pilze, die an Holz wachsen. Zeitschrift für Mykologie,* Beiheft (4), 1982.

Birkenporling *Piptoporus betulinus* (BULL. EX FR.) KARST.

Merkmale: Die einjährigen **Fruchtkörper** sind gewöhnlich halbkreis- oder nierenförmig, hinten mit einem dicken, kurzen, stielartigen Ansatz am Holz befestigt. Die Oberseite ist kissenförmig gewölbt, mit nach unten über die Poren gezogenem, stumpfem Rand, kahl, glatt und ungezont, erst weißlich, dann graubraun bis braun, im Alter oft rissig aufspringend, bedeckt mit einer dünnen, lederig-häutigen Kruste, die sich abziehen läßt. Gelegentlich entstehen auch hängende, glocken- oder gurkenförmige Fruchtkörper, die länger als breit sind. In der Regel sind sie 5–20 (30) cm breit, stehen 7–15 cm vom Holz ab und werden 2–5 cm dick. Die weißen **Röhren** sind im Verhältnis zum dicken Hutfleisch auffallend kurz (1–8 mm) und bei reifen Fruchtkörpern leicht vom Fleisch zu trennen. Es gibt nur eine Röhrenschicht. Über den Winter sterben die Pilze ab. Die **Poren** auf der weißlichen, später gelblichgrauen bis hellbräunlichen Unterseite sind rundlich, klein, 3–4 je mm. Das weiße **Hutfleisch** nimmt den größten Teil des Pilzes ein. Es ist anfangs fleischig-zäh, ziemlich saftreich und schwer, nach dem Trocknen korkig-leicht und mürbe-bröckelig.

Sporenpulverfarbe: weißlich.

Vorkommen: Auf der nördlichen Halbkugel weit verbreitet und überall dort häufig, wo Birken wachsen. Streng an die Birke gebunden, auf anderen Holzarten noch nicht entdeckt. Er greift vor allem ältere oder geschwächte Bäume an, wobei er meist durch Aststummel in den Stamm eindringt. Im Holz entsteht eine intensive Braunfäule. Für das Gedeihen des Pilzes scheint höhere Luft- bzw. Holzfeuchtigkeit notwendig zu sein, wie z. B. in Moorwäldern, in Birkenbruchwäldern oder in Buchenwäldern, wo Birken überwachsen und überschattet werden. Gesunde oder trockenstehende Birken, z. B. an Straßen, werden kaum angegriffen.

Verwechslungsmöglichkeit: keine.

Verwendbarkeit: Der Pilz soll jung eßbar sein, im Alter bitter und ungenießbar.

Allgemeines: *Betulinus* bedeutet »zur Birke gehörig«.

Zinnoberschwamm, Zinnobertramete *Pycnoporus cinnabarinus* (JACQ. EX FR.) KARST.

Merkmale: Die **Fruchtkörper** sind ein-, selten zweijährig, mit länglichen, halbkreis-, nieren- bis spatelförmigen, abgeflachten **Hüten**, 2–10 cm breit, 0,5–2 cm dick und 2–8 cm vom Holz abstehend. Die Oberseite ist bei jungen Pilzen flaumig, bei alten kahl, etwas uneben-runzelig, nicht oder nur am Rande gezont, bei frischen Fruchtkörpern lebhaft orange-zinnoberrot gefärbt, blasser bei älteren oder ausgetrockneten Pilzen. Die ziemlich langen **Röhren** (3–7 mm) sind untrennbar in das Hutfleisch eingelassen und zeigen das Rot der Hutoberseite, während die rundlichen bis eckigen **Poren** (2–3 pro mm) noch intensiver rot gefärbt sind. Das **Fleisch** ist zinnoberrot bis blaß gelborange, leicht gezont, zuerst weich, dann zäh und korkig, Geruch und Geschmack unbedeutend.

Sporenpulverfarbe: weiß.

Vorkommen: Zwar ist der Zinnoberschwamm in Europa weitverbreitet, doch meidet er fast ganz das vom ozeanischen Klima beeinflußte nordwestliche Europa (Britische Inseln, Belgien, Niederlande, Dänemark), während er in Mitteleuropa vom Tiefland über Mittellagen bis ins Bergland aufsteigt (Waldgrenze!) und dort häufig anzutreffen ist. Bevorzugte Wirte sind Laubbäume wie Birke, Rotbuche, Vogelkirsche, Eberesche, Erle, Weide, Hainbuche und Eiche. Ab und zu nimmt er auch mit Nadelhölzern vorlieb, vor allem mit Weißtannen. Der Pilz bevorzugt sonnige Lagen und findet sich immer wieder mit der *Striegeligen Tramete* und dem *Spaltblättling* zu einer charakteristischen Pilzgesellschaft auf lagernden Stämmen, Ästen, Stümpfen, auf Kahlschlägen, Lichtungen, Weg- und Waldrändern zusammen.

Verwendbarkeit: Der Pilz ist ungenießbar.

Allgemeines: Das prächtige Rot des Pilzes wird verursacht durch den Roten Farbstoff Cinnabarin. Selbst das Myzel im Holzinnern ist noch rot gefärbt. Der Zinnoberschwamm ist ein saprophytischer Pilz, d. h. er befällt nur totes Holz und hilft als Weißfäuleerreger bei dessen natürlichem Abbau. *Cinnabarinus* bedeutet »zinnoberrot«.

Leberreischling, Leberpilz oder Ochsenzunge *Fistulina hepatica* SCHFF. EX FR.

Merkmale: Die jungen **Fruchtkörper** bilden zunächst eine Art Knolle, die oft zu einem undeutlichen Stiel wird, wenn sich von ihr aus der zungen-, konsolen- oder spatelförmige **Hut** vorstreckt. Dieser wird 10–20 (30) cm breit und 2–6 cm dick. Er ist orange-blutrot bis rotbraun. Seine Oberfläche ist mit einer elastischen, gelatinösen, radial gestreiften, abziehbaren Haut bedeckt, die ein schleimiges Sekret ausscheidet, das am abgerundeten Hutrand rötliche Tropfen bilden kann. Die Hutunterseite sieht porlingsartig aus, doch besteht sie aus einzelnen, nicht mit den Wänden verwachsenen **Röhren**. Die **»Poren«** haben die gleiche gelblich-weiße Farbe und werden an Druckstellen und später rötlich. Das **Fleisch** ist ebenfalls rot, saftig, im Schnitt mit dunkleren Streifen, radial-faserig durchzogen und leicht zu zerreißen. Mit erfrischendem, obstartigem Geruch und etwas säuerlichem Geschmack, manchmal auch leicht bitterlich.

Sporenpulverfarbe: rötlichbraun.

Vorkommen: Der Leberreischling ist in Europa weit verbreitet und seine Nordgrenze fällt mit der der Eichenarten zusammen. In Deutschland kommt er vom Tiefland bis in niedere Berglagen überall vor. Er besiedelt alte Eichen und Stümpfe, an der Basis oder höher am Stamm, als weiterer Wirt wird die Edelkastanie bevorzugt, während die Besiedelung anderer Laubbäume seltener vorkommt. Fruchtkörper vom Sommer bis in den Herbst hinein.

Verwechslungsmöglichkeit: Der *Eichenzungenporling (Buglossoporus pulvinus)* hat eine ähnliche Form und Sporenfarbe und ist anfangs ebenso fleischig-saftig und läuft rötlich an. Beide Pilze sind aber nicht miteinander verwandt und bei genauer Betrachtung gut zu unterscheiden.

Verwendbarkeit: Jung eßbar, über die Verwendbarkeit gehen die Meinungen aber auseinander.

Allgemeines: *Hepatica* bedeutet »leberartig«.

Literaturhinweis: Jahn, H.: *Pilze, die an Holz wachsen*, 1979; *Zeitschrift für Mykologie*, Bd. 43 (1), 1977.

Eichhase *Grifola umbellata (PERS. EX FR.) PIL.*

Merkmale: Dieses komplizierte und sehr büschelige Gebilde kann Durchmesser von 30–50 cm erreichen. Aus einem dicken, fleischigen und weißlichen Stamm wachsen zahllose Verästelungen, die alle in einem kleinen, wellig-verbogenen **Hütchen** enden. Diese werden zwischen 1 und 4 cm breit, können blaßgelblich bis bräunlich sein und weisen in der Mitte fast immer eine deutliche Vertiefung auf. Ihre Oberfläche ist von feinen Fasern schuppig überzogen. Die Unterseite trägt kurze, 1–2 mm lange **Röhrchen**. Die **Stielchen** und die sie tragenden Äste sind weißlich und zum Teil mit herablaufenden **Poren** bedeckt. Die **Fruchtkörper** sind weichfleischig und nicht langlebig, besonders bei regnerischem Wetter beginnen sie bald zu faulen und zusammenzubrechen; meist auch von Larven befallen. Geruch leicht mehlartig, Geschmack mild.

Sporenpulverfarbe: weißlich.

Vorkommen: Der Eichhase bewohnt die Laubholzregionen der gemäßigten Zonen in Europa. In Deutschland kommt er zerstreut von der Küste bis ins Alpenvorland vor, besonders um alte Stämme oder Stümpfe von Eichen und Buchen, auch im jungen Stangenholz, doch oft auch auf dem Erdboden ohne sichtbare Verbindung zu Holz. Er wächst manchmal bereits im Juni meist bis in den Herbst.

Verwechslungsmöglichkeit: Eine gewisse Ähnlichkeit im Aufbau besitzt der Eichhase mit dem *Klapperschwamm (G. frondosa)*. Dieser Pilz trägt jedoch viele deutlich fächerförmige, übereinanderlappende, graubraune Hütchen, die aus einem kurzen, fleischigen und weitverzweigten Stamm entspringen.

Verwendbarkeit: Der Pilz ist eßbar.

Allgemeines: Unter der Erde entdeckt man das unterirdische Sklerotium des Fruchtkörpers. Es ist ein unregelmäßiges, knollig-verzweigtes Gebilde mit eingeschlossenen, dünnen, lebenden Baumwurzeln. Aus ihm entwachsen jedes Jahr neue Fruchtkörper. *Umbellata* bedeutet »schirmartig«.

Literaturhinweis: *Zeitschrift für Mykologie*, Bd. 43 (1), 1977.

Schmetterlingstramete, Bunte Tramete oder **Schmetterlingsporling** *Trametes versicolor (L. EX FR.) PIL.*

Merkmale: Dieser sehr schöne Pilz wächst flach fächerförmig in Gruppen neben- und übereinander und ist ungestielt am Holz angewachsen. Seine bunt gezonten, fächerartigen **Hüte** brachten ihm den Namen Schmetterlingsporling oder Bunte Tramete ein. Die **Einzelfruchtkörper** sind 3–8 (10) cm breit, flach und dünn, in übereinandersitzenden Konsolen vereinigt. Die Farben sind recht unterschiedlich, gelblich, bräunlich bis schwärzlich, am Rand sind sie meist heller weißlich, weiter nach innen zu mehr oder weniger breit bandartig gezont. Zur Mitte oft von Algen grünlich gefärbt. Die Oberfläche ist abwechselnd feinsamtig, striegelhaarig oder kahl, seidig glänzend. Die **Poren** sind klein, rundlich-eckig und manchmal zerrissen und zahnartig geschlitzt. Ihre Farbe variiert von weiß bis gelblich und später oft hellbraun. Das **Fleisch** ist dünn, lederig-zäh und weißlich gefärbt.

Sporenpulverfarbe: creme bis blaßocker.

Vorkommen: Die Schmetterlingstramete ist in Europa weit verbreitet und eine der wichtigsten holzabbauenden Pilzarten. In Deutschland kommt sie von der Küste bis in die Alpen dicht verbreitet und häufig vor. Sie besiedelt vor allem Laubbäume und geht nur seltener an Nadelbäume. Man kann sie das ganze Jahr über finden; im Herbst nicht ausgewachsene Fruchtkörper vollenden ihre Entwicklung im Frühjahr.

Verwechslungsmöglichkeit: Diese Art bildet Übergangsformen zu ähnlichen anderen Trameten und kann hin und wieder Bestimmungsprobleme bereiten. Sehr ähnlich und manchmal mit ihr vergesellschaftet ist die *Zonentramete (Trametes zonata)*, sie ist anfangs fein weißlich bis graugelblich behaart, später verschwindet diese Behaarung, und der Pilz wird zonenartig mehr oder weniger braun und kahl. Die Art besiedelt vorwiegend Birken, Pappeln und Weiden.

Verwendbarkeit: ungenießbar.

Allgemeines: *Versicolor* bedeutet »verschiedenfarbig, bunt«.

Porlingsartig

Striegeliger oder **Zottiger Schichtpilz** *Stereum hirsutum* *(WILD. EX FR.) S. F. Gray*

Merkmale: Dieser ebenfalls farblich sehr schöne Pilz bildet wellig verbogene, unregelmäßige, dachziegelartige **Hüte**, die am Holz breit angewachsen sind und frisch eine charakteristisch gelblich-orange Hutrandzone aufweisen. Die **Einzelfruchtkörper** sind 2–10 cm breit, weißlich bis gelblichbraun oder grau mit gelbem Rand. Die Oberfläche ist striegelig, zottig, farblos, behaart und etwas zoniert. Die **Fruchtschicht**, das Hymenium, ist glatt, lebhaft orangegelb bis ockerfarben und seltener auch mit rosa Beiton. Älter und trocken mehr oder weniger grau ausblassend. Das **Fleisch** ist dünn, häutig und lederig zäh.

Sporenpulverfarbe: weißlich.

Vorkommen: Der Striegelige Schichtpilz ist in Europa weit verbreitet und überall vorkommend und häufig. Er besiedelt frisch gefällte Laubhölzer und gehört dort zu den Erstbesiedlern. Besonders gern wächst er an abgeschlagenen Ästen, an lagernden Stämmen und Stümpfen von Eichen und verursacht eine Weißfäule, doch ist er auch an Birken, Buchen und anderen Laubhölzern, nur sehr selten an Nadelholz zu finden. Er ist einjährig-überwinternd, vorjährige Fruchtkörper können im nächsten Jahr am Rand weiterwachsen.

Verwechslungsmöglichkeit: Die abgebildete Art ist die wohl häufigste Form des ansonsten sehr wechselfarbigen Pilzes. Sein Aussehen schwankt je nach Jahreszeit und Alter des Fruchtkörpers sehr stark. Offenbar bestehen auch mehrere Rassen, darunter auch solche mit an verletzten Stellen rötender Fruchtschicht.

Verwendbarkeit: Der Pilz ist ungenießbar.

Allgemeines: Die Schichtpilze, *Stereum*, sind durchweg holzbewohnend und an ihrer glatten, also weder Röhren, Poren, Stacheln noch Lamellen ausbildenden Fruchtschicht erkennbar. *Hirsutum* bedeutet »struppig, borstig«.

Literaturhinweis: Jahn H.: *Pilze, die an Holz wachsen*, 1979; *Zeitschrift für Mykologie*, Beiheft (4), 1982.

Gemeiner Spaltblättling *Schizophyllum commune* *(FR.) FR.*

Merkmale: Der **Hut** dieses eigentümlich gebauten Pilzes wird 1–4 cm breit. Die Form erinnert an die eines Fächers. Oft ergibt sich aber ein mehr lappiger Habitus, weil mehrere Hüte miteinander verbunden sind. Der Hut ist auf der Oberseite weißlich-grau gefärbt und zottig-filzig behaart. Manchmal zeigt sich ein lila Anflug. In feuchtem Zustand ist der Hut eher schmutzig graubraun gefärbt und undeutlich gezont. Der wellige Hutrand ist leicht eingebogen. Die **Lamellen** stellen das namengebende Merkmal des Pilzes dar, an dem man ihn auch leicht erkennen kann. Sie sind nämlich der Länge nach gespalten. Außerdem stehen sie nur wenig gedrängt und sind unterschiedlich lang. Die Lamellen sind rötlichgrau bis leicht violett gefärbt. Ein **Stiel** fehlt dem **Fruchtkörper**, oder er ist nur ganz kurz. Insgesamt scheint der Fruchtkörper nur mit der verjüngten Basis des Hutes seitlich am Untergrund angeheftet zu sein. Von dieser Ansatzstelle strahlen die Lamellen fächerförmig aus.

Sporenpulverfarbe: Weiß bis leicht rötlich.

Vorkommen: Man findet den Gemeinen Spaltblättling das ganze Jahr über. Sehr häufig kommt er auf frisch gefällten Laubholzstämmen vor, aber auch auf toten Ästen und Holzabfällen von Laubbäumen. Er gehört zu den Erstbesiedlern solcher Substrate. Auch lebende, verletzte Laubbäume werden als Unterlage genutzt. Nadelbäume werden auch besiedelt. Der Pilz wächst meist in dachziegelartig angeordneten Kolonien.

Verwechslungsmöglichkeit: Es gibt nur diese eine Art der Gattung *Schizophyllum* in Mitteleuropa, die andererseits vor allem in den Tropen verbreitet ist.

Verwendbarkeit: Der Pilz ist ungenießbar.

Allgemeines: Die Spalthälften der Lamellen legen sich bei mangelnder Luftfeuchtigkeit über das sporenbildende Hymenium. Bei zunehmender Luftfeuchtigkeit strecken sich die Lamellenhälften wieder, und die Sporen können herabfallen. Solche Bewegungen zum Schutz gegen Austrocknung findet man bei den Pilzen nur selten.

Zungenkeule *Clavariadelphus ligulus* (SCHFF. EX FR.) DONK

Merkmale: Die Zungenkeule hat mit der herkömmlichen Vorstellung von Pilzen mit Hut und Stiel kaum etwas zu tun. Der kleine, keulenartige **Fruchtkörper** wird 5–8 cm hoch. Viele Stücke haben einen abgestutzten Scheitel und sind abwärts faltig, zusammengerückt oder auch zweigeteilt. Der »Kopf« hat stets den größeren Durchmesser, von etwa 0,5–1,5 cm, der Pilz verjüngt sich zur Basis hin deutlich auf 0,3–0,5 cm. Dort erkennt man auch einen weißen, zottigen Myzel-Filz. Der Pilz ist zuerst gelblich weiß, später gelbbräunlich bis bräunlich, mit mehr oder weniger deutlichem, lachsbräunlichem bis violett-bräunlichem Beiton. Seine Oberfläche ist jung glatt, älter höckerig, runzelig, grubig und oft auch längsgefurcht, innen hohl. Das **Fleisch** ist weißlich, schwammig-weich, zart, frisch elastisch und trocken bröckelig. Geschmack mild bis bitterlich.
Sporenpulverfarbe: cremefarben.
Vorkommen: Die Zungenkeule wächst in Nadelwäldern, an Wegrändern, auf Grasplätzen, um Baumstämme und Stümpfe, gern in dichter Fichtennadelstreu, oft gesellig, aber auch einzeln. Vom August bis in den November ist sie zu finden. Im Gebirge ist sie häufiger als in der Ebene.
Verwechslungsmöglichkeit: Farbe und Formen erinnern zwar an die ebenfalls gelbliche bis orangefarbene *Herkuleskeule (C. pistillaris),* aber deren Standort im Laubwald dürfte Verwechslungen eigentlich ausschließen. Die Sporen der Zungenkeule sind wegen ihrer langen, oft zylindrischen Form von anderen Arten unterschieden.
Verwendbarkeit: Der Pilz ist bedingt eßbar, da wenig schmackhaft und oft bitter.
Allgemeines: Die Gattung der *Keulenpilze, Clavariadelphus,* umfaßt in Europa 7 Arten, wobei die Einzelbestimmungen Schwierigkeiten bereiten könnten. Standortangaben können hilfreich sein, doch sollten diese alleine bei der Bestimmung nicht ausschlaggebend sein. *Ligulus* bedeutet »zungenartig«.
Literaturhinweis: *Zeitschrift für Mykologie,* Bd. 46 (1), 1980.

Herkuleskeule *Clavariadelphus pistillaris* (L. EX FR.) DONK

Merkmale: Der keulenförmige **Fruchtkörper** kann bis zu 20, manchmal gar 25 cm hoch aufragen. Jung ist er mehr oder weniger zylindrisch, aber sehr bald keulenförmig, mit einer verdickten, abgerundeten »Fingerkuppe« und einer dünnen Basis, oben ist er dabei 2–5 (8) cm dick. Die jung hellgelbe, allmählich gelbbraune, ockerbraune, weinbraune, mit lachsviolettlichem Beiton versehene und zunächst glatte Oberfläche erhält im Laufe der Reifung immer mehr deutliche und tiefere Runzeln, die von oben nach unten sehr unregelmäßig verlaufen. Junge, noch gelbe Fruchtkörper werden an Druckstellen dunkelschmutzig braunpurpurweinrötlich. Schneidet man eine Herkuleskeule an, dann erkennt man bei jungen Exemplaren ein festes, weißes **Fleisch**, das mit zunehmendem Alter immer schwammiger wird. Es verfärbt sich auch bei Druck, ähnlich wie die Oberfläche. Riecht recht angenehm, schmeckt aber bitter.
Sporenpulverfarbe: cremefarben.
Vorkommen: Die Herkuleskeule dürfte in der ganzen Welt verbreitet sein. In Europa handelt es sich um einen Laubwald-Fäulnisbewohner der Buchen-Eichen-Kastanienwälder, in Nordeuropa ist er auch in Haselwäldern zu finden. In Deutschland bevorzugt er hügelige bis mäßig bergige Lagen (300–700 m Höhe), gilt aber im Norddeutschen Tiefland als selten. Er bevorzugt deutlich nährstoffreiche, kalkhaltige Böden. Man kann seine Fruchtkörper vom Sommer bis in den Herbst hinein finden.
Verwechslungsmöglichkeit: Die *Abgestutzte Keule (C. truncatus)* sieht der Herkuleskeule recht ähnlich, weist aber stärker rötlichbraune Farben auf und hat einen fast abgestutzten Scheitel. Die beschriebene *Zungenkeule (C. ligulus)* ist kleiner und wächst im Fichtenwald.
Verwendbarkeit: Der Pilz ist ungenießbar.
Allgemeines: Herkuleskeulen sind nicht so häufig und recht ungewöhnliche Pilze, die man stehenlassen sollte. *Pistillaris* bedeutet »zur Keule gehörend«.
Literaturhinweis: *Zeitschrift für Mykologie,* Bd. 46 (1), 1980.

Krause Glucke *Sparassis crispa (WULF. EX FR.) FR.*

Merkmale: Der ganze **Fruchtkörper** erinnert an einen groben Badeschwamm, andere meinen an eine aufgeplusterte und ihre Jungen hudernde Henne, also eine Glucke. Der Pilz besteht aus einem stark verzweigten Geflecht mit bandartig gekräuselten, eng miteinander verflochtenen Verästelungen, die sich aus einem oft in der Erde steckenden und damit schwer erkennbaren weißen **Strunk** nach allen Seiten entwickeln. Alte Exemplare können Durchmesser von 30 oder gar 40 cm haben und einige Pfund wiegen. Der Pilz hat anfangs eine blaßgelbliche Färbung, aber allmählich bleicht er aus und wirkt dann schmutzig weiß-bräunlich. Das **Fleisch** ist weiß und wachsartig. Es riecht würzig und schmeckt angenehm nußartig.

Sporenpulverfarbe: blaßocker.

Vorkommen: Die Krause Glucke ist ein Wurzelparasit und Stammfäuleerreger der Kiefer. Besonders an älteren Bäumen kann sie erhebliche Schäden im Kernholz des unteren Stammteils anrichten. Nach dem Schlagen der Stämme kann der Pilz noch einige Jahre an und um die Stümpfe Fruchtkörper bilden. Der Pilz ist in den älteren Kiefernbeständen des Flachlands und Berglagen bis ca. 1000 m anzutreffen. Er bildet seine Fruchtkörper vom Spätsommer bis in den Herbst hinein.

Verwechslungsmöglichkeit: Sie besteht mit der *Tannenglucke* oder *Deutschen Glucke (S. nemecii)*, die an Fichten und Tannen vorkommt. Sie hat nicht so krause, sondern nur glattrandige, leicht gewellte, strohgelbe Astenden, außerdem ist sie kräftiger, wuchtiger.

Verwendbarkeit: Die Krause Glucke ist eßbar und wird von vielen Sammlern geschätzt. In ihrem Inneren verbergen sich sehr oft Kleinlebewesen, die nur mit Mühe entfernt werden können, auch Sand und Grashalme werden von dem Pilz einfach eingeschlossen.

Allgemeines: Die Fruchtschicht bildet sich auf der nach unten zeigenden Seite der bandartigen, lappigen Verästelungen. Auch dieser Pilz ist ein Ständerpilz *(Basidiomycet)*. *Crispa* bedeutet »kraus, gekräuselt«.

Orangefarbige Bergnadelwaldkoralle *Ramaria largentii MARR & STUNTZ*

Merkmale: Der insgesamt sehr reich verzweigte **Fruchtkörper** kann bis 17 cm hoch werden und ist zudem oft breiter als hoch. Aus einem oft kräftigen Strunk entwickeln sich sehr dicht stehende, reich verzweigte Äste, die je nach Alter in mehr oder weniger kurzen, stumpfen, gezähnten oder wie abgebrochen aussehenden Spitzen enden. **Strunk** an der Basis weißlich, beim Übergang in die unteren Hauptäste meist schön gelb. Die **Äste** sind bei jungen Pilzen meist tief orange, gegen die Spitzen am intensivsten, im Alter verblassen sie und werden mehr oder weniger hell cremegelborange. In der Sporenreife sind die Äste vom Sporenstaub cremeockergelb bestäubt. Das **Fleisch** ist schmutzig weißlich und unter der Fruchtschicht manchmal leicht durchgefärbt. Der Geruch ist meist gummiartig, oft aber auch an ein Gemisch von Gummi und Zahnarztpraxis erinnernd, der Geschmack mild, in den Spitzen im Alter schwach bitter.

Sporenpulverfarbe: gelb-ockerlich.

Vorkommen: Diese schön gefärbte und in Europa noch nicht oft bestimmte Koralle wächst besonders in Bergfichtenwäldern und bildet ihre Fruchtkörper von August bis September. Der abgebildete Fund stammt aus der Gegend von Moosburg in Oberbayern.

Verwechslungsmöglichkeiten: Die Bestimmung der einzelnen Korallen-Arten ist oft recht schwierig. Aufgrund der Ähnlichkeiten werden diese Pilze von Laien meist falsch bestimmt. Die *Goldgelbe Koralle (R. aurea)* hat nicht so intensiv orange Farben, aber wenn jung meist gelbe Spitzen. Sie wächst in Laubwäldern, vorwiegend bei Buchen.

Verwendbarkeit: Wert unbekannt.

Allgemeines: Ohne Sachkenntnis und ohne Studium der Mikromerkmale ist bei den meisten Ramaria-Arten eine Bestimmung unmöglich. Dabei sind die Sporen, deren Form, Masse und Ornamentation sowie das Vorhandensein oder Fehlen von Schnallen an den Hyphen meist ausschlaggebende Merkmale. Der abgebildete Fund wurde durch einen maßgeblichen Kenner dieser Pilzgruppe, Herrn E. Schild, nachbestimmt.

Schwefelgelbe oder **Zitronengelbe Koralle** *Ramaria flava (SCHFF. EX FR.) QUÉL.*

Merkmale: Der **Fruchtkörper** erreicht Höhen von 15–20 cm und Durchmesser von 10–15 cm. Aus einem dicken, weißen **Strunk** wachsen mehrfach geteilte, dichte und strauchartige Ästchen, die mehr oder weniger zylindrisch, aber auch seitlich zusammengedrückt sind. Die Äste haben oft zwei stumpfe Spitzchen oder auch unregelmäßig abgestumpfte Enden. Die Äste sind leuchtend hell, primelgelb, hell dottergelb; jung sind die unteren Äste und die über dem Strunk oft schwefelgelb überhaucht, älter haben sie cremeockerlichen Beiton. An Druckstellen manchmal leicht gelbweinbräunlich anlaufend. Das **Fleisch** ist feucht schmutzig weiß und besonders im Strunk mehr oder weniger marmoriert, aber unveränderlich. Der Geruch ist herb und der Geschmack mild, doch in den Spitzen, besonders älter, bitterlich.

Sporenpulverfarbe: ockergelb.

Vorkommen: Der Pilz ist in Mitteleuropa eine der größten und häufigsten Arten. Er wächst in Laub-, Nadel- und Mischwäldern, besonders bei Buchen und Fichten. Juli bis September.

Verwechslungsmöglichkeit: Wie bereits unter der *Goldgelben Koralle* ausgeführt, gibt es ähnliche Pilze, die nur mikroskopisch sicher bestimmt werden können. *R. obtusissima* gleicht äußerlich durch ähnliche Farben, speziell mit jungen Fruchtkörpern, der beschriebenen Art. *R. flavobrunnescens* ist kleiner.

Verwendbarkeit: Man kann diesen Pilz als junges Exemplar in einem Mischpilzgericht verwenden, aber wegen der Verwechslungsmöglichkeiten sollte man davon Abstand nehmen.

Allgemeines: Die Korallenpilze gehören zu den Ständerpilzen *(Basidiomyceten)*. Sie bilden ihre Sporen auf Ständern, die auf der Fruchtschicht, auf der Außenseite der Ästchen, rundherum gebildet werden. In vielen Büchern werden Korallenpilze als gute Speisepilze bezeichnet. Doch gibt es darunter auch giftige Arten. Der Anfänger sollte alle Korallen zu Speisezwecken meiden. *Flava* bedeutet »gelb«.

Literaturhinweis: *Zeitschrift für Mykologie,* Bd. 44 (2), 1978.

Dreifarbige Koralle *Ramaria formosa (PERS. EX FR.) QUÉL.*

Merkmale: Der Artname *formosa* hat nichts mit der chinesischen Insel zu tun, gibt also auch keinen Hinweis auf die Herkunft der Dreifarbigen Koralle. Vielmehr stammt das Wort aus dem Lateinischen und bedeutet so viel wie »schön geformt«. Der **Fruchtkörper** kann bis zu 15 (17) cm hoch und 4–12 cm breit werden, meist findet man aber Exemplare von 8–10 cm. Aus einem dicken, an der Basis weißen Mittelstrunk wachsen, korallenförmig verzweigt, dichtstehende Ästchen, die an den Spitzen zwei- bis dreigeteilt und mehr oder weniger stumpf enden. Der **Strunk** wird nach oben zu ockergelblich und ist bereits hier rosa überhaucht. Die Äste sind lachsfarben und werden in den Spitzen mehr oder weniger gelblich und später auch abwärts durch die reifen Sporen ockerlich. Das **Fleisch** ist weiß und in den Randzonen manchmal rosa durchfärbt, feucht, nicht wässerig, marmoriert und nicht verfärbend. Der Geruch ist unauffällig, der Geschmack bitterlich.

Sporenpulverfarbe: ockergelb.

Vorkommen: Die Dreifarbige Koralle wächst nur in Laubwäldern, auf Kalkböden, gern unter Buchen, wo sie vom Sommer an bis in den Herbst zu finden ist.

Verwechslungsmöglichkeit: Diese Koralle ist zumindest jung an den Farbabstufungen (Basis weiß, Zweige lachsfarben, Spitzen gelb) gut erkennbar. Bei älteren Exemplaren ist die Bestimmung recht schwierig und bereitet mikroskopisch gesehen selbst Fachleuten Schwierigkeiten. Die ebenfalls giftige *Blasse Koralle (R. mairei)* hat blasse, längsgerunzelte Äste, die an der Spitze fleischfarben-violettlich gefärbt sind.

Verwendbarkeit: Der Pilz ist giftig. Er verursacht heftige Magen-Darm-Beschwerden.

Allgemeines: Der Speisepilzsammler könnte die Faustregel anwenden, daß Arten mit reinem, weißem Fleisch im Strunk giftig sind, während alle diejenigen mit marmoriertem Fleisch als eßbar gelten. Der Autor rät aber, generell vom Genuß der Korallenpilze Abstand zu nehmen.

Klebriger Hörnling *Calocera viscosa (PERS. EX FR.) FR.*

Merkmale: Dieser schöne Pilz besitzt einen geweih- oder korallenartig mehrfach verzweigten **Fruchtkörper**, der 3–7 cm hoch werden kann. An den oberen Enden der Fruchtkörper ist oftmals noch zweiteilige Verzweigung ansatzweise erkennbar. Der Fruchtkörper ist insgesamt dottergelb bis orangerot gefärbt. Von der kurzen, weißlich verfilzten Basis geht häufig ein bis zu 20 oder 25 cm langer, wurzelähnlicher Strang in das Holz, auf dem der Pilz wächst. Dieser Strang stellt den Teil des Fruchtkörpers dar, der sich tief im Holz entwikkelt hat; erst außerhalb des Holzes bildet der Pilz den typischen Teil des Fruchtkörpers aus. Der Pilz ist zäh, die »Äste« sind glatt, fühlen sich aber bei feuchter Witterung durch einen gallertigen Überzug schmierig-klebrig an. Man hat dann Mühe, den Pilz vom Untergrund zu lösen. Das elastisch-zähe Fleisch nimmt in trokkenem Zustand eine hornartig verfestigte Konsistenz an. Bei genügend hoher Luftfeuchtigkeit quillt es wieder auf.

Sporenpulverfarbe: hell ockergelb.

Vorkommen: Der Klebrige Hörnling wächst in Büscheln unterschiedlicher Größe überall in Nadelwäldern auf vermodernden Stümpfen, faulenden Baumwurzeln und auf Fallholz. Besonders häufig wird man ihn auf Fichtenholz antreffen. Man findet den Pilz das ganze Jahr über, besonders aber in der Zeit von Juli bis Januar.

Verwechslungsmöglichkeit: Ähnlich, aber wesentlich kleiner, ist der nahe verwandte *Zähe Hörnling (Calocera cornea)*. Diese Art wird nur 0,5–1 cm hoch und hat meist einen unverzweigten oder nur wenig gegabelten Fruchtkörper. Außerdem kommt dieser Hörnling nur auf Laubholz vor, wo er ebenfalls in kleinen Kolonien wächst. Anlaß zur Verwechslung geben auch verschiedene Korallen.

Verwendbarkeit: Man sollte von einer Verwendung des Pilzes absehen, da er zwar eßbar, aber zäh und nur schwer verdaulich ist. Ähnlich aussehende Korallen sind zum Teil eßbar, zum Teil aber auch deutlich ungenießbar oder giftig.

Hahnenkamm oder **Rötliche Koralle** *Ramaria botrytis (PERS. EX FR.) BOUND.*

Merkmale: Dieser schöne Pilz ist im Aussehen sehr variabel und wird 10–20 cm hoch. Aus einem meist robusten **Strunk** wachsen unterschiedlich dicke, etwas gebogene Äste, die sich immer feiner korallenartig verzweigen und schließlich in kurzgestutzten oder mehr oder weniger spitzen Ästchen enden. Der Strunk ist besonders abwärts weißlich, nach oben zu bis in die Äste cremeweiß, blaß bräunlich-weiß, später durch die reifenden Sporen mehr ins Ockergelbliche gehend. Alte Exemplare sind blaß ockerlich-lederbräunlich. Die Enden sind jung sehr blaß rötlich bis satt purpurweinrot und älter abwärts ausblassend. Das **Fleisch** ist schmutzig weiß und höchstens in den Spitzen mehr oder weniger rötlich durchgefärbt, ansonsten unveränderlich. Im Geruch sehr angenehm, fruchtig, im Geschmack mild.

Sporenpulverfarbe: hellocker.

Vorkommen: Der Pilz ist in Europa mehr oder weniger häufig und wächst in Laub- und Nadelwäldern, besonders unter Buchen auf Kalk- und Silikatböden.

Verwechslungsmöglichkeit: In der Literatur werden bis heute zwei weitere ähnliche Formen oder Arten aufgeführt, *R. botrytis fm. musaecolor* und *R. rubipermanens*. Sie sind aus Italien und Bayern gemeldet, doch dürften sie auch im übrigen Deutschland vorkommen und meist von unerfahrenen Pilzsammlern und Amateuren wegen ihrer Ähnlichkeit mit der »echten« *botrytis* verwechselt werden. Zur genauen Differenzierung ist ein intensives Artenstudium erforderlich.

Verwendbarkeit: Man behauptet, daß diese Koralle die schmackhafteste von allen sei. Aufgrund ihrer relativen Seltenheit sollte sie aber geschont werden.

Allgemeines: Hinsichtlich der Gestalt der Keulen- und Korallenpilze ist zu bemerken, daß die Keulen oder Äste der Fruchtkörper rundlich oder flach und auf allen Seiten von der Fruchtschicht, Hymenium, bedeckt sind. *Botrytis* bedeutet »Weintraube«.

Literaturhinweis: *Schweizerische Zeitschrift für Pilzkunde,* Bern, Sondernr. 123/1982 A.

Kammförmige Koralle *Clavulina cristata* (HOLSKJ. EX FR.) SCHROETER

Merkmale: Der bizarre, weißliche **Fruchtkörper** mit seinen zahlreichen, sehr unregelmäßigen Verzweigungen wird im Durchmesser etwa 4–6 (10) cm hoch. Der sehr kurze **Stamm** kann einen Durchmesser von 1 cm erreichen. Aus ihm wachsen mehr oder weniger schlanke Äste, die nach oben zu plattgedrückt sind und sich in viele kleine Zweige zerteilen, die in kammförmig eingeschnittenen, scharfen, zackigen Spitzen. enden. Diese Zweige sind mehr oder weniger weißlich, später mehr weißlichgrau, besonders gegen die Enden zu und sehr zerbrechlich. Das **Fleisch** ist ebenfalls weißlich, manchmal etwas bitter-dumpf.

Sporenpulverfarbe: weiß.

Vorkommen: Die Kammförmige Koralle ist weit verbreitet und häufig, sie wächst im Laub- und Nadelwald auf dem Waldboden, gern in Nadelstreu. Man findet sie häufig von August bis in den Oktober hinein.

Verwechslungsmöglichkeit: Man kennt eine ganze Reihe von Varietäten dieser weißen Koralle. Ihre Fruchtkörper können sehr unterschiedlich erscheinen, so auch zahnartig gekämmt oder mit borstenartigen Enden, gabelförmig verzweigt oder oben abgestutzt und oft dicht verwachsen. Ähnlich ist auch die *Graue Koralle (Cl. cinerea)*, sie wächst ebenso büschelig, hat aber, besonders im unteren Teil, graue Farbtöne. Die ebenfalls weißliche *Runzelige Koralle (Cl. rugosa)* wächst einfach oder nur geweihartig verzweigt, ähnlich dem *Klebrigen Hörnling*.

Verwendbarkeit: Der Pilz ist ungenießbar. Von Giftigkeit ist nichts bekannt, aber für den Sammler sind die Kammförmige Koralle und alle anderen weißen Verwandten wertlos.

Allgemeines: Die Kammförmige Koralle und die *Graue Koralle* werden oft von einem anderen parasitischen Pilz befallen, *Roselinia clavariae*, der die Pilze grau verfärbt. *Cristata* bedeutet »kammartig«.

Literaturhinweis: Jahn, H.: *Pilze, die an Holz wachsen*.

Schöne Koralle *Ramariopsis pulchella* (BOUD.) CORNER

Merkmale: Die **Fruchtkörper** sind ziemlich klein und zierlich, 1–2 cm hoch, violett, beim Trocknen ausblassend. Die dünnen und zarten Äste sind spärlich gabelig-verzweigt, mit abgerundeten Astgabelungen und kurzen, violetten Astspitzen. Die schmächtigen Fruchtkörper laufen an der Basis in einen gewöhnlich deutlich erkennbaren, jedoch recht kurzen Stamm beziehungsweise **Stiel** aus, dessen rotbrauner Farbton von unten her oft mit einem weißfilzigen, leicht abwischbaren Belag überzogen ist. Das **Fleisch** ist etwas wachsartig, jedoch fest und ohne auffallenden Geruch.

Vorkommen: Der Pilz ist in Europa nicht häufig (England, Frankreich, Italien, Schweiz, Bundesrepublik Deutschland), und man braucht neben Glück auch gute Augen, um diesen violetten Winzling auf dunkler, nackter Erde zu entdecken. Von Mitte August bis in den Spätherbst hinein wächst er vereinzelt, seltener zerstreut-gesellig auf nacktem Boden in feuchteren Lagen, höchstens niederliegende Moose als Konkurrenz um sich duldend.

Verwechslungsmöglichkeit: Diese hübsche Koralle ist gut zu erkennen an ihrem schmächtigen Wuchs, der spärlich gabeligen Verästelung, am mehr oder weniger festen Fleisch und der violetten Farbe. Ähnliche Farben besitzen auch die *Lavendel-Koralle (Clavaria zollingeri)* und die *Violette Koralle (Clavulina amethystina)*, die jedoch gewöhnlich deutlich größer (2–7 cm) und meist reicher verästelt sind, in kompakterem, kräftigerem Wuchs auftreten sowie sprödes bis sehr brüchiges Fleisch haben.

Verwendbarkeit: ungenießbar.

Anmerkung: Eine sichere Bestimmung von Keulen- und Korallenpilzen wird ohne Mikroskop und Sachkenntnis nur in den wenigsten Fällen gelingen. Der abgebildete Fund wurde durch einen maßgeblichen Kenner dieser Pilzgruppe, Herrn E. Schild, Brienz, Schweiz, bestimmt.

Keulen und Korallen

Flaschenstäubling *Lycoperdon perlatum* PERS. EX PERS.

Merkmale: Die Flaschenstäublinge gehören zu den häufigsten Bauchpilzen unserer Wälder. Der Name weist auf die Form des Pilzes hin, die man am besten erkennt, wenn man den **Fruchtkörper** vorsichtig herausdreht und umdreht; dann erinnert er tatsächlich an eine dickbauchige Flasche mit schmalerem Hals. Die weißliche Oberfläche wird von kleinen, weißen, spitzen Wärzchen überzogen, die sich leicht abwischen lassen. Diese Körnchen oder Wärzchen sehen vor allem auf dem oberen Teil des Fruchtkörpers eher wie kleine Stacheln aus. Der bis 8 cm hohe und 2–4 cm dicke Pilz ist jung weiß, später, wenn es auf die Sporenreife zugeht, verändert sich seine Oberfläche mehr oder weniger bräunlich. Im Laufe des Alters werden die Stacheln manchmal abgewaschen oder fallen ab, dann erscheint die Oberhaut netzartig überzogen. Zum **»Stielteil«** zu werden die Wärzchen kleiner, dünner und spärlicher. Die Fruchtmasse ist jung weiß und weich, nimmt aber allmählich und noch vor der gelbschwärzlichen Färbung eine schwammartige Konsistenz an, so daß sich der Körper nur mit einem sehr scharfen Messer durchschneiden läßt. Wie bei allen Bovisten und Stäublingen tritt am Ende des Reifeprozesses die Sporenmasse als staubendes Pulver aus einer kreisförmigen Öffnung der Hutmitte aus.

Sporenpulverfarbe: olivbraun.

Vorkommen: Der Pilz ist weit verbreitet und überall vorkommend. In Laub- und Nadelwäldern findet man den Flaschenstäubling meist in großen Gruppen. Juni bis Oktober.

Verwechslungsmöglichkeit: Dieser Pilz hat viele nah verwandte Arten, die oft nur mit dem Mikroskop sicher von ihm zu trennen sind. Der *Stinkende Flaschenstäubling (L. foetidum)* besitzt derbere, bräunende Stacheln und wächst vorwiegend auf sauren Böden und gelegentlich auf morschem Holz und ist ebenso häufig. Der beschriebene *Beutelstäubling (Calvatia excipuliformis)* hat feinere Stacheln.

Verwendbarkeit: Der Pilz ist jung eßbar.

Allgemeines: *Perlatum* bedeutet »weit verbreitet«.

Birnenstäubling *Lycoperdon pyriforme* SCHFF. EX PERS.

Merkmale: Einiges, was zum *Flaschenstäubling* geschrieben wurde, trifft auch für den Birnenstäubling zu. Seine anfangs weiße Oberfläche ist mit kleinen, kleiigen Körnchen besetzt. Der Kopfumfang von 3–5 cm unterscheidet sich nur unwesentlich von dem des *Flaschenstäublings.* Auch hier finden wir ebenfalls eine flaschen- oder birnenförmige Verlängerung als »Fuß«. Der **Fruchtkörper** ist aber mehr oder weniger ausgeprägt buckelig. Im reifen Zustand nimmt der Pilz eine bräunliche Färbung an. Die Oberfläche ist dann bald abgewaschen glatt oder nur noch stellenweise kleiig-körnig. Die Fruchtmasse bleibt bei den jüngeren Stükken lange weiß und fest, verfärbt sich aber schließlich in das olivliche Braungelb, das man bereits vom *Flaschenstäubling* her kennt. Schließlich tritt aus einer Öffnung in der Kopfmitte der bräunliche Staub aus, die Sporenmasse. Dem **Fleisch** sagt man einen unangenehmen, leuchtgasartigen Geruch nach, der aber nicht als einziges Unterscheidungsmerkmal dienen sollte.

Sporenpulverfarbe: olivbraun.

Vorkommen: Der Birnenstäubling wächst stets auf Holz. In tieferen Lagen fast ausschließlich und besonders an stärker zersetzten Buchenstümpfen. Ab ca. 500 m Höhe auch an Fichtenstubben und in den Alpen bis oberhalb der Laubholzgrenze ausschließlich an Nadelholz (etwa Fichte und Lärche). Manchmal erscheinen die Fruchtkörper auch auf dem Boden, dann sind sie jedoch durch Myzelstränge mit den Wurzelausläufern der Stubben verbunden. Holz auf reinem Sandboden wird nur selten besiedelt. Ansonsten ist der Pilz weit verbreitet und überall häufig. Er bildet seine Fruchtkörper von August bis November.

Verwechslungsmöglichkeit: Sie besteht mit allen körnchen- oder stachelbedeckten, weißen Verwandten. Der *Flaschenstäubling (L. perlatum)* wächst nicht auf Holz.

Verwendbarkeit: ungenießbar.

Allgemeines: *Pyriforme* heißt »birnenförmig«.

Literaturhinweis: *Zeitschrift für Mykologie,* Beiheft (2), 1980.

Bräunlicher Stäubling *Lycoperdon umbrinum* PERS. EX PERS.

Merkmale: Der junge Pilz tritt als kleine Kugel aus dem Boden, die sich allmählich »erhebt« und dann auf einem dicken, kurzen Fuß zu stehen scheint. Dies ist natürlich nicht der Fall, vielmehr hat der gesamte, ausgewachsene **Fruchtkörper** die Form einer »gestauchten« Birne. Dann hat er auch seinen größten Kopfdurchmesser von etwa 4–5 cm erreicht. Die dunkle Haut wird von dichten, erst cremegelblichen, später bräunlichen, zum Schluß schwärzlichen Stacheln und Körnchen überzogen. Am bisweilen ausgeprägten **Stiel**ende sind weiße, verzweigte Myzelfäden erkennbar. Wenn man den Fruchtkörper anschneidet, erscheint unter der dunklen Haut festes, weißes **Fleisch**, das allerdings mit zunehmender Reife immer olivgelblicher wird, bis es schließlich eine schwärzlich-braune Farbe angenommen hat. Dann treten auch bald die Sporenwolken aus einer kleinen Öffnung in der Hutmitte aus.

Sporenpulverfarbe: rotbräunlich.

Vorkommen: Der Bräunliche Stäubling bevorzugt leicht saure Rohhumusböden. Man findet ihn in bergigen Nadelwäldern und nur gelegentlich im Laubwald, wo er meist in Gruppen wächst. Über seine Verbreitung und Häufigkeit kann man noch keine ausreichenden Aussagen machen.

Verwechslungsmöglichkeit: Sie besteht mit einigen anderen, dunkel gefärbten *Stäublingen*, und er wird oft mit diesen verwechselt. Eine genaue Bestimmung ist meist nur mikroskopisch möglich. Der *Stinkende Stäubling (L. foetidum)* und *L. molle* sind seine »Doppelgänger«.

Verwendbarkeit: Dieser Pilz wäre jung eßbar, doch sollte man ihn schonen.

Allgemeines: Die Stäublinge sind Bauchpilze im eigentlichen Sinne des Wortes. Häufig werden sie auch *Staubpilze, Boviste, Rauchpilze* oder *Feuerpilze* genannt. Sie führen im Volksmund sogar den Namen »Teufels Schnupftabakdose«, in Nordamerika nennt man sie »puff-balls«. *Umbrinum* heißt »umbrabraun«.

Literaturhinweis: *Zeitschrift für Mykologie,* Beiheft (2), 1980.

Igelstäubling *Lycoperdon echinatum* PERS. EX PERS.

Merkmale: In Form und Farbe ähnelt der Igelstäubling sehr dem *Bräunlichen Stäubling.* Auch er erreicht einen Kopfdurchmesser von etwa 4–5 cm, nur selten mehr als 6 cm, und wenn man ihn herausnimmt und umdreht, zeigt er eine leichte Birnenform. Ganz anders jedoch die Haut: Sie wird von einem dichten Stachelkleid aus pyramidenförmigen, bis 6 mm langen Elementen bedeckt, sie hat keine Ähnlichkeit mit der relativ feinen Körnigkeit anderer Boviste oder Stäublinge; wenn die Stacheln abfallen, erkennt man ein polygonales Muster. Hat der Pilz seine Reife erreicht, treten aus einer kleinen Öffnung am Fruchtkörperscheitel die Sporen aus. Ein eigentlicher **Stiel** ist nicht feststellbar, vielmehr verjüngt sich der Pilz zur Basis hin ohne abgesetzte Einschnürung. Die Farbe des ganzen **Fruchtkörpers** ist bräunlich. Wenn man das **Fleisch** anschneidet, zeigt sich bei jungen Exemplaren Weiß, bei älteren zunehmend ein bräunliches Purpur.

Sporenpulverfarbe: Lilagrau bis dunkelbraun.

Vorkommen: Der Igelstäubling ist weit verbreitet, wenn auch nicht überall häufig. Er kommt von der Küste bis ins Alpengebiet hinein vor, fehlt aber in weiten Teilen Nordwestdeutschlands und den Buntsandsteingebieten. Man findet den Pilz in Buchenwäldern, selten auch im Nadelwald, auf kalkhaltigen Böden, von Juli bis in den Oktober hinein.

Verwechslungsmöglichkeit: Igelstäublinge ähneln zwar in Form und Farbe, wie schon erwähnt, anderen *Stäublingen* und *Bovisten,* aber die besonders langen Stacheln, die sehr deutlich ausgeprägt sind, lassen ihn gut erkennen. Andere bräunliche Arten wie *L. molle* und *L. umbrinum* sind an der Oberfläche nur fein kleiig-warzig. Die Stacheln hinterlassen nach dem Abfallen kein auffallendes Muster.

Verwendbarkeit: Kaum genießbar. Wenn das Fleisch noch weiß ist, könnte man den Pilz essen.

Allgemeines: *Echinatum* bedeutet »igelstachelig«.

Literaturhinweis: *Zeitschrift für Mykologie,* Beiheft (2), 1980.

Dickschaliger Kartoffelbovist *Scleroderma citrinum PERS.*

Merkmale: Die **Fruchtkörper** erreichen nur selten größere Durchmesser als etwa 3–10 (15) cm. Die ansonsten kugelige Form ist ein wenig abgeflacht, wodurch der Pilz oft einen leicht ovalen Querschnitt bekommt. Die gesamte Oberfläche, die aus einer ledrigen, zähen, ockerfarbenen oder gelblich-braunen Haut besteht, ist stets von vielen Wärzchen und feldrig-rissigen, dunkleren Schuppen bedeckt. So ähnelt der Fruchtkörper verblüffend einer Kartoffel, deren Haut sich schuppt. Wenn man junge Exemplare anschneidet, entdeckt man gelblich-weißes Fleisch. Das ändert sich aber rasch, denn die Fruchtmasse wird dann immer schneller schwarzrötlich-violett und ist fein weißlich marmoriert, dann bald trockener und schiefergrau, zuletzt pulverig-stäubend. Vollreife Stücke öffnen sich an der Kugelmitte in einer gezackten rundlichen Öffnung und entlassen die Sporen.

Sporenpulverfarbe: schwarzbraun.

Vorkommen: Der Dickschalige Kartoffelbovist wächst auf nährstoffarmen, sauren Böden und kommt in Stieleichen-Birkenwäldern ebenso vor wie in Buchen-Eichenwäldern oder Kiefernforsten, auch in Moorgebieten und Heiden; besonders gern auf Sand, Sandstein und Granit. Er ist allgemein verbreitet und wohl überall häufig. Seine Fruchtkörper erscheinen schon im Juli bis in den Herbst hinein.

Verwechslungsmöglichkeit: Sehr ähnlich ist der *Dünnschalige Kartoffelbovist (S. verrucosum)*, dessen »Haut« auch im Jugendstadium kaum dicker als 1 mm ist. Dieser Pilz ist meist deutlich gestielt und besitzt stark ausgebildete, wurzelartige Myzelstränge. Es gibt noch weitere Kartoffelboviste, die aber alle für den Genuß nicht in Frage kommen.

Verwendbarkeit: Leicht giftig. Junge Exemplare werden trotzdem von einigen Sammlern als Würze verwendet. Davon sollte man absehen, denn der Verzehr kann unangenehme Verdauungsstörungen hervorrufen. *Citrinum* bedeutet »zitronengelb«.

Literaturhinweis: *Zeitschrift für Mykologie*, Beiheft (2), 1980.

Beutelstäubling *Calvatia excipuliformis (PERS.) PERDECK*

Merkmale: Der **Fruchtkörper** ist meist langgestielt-kopfig, seltener birn- oder kreiselförmig. Er wird 7–12 (15) cm hoch und der Kopfteil meist bis zu 10 cm im Durchmesser. Der Pilz ist in Form und Größe sehr variabel, aber stets höher als breit, immer mit einem ausgeprägten **Stiel**teil. Die Außenseite ist feinstachelig-feinkörnig oder warzig, auf creme– bis ockerfarbenem Grund. Der Übergang vom Kopf zum Stielteil ist oft faltig, und abwärts wird die Oberfläche glatter. Insgesamt bildet der Pilz natürlich wie alle Boviste und Stäublinge einen geschlossenen Fruchtkörper. Die Haut ist dünn und gebrechlich und zerfällt bei Reife in unregelmäßige Stücke, während der »Stiel« länger erhalten bleibt. Die Fruchtschicht im Kopf ist anfangs weiß und wird in der Sporenreife dunkel kakaobraun und pulverig. Im Stielteil ist sie zellig und braun.

Sporenpulverfarbe: olivbräunlich.

Vorkommen: Vom Frühsommer bis in den Spätherbst hinein findet man den Beutelstäubling in Laub- und Nadelwäldern, aber auch außerhalb des Waldes, in Wiesen. Er scheint jedoch Laubwälder zu bevorzugen. Er ist nicht selten, fast immer wächst er in größeren Gruppen.

Verwechslungsmöglichkeit: Größere Exemplare können dem *Hasenbovist (C. utriformis)* ähnlich sehen. Kleinere Exemplare werden gern mit dem *Flaschenbovist (Lycoperdon perlatum)* verwechselt. Durch seinen deutlichen Kopfteil ist der Beutelstäubling aber ansonsten gut erkennbar.

Verwendbarkeit: Dieser große Pilz wird zu den Speisepilzen gerechnet, auch wenn seine Haut noch nach längerem Kochen ein wenig lederig bleibt. Man kann ihn essen, solange das Fruchtfleisch völlig weiß ist.

Allgemeines: *Excipulum* bedeutet »Becher, Gefäß« und *forma* bedeutet »Form, Gestalt« (wegen der Form alter Fruchtkörper).

Literaturhinweis: *Zeitschrift für Mykologie*, Beiheft (2), 1980.

Hasenbovist *Calvatia utriformis (BULL. EX PERS.) JAAP.*

Merkmale: Der Sammler ist immer froh, wenn er unter der großen Zahl der meist recht ähnlich aussehenden Boviste und Stäublinge endlich einmal einen leichter zu bestimmenden Pilz sieht. Der Hasenbovist gehört zu ihnen. Das zeigen alleine schon die beachtlichen Ausmaße, denn der mehr birnenförmige als kugelige **Fruchtkörper** erreicht Durchmesser von 12–15 (20) cm. Auf der Oberseite erscheint er meist ein wenig niedergedrückt oder abgeflacht. Die jungen Pilze sind mit pyramidenförmigen **Stacheln** bedeckt. Je älter sie jedoch werden, desto mehr schwinden diese Warzen, und die Oberhaut wird rissig und erscheint feldrig getäfelt bis feldrig schuppig. Das andere Ende des Pilzes ist faltig zusammengezogen, und man erkennt daran dicke Myzelstränge. Zuerst erscheinen die Pilze weißlich, aber bald werden sie immer mehr weißlichgrau und sind im Alter oft mehr oder weniger goldgelb verfärbt. In der Jugend beinhaltet der Fruchtkörper eine weiße Fruchtmasse, die schließlich über eine gelbgrünliche Färbung ins dunkle Braunoliv übergeht. Dieser inneren Masse sagt man einen schwachen Karbolgeruch nach, doch sollte man mit solchen Geruchsangaben vorsichtig sein und sie nicht als alleiniges Bestimmungsmerkmal werten.

Sporenpulverfarbe: dunkelbraun.

Vorkommen: Vom Sommer bis in den Spätherbst auf trockenen Wiesen, Brachfeldern, an Waldrändern, besonders auf Weiden im Gebirge.

Verwechslungsmöglichkeit: Entfernt ähnlich kann der beschriebene *Beutelstäubling (Cal. excipuliformis)* sein. Der *Riesenbovist (Langermannia gigantea)* ist bedeutend größer und besitzt eine glatte Oberfläche. Der *Lilafarbene Stäubling (Cal. lilacina)* wächst vorwiegend im Mittelmeerraum. Er ist makroskopisch durch sein violettbraunes Sporenpulver zu unterscheiden.

Verwendbarkeit: Der Pilz ist eßbar, solange das Innere weiß ist.

Allgemeines: *Utriformis* bedeutet »wie ein häutiger Wasserbehälter aussehend«.

Riesenbovist oder **Riesenstäubling** *Langermannia gigantea (BATSCH. EX FR.) ROSTKOR.*

Merkmale: Die weißen, kugelförmigen Gebilde können bis zu 100 cm Durchmesser und Gewichte von 20 und gar 25 kg erreichen. Meistens sind sie aber wesentlich kleiner. Der Speisepilzsammler, dem das Glück beschieden ist, auch nur einen einzigen Pilz dieser Art zu finden, wird für die nächsten Tage eine ausreichende Pilzmahlzeit haben. Die Haut ist vorwiegend weiß. Beim Näherkommen erkennt man allerdings, daß sie auch leicht gelblich oder bräunlich-gelb getönt sein kann. So kräftig der Pilz auch wirken mag, so hat er doch eine recht brüchige und empfindliche Oberfläche, die schon bei leichtem Druck Beschädigungen zeigt. Im vollreifen Zustand blättert die Außenhaut in großen Stücken ab, und dann bricht der **Fruchtkörper** auf und legt sein Inneres, die Gleba, frei. Diese ist jung weiß und im reifen Zustand braun und von ziemlich kompakter, wergartiger Beschaffenheit.

Sporenpulverfarbe: olivbraun.

Vorkommen: Der Riesenbovist ist weit verbreitet und kommt von der Küste bis zu den Alpen vor. Er wächst auf Wiesen und Weideplätzen, auf fetten, stickstoffhaltigen und sauren Böden. Er bildet seine Fruchtkörper von August bis Oktober.

Verwechslungsmöglichkeit: Dieser große Pilz kann mit anderen Pilzen nicht verwechselt werden. Seine Entwicklung geht auch so rasant vor sich, daß er schon kurz nach seinem ersten Erscheinen Ausmaße erreicht hat, die die anderen Boviste bei weitem übertreffen.

Verwendbarkeit: Solange das Fleisch noch völlig weiß ist, zählt man den Riesenbovist zu den begehrten und sehr schmackhaften Speisepilzen. Man schneidet ihn in flache Scheiben, die man paniert oder unpaniert wie Schnitzel in der Pfanne brät.

Allgemeines: *Gigantea* bedeutet »riesig, gigantisch«.

Literaturhinweis: *Zeitschrift für Mykologie,* Beiheft (2), 1980.

Gewimperter Erdstern *Geastrum sessile (SOLV.) POUZ.*

Die Erdsterne, von denen hier eine Art stellvertretend für die ganze Gruppe abgebildet und besprochen ist, gehören zu den schönsten Pilzen unserer Wälder. Zusammen mit den Bovisten und Stäublingsarten sind sie innerhalb der *Bauchpilze (Gasteromycetes)* angesiedelt.

Merkmale: Typisch für alle Erdsterne ist ihr Habitus: Auf einer sternförmigen »Rosette« liegt eine »Kugel«. Diese Form erklärt sich aus dem Bau der **Fruchtkörper**, die als geschlossene Gebilde angelegt werden. Die äußere Haut reißt im Laufe der Fruchtkörper-Entwicklung auf, wobei ein ausgebreiteter oder zum Boden hin eingerollter Ring oder Zackenkranz entsteht, der eben oft wie ein Stern aussieht. Dieser Kranz hebt den Innenkörper (Sporensack) etwas an. Mit zunehmender Bereifung reißt die Haut des Innenkörpers an der Spitze auf, und es entsteht eine Öffnung, durch die die Sporen entlassen werden können. Der Gewimperte Erdstern wird nach dem Öffnen 2–5 cm breit. Die äußere Haut des Fruchtkörpers reißt in 5–8 spitze Lappen auf. Die fleischigen Lappen frischer Fruchtkörper sind marzipanfarben und nach unten eingerollt. Der Sporensack sitzt auf diesem Zahnkranz auf. Er ist graubraun gefärbt. Der Sack öffnet sich mit einer erhabenen, zugespitzten Mündung. Er hat insgesamt einen Durchmesser von 1–1,5 cm.

Sporenpulverfarbe: kakaobraun.

Vorkommen: Schwerpunkte ihrer Verbreitung sind die warmen Steppengebiete der Erde. In Mitteleuropa gibt es etwa 25 verschiedene Arten, die aber alle recht selten sind. Man findet reife Pilze von August bis November in Laub- und Nadelwäldern.

Verwechslungsmöglichkeit: Die Erdsterne sind aufgrund des typischen Habitus wohl nicht zu verwechseln.

Verwendbarkeit: Die Pilze sind ungenießbar, und allein schon wegen ihrer relativen Seltenheit sollte man sie unbedingt an ihrem Fundort belassen.

Allgemeines: *Sessile* bedeutet »sitzend«.

Literaturhinweis: *Zeitschrift für Mykologie,* Beiheft (2), 1980.

Gestreifter Teuerling *Cyathus striatus (HUDS.) WILLD. EX PERS.*

Merkmale: Der **Fruchtkörper** junger Exemplare ist ei-, birnen- oder kreiselförmig gebaut. Auf der Außenseite bedecken ihn rötlichbraune Borsten. Nach und nach bildet sich dann an der Oberseite eine Öffnung, das heißt, der Borstenmantel reißt auf und darunter wird eine dünne, weiß gefärbte Haut – das sogenannte Epiphragma – sichtbar. Im Zuge des weiteren Wachstums reißt auch diese Membran auf, und man erkennt jetzt einen innen glänzend weißlich-grau gefärbten Becher. An dessen Innenwänden verlaufen zum Zentrum hin erhabene Leisten; die Wände wirken deutlich gestreift. Am oberen, scharfen Rand fällt der Besatz aus zottigen Haaren auf. Am Grund des Kelches liegen – wie Eier in einem Vogelnest – mehrere linsenförmige Gebilde von etwa 3 mm Durchmesser. Diese Teilfruchtkörper (sogenannte Peridiolen) sind mit kurzen Stielen an der Becherwand festgewachsen und liegen in einem gallertigen Material eingebettet. In ihnen reifen die Sporen heran. Die Fruchtkörper werden insgesamt 1–1,5 cm hoch und haben einen Durchmesser von rund 1 cm. **Sporenpulverfarbe:** weiß.

Vorkommen: Dem häufigen Pilz begegnet man vor allem in humusreichen Wäldern. Er wächst zwischen moderndem Fallaub, auf faulenden Ästen und älteren Laubbaumstümpfen.

Verwechslungsmöglichkeit: Es gibt in Mitteleuropa noch einige weitere Teuerlings-Arten, von denen der *Topfteuerling (C. olla)* ähnlich ist. Die Becher-Innenseite ist bei dieser Art jedoch glänzend und glatt, also nicht gerieft. Der *Topfteuerling* kommt in Gärten und auf Äckern vor. Er wächst auch auf toten Pflanzenresten und Holzkohle.

Verwendbarkeit: Der Pilz ist ungenießbar.

Allgemeines: Die Peridiolen werden durch Regentropfen in die Luft geschleudert. Dabei können sie bis zu einem halben Meter weit fliegen. Ein feiner Faden an der Peridiole entrollt sich dann und kann sich um einen in der Nähe stehenden Grashalm oder ähnliches schlingen. Beim Zerfall der Peridiole werden die Sporen frei.

Stinkmorchel *Phallus impudicus* L. EX PERS.

Merkmale: Aus dem sogenannten Hexenei, einem runden, dicken, schwammig-gallertigen, halb im Boden eingesenkten, ei-ähnlichen Gebilde wächst innerhalb weniger Stunden der komplette Pilz heraus. Dieser besteht aus einem mehr oder weniger spitzen, glockenförmigen, nur 3–4 (6) cm breiten **Hut** oder Käppchen mit freiem Rand und oft perforiertem Scheitel. Er ist von der schwarzgrünlichen Gleba überzogen, einer höchst unangenehm nach Verwesendem stinkenden Masse, die die Sporen enthält. Den größten Teil dieser schleimigen Fruchtschicht lecken aber die herbeiströmenden Insekten ab und tragen so zur Verbreitung des Pilzes bei. Ist diese Schicht abgetragen, so erkennt man eine wabenartige Struktur, die an eine Morchel erinnert. Der Kopf steht auf einem bis zu 20 cm hohen und 2–4 cm dicken, weißen **Stiel**, der sehr locker und innen hohl aufgebaut ist. An der Basis bleiben die gallertartigen Hüllreste wie bei der Volva eines *Knollenblätterpilzes* zurück.

Sporenpulverfarbe: grünlich.

Vorkommen: Sie ist in der nördlich gemäßigten Zone Europas, Asiens und Amerikas weit verbreitet und bevorzugt humusreiche Laub- und Nadelwälder. Ihr Vorkommen, oft schon im Frühsommer, sonst August bis November, läßt sich leicht entdecken, denn der Geruch des Pilzes läßt sich meist noch auf Entfernungen von 15–20 m wahrnehmen.

Verwechslungsmöglichkeit: Ähnlich in Aufbau und Entstehung ist die *Dünen-Stinkmorchel (Ph. hadriani)*, diese hat ein außen rosa bis violett gefärbtes Hexenei und wächst parasitisch auf Dünengräsern.

Verwendbarkeit: Der Pilz ist ungenießbar. Man trifft jedoch immer wieder Sammler, die die Hexeneier ausgraben, durchschneiden und den inneren Kern roh essen oder das von der Gallerthülle befreite Hexenei in Scheiben schneiden und essen. Diese Praktiken beruhen wohl auf dem Gedankengut vergangener Jahrhunderte, die Form des Pilzes regt die Phantasie der Menschen an.

Allgemeines: *Impudicus* heißt »schamlos«.

Hundsrute *Mutinus caninus* (HUDS. EX PERS.) FR.

Merkmale: Das taubeneigroße, weiße Hexenei platzt am Scheitel auf, und es tritt ein 8–12 cm langes und 1–1,5 cm dickes, rutenförmiges Gebilde hervor. Die nicht abgesetzte Spitze des hohlen, sehr locker aufgebauten, weißlichen Schaftes ist mit der olivgrünen, zähflüssigen, schwachstinkenden Sporenmasse, Gleba, überzogen. Die Spitze ist mehr oder weniger durchbohrt. Die entwickelten **Fruchtkörper** biegen sich leicht um und liegen flach am Boden. Etwas unterhalb erkennt man einen schmalen Streifen des orange bis blaßrosa gefärbten Fruchtbodens (Receptaculum), der nach dem Abtragen der Sporenmasse durch Insekten gänzlich orange zum Vorschein kommt.

Sporenpulverfarbe: grün-gelblich.

Vorkommen: Die Hundsrute ist in ganz Deutschland verbreitet, aber nicht häufig, in Oberbayern sehr selten. Sie wächst in humusreichen Laub- und Nadelwäldern, oft um alte Baumstümpfe, in Laub- und Nadelstreu und Sägespänen, einzeln, aber auch gesellig, oft in großen »Gelegen«, Juli bis Oktober.

Verwechslungsmöglichkeit: *M. ravenelii* ist in Form und Farbe sehr ähnlich, wobei das Receptaculum kräftiger rot gefärbt ist und die Gleba deutlich stärker aasartig riecht. Der Pilz dürfte aus Nordamerika eingeschleppt worden sein und wurde erstmals 1942 in Berlin beobachtet. Er wächst in Gewächshäusern, Gärten und Parkanlagen. Der *Vornehme Rutenpilz (M. elegans)* ist größer, und seine Spitze ist deutlich verschmälert, seine Sporen sind größer.

Verwendbarkeit: ungenießbar.

Allgemeines: Die Hundsrute gehört zu den *Ständerpilzen (Basidiomyceten)*, und hier in die Klasse der *Bauchpilze (Gasteromyceten)*, zu denen auch die *Stäublinge, Boviste* und *Erdsterne* zählen. Die Gattung *Mutinus* ist in Europa mit 4 Arten vertreten, die teilweise nur sporadisch auftreten. Es sind Fäulnisbewohner, Saprophyten, und sie leben im Erdboden oder auf altem Holz. *Caninus* bedeutet »zum Hund gehörend«.

Literaturhinweis: *Zeitschrift für Mykologie*, Beiheft (2), 1980.

Tintenfischpilz *Anthurus archeri (BERK.) FISCHER*

Merkmale: Der Tintenfischpilz entsteht aus einem sogenannten Hexenei, das leicht im Boden eingesenkt ist. Dieses Ei ist von einer rosa-weißlichen, braunfleckenden Außenhaut *(Peridie)* umhüllt. Im Schnitt sind eine gelatinöse Schicht und in der Mitte die rosa-weißlichen Anfangsstadien des vollentwickelten **Fruchtkörpers** erkennbar. Wenn sie aufreißt, entfalten sich ziemlich rasch vier bis sieben sternförmig nach allen Seiten ausgebreitete Arme; diese sind porös und brüchig, werden bis zu 12 cm lang und sind an den Enden zugespitzt. Die rote oder orange-rötliche Oberfläche wird von einer dunkelgrünlich gefärbten Schleimschicht, der Gleba, überzogen, die intensiv nach Verwesendem stinkt und die Aufgabe hat, Fliegen und andere Insekten anzulokken; sie wird, ähnlich wie bei der *Stinkmorchel* und der *Hundsrute*, dadurch langsam abgetragen. In dieser Gleba schwimmen die Pilzsporen, die durch die »Gäste« nach der Mahlzeit weitergetragen werden und so zur Vermehrung und Ausbreitung des Pilzes beitragen.

Sporenpulverfarbe: graugrün.

Vorkommen: Der in Australien heimische und nach Europa eingeschleppte Pilz wurde zuerst um 1914 in den Vogesen entdeckt und verbreitet sich seitdem rasch. Sein derzeitiges Areal erstreckt sich bis Nordspanien, Belgien, Süd-Niedersachsen, bis zum nördlichen Harzrand und im Osten über die Tschechoslowakei bis in die Steiermark und nach Italien. Er bevorzugt warme Laub- und Mischwälder mit leicht saurem Boden, kommt aber auch in Kiefernforsten und außerhalb des Waldes auf feuchten Wiesen vor. Juli bis September.

Verwechslungsmöglichkeit: In den Tropen und Subtropen wächst zwischen Holzresten der ähnliche *Armleuchterpilz (Aseroë rubra)*, er hat zwei von den Spitzen her gespaltene Arme. Er kommt bei uns in tropischen Gewächshäusern vor.

Verwendbarkeit: ungenießbar.

Allgemeines: *Anthurus* bedeutet »Blütenblatt«, *archeri* steht zu Ehren des irischen Mykologen W. Archer.

Scharlachroter Gitterling *Clathrus ruber MICHELI EX PERS.*

Merkmale: Aus dem sogenannten Hexenei bricht im Laufe der Entwicklung – die in wenigen Stunden vor sich gehen kann – ein roter, rundlicher, weitmaschiger, gitterartiger **Fruchtkörper** von 5–10 cm Durchmesser und Höhe. Auf der Innenseite der gebrechlichen Verstrebungen oder Arme klebt die zähflüssige, schwarzgrünliche Fruchtschicht, die Gleba, in der die Sporen schwimmen. Von dem aasartigen Geruch werden Insekten angelockt, die den Saft begierig aufnehmen und damit auch die Sporen und so für die Erhaltung beziehungsweise Ausbreitung des Pilzes beitragen. An der Basis bleiben die Reste des Hexeneies als gallertartige Hülle zurück, ebenso wie bei der *Stinkmorchel*. Bei alten Exemplaren reißt der »Korb« schließlich auf und vergeht.

Sporenpulverfarbe: grünlich.

Vorkommen: Der in Mitteleuropa sehr seltene und nur sporadisch auftretende und im Mittelmeergebiet häufiger erscheinende Pilz wächst in Wäldern, Weinbergen und Wiesen, wo er sich die feuchteren Stellen aussucht. Seine Zeit liegt zwischen Sommer und Herbst. In Deutschland kommt er unter anderem auch in Gewächshäusern vor.

Verwechslungsmöglichkeit: Sie könnte von Farbe und Geruch her, auch von der Erscheinungsweise (Hexenei) mit dem *Tintenfischpilz (Anthurus archeri)* bestehen. Dieser aber breitet sich von vornherein sternförmig beziehungsweise wie ein Seestern aus. Deshalb kann man echte Verwechslungen wohl ausschließen.

Verwendbarkeit: Es versteht sich wohl von selbst, daß man diesen schönen Pilz nicht essen sollte. Wegen seiner Seltenheit ist er auch zu schonen. Jeder naturverbundene Pilzsammler und Fotograf wird diese Pilzblume bewundern und nicht zerstören.

Allgemeines: Die Gattung *Clathrus* ist in Mittel- und Südeuropa durch die eine beschriebene Art vertreten. *Clathrus* bedeutet »Gitter« und *ruber* »rot«.

Literaturhinweis: *Zeitschrift für Mykologie*, Beiheft (2), 1980.

Gallertstacheling, Zitterzahn oder **Eiszahn**

Pseudohydnum gelatinosum (SCOP. EX FR.) KARST.

Merkmale: Die **Fruchtkörper** haben eine halbkreisartige oder muschelähnliche Form. Sie werden 5–8 cm breit und 1–1,5 cm dick. Die Oberseite ist körnig bis warzig und samtig behaart. Sie ist milchigweiß oder leicht grau gefärbt. Mitunter kommen auch violett-bräunliche oder dunkelbraune, sogar samtschwarze Färbungen vor. Die Unterseite des Fruchtkörpers ist dicht mit 2–4 mm langen, pyramidalen **Stacheln** besetzt. Diese Stacheln sind weißlich bis bläulich gefärbt. Vorherrschend ist aber eine hellgraublaue Färbung. Die Fruchtkörper sitzen seitlich am Holz an. Manchmal sind sie auch kurz und dick gestielt. Das **Fleisch** des Pilzes ist wäßrig und von gallertartiger Konsistenz. Nach dem Austrocknen bleibt das Fleisch knorpelig. Es ist je nach Farbe der Oberfläche des Pilzes schwach getönt.

Sporenpulverfarbe: weißlich.

Vorkommen: Der Gallertstacheling ist über die gesamte gemäßigte Zone der nördlichen Halbkugel verbreitet. Die Fruchtkörper findet man in der Zeit von September bis November. Sie wachsen auf älterem, morschem Nadelholz. Gerne werden Baumstümpfe besiedelt. Bisweilen wächst der Pilz auch auf vermoderndem Holz am Waldboden. Trocknen die durchfeuchteten Stümpfe der Fichten, Kiefern oder Tannen aus, stirbt er ab. Der Pilz wächst gesellig, häufig dachziegelartig übereinander.

Verwechslungsmöglichkeit: Die Namen dieses Pilzes deuten schon auf einige Kennzeichen hin, die auch am Fundort eine eindeutige Artdiagnose zulassen: Auffällig sind das gallertartige Fleisch des Fruchtkörpers, die Zähne oder Stacheln auf der Unterseite und die eisähnliche Färbung. Die Gattung *Pseudohydnum* besteht nur aus der einen beschriebenen Art.

Verwendbarkeit: Der Pilz ist eßbar.

Allgemeines: Die Stacheln auf der Unterseite der Fruchtkörper bedeuten eine Vergrößerung der die Sporen erzeugenden Oberfläche. *Gelatinosus* bedeutet schlüpfrig.

Rötlicher Gallerttrichter *Tremiscus helvelloides (D.C. EX PERS.) DONK*

Merkmale: Junge **Fruchtkörper** des Rötlichen Gallerttrichters haben eine spatelige oder zungenartige Form. Ältere Exemplare sind wie ein Trichter oder ein Füllhorn geformt. Auffällig ist, daß der Fruchtkörper stets auf der einen Seite tief gespalten ist, auf der anderen Seite lang ausgezogen. Die Form ist recht veränderlich. Der Rand des Fruchtkörpers ist wellig und nach außen umgeschlagen. Oftmals läuft er in Lappen aus. Der Fruchtkörper ist auf der Oberseite zunächst glatt, später runzelig. Seine Farbe ist gelbrot bis dunkelorange, schließlich auch rötlichbraun. Der Fruchtkörper wirkt durchscheinend. Unten geht er in einen kurzen, breitgedrückten **Stiel** über. Dieser ist blaßrötlich gefärbt, an der Basis weißlich. Die rötliche Färbung der Fruchtkörper-Oberseite verblaßt nach und nach: sie erscheint dann weiß-flaumig. Die sporenbildende Fruchtschicht liegt im oberen Teil der Außenseite. Dadurch sieht diese manchmal regelrecht bereift aus. Der Pilz wird 5–10 cm hoch und 4–7 cm breit. Sein **Fleisch** ist etwas schwächer gefärbt als die Oberfläche. Typisch ist seine gelatinöse Konsistenz. Im Stielbereich ist das Fleisch knorpelig.

Sporenpulverfarbe: weiß.

Vorkommen: Den Rötlichen Gallerttrichter wird man im Flachland kaum finden. Bei dieser Art handelt es sich um einen Bergpilz, der in Höhen unter 350 m sehr selten ist. Er besiedelt offene, locker bewachsene Stellen, die Ränder von Waldwegen, ehemalige Holzlagerplätze und ähnliche Standorte. Gern auf Kalk.

Verwechslungsmöglichkeit: Der Pilz ist aufgrund seiner eigentümlichen Form und der auffälligen Färbung nicht zu verwechseln. Ähnlich in der Form sind das *Bräunliche Hasenohr (Otidea leporina)* und das *Eselsohr (Otidea onotica)*. Sie können wie der Rötliche Gallerttrichter ebenfalls in Büscheln auftreten, sind aber bräunlich bzw. gelblich gefärbt und haben ein zerbrechliches Fleisch.

Verwendbarkeit: Wie wenige andere kann der Pilz roh gegessen werden, etwa als Salat.

Allgemeines: Die Gattung *Tremiscus* ist nur mit der einen Art in Europa vertreten.

Judasohr *Hirneola auricula-judae* (BULL. EX AMANS) BERK.

Merkmale: Der **Fruchtkörper** wird etwa 4–10 cm breit, ist dünnfleischig, zäh, gallertartig und biegsam. Der Name des Pilzes stammt von der Form, die an Ohren erinnert. Doch kann dieses »Ohr« auch muschelförmig, umgekehrt schüsselartig, gelappt und verdreht, sitzend oder an der Ansatzstelle stielförmig verschmälert sein. Die Farben des Fruchtkörpers schwanken zwischen einem olivlichen Braun, rötlichen Tönen oder einem violetten Grau. Die glatte, glänzende, von erhabenen Leisten durchzogene Innenseite trägt die Fruchtschicht, das Hymenium, während die sterile Außenseite flaumigfilzig und graulich ist. Bei trockener Witterung schrumpfen die Fruchtkörper stark, um sich bei Feuchtigkeit wieder breit zu öffnen. Das gallertartige **Fleisch** ist ohne besonderen Geruch und Geschmack.

Sporenpulverfarbe: weiß.

Vorkommen: Das Judasohr ist in Süd- und Mitteleuropa weit verbreitet, geht im Norden aber nicht über den 57. Breitengrad hinaus. In Deutschland kommt der Pilz von der Küste bis in die Alpen in Höhen bis zu 1000 m vor. Er wächst am Schwarzen Holunder, aber auch an anderen Laubhölzern. Neuerdings wurde von Funden am Roten Holunder berichtet. Seine Fruchtkörper kann man je nach Witterung fast das ganze Jahr über finden, wobei im zeitigen Frühjahr ein erster Schub auftritt.

Verwechslungsmöglichkeit: Der *Gezonte Ohrlappenpilz (Auricularia mesenterica)* ist auf der Oberseite stark striegelig-filzig und gezont, ähnlich einer *Striegeligen Tramete*. Die Unterseite sieht dem Judasohr recht ähnlich, und sein Fleisch ist auch gallertartig. Dieser Pilz ist recht selten und kommt in wärmebegünstigten Gebieten an Laubholz vor.

Verwendbarkeit: Guter Speisepilz.

Allgemeines: *Auricula-judae* bedeutet »Judasohr«. Judas Ischariot soll sich an einem Holunderbaum erhängt haben.

Literaturhinweis: *Zeitschrift für Mykologie*, Bd. 46 (1), 1980. Jahn, H.: *Pilze, die an Holz wachsen.*

Gelbe Lohblüte oder **Hexenbutter** *Fuligo septica* (L.) WIGGERS

Die Schleimpilze, zu denen die Lohblüte gehört, haben die Systematiker unter den Botanikern immer wieder beschäftigt. Heute neigt man dazu, sie als eigene Abteilung innerhalb des Pflanzenreiches neben die anderen Abteilungen etwa der Echten Pilze (zu denen alle anderen in diesem Naturführer besprochenen Arten gehören), der Moose, Farn- und Samenpflanzen zu stellen. Der Grund liegt in der eigentümlichen Biologie der Schleimpilze. Sie treten nämlich in zwei ganz unterschiedlichen Entwicklungsformen auf. Im vegetativen Zustand bestehen sie aus einem nackten Plasmahaufen mit vielen Zellkernen; viele einzelne Zellen sind miteinander verschmolzen. Diese Zellhaufen sind beweglich, verkürzen sich an einem Ende und »kriechen« am anderen weiter. Man spricht hier von »amöboider Bewegung«, weil sich die Amöben unter den tierischen Einzellern ähnlich bewegen. Ein solcher nackter Zellhaufen ist natürlich an einen Lebensraum mit hoher Luftfeuchtigkeit gebunden. Deshalb sind Schleimpilze in unseren Wäldern recht häufig anzutreffen, auch wenn man sie nicht immer bemerkt. Am ehesten wird man auf diese merkwürdigen »Pilze« aufmerksam, wenn sie Fruchtkörper bilden. Dabei bewegen sich die – ansonsten meist im Holz verborgenen – Plasmahaufen auf das Licht zu und verfestigen sich unter starkem Wasserverlust. Jeder so entstandene Fruchtkörper bildet eine derbe Außenhülle und kann deshalb auch trockenen Bedingungen standhalten. Im Innern des Fruchtkörpers werden Sporen gebildet, die für die Verbreitung des Schleimpilzes sorgen. Man schätzt die Zahl der heute bekannten Schleimpilzarten auf etwa 500. Eine durch die kräftig gelb gefärbten Plasmahaufen auffällige Art ist die Lohblüte. Man findet sie auf morschem Holz am Waldboden, aber auch auf vermoderndem Fallaub. Sie ist überall häufig. Junge **Fruchtkörper** sind zart gelb, ältere werden gelblich-weiß mit schwärzlichen Sporen. Juni bis Oktober.

Literaturhinweis: Jahn, H.: *Pilze, die an Holz wachsen.*

Spitzmorchel *Morchella conica* PERS.

Merkmale: Der **Fruchtkörper** kann bis zu 20 (25) cm hoch werden. Sein **Hut** beträgt ½–⅔ der Stiellänge und ist spitzkegelig, langgezogen. Der Hutrand ist mehr oder weniger ausgebuchtet angewachsen; Durchmesser 2–8 cm. Die kräftigen Längsleisten laufen deutlich parallel von oben nach unten und sind durch sehr unterschiedlich gewachsene, schwächere Querleisten miteinander verbunden. Dadurch erscheint die Oberfläche wabenartig. Ihre Farbe schwankt zwischen graubraun und olivbraun, wobei die Rippen im Alter schwärzen. Der **Stiel** ist im Verhältnis zum Hut lang oder kurz, an der Basis bisweilen verbreitert und manchmal leicht längsrippig; weiß oder ockerlich, an einigen Stellen rostfleckig; kleiig und hohl. Das **Fleisch** ist elastisch, geruchlos, mild. **Sporenpulverfarbe:** weißlich.
Vorkommen: Die Spitzmorchel findet man in Auen- und Fichtenwäldern, Erlenbrüchen, an Waldrändern, Wegrändern, Holzlagerplätzen und um Brandflächen, auch gerne in der Nähe von Eschen. Sie ist weit verbreitet und bis in bergige Lagen anzutreffen. Sie erscheint je nach Witterung von Februar bis Ende Mai und in manchen Jahren in großer Zahl.
Verwechslungsmöglichkeit: Einige Fachleute unterscheiden mehrere Arten, andere Autoren bezeichnen diese nur als Formen der Spitzmorchel. Für den Laien sind die Unterschiede schwer zu erkennen. Die Spitzmorchel ist in Form, Größe und Farbe äußerst variabel, je nach Standort und Alter, aber auch das Substrat dürfte eine Rolle spielen. Die *Hohe Morchel (M. elata)* ist kaum unterscheidbar; der Hut-Stielansatz und die Farbe und Anordnung der Hutrippen sollen verschieden sein. Der Autor hat aber die Merkmale auch an verschiedenen Spitzmorcheln festgestellt, die am gleichen Standort wuchsen und oft an der Stielbasis verwachsen waren.
Verwendbarkeit: Alle diese Morcheln sind eßbar und gehören zu den guten Speisepilzen.
Allgemeines: *Conica* bedeutet »kegelförmig«.
Literaturhinweis: Breitenbach, J., Kränzlin, F.: *Pilze der Schweiz*, Bd. 1, Ascomyceten.

Speisemorchel *Morchella esculenta* PERS. EX AMANS

Merkmale: Der **Fruchtkörper** dieser Morchel kann 10–20 (30) cm hoch werden. Der fast runde, nur selten etwas längliche **Hut** beträgt etwa ½–⅔ der Stiellänge und kann Durchmesser von 4–8 (10) cm erreichen. Der ganze Kopf wird von weiten, wabenartigen Vertiefungen gestaltet, den sogenannten Alveolen. Sie erinnern ein wenig an unregelmäßige Bienenwaben und entstehen durch Rippen und Stege, die miteinander oft wellig verbunden sind. Die Farben spielen zwischen einem hellen Ocker und einem hellen Braungelb. Stets sind die Hüte hohl, ebenso wie auch der zwar hellere, aber gleichfarbene Stiel, der etwa 2–4 cm Durchmesser erreichen kann. Zur Basis hin verdickt er sich deutlich, er zeigt eine feine, kleiigkörnig besetzte Oberfläche, die von Runzeln überzogen wird.
Sporenpulverfarbe: weiß-gelblich.
Vorkommen: Die Speisemorchel ist weit verbreitet und wächst gerne in Auwäldern, Bachufergebüschen, Hecken, an grasigen Waldrändern, unter Eschen; auf armen wie auf fetteren Böden, meidet aber gedüngte Standorte. Sie wächst einzeln und gesellig von April bis Mai.
Verwechslungsmöglichkeit: Auch die Speisemorchel ist sehr veränderlich. Sie wird von verschiedenen Autoren in mehrere Arten und Varietäten aufgeteilt. Farbliche und formliche Übergänge werden aber oft am gleichen Standort festgestellt. Dabei scheint das Substrat und der Wuchsort eine Rolle zu spielen.
Verwendbarkeit: Alle Morcheln gehören zu den begehrten Speisepilzen.
Allgemeines: Die Morcheln können in 3 Gruppen unterschieden werden, die *Rillhütigen, Conica*-Gruppe, die *Wabenhütigen, Esculenta-Gruppe* und die *Halbfreien, Mitrophora*-Gruppe. Die letztgenannte, *Mitrophora semilibera*, hat einen verhältnismäßig langen, hohen Stiel mit einem kleinen, aufgesetzten Hütchen mit freier Hutkante. Die Morcheln gehören zu den *Schlauchpilzen (Ascomyceten)*, die ihre Sporen innerhalb von sogenannten Schläuchen bilden, welche auf den Wabenflächen sitzen. *Esculenta* bedeutet »eßbar«.

Frühjahrslorchel *Gyromitra esculenta (PERS.) FR.*

Merkmale: Der ganze **Fruchtkörper** wirkt von oben wie ein Gehirn mit seinen vielen Windungen. Er kann zwischen 6 und 12 cm hoch und 5–15 (20) cm breit werden. Bei näherem Hinsehen erkennt man jedoch eine Art **Hut** und einen Stiel, beides ist sehr unregelmäßig miteinander verwachsen und mit dem Hutrand verbunden. Der erstere zeigt eine kastanienbraune bis leicht braunrötliche Färbung, die mit zunehmender Reife immer mehr von schwärzlichen Flecken durchsetzt wird. Der **Stiel** ist meist nicht sehr deutlich ausgebildet, kurz, starr, krumm, runzelig gefurcht, unten dicker als oben, mehr oder weniger hohl. Seine Oberfläche ist fein kleiig, weiß bis braunrot. Der Hut verdeckt ihn meist, und zur genauen Bestimmung muß man dann auch den Pilz herausdrehen oder dicht über dem Boden abschneiden. Das **Fleisch** ist recht brüchig und ohne besonderen Geruch und Geschmack.

Sporenpulverfarbe: weißlich.

Vorkommen: Man findet die Frühjahrslorchel in Nadelwäldern, besonders unter Kiefern, aber auch um Baumwurzeln und Strünke oder auf Kahlschlägen und Deponien mit Holzabfällen. Sie erscheint meist von (März) April bis Mai. Der Pilz ist relativ selten.

Verwechslungsmöglichkeit: Die *Bischofsmütze (G. infula)* hat eine entfernte Ähnlichkeit. Sie erscheint erst im Herbst. Anders die sehr seltene *Riesenlorchel (G. gigas)*, sie wächst ebenfalls im Frühjahr. Eine sichere Unterscheidung und Bestimmung ist nur durch Mikroskopie reifer Sporen möglich.

Verwendbarkeit: Der Pilz gilt als giftig, er hat schon zu Todesfällen geführt. Es ist nicht auszuschließen, daß hier ein ähnlicher Vergiftungsmechanismus wie beim *Kahlen Krempling* wirkt.

Allgemeines: *Esculenta* bedeutet »eßbar«. Dieser Artname muß aus taxonomischen Gründen beibehalten werden, obwohl der Pilz roh stark giftig ist.

Literaturhinweis: Breitenbach, J., Kränzlin, F.: *Pilze der Schweiz*, Bd. 1, Ascomyceten, 1981.

Krause Lorchel, Herbst-Lorchel *Helvella crispa (SCOP.) FR.*

Merkmale: Der gebrechliche Fruchtkörper ist in Hut und Stiel gegliedert. Sein 2–5 cm breiter Kopfteil wird aus mehr oder weniger sattelförmigen, unregelmäßigen, krausen, gewellten und meist mehreren Lappen gebildet. Die Ränder sind häufig nach unten umgeschlagen und nicht mit dem Stiel verwachsen. Die Oberseite (Fruchtschicht) ist weißlich bis schmutzig okkerlich, später schwach bräunlich und glatt. Die Unterseite ist mehr oder weniger gleichfarben und etwas flaumig, fein haarig. Der 1–4 cm dicke und bis etwa 10 cm lange **Stiel** wirkt meist schlank und zylindrisch, ist bisweilen abwärts aber auch bauchiger verdickt. Seine weißliche Oberfläche ist charakteristisch längsrippig und etwas queraderig, so daß langgestreckte Gruben entstehen, sein Inneres ist längsgekammert. Das **Fleisch** ist brüchig.

Sporenpulverfarbe: weißlich.

Vorkommen: Der Pilz ist weit verbreitet und wächst von August bis November, einzeln bis gesellig in Laub- und Mischwäldern auf kalk- und neutralen Böden, gerne an Wegrändern, im Gras und unter Gebüsch, auf lehmig-sandiger Erde.

Verwechslungsmöglichkeiten: Etwa zur gleichen Zeit und am gleichen Standort wächst die *Gruben-Lorchel (Helvella lacunosa Afz. ex Fr.)*. Äußerlich ist sie durch die dunkleren Farben, graubraun bis grauschwarz, zu erkennen. Die Herbst-Lorchel hat nie graue oder schwarze Farbtöne.

Verwendbarkeit: Der Pilz ist bedingt eßbar. Wahrscheinlich ist er roh ebenso giftig wie die Frühjahrslorchel und nur gut gekocht verwendbar. Außerdem erkennt man bei den Lorcheln den Zersetzungsgrad nicht so ohne weiteres.

Allgemeines: Die große Gattung der *Helvellen* zeichnet sich durch glatte Sporen mit einem großen Öltropfen aus. Nomenklatorisch sind viele Arten noch nicht endgültig geklärt. *crispus* bedeutet »kraus, gekräuselt«.

Literaturhinweise: Flammer/Horak: Giftpilze – Pilzgifte.

Eselsohr *Otidea onotica* (PERS.) FUCKEL

Merkmale: Der **Fruchtkörper** kann bis zu etwa 8 (10) cm hoch werden und 6 cm breit. Die Form kann dabei durchaus an Eselsohren erinnern, die Ränder der hochstehenden Körper bleiben mehr oder weniger eingerollt. Die fertile Innenseite fühlt sich glatt an, während die Außenseite leicht kleiig-mehlig und unten etwas runzelig ist. Der Pilz hat außen eine schöne ockergelbe Färbung, und innen erkennt man eine leicht rosarötliche Tönung. Das **Fleisch** ist weißlich, dünn und brüchig und ohne Geruch oder Geschmack.

Sporenpulverfarbe: weißlich.

Vorkommen: Das Eselsohr ist nicht häufig und mancherorts selten, man findet es in Laub- und Nadelwäldern auf dem Erdboden. Oft wird man es in dichten Gruppen beieinander antreffen. Sommer und Herbst.

Verwechslungsmöglichkeit: Kann mit anderen Arten seiner Gattung verwechselt werden. So ähnelt das Eselsohr z. B. dem *Gelben Öhrling (O. concinna)* – hier sagt die Farbbezeichnung schon ein wenig über den äußerlichen Unterschied, den man am besten im unmittelbaren Vergleich feststellen kann. Dieser Pilz wächst in Laubwäldern, unter Buchen auf moosigem Erdboden, und er ist wesentlich kleiner. Der *Schneckenöhrling (O. cochleata)* färbt sich mehr gelbbraun bis dunkelbraun und weist ebenfalls mehr Becherform auf. Viele dieser *Öhrlinge* sind nur mikroskopisch sicher zu trennen. Man muß sich mit der ganzen Gruppe etwas intensiver beschäftigen, um Verwechslungen zu vermeiden.

Verwendbarkeit: In südlicheren Ländern hat man keine Scheu, das Eselsohr zu ernten und zuzubereiten. Der Pilz ist aber in Deutschland selten und fehlt in manchen Gegenden ganz. Allein aus diesem Grund sollte er geschont werden.

Allgemeines: Die Gattung der *Öhrlinge, Otidea*, wird in 11 schwer zu trennende Arten geteilt. Eine sichere Bestimmung ist in den meisten Fällen ohne Studium der Mikromerkmale unmöglich. *Onotica* bedeutet »wie ein Eselsohr«.

Hasenohr *Otidea leporina* (BATSCH.) FUCKEL

Merkmale: In ausgewachsenem Zustand kann man **Fruchtkörper** von etwa 5 cm Höhe und 3 cm Breite finden. Meist bleiben die Pilze aber deutlich unter diesen Größen. Ihre Form erinnert ein wenig an ein Hasenohr, doch gibt es auch Pilze mit etwas becherförmigem Aussehen. Meistens entdeckt man tütenförmige, auf der einen Seite der Länge nach aufgeschnittene, oben weite Fruchtkörper mit eingeschlagenen oder umgeschlagenen Rändern; abwärts laufen sie mehr oder weniger spitz zu und sind kurz gestiefelt, glatt oder etwas gerippt. Die Fruchtschicht tragende Innenseite ist rostgelb bis rostbraun, die Außenseite gelbbraun-ockerlich und ganz fein kleiig-mehlig. Das **Fleisch** ist wachsartig und zerbrechlich, rostgelb bis zimtbraun gefärbt und ohne besonderen Geruch und Geschmack.

Sporenpulverfarbe: weißlich.

Vorkommen: Das Hasenohr wächst besonders in bergigen Nadelwäldern, auf sauren Böden, wo der Pilz zwischen Nadelstreu und auf moosigen Stellen erscheint. Dort steht er in dichtgedrängten, kleinen Gruppen, selten vereinzelt. Von Juli bis November.

Verwechslungsmöglichkeit: Das Hasenohr hat eine Reihe von Verwandten, die schwer auseinanderzuhalten sind: das beschriebene *Eselsohr (O. onotica)* z. B. oder der *Nadelwald-Öhrling (O. abietina)*, ein seltener, im Gebirgsnadelwald vorkommender Pilz. Er ist meist kleiner, seine Innenseite ist orange-rötlich-braun gefärbt und die Außenseite heller. Der *Eingeschnittene Öhrling (O. alutacea)* wächst im Laubwald. Seine Form ist nicht deutlich ohrförmig, er ist dunkel lehmfarben bis grau-schmutzigbraun, die Außenseite heller. Der seltene *Schneckenöhrling (O. cochleata)* wächst auf moosbedecktem Waldboden, er hat einen lange eingerollten und gekerbten Rand. Auch einige *Becherlinge* sehen dem Hasenohr manchmal ähnlich.

Verwendbarkeit: Der Pilz ist zwar eßbar, aber wegen seiner Seltenheit zu schonen.

Allgemeines: *Leporina* bedeutet »zum Hasen gehörig«.

Gelbgrünes oder **Gemeines Gallertkäppchen** *Leotia lubrica* PERS.

Merkmale: Die **Fruchtkörper** sind deutlich in Käppchen und Stiel geschieden, insgesamt 3–8 cm hoch. Die 1–2 cm breiten, gelatinösen **Käppchen** sind gelb, grünlichgelb bis olivbraun, trocken fast schwarz, unregelmäßig rundlich-abgeflacht, uneben-buckelig oder genabelt, mit stark nach unten eingerolltem, faltigem Rand, oberseits schleimig-schlüpfrig, unterseits glatt. Die Fruchtschicht liegt auf der Käppchen-Oberseite. Der **Stiel** ist 2–6 cm lang, 0,3–0,5 cm dick, zitronen- bis goldgelb, später zimtbräunlich, körnig-rauh, röhrig bis zusammengedrückt, manchmal längsfurchig oder grubig vertieft, zuerst voll, dann hohl und mit Schleim gefüllt, meist breit in das Käppchen übergehend. Das gallertartige, weißgelbliche **Fleisch** riecht leicht modrig und schmeckt fad.
Sporenpulverfarbe: weißgelblich.
Vorkommen: Dieser kaum verwechselbare Pilz erscheint von Juli bis Oktober gesellig, oft büschelig in großer Zahl zusammen, auf durchnäßten, lehmigen Stellen in fast allen Waldtypen, am liebsten in feuchten Buchen-Mischwäldern, aber auch in Nadelwäldern und in Mooren. Das Gelbgrüne Gallertkäppchen ist in Europa weit verbreitet und von der Meeresküste bis in die Alpentäler häufig anzutreffen, wo es auf rund 1500 m Höhe steigt. Lediglich in trockeneren Landstrichen wird es seltener.
Verwechslungsmöglichkeit: Allenfalls mit dem *Helmkreisling (Cudonia circinans)* zu verwechseln, der aber ein mehr gelbes, nicht gallertartiges Hütchen hat. Mit dem *Schwarzgrünen Gallertkäppchen (L. atrovirens)* ist eine Verwechslung aufgrund der Farbunterschiede nicht möglich.
Verwendbarkeit: Zwar eßbar, aber wenig ergiebig, zudem schmeckt das gallertartige Fleisch recht fad.
Allgemeines: Das Gallertkäppchen gehört in die Klasse der *Schlauchpilze (Ascomycetes)*, in der auch die *Morcheln* enthalten sind. *Lubrica* bedeutet »schmierig, schlüpfrig«.
Literaturhinweis: Breitenbach, J., Kränzlin, F.: *Pilze der Schweiz,* Bd. 1; *Zeitschrift für Mykologie,* Bd. 47 (1), 1981.

Perigord-Trüffel, Schwarze Trüffel *Tuber melanosporum* Vitt.

Merkmale: Die **Fruchtkörper** dieses begehrten Speisepilzes sind kugelig oder unregelmäßig knollig und in der Größe sehr variabel, meist 2–9 cm. Die Oberfläche ist mit mehr oder weniger flachen vier- bis sechsflächigen, pyramidenförmigen Warzen bedeckt. Anfangs ist die Außenseite rötlichbraun und später schwarz. Das Fleisch *(die Gleba)*, ist bei jungen Fruchtkörpern graulich, beigerötlich und wird mit der Reife rußig-schwarz. Im Querschnitt erkennt man deutlich weißliche bis rostfarbene Adern oder mehrfach verzweigte Verästelungen, die dem Inneren ein marmoriertes Aussehen verleihen. Diese Adern entstehen durch Auffüllen der Hohlräume zwischen den Fruchtschichten mit Zellen *(Hyphen)*. Der Geruch dieser Trüffel ist sehr stark aromatisch.
Sporenpulver: schwärzlich.
Vorkommen: Dieser Pilz wächst unterirdisch, in Symbiose mit Laubbäumen, vor allem mit Eichen, auf kalkreichen Böden. Im Mittelmeerraum und besonders in Süd- und Mittelfrankreich. Nördlich der Alpen ist sie noch nicht gemeldet worden. Die Fruchtkörper kann man von Mitte November bis Mitte März finden.
Verwechslungsmöglichkeiten: Dieser Pilz kann mit einigen ähnlichen Trüffeln verwechselt werden. Die ebenfalls eßbare *Sommertrüffel (Tuber aestivum Vitt.)* wächst im Humus kalkreicher Böden unter verschiedenen Laubhölzern, seltener Kiefern und Wacholder. Sie ist mit größeren pyramidenförmigen Höckern bedeckt und wächst von August bis Dezember.
Verwendbarkeit: Sehr begehrter Speisepilz, der auch als »der schwarze Diamant der Tafel« bekannt ist.
Allgemeines: Die zahlreichen Trüffelarten gehören in die Pilzklasse der *Schlauchpilze (Ascomyceten)* und wachsen meist unterirdisch *(hypogäisch)* in einer Tiefe von wenigen Zentimetern bis zu einem halben Meter. Die Sporen werden durch Zerfall der Fruchtschicht freigegeben. Die Pilze strömen meist einen sehr intensiven Geruch aus, der besonders von Wildschweinen wahrgenommen wird, die sie ausgraben und so zur Verbreitung beitragen.

Orangebecherling oder **Gemeiner Orangebecherling** *Aleuria aurantia (FR.) FUCK.*

Merkmale: Die **Fruchtkörper** erreichen 2–10 cm im reifen Zustand, jung sind sie mehr oder weniger halbkugelig, dann schüsselförmig, mit verbogenem, nicht behaartem Rand, alt unregelmäßig flach bis wellig-gelappt ausgebreitet. Die glatte Fruchtschicht auf der Innenseite ist gelborange bis leuchtend orangerot gefärbt, die Außenseite dagegen blasser, weißlich-mehlig bereift, besonders deutlich zu sehen bei trockeneren Fruchtkörpern. Die Becherlinge sitzen mit zusammengezogener Basis meist stiellos dem Boden auf. Das wachsartige **Fleisch** verdient diesen Namen kaum, es ist dünn und sehr brüchig, ohne auffallenden Geruch oder Geschmack.

Sporenpulverfarbe: farblos.

Vorkommen: Weit verbreitet und gemein, von Juli bis Oktober, in manchen Gegenden schon ab Mai anzutreffen, besonders üppig in feuchten Jahren, oft gesellig oder in dichtgedrängten, rasigen Gruppen entlang sandiger Waldwege, an Brachstellen und Rodungen, auf Brandstellen, insgesamt gerne auf rohem, lehmig-sandigem, silikathaltigem Boden, in und außerhalb von Wäldern, auch zwischen Gras und Kräutern.

Verwechslungsmöglichkeit: Größe, Farbe und Standort lassen diesen auffallenden Becherling leicht erkennen. Zwar gibt es eine Reihe kleinerer *Becherlinge* mit ähnlichen Farben, doch kaum einer kommt über 2 cm Durchmesser hinaus. Zudem weisen sie alle eine mehr oder weniger deutliche Randbehaarung oder zumindest dunkel gefärbte Randzonen auf, was beim Orangebecherling nicht zutrifft.

Verwendbarkeit: Hier gehen die Meinungen der Pilzfreunde auseinander. Zwar ist der Orangebecherling eßbar, bei hinreichender Menge für einen Pilzsalat geeignet, doch sollte das freudige Empfinden beim Anblick dieser prachtvollen Farbtupfer in der Natur den Sammler Gaumenfreuden und Kochtopf vergessen lassen.

Allgemeines: *Aurantia* bedeutet »orangefarben«.

Zinnoberroter Prachtbecherling oder **Zinnoberroter Kelchbecherling** *Sarcoscypha coccinea (FR.) LAMB. S. L.*

Merkmale: Hier stellen wir einen der schönsten und auffälligsten Becherlinge vor, der jeden Pilzkenner begeistert, wenn er ihn findet, denn dieses Schmuckstück gehört nicht gerade zu den häufigsten Pilzen der Wälder. Aus einem zunächst pokalförmigen Pilzchen entwikkelt sich ein mehr oder weniger becher- bis schüsselförmiger **Fruchtkörper**, mit Durchmessern zwischen 1 und 7 cm. Die Fruchtschicht ist leuchtend zinnober-orangerot, die sterile Außenseite ist rosa bis schwach ockerlich und sehr fein weißlich flockig-körnig. Nimmt man ein Exemplar vorsichtig vom Standort, dann erkennt man, daß der Pilz einen kleinen, kurzen bis manchmal sehr langen **Stiel** hat, so daß der Pilz fast die Form einer Sektschale zeigt. Das **Fleisch** ist wachsartig, zäh und ohne besonderen Geruch und Geschmack.

Sporenpulverfarbe: weißlich.

Vorkommen: Holarktisch verbreitet, fast in allen europäischen Ländern zu finden, aber nicht sehr häufig. Wächst an feuchten Stellen auf abgestorbenen, oft mit Moos überzogenen Laubholzästchen, meist während der Schneeschmelze, einzeln oder gesellig.

Verwechslungsmöglichkeit: Die Gattung *Sarcoscypha* wird gegenwärtig wissenschaftlich untersucht, wobei vermutlich eine Trennung in einige neue Arten erfolgen wird. Bei dem beschriebenen Pilz handelt es sich vermutlich um eine Sammelart. Sie sollen sich sowohl durch Mikromerkmale als durch die Substratwahl unterscheiden und besiedeln vermutlich auch eigene Areale. Eine Sippe ist offenbar streng an Linden gebunden, eine andere an Erlen, Ahorn, Weiden und Ulmen. Des weiteren kann der unerfahrene Pilzsammler andere rote *Becherlinge* mit dieser Art verwechseln.

Verwendbarkeit: Eßbar, aber schonenswert.

Allgemeines: Die Familie der *Sarcoscyphaceae* umfaßt in Europa nur 7 Gattungen mit kaum einem Dutzend Arten, die alle selten sind. *Coccinea* bedeutet »scharlachrot«.

Pilze sammeln

Pilze erfüllen wichtige ökologische Aufgaben, nicht nur für die Stoffkreisläufe der Natur sondern auch für die vielfältigen Lebensgemeinschaften in der Pflanzenwelt. Vieles spielt sich gerade bei den Pilzen im verborgenen ab. Die sichtbaren Fruchtkörper tragen mit ihrer Sporenbildung wesentlich zur Arterhaltung bei.
Sammeln Sie nicht alles, was eßbar aussieht, nehmen Sie nur so viele Speisepilze, wie Sie für eine Mahlzeit brauchen. Die in jüngster Zeit oft erwähnte Schwermetallbelastung unserer wildwachsenden Pilze, auch an straßen- und industriefernen Standorten, verbietet massenhaften Pilzgenuß. Schonen Sie sehr seltene, wenn auch eßbare Pilze vor dem Kochtopf und achten Sie auch die ungenießbaren oder giftigen Arten als schützenswerte Geschöpfe der Natur.
Beobachtungen draußen und Erfahrungen der Pilzberatungsstellen zeigen, daß sich ein großer Teil der Speisepilzsammler falsch verhält. Die gehäuften Pilzvergiftungen der letzten Jahre, von denen nicht wenige tödlich endeten, belegen diese eher düstere Feststellung.
Wer hastig und schlampig Pilze sammelt, wird und kann seinen Fund nicht sorgfältig bestimmen und ist deshalb ernsthaft gefährdet!
Wichtigstes Ausrüstungsteil ist der richtige Sammelbehälter. Eine Plastiktüte erfüllt den Zweck nicht! Geerntete Pilze leben weiter und unterliegen auch im Behälter einem Stoffwechsel. In der Plastiktüte kann die von den Pilzen abgegebene Feuchtigkeit nur unzureichend verdunsten. Schon die üblichen Sommer- und Herbsttemperaturen bewirken in der luftundurchlässigen Tüte einen Wärme- und Feuchtigkeitsstau, der die äußerlich zunächst nicht wahrnehmbaren Zersetzungsprozesse der Pilzgewebe erheblich beschleunigt. Greift der Sammler nach einiger Zeit in sein Behältnis, so wird er leicht die gestiegenen Temperaturen feststellen können.
Ein weiterer unvermeidbarer Nachteil der Plastiktüte liegt darin, daß ihr ungestütztes Folienmaterial die Pilze beim Tragen aneinander- und ineinanderdrückt. Vor allem die unteren Pilze werden schon durch die Erschütterung des Gehens und durch den Gewichtsdruck des darüberliegenden Sammelguts schnell unansehnlich. Zusammen mit der ausgedünsteten und reichlich im Pilzgewebe enthaltenen Feuchtigkeit entsteht rasch ein »Mus«. Der Verzehr derart falsch behandelter Pilze kann unangenehme Folgen für Ihre Gesundheit haben. Denken Sie nur an die Auswirkungen einer Fleisch- oder Fischvergiftung.
Ein *Spankorb* erfüllt alle Anforderungen an ein zweckmäßiges Sammelgefäß, vor allem ist er luftdurchlässig und druckfrei. Schalen, wie man sie beim Obstkauf erhält, können dazu dienen, einzelne oder unbekannte Pilzarten im Korb voneinander zu trennen. Schon aus Rücksicht auf die ökologischen Aufgaben der Pilze im Naturhaushalt verzichtet man darauf, überreife und alte oder von Insektenlarven (Maden) befallene Exemplare zu sammeln. Äußerlich makellos aussehende Stein- und andere Pilze können ein bewegtes Innenleben aufweisen. Durchschneiden Sie daher Pilze am Fundort, Sie vermeiden dann großen Abfall zu Haus.
Da niemand auf Pilze als hungerstillendes Nahrungsmittel angewiesen ist, sollten nur einwandfreie Fundstücke in den Sammelkorb wandern. Als Naturfreund werden

Sie sich auch nicht an der Unsitte beteiligen, sehr junge, oft kaum fingernagelgroße Pilzchen begehrter Arten, wie Pfifferlinge oder Steinpilze, abzusammeln oder gar auszugraben. Wer das tut, trägt zum Rückgang der Pilzflora bei. Wenn Sie nur an Speisepilzen interessiert sind, beherzigen Sie den Grundsatz:

Nur die Pilze ernten, die einwandfrei erkannt und bestimmt wurden!

Der Speisepilzsammler *schneidet* seinen sicher bestimmten Fund mit einem kurzen, *scharfen Messer* dicht über dem Boden ab. Die weitläufige Meinung, daß der verbliebene Rest eines abgeschnittenen Pilzes im Boden mit dem Hyphengeflecht (Myzel) verfaule und diesem dadurch schade, trifft nicht zu. Fruchtkörper von Pilzen, die nicht geerntet oder von Tieren gefressen werden, verrotten oder verfaulen in der Natur seit Millionen von Jahren – ohne Schaden für den Fortbestand einer Art. Der Abbau organischer Stoffe durch Rotte und Fäulnis ist ein natürlicher und notwendiger Vorgang, der nicht auf lebensfähige Organismen übergreift.

Für das genaue Bestimmen unbekannter Pilzarten ist es ratsam, zwei bis vier Pilze verschiedener Altersstufen, unter ihnen ein möglichst gut ausgebildetes Exemplar, mit nach Hause zu nehmen oder sie einem Fachkundigen vorzulegen. Manche Sammler raffen ganze Bestände örtlicher Pilzvorkommen »auf Verdacht« und mit der Absicht zusammen, die Pilze zu Hause bestimmen und gegebenenfalls verwerten zu können. Häufen sich solche Fehlverhalten, müssen sie in vielbegangenen Arealen zwangsläufig zu allgemeinen Sammelverboten führen.

Unbekannte Fruchtkörper, die man zur Bestimmung mitnehmen möchte, werden mit der Stielbasis sorgfältig dem Standort entnommen, wobei man z. B. mit der Hand über den Fruchtkörper greift und diesen behutsam herausdreht. Lösen Sie größere Pilze vorsichtig, mit Unterstützung des Messers, heraus. Das entstandene Loch im Boden sollte wieder mit Humus, Laub oder Bodenstreu zugedeckt werden, da sonst das Myzel an dieser Stelle austrocknet und Schaden nehmen kann.

Fassen Sie Pilze, die Sie später bestimmen wollen, nicht unnötig an. Wichtige Erkennungsmerkmale, wie Farbnuancen und Stiel- und Huthautbeschaffenheit, werden leicht verwischt oder sind nach unsachgemäßer Behandlung nur noch schwer zu erkennen. Eine gute Hilfe für das Absondern unbekannter Pilze von geerntetem Sammelgut bilden rasch formbare Behälter aus Alufolie oder Schalen mit Deckel.

Die Pilzbestimmung kann Schwierigkeiten bereiten, die nicht immer zu lösen sind. Oft glaubt der Laie, den gefundenen Fruchtkörper schon anhand eines Bildes in seinem Pilzbuch bestimmen zu können. Die einleitenden Texte und die Artbeschreibungen neben den Bildern werden dabei nur flüchtig oder überhaupt nicht gelesen. Dieser Weg ist eine Art Glücksspiel, das unglücklich enden kann! Studieren Sie die Artmerkmale der vermuteten Art genau und vergleichen Sie diese mit Ihrem gefundenen Pilz! Oft gibt es von einer Art innerhalb der Gattung mehrere, manchmal viele einander recht ähnliche Pilze. Dann sollten Sie alle im Buch gegebenen Informationen über die Art als Bestimmungshilfe heranziehen, auch Angaben über den Standort.

Viele Arten grenzen sich durch ihre unterschiedlichen Standorte voneinander ab. Deshalb beginnt die gewissenhafte Pilzbestimmung draußen am Standort des Fundstückes. Andererseits hat man draußen weniger Zeit für eine gewissenhafte Pilzbestimmung, zu Hause steht vielleicht weitere Literatur oder fachkundiger Rat zur Verfügung. Aus diesem Grund nimmt der ernsthafte Sammler Papier und Bleistift auf seine Exkursionen mit. Heute gibt es überdies handliche Kleindiktiergeräte, die das Aufzeichnen erleichtern.

Die wichtigste Angabe betrifft die Beschaffenheit des Untergrunds, auf dem der Pilz wächst, der Fachmann spricht vom Substrat, in dem der Fruchtkörper wurzelt; das kann Erde, vermoderndes Laub, Bodenstreu unter Nadelbäumen, totes oder lebendes Holz, Tierkot, das können andere Pflanzenreste oder Teile toter Tiere sein. Weiter sollten Sie wahrnehmen und festhalten, in welchem Waldtyp, unter welchen Baumarten (Mykorrhiza-Partner?), bei welchen Sträuchern die Art stand. Dabei ist auch der Umkreis zu beachten. War der Standort trocken oder feucht?

Über die örtliche Gegebenheit des Pilzstandorts hinaus sollte man sich über den allgemeinen Bodentyp eines Areals klarwerden: Handelt es sich um saure (kalkarme) oder um alkalische (basische), also kalkreiche Bodenarten? Dem Gartenfreund und Landwirt sind diese Begriffe vertraut, sie drücken sich im sogenannten pH-Wert eines Bodens aus. Für den fortgeschrittenen Pilzsammler, erst recht für den Spezialisten, der nicht nur auf Speisepilze aus ist, bedeutet die Kenntnis der jeweiligen Bodenart eine oft unverzichtbare Voraussetzung sicherer Artbestimmung. Manche Pilzarten sind säure- oder basenliebend *(acido- oder basiphil)*. Beispiel: der kalkliebende (basidophile) Graue Lärchenröhrling *(Suillus aeruginascens)*, ein Mykorrhiza-Partner der Lärche. Den Gallenröhrling *(Tylopilus felleus)* findet man dagegen auf kalk- und nährstoffarmen, also sauren Böden verschiedener Waldgesellschaften.

Über Kalkgesteinen hat man es in der Regel mit alkalischen, über Sandsteinen und Urgestein (Silikatgestein) mit kalkärmeren, eher sauren Böden zu tun. Das Erdreich im Bereich von Hochmooren ist sauer, ähnliches gilt für die Oberböden reiner Nadelwälder.

Eine Reihe von Wildpflanzen gibt Aufschluß über die jeweilige Bodenbeschaffenheit ihres Standorts, man nennt sie deshalb Zeigerpflanzen. So sind Seidelbast, Leberblümchen und Huflattich Kalkzeiger, während Sauerklee, Heidelbeere viele andere Heidekrautgewächse saure Böden kennzeichnen. Der Band »Wildblumen Mitteleuropas« unserer Naturführerreihe informiert darüber.

Als fortgeschrittener Pilzsammler sollten Sie auch die wichtigsten heimischen Baumarten, unter ihnen vor allem die Symbiose-Partner der Speisepilze, kennen. Hier darf auf unseren Band »Bäume« verwiesen werden.

Speisewert

Manchmal findet man Pilzarten als ungenießbar und dann wieder als eßbar beschrieben. Das Geschmacksempfinden der Menschen ist eben nicht gleich. Manche werten den Geruch oder Geschmack eines Pilzes als angenehm, andere als unangenehm. Ein Beispiel gibt der mehr oder weniger starke Mehlgeruch und -geschmack des Maipilzes *(Calocybe gambosa)*.

Dagegen muß es den Sammler verwirren, wenn er eine Art, die herkömmlich als

Hallimasch (siehe S. 90)

Speise- oder gar Marktpilz galt, in einem Pilzbuch plötzlich als giftig oder als sehr giftig bezeichnet sieht.
Die Untersuchungen ungeklärter Todesursachen und die damit verbundenen Forschungen führten zu neuen Erkenntnissen und zu solchen erstaunlichen Wendungen in der Beurteilung einer Pilzart. So geschah es beim Kahlen Krempling *(Paxillus involutus).* Achten Sie bei widersprüchlichen Angaben auch auf das Erscheinungsjahr Ihres jeweiligen Pilzbuches.
Schließlich werden manche Pilzarten von vielen Menschen gut, von anderen schlecht vertragen. Der Hallimasch etwa, ein oft verwendeter Speisepilz, kann bei Darmempfindlichen zu Durchfällen führen.

Pilzvergiftungen

Bei den ersten Anzeichen einer Pilzvergiftung sollte sofort ein Arzt zu Rate gezogen werden!
Vom Pilzgenuß bis zum ersten Auftreten der Symptome einer Pilzvergiftung können 15 Minuten, 48 Stunden oder mehrere Tage vergehen. Es gibt bei Pilzvergiftungen kein allgemein anwendbares Patentrezept, keine sofort selbst anwendbare Gegenmaßnahme. Erbrechen kann nur helfen, wenn die verursachenden Pilze noch im Magen sind.
Für eine wirksame Behandlung durch den Arzt ist die Identifizierung der giftigen Pilzart wichtig. Putz- und Speisereste, auch getrocknete Pilze, können einem Fachmann vorgelegt werden.

Rücksicht beim Pilze sammeln

In vielen Naturschutzgebieten darf man außerhalb der markierten Wege nicht frei umherstreifen. Schonungen sollte man ebenso meiden wie landwirtschaftliche Flächen, denen man durch Betreten schaden würde, etwa Mähwiesen ab Mai. Bei rücksichtsvollem Verhalten sind Wälder und Fluren allgemein begehbar. Eine freundliche Frage hilft im Zweifel und beugt möglichem Ärger vor. Darüber hinaus nehmen Naturfreunde Rücksicht auf freilebende Wildtiere. Deren Lebensraum verkleinert sich täglich und ist vielerlei Eingriffen unterworfen, die ihren Freß- und Ruherhythmus empfindlich stören. Zweifellos bedeuten Pilzsammler in den Tageseinständen des Reh- und Rotwildes eine weitere Belastung.
Hier steht es jedem Nutznießer der freien Natur auch im eigenen Interesse gut an, Rücksicht zu üben, auch einmal darauf zu verzichten, in die letzte Dickung eines Waldes einzudringen. Gute Beispiele und freundliche Aufklärung sollten wirken, bevor sich der Gesetzgeber gezwungen sieht, den noch immer freien Zugang von Wald und Flur einzuschränken.

Bildautoren

T. Angermayer: S. 215 u.l.; Köster: S. 27 o.r., 43 u., 131 u.; Pfletschinger: S. 111 o.r.; Reinhard: S. 263 u.; **K. Baumann**: S. 73 u., 109 o.r., 153 u., 183 u., 193 o., 197 u., 247 u.; Haußmann: 37 o.l., 37 o.r., 105 u., 205 u., 211 o.; **Bio-Info**: Schork: S. 135 u.r., 245 o.; **X. Finkenzeller**: S. 17 u., 21 o.l., 21 M.l., 23 u.l., 25 o.l., 25 u.l., 27 o.l., 27 u.l., 27 u.r., 31 o.l., 31 u.l., 31 u.r., 33 u., 35 M.l., 35 M.r., 41 o.l., 45 u., 47 o.l., 47 u., 49 u., 51 o.l., 53 u., 57 o., 61 u., 65 u., 67 o., 69 o., 71 u., 77 o., 79 u., 83 u., 85 o., 97 o., 91 u., 97 o.l., 99 u.l., 101 o., 101 u., 103 o., 105 o., 107 o.l., 107 u.l., 107 u.r., 109 u.l., 109 u.r., 111 u., 113 u., 117 o., 121 o.r., 121 u., 123 o., 127 o., 127 u., 131 o.l., 131 o.r., 133 o., 133 u.r., 143 u., 147 u.l., 147 u.r., 165 o.r., 171 o.l., 175 u., 179 o., 179 u., 185 o., 187 o.l., 187 o.r., 187 u.l., 189 o., 189 u., 191 o., 191 u., 195 o.l., 195 u.r., 197 o.r., 201 o., 201 u., 203 o., 205 o., 207 o.l., 207 u., 211 u.l., 215 o., 217 o., 219 o.l., 219 u.l., 221 u., 225 o., 225 u., 227 u., 229 u.l., 231 o., 231 u., 237 o., 239 o., 241 u.l., 243 u.r., 249 o., 249 u., 251 o., 251 u., 253 u., 255 u., 259 o.r., 261 o., 263 o.r., 265 u., 267 o., 267 u., 277 o.l., 277 o.r., 277 u., 279 o.; **G. Fuchs**: S. 35 o.r., 41 o.r., 79 o., 117 u., 243 o., 255 o., 257 u.; **E. Garnweidner**: S. 33 o.l., 63 o., 65 o., 67 u., 89 o., 89 u., 97 u., 129 o., 139 o., 145 o., 149 u., 151 o., 153 o., 169 o., 169 u., 223 u., 229 u.r., 239 u.; **R. Gebhard**: S. 259 o.l.; **H. Grünert**: S. 19 o.l., 19 u.r., 19 o.r., 23 u.r., 45 u., 47 o.r., 49 o., 51 o.r., 53 o., 55 u., 57 u., 59 u., 61 o., 71 o., 75 o., 85 u., 93 o., 97 o.r., 113 o., 115 u.l., 115 u.r., 119 o.l., 133 u.l., 139 u., 141 u., 143 o., 145 u.r., 147 o., 149 o., 151 u., 155 u., 157 u., 163 o., 163 u., 187 u.r., 197 o.l., 199 o., 199 u., 213 o., 213 u., 223 o., 229 o., 233 u., 235 o., 241 o., 247 o., 271 o.l., 273 u.; W. Jurkeit: S. 171 u.; **H. Heppner**: S. 25 u.r., 59 o.r., 123 u., 125 u., 177 o.l., 177 o.r., 233 o., 235 u.l., 235 u.r., 241 u.r., 261 u.; **W. Layer**: S. 29 o., 115 o.l., 181 o.; **Bildagentur J. Lindenburger**: S. 35 o.l., 73 o., 87 u., 99 o., 165 o.l., 165 u., 167 o., 219 o.r., 253 o., 257 o.; Jacana/Chaumeton: S. 107 o.r., 141 o., Jacana/Champroux: S. 279 u.; Jacana/König: S. 135 o.r., 155 o.; Jacana/Lacoste: S. 41 u.; Jacana/Nardin: S. 21 u., 39 o., 167 u.; Jacana/Nief: S. 99 u.r.; Jacana/Ruffier-Lanche: S. 183 o.; Brosette: S. 243 u.l.; Pforr: S. 245 u.; **Natural History Photographic Agency**: Cambridge: S. 263 o.l., 273 o.; Hawkes: S. 33 o.r.; Preston-Mafham: S. 95 o., 111 o.l., 219 u.r., 269 o.r., 275 u.; Tanes: S. 37 u., 259 u., Agence Nature S. 277 u.; **Dr. J. Nittinger**: S. 137 o.; **M. Pforr**: S. 31 o.r., 35 u., 109 o.l., 119 u., 121 o.l., 125 o., 129 u., 159 o., 173 u., 177 u., 269 o.l., 269 u.; **W. Pilz**: S. 195 u.l., 203 u., 211 u.r., 271 u.; **Bildagentur H. Prenzel**: Lederer: S. 39 u.l., 39 u.r., 43 o., 91 o.l., 135 u.l., 265 o.; Weiland: S. 25 o.r.; **H. Schrempp**: S. 17 o., 19 u.l., 21 o.r., 23 o., 51 u., 55 o., 59 o.l., 63 u., 69 u., 75 u., 81 o., 81 u., 83 o., 91 o.r., 93 u., 95 u., 103 u., 115 o.r., 119 o.r., 135 o.l., 137 u., 145 u.l., 157 o., 159 u., 161 o., 161 u., 171 o.r., 173 o., 175 o., 185 u., 193 u., 195 o.r., 207 o.r., 209 o., 209 u., 215 u.r., 217 u., 227 o., 271 o.r., 275 o.; **R. Spönlein**: S. 283; **G. Synatzschke**: S. 29 u., 181 u., 221 o., 237 u.

Literatur

BREITENBACH, J./KRÄNZLIN, F.
Pilze der Schweiz Bd. 1 Ascomyceten (Schlauchpilze)
Verlag Mykologia, Luzern, 1981

CETTO, BRUNO
Der große Pilzführer Bd. 1–4
BLV Verlagsgesellschaft, München

DÄHNCKE, R. M.
Wie erkenne ich die Pilze
AT Verlag, Aarau, 1978

DÄHNCKE, R. M.
700 Pilze in Farbfotos
AT Verlag, Aarau, 1979

ENDERLE, MANFRED/LAUX, HANS E.
Pilze auf Holz
Franckh'sche Verlagshandlung, Stuttgart, 1980

ENGEL, H.
Dickröhrlinge **Rauhstielröhrlinge**
Wiesenstr. 10, 8621 Weidhausen b. Coburg

ERB, BRUNO/MATHEIS, WALTER
Pilzmikroskopie [1983
Franckh'sche Verlagshandlung, Stuttgart,

FLAMMER, R.
Differentialdiagnose der Pilzvergiftungen
Gustav Fischer Verlag, Stuttgart, 1980

FLAMMER, R./HORAK, E.
Giftpilze – Pilzgifte [1983
Franckh'sche Verlagshandlung, Stuttgart,

GERHARDT, EWALD
Pilzführer
BLV Verlagsgesellschaft, München, 1981

Kleine Einführung in die Pilzkunde
Mykologische Gesellschaft Luzern
Eigenverlag

HAAS, HANS/SCHREMPP, HEINZ,
Pilze, die nicht jeder kennt [1974
Franckh'sche Verlagshandlung, Stuttgart,

HAAS, HANS/GOSSNER, GABRIELE
Pilze Mitteleuropas
Franckh'sche Verlagshandlung, Stuttgart, 1976

HAAS, HANS/SCHREMPP, HEINZ
Pilze in Wald und Flur [1977
Franckh'sche Verlagshandlung, Stuttgart,

HENNING, MICHAEL
Handbuch für Pilzfreunde, Bd. 1–6
Gustav Fischer Verlag, VEB, Jena

JAHN, HERMANN
Pilze, die an Holz wachsen
Bussesche Verlagshandlung, Herford, 1979

LÖRTSCHER, F.
Kleines Fremdwörterbuch der Pilzkunde
Selbstverlag, Bern

MEIXNER, A.
Chemische Farbreaktion von Pilzen
Gantner Verlag KG bzw. J. Cramer, 1975

PHILLIPS, ROGER
Das Kosmosbuch der Pilze
Franckh'sche Verlagshandlung, Stuttgart, 1982

RINALDI, A./TYNDALO V.
Pilzatlas
Hörnemann Verlag, Bonn

SCHLITTLER, JAKOB/WALDVOGEL, FRED
Das große Buch der Pilze
Verlag Herder, Freiburg, 1977

MOSER, M.
Die Gattung Phlegmacium
Verlag J. Klinkhardt, Bad Heilbrunn, 1960

Kleine Kryptogamenflora
Die Röhrlinge und Blätterpilze
Gustav Fischer Verlag, Suttgart, 1983

MÜLLER. E./LOEFFLER, W.
Mykologie, Grundriß der Pilzkunde
Georg Thieme Verlag, Stuttgart

NEUHOFF, W.
Die Milchlinge
Verlag J. Klinkhardt, Bald Heilbrunn, 1956

NEUNER, ANDREAS
Pilze
BLV Verlagsgesellschaft, München, 1980

PACIONI, G.
Das neue BLV Pilzbuch
BLV Verlagsgesellschaft, München, 1983

SINGER, R.
Die Röhrlinge Teil I und II
Verlag J. Klinkhardt, Bad Heilbrunn, 1965, 1967

Zeitschrift für Mykologie
Herausgegeben von der Deutschen Gesellschaft für Mykologie
Einhorn Verlag, D-7070 Schwäbisch Gmünd, Postfach 1280

Register

Ackerling, Voreilender 116
Aderblättriger Schwindling 100
Agaricus abruptibulbus 40
Agaricus arvensis 38
Agaricus campester 36
Agaricus langei 42
Agaricus silvaticus 42
Agaricus silvicola 40
Agaricus spissicaulis 36
Agaricus xanthoderma 38
Agrocybe aegerita 116
Agrocybe praecox 116
Albatrellus ovinus 230
Aleuria aurantia 278
Alkalischer Rötling 62
Amanita caesarea 20
Amanita citrina 16
Amanita echinocephala 18
Amanita fulva 26
Amanita muscaria 20
Amanita pantherina 22
Amanita phalloides 16
Amanita porphyria 24
Amanita rubescens 22
Amanita spissa 24
Amanita vaginata 26
Amanita virosa 18
Amethyst-Lacktrichterling 110
Amiant-Körnchenschirmling 34
Anisegerling, Dünnfleischiger 40
Anisegerling, Schiefknolliger 40
Anisegerling, Weißer 38
Anis-Klumpfuß 150
Anistrichterling 80
Aniszähling 184
Anthurus archeri 264
Apfeltäubling 166
Armillariella mellea 90
Arvenröhrling 222
Austernseitling 182
Bärtiger Ritterling 76
Baumhelmling, Buntstieliger 106
Baumschwamm, Rotrandiger 232
Bergnadelwaldkoralle, orangefarbige 244
Beringter Schleimrübling 112
Beutelstäubling 256
Birkenmilchling, Gezonter 174
Birkenpilz 228
Birkenporling 234
Birkenreizker 174
Birnenstäubling 252
Bitterer Krempentrichterling 88
Bitterling, Schwarzfleckender 56
Bitterröhrling, Wurzelnder 206
Bitterschwamm 206
Blaustiel-Schleimfuß 152
Blutblättriger Hautkopf 154
Blutblättriger Schirmling 32
Boletinus cavipes 218
Boletus calopus 206
Boletus edulis 202
Boletus erythropus 210
Boletus impolitus 208
Boletus luridus 210
Boletus pinicola 204
Boletus radicans 206
Boletus regius 204
Boletus rhodoxanthus 212
Boletus satanas 208
Boletus splendidus 212
Bräunlicher Stäubling 254
Brauner Filzröhrling 216
Brauner Ledertäubling 160
Braunkappe 214
Breitblättriger Schleimrübling 112
Brennender Ritterling 70
Brennender Rübling 96
Büscheliger Nitrosehelmling 104
Büschelrasling, Weißer 66
Bunte Tramete 238
Buntstieliger Baumhelmling 106
Butterpilz 220
Butterrübling, Kastanienroter 94
Calocera viscosa 248
Calocybe gambosa 86
Calvatia excipuliformis 256
Calvatia utriformis 258
Camarophyllus pratensis 54
Cantharellus cibarius 192
Cantharellus friesii 190
Cantharellus lutescens 194
Cantharellus tubaeformis 194
Cantharellus xanthopus 194
Catathelasma imperiale 68
Chalciporus piperatus 218
Champignon, Gedrungener 36
Chroogomphus helveticus 186
Chroogomphus rutilus 186
Clathrus ruber 264
Clavariadelphus ligulus 242
Clavariadelphus pistillaris 242
Clavulina cristata 250
Clitocybe clavipes 84
Clitocybe gibba 82
Clitocybe nebularis 84
Clitocybe odora 80
Clitopilus prunulus 56
Collybia butyracea 94
Collybia confluens 96
Collybia dryophila 94
Collybia fusipes 92
Collybia maculata 92
Collybia peronata 96
Coprinus atramentarius 134
Coprinus comatus 134
Coprinus disseminatus 130
Coprinus micaceus 132
Coprinus picaceus 132
Cortinarius armillatus 154
Cortinarius auroturbinatus 150
Cortinarius bolaris 142
Cortinarius collinitus 152
Cortinarius crassus 148
Cortinarius limonius 142
Cortinarius odorifer 150
Cortinarius orellanus 140
Cortinarius praestans 144
Cortinarius traganus 144
Cortinarius trivialis 152
Cortinarius speciosissimus 140
Cortinarius variecolor 146
Cortinarius varius 148
Cortinarius violaceus 146
Craterellus cornucopioides 196
Cyathus striatus 260
Cystoderma amiantinum 34
Cystoderma carcharias 34
Dachpilz, Rehbrauner 58
Dachpilz, Rosastieliger 58
Dehnbarer Helmling 108
Dermocybe semisanguinea 154
Dickfleischiger Schleimkopf 148
Dickfuß, Dunkelvioletter 146
Dickfuß, Lila 144
Dickfuß, Rotschuppiger 142
Dickschaliger Kartoffelbovist 256
Doldenblütler-Seitling 182
Donnerpilz 210
Dreifarbige Koralle 246
Dünnfleischiger Anisegerling 40
Düsterer Röhrling 200
Duftender Leistling 194
Dunkelvioletter Dickfuß 146
Durchbohrter Leistling 194
Echter Reizker 172
Edelreizker 172
Eichhase 238
Eierschwamm 192
Eierschwamm, Falscher 192
Eiszahn 266
Elfenbeinröhrling 226
Ellerling, Oranger 54
Entoloma clypeatum 60
Entoloma nidorosum 62
Entoloma nitidum 60
Entoloma sinuatum 62
Erdigriechender Schleierling 146
Erd-Rißpilz 138
Erdritterling, Gilbender 76
Erdstern, Gewimperter 260
Eselsohr 274
Espen-Rotkappe 226
Eulenauge 144
Fälbling, Wurzelnder 130
Fahler Röhrling 208
Falscher Eierschwamm 192
Faltentintling 134

Feldschwindling 102
Fichtenporling 232
Fichtenreizker 172
Fichtensteinpilz 202
Filziger Gelbfuß 186
Filzröhrling, Brauner 216
Fistulina hepatica 236
Flammulina velutipes 90
Flaschenstäubling 252
Fleckender Schmierling 188
Fliegenpilz 20
Flockenstieliger Hexenröhrl. 210
Fomes fomentarius 232
Fomitopsis pinicola 232
Frauentäubling 162
Frauentäubling, Grüner 162
Frühjahrslorchel 272
Frühlings-Weichritterling 64
Fuchsiger Trichterling 82
Fuligo septica 268
Galerina marginata 122
Gallenröhrling 202
Gallentäubling 158
Gallertkäppchen, Gelbgrünes 276
Gallertkäppchen, Gemeines 276
Gallertstacheling 266
Gallerttrichter, Rötlicher 266
Geastrum sessile 260
Gebuckelter Trichterling 82
Gedrungener Champignon 36
Gedrungener Wulstling 24
Geflammter Rötling 60
Geflecktblättriger Purpurschneckling 48
Gefleckter Rübling 92
Gelbbräunlicher Scheidenstreifling 26
Gelbe Kraterelle 194
Gelbe Lohblüte 268
Gelber Knollenblätterpilz 16
Gelbfüßiger Helmling 104
Gelbfuß, Filziger 186
Gelbfuß, Kupferroter 186
Gelbgrünes Gallertkäppchen 276
Gelblicher Ritterling 74
Gelborangemilchender Helmling 108
Gemeiner Orangebecherling 278
Gemeiner Spaltblättling 240
Gemeiner Stinktäubling 160
Gemeines Gallertkäppchen 276
Gesäter Tintling 130
Geschmückter Gürtelfuß 154
Gestreifter Teuerling 260
Gewimperter Erdstern 260
Gezonter Birkenmilchling 174
Gifthäubling 122
Gilbender Erdritterling 76
Gitterling, Scharlachroter 264
Glimmerschüppling 120
Glimmertintling 132
Glucke, Krause 244
Goldblatt 190
Goldfellschüppling 118
Goldröhrling 220
Goldschüppling 120
Goldtäubling 164
Goldzahn-Schneckling 50
Gomphidius glutinosus 188
Gomphidius maculatus 188
Gomphus clavatus 196
Granatroter Saftling 44
Grauer Scheidenstreifling 26
Grauer Wulstling 24
Grifola umbellata 238
Großer Saftling 44
Großer Schmierling 188
Großer Waldchampignon 42
Großer Waldegerling 42
Grubiger Milchling 174
Grubiger Schleimrübling 114
Grünblättriger Schwefelkopf 124
Grüner Frauentäubling 162
Grüner Knollenblätterpilz 16
Grünling 72
Grünspan-Träuschling 128
Gürtelfuß, Geschmückter 154
Gyromitra esculenta 272
Habichtspilz 198
Hahnenkamm 248
Hainbuchen-Röhrling 228
Halbkugeliger Träuschling 126
Hallimasch 90
Hartpilz 68
Hasenbovist 258
Hasenohr 274
Hautkopf, Blutblättriger 154
Hebeloma radicosum 130
Helmling, Dehnbarer 108
Helmling, Gelbfüßiger 104
Helmling, Gelborangemilchender 108
Helmling, Rosablättriger 106
Helvella crispa 272
Herbst-Lorchel 272
Herbsttrompete 196
Heringstäubling, Roter 166
Herkuleskeule 242
Herrenpilz 202
Hexenbutter 268
Hexenröhrl., Flockenstieliger 210
Hexenröhrling, Netzstieliger 210
Hirneola auricula-judae 268
Hörnling, Klebriger 248
Hohlfußröhrling 218
Holzritterling, Rötlicher 78
Horngrauer Rübling 94
Hundsrute 262
Hydnum repandum 198
Hygrocybe coccinea 44
Hygrocybe conica 46
Hygrocybe psittacina 46
Hygrocybe punicea 44
Hygrophoropsis aurantiaca 192
Hygrophorus agathosmus 52
Hygrophorus chrysodon 50
Hygrophorus marzuolus 52
Hygrophorus nemoreus 50
Hygrophorus pudorinus 48
Hygrophorus russula 48
Hypholoma capnoides 124
Hypholoma fasciculare 124
Hypholoma sublateritium 126
Igelstäubling 254
Inocybe fastigiata 136
Inocybe patouillardi 136
Inocybe terrigena 138
Inonotus dryadeus 234
Judasohr 268
Käsepilzchen 100
Kahler Krempling 180
Kaiserling 20
Kammförmige Koralle 250
Karbolegerling 38
Kartoffelbovist, Dickschaliger 256
Kastanienroter Butterrübling 94
Kegelhütiger Knollenblätterpilz 18
Kegeliger Rißpilz 136
Kegeliger Saftling 46
Kelchbecherling, Zinnoberr. 278
Keulenfüßiger Trichterling 84
Keulenpfifferling 196
Kiefern-Steinpilz 204
Kirschroter Saftling 44
Klebriger Hörnling 248
Klumpfuß, Anis- 150
Klumpfuß, Prächtiger 150
Knäuelrasling, Knorpeliger 66
Knoblauchschwindling 98
Knoblauchschwindling, Langstieliger 98
Knollenblätterpilz, Gelber 16
Knollenblätterpilz, Grüner 16
Knollenblätterpilz, Kegelhütiger 18
Knollenblätterpilz, Spitzhütiger 18
Knollenblätterpilz, Weißer 18
Knopfstieliger Rübling 96
Knorpeliger Knäuelrasling 66
Knorpeliger Rasling 66
Königsröhrling 204
Körnchenröhrling 222
Körnchenschirmling, Amiant- 34
Körnchenschirmling, Starkriechender 34
Koralle, Dreifarbige 246
Koralle, Kammförmige 250
Koralle, Orangefarbige Bergnadelwald 244
Koralle, Rötliche 248
Koralle, Schwefelgelbe 246
Koralle, Schöne 250
Koralle, Zitronengelbe 246
Kräuterseitling 182
Kraterelle, Gelbe 194
Krause Glucke 244
Krause Lorchel 272
Krempentrichterling, Bitterer 88
Krempentrichterling, Weißer 88
Krempling, Kahler 180
Kuehneromyces mutabilis 122
Kuhmaul 188
Kuhröhrling 224
Kupferroter Gelbfuß 186
Kupferroter Schmierling 186
Laccaria amethystina 110
Laccaria laccata 110
Lackbläuling 110
Lacktrichterling, Amethyst- 110
Lacktrichterling, Rötlicher 110
Lactarius deliciosus 172
Lactarius deterrimus 172
Lactarius lignyotus 178
Lactarius necator 178
Lactarius piperatus 170
Lactarius rufus 176
Lactarius scrobiculatus 174
Lactarius torminosus 174
Lactarius vellereus 170
Lactarius volemus 176
Laetiporus sulphureus 230
Langermannia gigantea 258
Langstieliger Knoblauchschwindling 98
Leberblümchen 282
Leberpilz 236
Leberreischling 236
Leccinum aurantiacum 226
Leccinum griseum 228
Leccinum scabrum 228
Ledertäubling, Brauner 160
Leistling, Duftender 194
Leistling, Durchbohrter 194
Leistling, Samtiger 190
Lentinellus cochleatus 184
Leotia lubrica 276
Lepiota aspera 30
Lepiota clypeolaria 30
Lepiota cristata 32
Lepista inversa 82
Lepista nebularis 84
Lepista nuda 86
Leucopaxillus candidus 88
Leucopaxillus gentianeus 88
Lila Dickfuß 144
Löwengelber Rauhkopf 142
Lohblüte, Gelbe 268
Lorchel, Krause 272
Lycoperdon echinatum 254
Lycoperdon perlatum 252
Lycoperdon pyriforme 252
Lycoperdon umbrinum 254
Lyophyllum connatum 66
Lyophyllum loricatum 66
Macrolepiota procera 28
Macrolepiota rhacodes 28
Märzellerling 52
Märzschneckling 52
Maipilz 86
Mairitterling 86
Marasmius alliaceus 98
Marasmius bulliardii 100
Marasmius epiphyllus 100
Marasmius oreades 102
Marasmius scorodonius 98
Maronenröhrling 214
Marzipanfälbling 130
Mehlräsling 56
Melanoleuca cognata 64
Melanoleuca grammopodia 64
Melanophyllum echinatum 32
Milchbrätling 176
Milchling, Grubiger 174
Milchling, Olivbrauner 178
Milchling, Rotbrauner 176
Milchling, Wolliger 170
Milder Wachstäubling 168
Mönchskopf 80
Mohrenkopf 178
Morchella conica 270
Morchella esculenta 270
Mutinus caninus 262
Mycena alcalina 104
Mycena crocata 108
Mycena epipterygia 108
Mycena galericulata 106
Mycena inclinata 106
Mycena pura 102
Mycena renati 104
Natternstieliger Schleimfuß 152
Nebelgrauer Röteltrichterling 84
Nebelkappe 84
Nelkenschwindling 102
Netzstieliger Hexenröhrling 210
Nitrosehelmling, Büscheliger 104
Ochsenzunge 236
Ockerbrauner Trichterling 82
Ockertäubling 158
Ölbaumpilz 184
Olivbrauner Milchling 178
Omphalotus olearius 184
Orangebecherling 278
Orangebecherling, Gemeiner 278
Orangefarbige Bergnadelwaldkoralle 244
Orangefuchsiger Rauhkopf 140
Orangefuchsiger Schleierling 140
Oranger Ellerling 54
Orangeroter Ritterling 78
Orangeschleierling, Spitzbuckliger 140
Orangeschneckling 48
Otidea leporina 274
Otidea onotica 274
Oudemansiella mucida 112
Pantherpilz 22
Papageien-Saftling 46
Pappelschüppling 120
Parasolpilz 28
Paxillus atrotomentosus 180
Paxillus involutus 180
Perigord-Trüffel 276
Perlpilz 22
Pfeffermilchling 170
Pfefferröhrling 218

Pfifferling 192
Phaeolepiota aurea 120
Phallus impudicus 262
Pholiota aurivella 118
Pholiota destruens 120
Pholiota squarrosa 118
Phylloporus rhodoxanthus 190
Piptoporus betulinus 234
Pleurotus eryngii 182
Pleurotus ostreatus 182
Pluteus atricapillus 58
Pluteus roseipes 58
Porphyrellus pseudoscaber 200
Porphyrröhrling 200
Porphyrbrauner Wulstling 24
Prächtiger Klumpfuß 150
Prachtbecherling, Zinnoberr. 278
Pseudohydnum gelatinosum 266
Purpurschneckling, Geflecktblättriger 48
Pycnoporus cinnabarinus 236
Ramaria botrytis 248
Ramaria flava 246
Ramaria formosa 246
Ramaria largentii 244
Ramariopsis pulchella 250
Rasling, Knorpeliger 66
Rasling, Weißer 66
Rauchblättriger Schwefelkopf 124
Rauhkopf, Löwengelber 142
Rauhkopf, Orangefuchsiger 140
Rauhkopf, Spitzbuckliger 140
Rauhkopf, Zinnoberschuppiger 142
Rehbrauner Dachpilz 58
Rehpilz 198
Reifpilz 138
Reizker, Echter 172
Rettichhelmling 102
Rhodocybe mundula 56
Riesenbovist 258
Riesenritterling 68
Riesenrötling 62
Riesenschirmling 28
Riesenschirmling, Rötender 28
Riesenstäubling 258
Riesenträuschling, Rotbrauner 128
Rillstieliger Weichritterling 64
Rißpilz, Erd- 138
Rißpilz, Kegeliger 136
Rißpilz, Ziegelroter 136
Ritterling, Bärtiger 76
Ritterling, Brennender 70
Ritterling, Gelblicher 74
Ritterling, Orangeroter 78
Ritterling, Wolliger 76
Röhrling, Düsterer 200
Röhrling, Fahler 208
Röhrling, Hainbuchen- 228
Röhrling, Rosahütiger 212
Röhrling, Satansähnlicher 212
Röhrling, Schönfuß- 206
Röteltrichterling, Nebelgrauer 84
Rötelritterling, Violetter 86
Rötender Riesenschirmling 28
Rötliche Koralle 248
Rötlicher Gallerttrichter 266
Rötlicher Holzritterling 78
Rötlicher Lacktrichterling 110
Rötling, Alkalischer 62
Rötling, Geflammter 60
Rötling, Stahlblauer 60
Rosablättriger Helmling 106
Rosahütiger Röhrling 212
Rosastieliger Dachpilz 58
Rotbrauner Milchling 176
Rotbrauner Riesenträuschling 128
Rotbrauner Scheidenstreifling 26
Roter Heringstäubling 166
Rotfußröhrling 214
Rothütiger Steinpilz 204
Rotkappe, Espen- 226
Rotrandiger Baumschwamm 232
Rotschuppiger Dickfuß 142
Rozites caperatus 138
Rübling, Brennender 96
Rübling, Gefleckter 92
Rübling, Horngrauer 94
Rübling, Knopfstieliger 96
Rübling, Sammetiger 114
Rübling, Spindeliger 92
Rübling, Waldfreund- 94
Russula aurata 164
Russula cyanoxantha 162
Russula cyanoxantha, fm. peltereaui 162
Russula emetica 156
Russula erythropoda 166
Russula fellea 158
Russula foetens 160
Russula integra 160
Russula ochroleuca 158
Russula paludosa 166
Russula puellaris 168
Russula queletii 156
Russula rosacea 164
Russula vesca 168
Russula xerampelina 166
Safranschirmling 28
Saftling, Granatroter 44
Saftling, Großer 44
Saftling, Kegeliger 46
Saftling, Kirschroter 44
Saftling, Papageien- 46
Sammetiger Rübling 114
Samtfußkrempling 180
Samtfußrübling 90
Samtiger Leistling 190
Samtrübling 112
Sandröhrling 224
Sarcodon imbricatum 198
Sarcoscypha coccinea 278
Satansähnlicher Röhrling 212
Satansröhrling 208
Schafchampignon 38
Schafporling 230
Scharlachroter Gitterling 264
Scheidenstreifling, Gelbbräunlicher 26
Scheidenstreifling, Grauer 26
Scheidenstreifling, Rotbrauner 26
Scheidling, Wolliger 54
Schichtpilz, Striegeliger 240
Schichtpilz, Zottiger 240
Schiefknolliger Anisegerling 40
Schillerporling, Tropfender 234
Schirmling, Blutblättriger 32
Schirmling, Spitzschuppiger 30
Schirmling, Wolliggestiefelter 30
Schizophyllum commune 240
Schleiereule 144
Schleierling, Erdigriechender 146
Schleierling, Orangefuchsiger 140
Schleierling, Violetter 146
Schleimfuß, Blaustiel- 152
Schleimfuß, Natternstieliger 152
Schleimkopf, Dickfleischiger 148
Schleimkopf, Semmelfarbiger 148
Schleimkopf, Ziegelgelber 148
Schleimrübling, Beringter 112
Schleimrübling, Breitblättriger 112
Schleimrübling, Grubiger 114
Schmetterlingsporling 238
Schmetterlingstramete 238
Schmierling, Fleckender 188
Schmierling, Großer 188
Schmierling, Kupferroter 186
Schneckling, Goldzahn- 50
Schneckling, Wohlriechender 52
Schneepilz 52
Schöne Koralle 250
Schönfuß-Röhrling 206
Schopftintling 134
Schüppling, Sparriger 118
Schüppling, Südlicher 116
Schusterpilz 210
Schwarze Trüffel 276
Schwarzfleckender Bitterling 56
Schwefelgelbe Koralle 246
Schwefelkopf, Grünblättriger 124
Schwefelkopf, Rauchblättr. 124
Schwefelkopf, ziegelroter 126
Schwefelporling 230
Schwefelritterling 72
Schweinsohr 196
Schwindling, Aderblättriger 100
Scleroderma citrinum 256
Seifenritterling 74
Seitling, Doldenblütler- 182
Semmelfarbiger Schleimkopf 148
Semmelstoppelpilz 198
Spaltblättling, Gemeiner 240
Sparassis crispa 244
Sparriger Schüppling 118
Spechttintling 132
Speisemorchel 270
Speisetäubling 168
Speitäubling 156
Spindeliger Rübling 92
Spitzbuckliger Orangeschleierling 140
Spitzbuckliger Rauhkopf 140
Spitzhütiger Knollenblätterpilz 18
Spitzmorchel 270
Spitzschuppiger Schirmling 30
Spitzschuppiger Wulstling 18
Stachelbeertäubling 156
Stäubling, Bräunlicher 254
Stahlblauer Rötling 60
Starkriechender Körnchenschirmling 34
Steinpilz 202
Steinpilz, Kiefern- 204
Steinpilz, Rothütiger 204
Stereum hirsutum 240
Stinkmorchel 262
Stinkschirmling 32
Stinktäubling, Gemeiner 160
Stockschwämmchen 122
Striegeliger Schichtpilz 240
Strobilomyces floccopus 200
Stropharia aeruginosa 128
Stropharia rugosoannulata 128
Stropharia semiglobata 126
Strubbelkopf 200
Südlicher Schüppling 116
Suillus bovinus 224
Suillus granulatus 222
Suillus grevillei 220
Suillus luteus 220
Suillus placidus 226
Suillus plorans 222
Suillus variegatus 224
Täubling, Grasgrüner 162
Tannenreizker 178
Teuerling, Gestreifter 260
Tigerritterling 70
Tintenfischpilz 264
Tintling, Gesäter 130
Totentrompete 196
Träuschling, Grünspan- 128
Träuschling, Halbkugeliger 126
Tramete, Bunte 238
Trametes versicolor 238
Tremiscus helvelloides 266
Tricholoma aurantium 78
Tricholoma colossum 68
Tricholoma flavovirens 72
Tricholoma pardinum 70
Tricholoma saponaceum 74
Tricholoma scalpturatum 76
Tricholoma sejunctum 74
Tricholoma sulphureum 72
Tricholoma vaccinum 76
Tricholoma virgatum 70
Tricholomopsis rutilans 78
Trichterling, Fuchsiger 82
Trichterling, Gebuckelter 82
Trichterling, Keulenfüßiger 84
Trichterling, Ockerbrauner 82
Trompetenpfifferling 194
Tropfender Schillerporling 234
Trüffel, Schwarze 276
Tuber melanosporum 276
Tylopilus felleus 202
Violetter Rötelritterling 86
Violetter Schleierling 146
Volvariella bombycina 54
Voreilender Ackerling 116
Wachstäubling, Milder 168
Waldchampignon 42
Waldchampignon, Großer 42
Waldegerling 42
Waldegerling, Großer 42
Waldfreund-Rübling 94
Waldschneckling 50
Weichritterling, Frühlings- 64
Weichritterling, Rillstieliger 64
Weißer Anisegerling 38
Weißer Büschelrasling 66
Weißer Knollenblätterpilz 18
Weißer Krempentrichterling 88
Weißer Rasling 66
Wiesenchampignon 36
Wiesenellerling 54
Winterrübling 90
Wohlriechender Schneckling 52
Wolliger Milchling 170
Wolliger Ritterling 76
Wolliger Scheidling 54
Wolliggestiefelter Schirmling 30
Wulstling, Gedrungener 24
Wulstling, Grauer 24
Wulstling, Porphyrbrauner 24
Wulstling, Spitzkegeliger 18
Wurzelmöhrling 68
Wurzelnder Bitterröhrling 206
Wurzelnder Fälbling 130
Xerocomus badius 214
Xerocomus chrysenteron 214
Xerocomus spadiceus 216
Xerocomus subtomentosus 216
Xerula longipes 114
Xerula radicata 114
Ziegelgelber Schleimkopf 148
Ziegelroter Rißpilz 136
Ziegelroter Schwefelkopf 126
Ziegenlippe 216
Zigeuner 138
Zinnoberroter Kelchbecherling 278
Zinnoberroter Prachtbecherl. 278
Zinnoberschuppiger Rauhkopf 142
Zinnoberschwamm 236
Zinnobertäubling 164
Zinnobertramete 236
Zirbenröhrling 222
Zitronengelbe Koralle 246
Zitronentäubling 158
Zitterzahn 266
Zottiger Schichtpilz 240
Zunderschwamm 232
Zungenkeule 242

Steinbachs Naturführer

Weitere Bände

Säugetiere · Landvögel · Süßwasserfische
Insekten (außer Schmetterlingen) · Schmetterlinge
Bäume · Strauchgehölze · Wildblumen
Orchideen · Alpenblumen · Mineralien

Die Autoren

Helmut und Renate Grünert, beide geprüfte Pilzberater und Mitarbeiter der Deutschen Gesellschaft für Mykologie, leiten die Pilzberatungsstelle Gilching und Germering bei München. Durch ihre ausgedehnte Vortragstätigkeit, durch Kurse und Fernsehsendungen bemühen sich Helmut und Renate Grünert seit Jahren mit Erfolg, Pilzsammlern und Pilzfreunden fundiertes Wissen sowie praktische Erfahrungen zu vermitteln. Helmut Grünert ist technischer Leiter eines Krankenhauses.

Der Herausgeber

Gunter Steinbach, geboren 1938, hat sich in zahlreichen Publikationen über die heimische Tier- und Pflanzenwelt einen Namen gemacht. Nach zwei Jahrzehnten Verlagstätigkeit lebt er heute auf seinem Einödhof im Westallgäu. Dort widmet er sich artgerechter Tierhaltung, dem biologischen Gartenbau in Höhenlagen und seinen Veröffentlichungen im Themenkreis Natur.